詩的狂気の想像力と海の系譜

——西洋から東洋へ、その伝播、受容と変容

テレングト・アイトル

現代図書

はじめに

想像力と海は不思議だ。かつてロマン派詩人たちが願って挑んで想像していたように、現代の自然科学者たちですら本来、理性をはたらかせて海を観察すべきなのに、つい直感をはたらかせて想像力を羽ばたかせてしまうのだ。海洋生物学者レイチェル・カーソン（一九〇七―一九六四）は、海洋を研究しながらいつの間にか海の虜になって、深い思いを馳せずにはいられなかった。

海辺に立ったとき、人は、自らの家系について無意識のうちに意識しながらも、驚きと好奇心をもって、それを見渡したにちがいない。人は、アザラシやクジラたちがしたように、身体そのものをふたたび海のなかに帰らせることはできなかった。しかし何世紀にもわたってその技術と才智、それから理性の力のすべてを動員して、人は、海のもっとも遠くはなれた領域さえも、探検し、調査しようと努めた。

その結果、人類はいわば精神的に、また想像力によって、ふたたび海に帰ったのである[1]。

かくして、想像力を羽ばたかせて海に思いを馳せること、しいては瞑想すること、ある意味では、それが人間の自然な欲動かもしれない。しかし、ロマン派詩人たちにとって、それは人間自身の主観的な世界と、地球規模の客観的な世界の限界やまたは無限さを結び付けようとした憧憬か郷愁のことだった。あるいは、自分の限界を超え、時空の限界を超えて無限につながろうとする深い願望のようなものだったのであろう。

事実、文学において神話時代から現代まで、人々は無意識のうちに、あるいは意識的に海に思いを馳せ、人間自身の起源と海に回帰したいという憧憬や想像を絶やすことはなかった。そして、そういう憧憬や想像のもとで生み出され、展開された神話や文学作品は、膨大な数に至る。地域と時代によって海についての作品やそれに対しての好奇心や憧憬、あるいはノスタルジアは、濃淡の差こそあれ絶えることなく、複数の地域に跨がって互いに影響して広がってきたのである。

たしかに想像力と海、どちら一つを取り上げても膨大な広がりを意味する。一方は純粋に主観的で内面世界であり、もう一方は人間の生体からして生存すら拒絶される別の世界である。ましてや複数の文化圏や地域に跨がって横断したところの両方をあきらかにしようとすると、あきらかに手に負えないことに近い。しかしながら、文学において、一定のジャンルや概念や認知の枠組の範囲内に限定して、大まかにその輪郭を系譜学的に素描しようとするなら、困惑は多いが、幸いにも不可能なことではない。

事実、二〇世紀半ばに入ってから文学評論・理論において、改めて想像力に注目し、「詩的狂気の想像力」を背景に据えて、精査するような研究が進められ、その勢いも著しい。とりわけ、C・M・バウラの『ロマン主義の想像力』（一九五〇）[2]やM・H・エイブラムズの『鏡とランプ——ロマン主義理論と批評の伝統』（一九五三）、『自然と超自然主義——ロマン主義の形成』（一九七一）[3]と、R・L・ブレットの『空想と想像力』（一九七一）[4]、またT・マクファーランドの『独創性と想像力』（一九八五）[5]やペネロピ・マレーの『天才——その思想の歴史』[6]やJ・M・コッキングの『想像力——その思想史的研究』（一九九一）[7]、あるいはアンナ・バドウィン、サーラ・ハットンの『プラトン主義とイギリスの想像力』（一九九四）[8]、さらにまたフリドリック・バーウィックの『詩的狂気とロマン主義の想像力』（一九九六）[9]、ティモシー・クラークの『霊感の理論——ロマン主義とポスト・ロマン主義の創作における主観性の危機についての構想』（一九九七）[10]とアンナ・シェパードの『ファンタシアの詩学——古代美学における想像力』（二〇一四）[11]など、これらの一連の研究は、いずれももっぱら文学における詩的狂気を背景にした想像力、あるいは詩的狂気それ自体に接近しようとした取り組みである。

かたや歴史分野においても、アラン・コルバンは、イメージされた歴史とは何か、「想像世界の歴史とは何か」[12]という問いかけを前提に、文学を含む先駆的かつ総合的な海と海辺を研究して、『浜辺の誕生——海と人間の系譜学』（一九八八）[13]を刊行した。その後、ジョナサン・ラバンは海のアンソロジー『海――オックスフォードの本』（一九九二）[14]と、ホワード・アイシャムの文学・絵画・音楽を網羅した『海のイメージ――ロマン主義時代の海洋意識』（二〇〇四）[15]も世に送られている。これらの海の研究は、いずれも歴史的、文学的な想像力の研究の成果を前提とし、あるいは詩的狂気の想像力の研究を背景に据えて、海について諸々の作品や出来事を取り上げて探求したものである。

一見、これらの諸研究は手に負えないほど広がりを見せているようだが、しかし、実際、その営為はつまるところ、いずれもわれわれの内面世界への注意を喚起し、人間自身の想像力についての問いかけを促しているのだ。そのなかで、社会史を重んじるアナール学派のアラン・コルバンですら、人々の内面にイメージされた海と、海にまつわる心象風景の歴史およびその可能性を探求の目的にしているのだ。

なお、以上の諸研究は、明確な境界が設定された、あるいは共通の研究目標が立てられた同じ専門分野ではないが、しかし、いずれも十八世紀から十九世紀、いわゆるプレ・ロマン主義、ロマン主義とポスト・ロマン主義といった主観を重んじる時代の作品が研究対象とされ、おおよそその範囲に限定されているのである。

事実、十八世紀初期まで少数のケースを除き、想像力と海はいずれも人々に回避され、敬遠され、ネガティブに捉えられていたのだった。しかし、ロマン主義時代に近づくにつれ一変し、想像力と海は、ともに文学において賛美されるようになり、その恩恵を被るようになる。そして、想像力と海は、ロマン主義文学によって賞賛の頂点に達し、ロマン主義文学それ自体も想像力と海によって神秘性が増し、人間の内面世界をより深く凝視するようになったのである。したがって、想像力と海の両者は協働して、ともに意識から無意識の世界までにつながっていき、多くの作品において互いに不即不離の関係をなすようになる。しかしながら、実際、その根底において、古代ギリシアからルネサンスを経由して伝承されてきた詩的狂気の想像力の思考があり、それが一種のモジュールのような存在で、脈々と継承されて介在してきたことが明らかだ。それは文学史においてほとんど明確に宣言されてはいないが、しかし長い伝統のなかで歴然とした一つの系譜として継承されており、とりわけロマン主義時代に花開いて、昇華したのだと言える。つまり、詩的狂気の想像力が海洋によってかき立てられ、あるいはそれによって海の文学がより豊かになったのだ。その海の文学はロマン主義を頂点として隆盛を見せ、その後は時代とともに伝播し、受容され、変容していったのである。

日本では、文学における詩的狂気の想像力について大掛かりな研究はほとんど見られなかった。とはいうものの、海と文学の所縁は古代ギリシアと同じように神話から始まっている。ただし、海と文学について専門的な研究が始まったのは遅く、それも西学東漸してからのことである。つまり、一九〇二年、木村鷹太郎による「海と日本文学史」[16]が嚆矢とされ、戦後、一九八三年梅光女学院大学公開講座・論集『文学における海』[17]を皮切りにスタートし、一九八七年東京大学教養講座・論集『海と文明』[18]が編纂されたのは、大規模な総合的な研究として初めてのことである。これらの研究のなかで、「海の慰め」（小川国夫）や「近現代詩に現れた『海』」（杉本春生）、「海と日本人」（芳賀徹）などの論評が核となっているが、いずれも日本の海の文学作品自体の解明において先駆的な試みである。

そして、以上の東西の諸々の先行研究と探求には、共通して一種の循環するような傾向がみられる。つまりそれらは、いずれも海に思索を馳せた文学を探求しているうちに、いつのまにか人間自分自身の内面世界に耽るようになり、深き遠い記憶を探るようになり、自己を省察するようになる傾向がある。そして、人間の内面世界——想像された海の解明に取り組んでいるうちに、いつのまにか海という、世界四大元素の一つ、あるいは生命の根源に辿りつき、生それ自体を気づかされるのである。このようにして、海と文学は想像力によって一つの「ウロボロス」[19]をなすような展開をみせ、あるいはそれこそが一つのパラドックスなのだと言明してもよいほどである。前掲の論集『文学における海』の「あとがき」において、佐藤泰正は海と文学の根幹にふれ、次のようにいう。

恐らくひとりの作家や詩人における「海」を語るとは、その文学の総体そのものを語ることでもあろう。生命そのものの母体として、人間の裡なる情念の反照として、あるいは歴史や文明の変転に深くかかわるものとして、「海」は多くを語る。これを表現の側からいえば、「海」は文学世界のくまぐまに遍在しつつ、「生」そのものの喩、寓意、また象徴として、その根源なるものを開示する。[20]

いいかえれば、一篇の海の詩を語ることとは、単に海自体を語ることにとどまらず、それは「文学の総体」を語り、「生命そのものの母体」に深くかかわっていくことでもある。そして、海と文学とは、まさしく「生」の「喩、寓意、また象徴として、その根源なるもの」を呈示しているのだという。しかし、佐藤泰正は、もしもその考えを十九世紀初頭のイギリスで発していたとするならば、かつて想像力を羽ばたかせて「古老の船乗り」や「クーブラ・カーン」を創作した――想像力に究極の定義を与えた――コールリッジは、恐らく、海とは詩的狂気の想像力によってこそ接近でき、理解され、想像力によってこそ「生命そのものの母体」にたどり着くものだと呼応してくれていたのであろう。残念ながら、佐藤泰正とコールリッジは、互いに生きる時代がほぼ二百年間も離れており、現実において対話や問答は不可能である。ただし、文学や歴史や哲学において、想像力によって時空を超え、しばしばその思索が応答を可能なものにし、とりわけ詩的想像力によって問答が可能なのである。しかも、その探索・思索の対象、あるいは媒介者が海というような生命それ自体のシンボルであればあるほど、時空を超えて共通の根源となるものに辿りつくことが可能だからである。したがって、まさに想像力が海において人間という自分自身の内面世界を省察するときに、時代を超えて問答が可能なことになる。そして読者は、詩人や作者や研究者たちに導かれて時空を超越したいという衝動に駆られるか、あるいはその思考に従って海に思いを馳せてしまうかもしれないが、しかし、まさにそのときは海と文学（想像力）が絡み合って結ばれていた瞬間で、その瞬間は生が深く思考されていた時でもある。海と文学あるいは想像力と海は、かくして互いに極めて特殊な関係にあるのである。

本書は、以上に挙げた種々の研究を参照しつつ、西洋を起源とした詩的狂気と想像力については、概念的なアプローチを試み、海については、その発端やきっかけとなる作品をもって呈示し、文学において海がどのように詩的狂気の想像力と絡み合いながら結びついて表象されてきたかを明らかにしようとする。そして、それらがどのように西洋から東洋へ伝播し、受容され、また変容してきたかを考察する。これらの考察を通して、文学創作と作品自体において今までしばしば回避され、あるいはほとんど疎遠にされてきた背後にある詩的狂気の想像力の系譜に改めて光をあててみたい。

本書の第一章「起源」においては、伝説・神話・宗教、または近代における地誌学や人文学ないし歴史的な客観的な記述（ジュール・ミシュレ）において想像力と海とのもつれ合いと、その境界の曖昧さを指摘し、さらに科学一般における海と想像力との絡み合いを踏まえ、海と想像力とのおおまかな輪郭の所在と境界を確認する。その上で、とりわけ文学において古代ギリシアを起源とする霊的な詩や詩的狂気と想像力の定義と、その後、ルネサンス期に伝わって、さらにその受容と変容の経緯を考察する。主として、プラトンを起源とした――アリストテレスによって再定義された、現在までの主流たるミメーシス（芸術的模倣）――表象の文学観を考察し、さらにその逆の文学観、いわば、同じくプラトンを起源とした詩的狂気、あるいは霊感説・神感説を継承してきた文学観がどのように想像力とともに受け継いできたのかを考察し、ルネサンス時を経由してきた概念を系譜学的に跡付ける。

第二章の「伝播」では、イギリス、ドイツ、フランスにおいて、詩的狂気と想像力がいかにして自然の発見の中で海という心象風景が想像され、展開されて普及されていったのかを考察する。とりわけそのなか、イギリスが先駆けてルネサンス思想の詩的狂気の想像力を受容したが、ロンギヌスの再発見とともに、シャフツベリー伯（三代目）、ジョセフ・アディソン、ジョンソン博士とエドモンド・バークの先駆的な役割が大きく、その先駆者のシャフツベリーがヘルダーをインスパイアし、さらに若きゲーテに火をつけ、ドイツの疾風怒濤（シュトゥルム・ウント・ドラング）を惹き起こした経緯を踏まえ、のちの最大の海の詩人のハイネによって受け継がれていった影響関係を考察する。さらにやや遅れてフランスのベルナルダン・ド・サン＝ピエールは想像力と海を結びつけた作品を披露し、それがフランソワ・ルネ・ド・シャトーブリアンの作品において受け継がれて展開していくのをみていく。英仏独の諸相を考察にあたっては、もっぱら詩的狂気の想像力と海に焦点をあわせ、その両者の縺れ合う発端ときっかけになる重要な人物・出来事・作品を跡付け、とりわけ、霊感説や神感説を背景にした伝統の流れにおいて、詩的狂気の想像力がいつ、どこで海を対象に羽ばたくようになり、またどのように伝播し継承されていったか、その発生、展開、伝播、受容、変容などを系譜学的に追跡してみた。最終的に、詩的狂気の想像力と海はイギリスのロマン主義においてどのように極致に至り、それがブレイクをはじめ、ワーズワースとコールリッジとバイロンの作品に表象され、定義されてきたかを明らかにする。

第三章「受容」では、西学東漸という大きな文化的な移植・移行の動きのなかで、長い伝統のある西洋の想像力は、用語や概念、または作品において、どのように漢字圏に翻訳されて移植され、かつ創出され受容されていったのかを考察する。主として中国と日本は、同じ漢字文化圏に属しながら想像力という概念において、ロバート・モリソンの英国宣教師の翻訳ルートと、南蛮文化・蘭学ルートといったような、それぞれ独自の移植・翻訳のルートがあり、かつ各自それぞれオリジナリティを求める傾向がある。その経緯を考察して、それがどのようにして受容され、その大まかな経路と、その用語の現在までの定義を検証する。そして、文学において「詩的狂気の想像力」と「海」を、初めてその両方を意識して受容したのは、森鴎外や高田早苗であるが、しかし、その受容において、両者は初めから対立と対峙に遭遇され、いわゆる「人情」や「世態風俗」をリアルに模写し模倣する写実主義の文学観と拮抗し、言文一致の歩みの中で、「詩的狂気の想像力」よりも写実主義の方が徐々に市民権を獲得するようになっていったことを考察する。そして、それは、何も日本においてのみ発生したロマン主義と写実主義(「没理想論」)という特殊な対立ではなく、むしろそれは古代ギリシアの起源から見られた大いなる対峙であり、妥協不可能な二つの思考様式か文学観で、近代の日本において起こり得べくして起こった対峙であったことを確認する。

以上の三章にわたって、東西の諸国家・地域の文学において、「詩的狂気の想像力」と「海」について、その最も重要であろう起源、伝播、受容と、それにまつわる諸相と様々な局面を考察してきた。そこで伝播・移植・受容において、多様なバリエーションや様々な変容ぶりが見られたが、それらの多様なバリエーションは、いずれもロマン主義という大きな思潮のもとで括られ、各地域におけるそれぞれの作品が多様性を見せながらも、その受容の始まりから変容までは、いずれもロマン主義文学の重要な特徴の一つとして表象され、かついずれも「詩的狂気の想像力」が「海」と縺れ合い、絡み合いながら表象されていることが見て取れる。たとえ、それが東洋に移植され、受容されても鴎外と高田早苗の諸作品に見られたように、それらは、いずれもヨーロッパのロマン主義文学の文脈において解釈され、理解することができる。

ちなみに、この第三章で「詩的狂気の想像力」と、その用語「想像力」にまつわる思考様式について、近現代中国においてどのように受容されているかをも検証する。つまり、中国はそれを受容しつつも、その一方、いかに西洋の「想像力」を鏡にして自国においても固有な思考様式があったことを主張し、なお古典まで遡って解釈的に応答してきたことも考察される。

第四章の「変容」では、以上の三章と違って、個別の作家と作品をターゲットにして考察する。いわばケース・スタディーとして日本と中国と内モンゴルの代表的な作家の夏目漱石、王国維（評論）、魯迅、郁達夫、サイチンガの作品を取り上げる。

西学東漸のなか、ロマン主義文学の翻訳と移植が年月の経つにつれ、詩的狂気の想像力と海の文学の受容は、常態化されてきたが、近代文学史上、右の代表的な作家らは、それぞれ自国の文学において最も重要な役割を果たし、それだけに、時期が前後不同にしてそれぞれ作品に敏感に反映させ、濃厚な地域性や特殊性を表象したのである。そこにはそれまでとは違った受容ぶりが見られ、いわば、ヨーロッパ文化圏の「詩的狂気の想像力」と「海」に対抗する美意識がはたらくものもあれば、多様化やバリエーションのような体をなすものもある。

具体的には、漱石の作品において、海を強く意識しながら敬遠し、それを慎重に扱う傾向がある。その全作品の中で、海を心象風景として描いたものは、『吾輩は猫である』『坊ちゃん』『夢十夜』『草枕』と『心』という五つの作品においてである。当時、日本は写実主義、自然主義、私小説などが文芸思潮の主流をなしていたが、そのなかで、これらの作品がどのように「詩的狂気の想像力」と「海」を拒否し、変容していったか、作品分析を通して明らかにする。

王国維と魯迅は、中国近現代文学において批評の旗手として先駆的な役割を果たしたが、王国維は「詩的狂気の想像力」において、中国の文学伝統から再発見しようと試み、魯迅は「詩的狂気」の威力を賞賛し、中国への紹介と導入を試みた。ただし、「海」については、魯迅が全生涯の作品の中で、心象風景として描いたのは、ただ唯一「故郷」という短編小説のみである。政治や社会への影響を強く意識する中国の伝統文学と、「批判現実主義」を背景にしたイデオロギーを重んじる文芸思潮のなかで、「海」はどのように扱われてきたのか、自ずと浮かび上がってくるはずである。

郁達夫は、日本語と日本文壇を通してロマン主義・自然主義文学を受容したが、そのロマン主義・自然主義文学を初めて中国に導入しようと試みた作家である。その代表作の『沈淪』と自伝的エッセイにおいて、「詩的狂気の想像力」と「海」を心象風景として描いたが、中国近現代文学において、その『沈淪』は、自己暴露・告白という意味で、初めての試みでかつ衝撃的な出来事であったが、その海には多様性が見られる。

そして、サイチンガは、内モンゴルの近現代文学の創始者で国民的詩人でもあるが、日本留学期間が彼の文学創作の起源となっている。内陸の草原の詩人がどのように「詩的狂気の想像力」と「海」とつながるのか、伝統的な文学とともに表象されてきたことが考察される。

最後に、日本の戦前・戦後の作家と作品の中で、「詩的狂気の想像力」と「海」を表象した者として、誰よりもまず、三島由紀夫を取り上げなければならないであろう。三島文学を専門にしてきた筆者にとって、三島文学ほど本書の中心的なテーマに深くつながる作家はいない、ということを十分に理解している。しかし、まさに本書のテーマは、そのまま三島文学全体につながるテーマなので、それ自体で独立した一冊の専門書として設けなければならない。従ってここで安易に触れることを避けて、別の機会に譲りたい。

今まで見てきたように、明治以来、西洋の「詩的狂気の想像力」と「海」は、日本に受容され、徐々に変容してきたが、一方、戦後、社会全体が合理主義の進展と経済的な成長によって、「詩的狂気の想像力」と「海」についての表象は、変容というよりも、むしろ新たな変化を遂げ、「詩的狂気の想像力」や「海」の心象風景といった枠組には、もはや納まりきれるものではなくなった観を呈してきた。いわば詩的狂気と海と協働して何かを表象しようとする必要性がなくなったようにも見て取れる（唯一、三島文学は特別だが）。

そして、戦争直後、日本において、ソト側から日本を眺めた場合、遠藤周作の『海と毒薬』は紛れもなく日本の代表的作品で、ケース・スタディスとして取り上げるのが妥当で自然な選択でもあろう。しかも、題名の一部である「海」が、作品において背景として巧みに織り組まれ、それが象徴的な装置として機能し、作品全体にとっても「構造」的な役割を果たしているのである。従って、終戦直後の日本文学において、いち早く海に対して象徴的な手法で表象した作品だっただけに、海の文学の変容の典型として取り上げるべきものであろう。

本書は、考察の方法論において、霊感説や神感説などを背景にした古代ギリシア詩学の詩的狂気の想像力を、海の言説とリンクして考察を施した。そこには、先行研究と作品にみられた分野の拡散性に対して牽制を図ろうとする意図があり、そのストラテジーから考慮して、可能な限り、詩的狂気と海の両方に関わって表象された理論と作品をターゲットにし、それらを系譜学的に考察して、その伝播と影響の系譜を明らかにするために努めてきた。すなわち、詩的狂気の想像力をもって海の文学の範囲を制限し、海の文学をもって想像力の拡散性を牽制するようにして、その範囲内において考察を施した。そして、その考察を通してとくに浮上させたかったのは、文学にとって元来最も重要な神髄の部分――霊的、狂気的な想像力のことであり、その伝統的な文学観の系譜を改めて読者に呈示しようと思ったからだ。というのも、それは何よりも昨今の文学一般の創作、批評と研究があまりにも実証的な思考に偏りすぎた傾向を気づかせてくれるからだ。とりわけ、文学が疎まれて読まれなくなった現代、とくに写実的な作品ばかりに目をむけつづけているうちに、いつの間にか文学作品をあたかも事実確認のために読むようなことに慣れてしまった、想像力の貧困な時代において、あえて「海」を凝視し、海とは切っても切れない関係にある詩的狂気の想像力を擁護しようと思ったからだ。そして、それが、合理化されてきた現代人の内面世界が隅々までマニュアル化されてきた社会において忘れられつつある文学の本質にまつわる想像力と諸々の思考を喚起し、あるいは文学の本来の役割の一つ――カタルシス（浄化作用）の復権に寄与できるのであれば、筆者にとって何よりの喜びである。

目次

はじめに …… i

第一章　起　源

第一節　海と神話、想像力と科学の間 …… 2

起源の海と神話／海と文献と言語／海と地誌的な知／歴史家が記録した海／科学者の想像力と海

第二節　海と文学と想像力 …… 24

古典における中国と日本とギリシアの海／古典ギリシア文学と想像力の伝統

第三節　表象としての想像力の起源 …… 33

表象（想像力）とミメーシスの系譜／想像力を継承したイギリス／想像力に対する否定的なフランス／経験主義的な想像力／ドイツにおける想像力

第四節　狂気としての想像力の起源 …… 51

狂気と想像力／翼は想像力／狂気とミメーシス／ミシェル・フーコーの定義／二つの文学観の系譜

第二章　伝　播

第一節　自然と想像力の出会い …… 68
イギリスの詩的狂気と想像力の擁護／ロンギヌスの崇高・想像力・自然・海の再発見／
シャフツベリーの熱狂・霊感・自然・詩人
第二節　海と想像力の展開――イギリス …… 85
ジョセフ・アディソンの想像力と海／アディソンの想像力と海の影響
第三節　海と想像力の伝統と概念の形成 …… 96
ジョンソン『英語辞典』の想像力と海の定義／ジョンソン『英語辞典』の影響と普及／
エドモンド・バークの崇高と美と海
第四節　海と想像力の展開――ドイツ …… 114
ヘルダー発信の狂気と想像力と海／ヘルダーの身に何が起こったか／ヘルダーからゲーテへ／
ゲーテの「ウェルテル」はシャーマン的だったのか／ヘルダーの海上の旅から海の詩人ハイネへ
第五節　海と想像力の展開――フランス …… 143
ネガティブな海／『ポールとヴィルジニー』／海とフランソワ・ルネ・ド・シャトーブリアン
第六節　海と想像力の極致 …… 161
想像力とウィリアム・ブレイク／想像力と海とワーズワース／想像力と海とコールリッジ／
コールリッジの想像力とクビライ・ハーンの宮殿／想像力の定義の極致／愛の対象となった海

第三章　受　容

第一節　東漸する海……186
一千年以前と一千年以後の海／想起すべき海の神話
第二節　東漸する想像力――日本と中国……194
想像力の東漸／モリソンの『華英・英華辞典』からロプシャイトの『英華辞典』／本木床左衛門の『諳厄利亜語林大成《あんげりあごりんたいせい》』から津田真道の『明六雑誌』での定義
第三節　『美辞学』の詩的狂気の想像力と写実主義――日本……205
菊池大麓の「修辞及華文」から坪内逍遥の『小説神髄』／高田早苗の『美辞学』／『詩学』と『修辞学』の混交／想像力における経験主義の連想心理学への傾き／想像力の現在の定義
第四節　『新体詩抄』「小説論」『於母影』の詩的狂気の想像力と海……222
先鋒としての『新体詩抄』／鴎外の文学観の宣言と『於母影』の翻訳／鴎外とハイネのドイツ語訳の「いねよかし」／比較文学におけるドイツ三部作／鴎外の想像力の飛翔の挫折／想像力否認の「没理想論争」
第五節　『即興詩人』の詩的狂気の想像力と海と「妄想」……245
ロマン主義文学神髄の移植／『即興詩人』移植の意味と影響／海と『妄想』／海の文学の展開
第六節　想象・想像・想像力――中国……261
伝統的な思考様式の刷新／『文心彫龍』における想像力／「想象」と「想像」の起源／「想象」と「想像」の係争／「想像力」という和製漢語

第四章　変　容
第一節　夏目漱石の海……280
『吾輩は猫である』と『坊っちゃん』／ホイットマンの海と漱石の『夢十夜』の「第七夜」／「第七夜」と海／『草枕』と海／『こころ』と海
第二節　王国維、魯迅と郁達夫の詩的狂気と海――中国……313
王国維と「意境論」（境界論）／魯迅と「狂気」、「想像の翼」／魯迅と『故郷』の海／郁達夫の『沈淪』／『沈淪』と海／『沈淪』の衝撃と海／郁達夫と憧憬の海
第三節　サイチンガの詩的狂気と海――モンゴル……337
モンゴルに受容された海／日本とサイチンガ／サイチンガと詩的狂気の想像力
第四節　遠藤周作の海……353
『海と毒薬』という問い／『海と毒薬』の構造／海とスフィンクス／「無惨」な海と夢の海／多様な海／スフィンクスの機能／リアリティーとアイロニー／リアルな臨場感／海とスフィンクスの反復／スフィンクスと海の意味
結び……393
あとがき……403
索引……一
注……一六

第一章　起源

第一節　海と神話、想像力と科学の間

起源の海と神話

「海」とは何か、「想像力」とは何か。あるいは遥かな地平線へ広がる青色を眺めながら、人々は何を想像し、何を思い巡らすのであろうか。おそらく、だれもがまずその途方もない海のパワーを感じて立ち竦んでしまうであろう。あるいはその深遠な青さに心を奪われ、胸いっぱい海風を吸い込みながらこみ上げてきた感情に浸ったり、回顧にふけったり、あるいは想像力を羽ばたかせてさまざまな問いかけをしたりするかもしれない。あるいは、当の本人がかつて溢れみなぎるほどさまざまな思いを翔けめぐらせていたにもかかわらず、のちに改めて海を眺めると、海はまるでそのすべてを包み込んで吸い取ってしまったかのようになにも変わることなく、いつものように依然として青々しく広がっているのであろうか。しかし、その諸々な思いを巡らせてみると、実際、そこには独りよがりの想像力が介在しているのではないかということがいつか気づかされることがあるかもしれない。

事実、多くの場合は大概、海の広大無辺の姿に圧倒され、魅せられ、自分の言葉の無力さを思い知されてしまう。しかし、近代以来、とりわけ近現代文学において、事情がずいぶん違ってくるのだ。海の風景は人々の想像力を煽り、歓喜させ、また陶酔させたりする。またしばしばその逆に、人々を悲しめたり、苦しめたり、その深い暗黒からくる力によって恐怖や悲劇をもたらしたりもする。近代において、文学は海を通して人々の心を動かし、あるいは人々の喜怒哀楽を海に託したり訴えたりして、海に結びつけて表現してきたのである。

実際、海について、われわれは現代自然科学が多くのことを明らかにするまで、そのほとんどのことを見ていなかったのだ。自然科学はいう。約四五億年前に、地球が誕生し、四〇億年前後、原始海洋が誕生し、その後原始生命が誕生した。人類の祖先はまずこの海から現生し、両棲生活を経て、のちに上陸して進化してきた。それゆえ、われわれは海から生まれたのだという。現在、海は地球の表面積の約七十五パーセントを占め、三億六千万平方キロにも及び、地球はほとんど海洋に覆われているので、地球は「海洋の地球」だといわれる。そして海洋の子である人類は、現在、地上で人口七〇億にも達し、その三分の一は、海に依存して暮らし、夏の海沿いのビーチはいつも人間で埋め尽くされている。あるいは何百万、何千万人が暮らす広大な都市は海岸沿いに作られ、無数の港が建設され、土地を平らにして工場が作られている。豊かな海洋の水産物と鉱物資源がさまざまな形で休みなく開発され、統計によると、それらは十万隻もの船で輸送され、六億のコンテナが海上に運ばれており（全地球平均約十一人に一個のコンテナ）、世界がそれらによって結ばれている。そして現在、海こそグローバル化の立役者で、また実際、地球のグローバルな環境・気候の調節役を果たしていることから、海こそ地球の「青き肺」だともいわれている。

しかし、人間は長い間、こういった事実、いわば数字的・実用的・現実的な側面から海を見ていなかった。記録ある文献から推測して、海との関わりは少なくとも六千年前まで遡ることができる。そして神話の世界に辿っていくと、海は時空を超えて神々の領域に属するものになってしまう。しかし、現代科学によって例証された数々の生命の起源についての事実は、いつの間にかそれが神話の世界における海と生命の根源に繋がり、その両者の語りが互いにそれはどずれていないことに気付かされることもある。

創世神話の世界においては、ほとんどの民族・地域にとって、大洋・海とは原初の混沌・カオスの状態で、初期の未分化なイメージであった。

古代エジプト神話において、「ヌン」は原初の水であり、「ヌン」の只中に生まれてきたのは太陽神で、その子供らから大地が生まれたという。古代メソポタミアに栄えた神話においても真水の男神と塩水の女神はすべての神の祖先となっていった。

中国の創世神話においても宇宙の初めは、天と地の区別がなく、混沌とした状態だった。巨人盤古はその何も無い空間で生まれ、一万八千年の間眠っていたが、その間に、暗く濁った物は下に、明るく澄んだ物は上に昇って天地ができた。それは盤古が目を覚まし、手足を伸ばしたため、天と地の間が広がっていったのだという。やがて、盤古はついに死に、その身体は万物の元となった。息は風や雲になり、声は雷になり、左目は太陽に、右目は月になった。手足と身体は山、血は河川、筋は地脈、肉は土と化した。髪の毛や髭は星、体毛は草や木、歯や骨は金属や石、骨髄は珠玉、流れた汗は雨になった。そして海はその脂膏、つまり体のあぶらから出来たという[21]。

　日本の神話『古事記』や『日本書紀』に出てくる海は、もっと根源的な意味が込められていた。「国うみ」、「神うみ」の神話によると、最初天津神《あまつかみ》の命をうけ、伊邪那岐命《いざなきのみこと》・伊邪那美命《いざなみのみこと》は混沌としていた海に天の沼矛《ぬぼこ》をさしいれて引きあげると、オノゴロという島が創造され、そこからすべてが始まったという。海は生命誕生を意味していた。のち伊邪那美命が出産で黄泉《よみ》の国にいってしまうが、黄泉の国にいる伊邪那美命を訪れた伊邪那岐命はもどってきて穢《けがれ》をはらうため、海や川の浄水で禊祓《みそぎはらえ》をする。そして禊《みそぎ》するたびまた神が生まれてくるのである。つまり、ここで海は禊祓をし、罪や不浄をとりのぞくばかりか、海はさらに生成し、再生し、生命が誕生するものの源と見做されていた。かたや、『出雲風土記』によれば、伊邪那岐命が禊を行った際、天照大御神《あまてらすおおみかみ》・月読《つくよみ》命とともに化生したのが、後に海原を統治させた海の神である須佐之男命《すさのおのみこと》である。この海の神は高天ヶ原に留まったり新羅に降り立ったりして居所が転々して不安定だったが、結局、海洋を鎮座しなかったのは動いてやまぬ性質の海の多義性の現れを象徴しているのかもしれない。

　ギリシア神話における世界創造は、まずカオスから大地の女神ガイアが化生する。いわば混沌の原初海洋から大地の女神が生まれるが、次に女神ガイアはひとりで天空のウラヌスと、大波荒れる不毛の海の神ポントスを生む。そして自分の子のウラヌスと交わって、さらに渦巻く大洋オーケアヌスを生む。オーケアヌスはポセイドンを生むが、この海の神々の系譜は、その後拡散し、さらにさまざまな海の神々が入り混じって、大洋、海、河川に住む精霊の話が西洋神話全体に跨がっていく。もちろんケルトの神話やメソポタミアの神話に登場する原初創世の海を忘れてはならない。このように世界各地における原初創世や根源的に海につながる神話は枚挙に暇がない。しかしなかでも、とりわけ叙事詩の『イリアス』、『オデュッセイア』や『アルゴ船物語』にとって海は欠かすことができないトポスと成っている。

一方、神話から離れて宗教の側面から見ると、海はまた別の様相を呈示する。『聖書』において、神は三日目に海を作った（「創世記」1:10-22）が、しかしそれがしばしば神に敵意をもつ、手なずけられた獰猛な対象となり（「ヨブ記」7:12）、新天地を予言したところ、そこには海はなかったのである（「啓示録」21:1）。また海は神に服従しなければならず（「エレミヤ」31:35）、海を干し上がらせて、イスラエルの子らに海を渡らせたり（「出エジプト記」14:15-30）、神は海に嵐を起こしたり、鎮めたりすることができる（「ヨナ」1:4、「マタイ」8:23-27）。すなわち、海は創造された獰猛なものであったが、服従された従属物になったり、また創造者そのものとも看做されたりしている。のちに海はまた人間と神の間に介在する中間的な存在になり、神秘主義者には、海は情念の場として世界と人間の心を象徴するようになる。そして、聖アウグスティヌス（三五四―四三〇）にとっては、海は生命と欲望の象徴的イメージでもあった[22]。

ところが、仏教において、海とはもっぱら善的、神聖な場所となって、仏陀と仏法の象徴になるのである。『大蔵経』「阿含部」には「仏説恒水経」[23]「法海経」[24]「仏説海八徳経」[25]という三回にわたる釈迦の説経の翻訳が収録されているが、いずれも海は仏法の比喩として説かれる。三つの内容は互いに似ているところがあるが、その「仏説海八徳経」において海の八つの美徳が順序立てて説かれ、それを略して順序通りに示すと、以下のようになる。

釈迦はいう。海は広大無碍で深くかつ深遠で測り知れない。海の干潮満潮は規則正しく、しかも全ての宝物を包容して汚物や屍体を風波によって押出す。金銀瑠璃ありとあらゆる宝物を蔵しており、天下の河川が各々の名をもって海に流れ込むが、海に入ったら個々の独自性がなくなり、普遍性をもつような海となる。海は恒常で河川の注入による増減はない。海には無数の魚がおり、巨魚もいる。海の塩味は変化がなく、どこでも同じく均一だという。かくして、海は仏教において、もっぱら仏法か仏陀そのものの比喩・象徴として語られていたのである。

この仏教における海は、聖書のそれとは違って、海は仏法にとって善の象徴であり、釈迦の説経を超えた他の原理や意味の解釈を挿む余地はほとんどない。いわば海は仏法であり、仏陀は海でもある。海は仏教全般の仏法の比喩でありかつアレゴリーでもある。

そして、のちに仏教の展開と普及は、中国に及ぶが、それが支配的になった儒教の思想とぶつかり合い、儒仏同士の衝突と融合は、後漢（一世紀）から北宋（十二世紀）まで、約一千年も連綿と続くことになる。仏教受容の初期には、仏僧たちによるサンスクリットから漢文への翻訳、いわゆる仏典漢訳において、仏教界では「文質論争」[26]が一世紀も続いたという。従って、仏教の海洋観や海洋意識は、そのようななかで受容されていった。その長い歴史的な背景を考えれば、インドから中国へ導入された海洋意識が中国の内陸文化には、どれほどの変容をもたらしたか、測り知れない。同じく具体的に仏教の海洋観が、いったいどのように中国に受容され、そして文学においてどのような影響を与えたのか、興味深いが測り知ることはほとんどできない。事実、釈迦の説教による海の比喩は、仏法とともに伝播された結果、仏教があるところには海があると言っても過言ではない。ごく身近な例ではあるが、漢伝仏教を受容した日本にもその影響がみられる。空海をはじめ、日本でも仏僧の名前に「海」がつく者がどれほど多かったか、あるいは、現に海を比喩として仏法を説経することを耳にするのは決して珍しいことではない。

仏教の海の比喩・象徴の伝統に従って、チベット仏教において、その最高者には「ダライ・ラマ」という称号が与えられてきた。それというのも、一五七八年モンゴルのアルタン・ハーン（一五〇七～一五八二）によって仏僧に贈られたことがきっかけとなった称号だが、「ダライ」とはモンゴル語で「海」という意味で、「ラマ」とはチベット語で「先師」を意味する。つまり、ダライ・ラマとは、「海のごとく深くて広い先生」という意味を表している。海洋とは接していない内陸チベットやモンゴル草原の人々にとって、海とは無限・広大・善的な象徴そのものとなり、そこには悪や恐怖の意味が薄い。しかも、仏教徒とその信者にとってダライ・ラマとは不死身で、転生によって永遠に生き長らえる者だと信仰されており、ダライとラマは、ともに自然に永遠を意味する。そして創世神話の「始原的な海」（ブリヤート・モンゴルの神話）から「想像上の海」まで、モンゴル人にとって海はもっぱら善的で、かつ神聖な場所だと理解されていた。[27]

こうしてみると、仏教伝来の海とその象徴的な意味は拡散しすぎて、日常生活から信仰までの意味を考えるだけでも、手に負えないほどの広がりを見せる。また、仏教の象徴的な海は、内陸の人々にとってどのような想像的な世界をもたらしたのか、その文学的な効果だけに限定してみても、それだけで一個の独立した課題として設定できる十分な理由がある。

海と文献と言語

ところが、古典の漢文文献にも、たびたび海が登場してくるが、しかし、その海は、しばしば河川湖泊とともに洪水、水害にかかわる形で語られ、海のネガティブな側面が多く表象されていた。海が倫理や道徳の善悪といったような象徴的な意味よりも、むしろ治水によってもたらされる征服の喜び、あるいは手なずけ難く荒れ狂うことによってもたらされる恐怖か、きわめて具体的な現実と社会に関連する対象として扱われる場合が多かった。そのなかで、奇書ともいうべき海に関する物語の源泉の書『山海経』があるが、そこには海にかかわるさまざまな神が登場する。その根茎になる物語の一つ——「**女娲**」が東海で溺れて死ぬが、海を恨んで「精衛」として生まれ変わり、海を埋める——いわば海への復讐物語として展開されているのだ。

また、正統史の第一に挙げられる『史記』を紐解くと、海についての言及はそれほど多くない。典型的なエピソードとして、秦の始皇帝の思惑にかかわる重要な出来事の場所として記録されているが、そこで海はあたかも皇帝だけに求めることが許された特殊な場所のように描かれる。つまり、中国史上、初めての最高権力を掌握した始皇帝は、短期間に諸国家及び度量衡の統一など数々の偉業を成し遂げたが、その究極の夢は不老不死だったという。その夢を東海に託し、海はその長寿不老にかかわる重要な象徴的な場所となったのだ。いわば、長寿不老を求める始皇帝は、「海中」の「三神山」には長寿不老の仙人がいるという報告を聞き、童男・童女数千人をおくって「海中」の山へ仙人を探させたが、消息はなかった。のちに始皇帝は「海神」と闘った夢をみるが、「占夢博士」はその「海神」を「悪神」だと判断して除去すべきだといわれ、「悪神」退治のため始皇帝は、みずから栄成山・平原津（山東省）までいたったが、その「悪神」退治の海辺の旅で、結局病にかかり死を迎えることになる。[28] ところが、海とは縁遠い内陸の皇帝が、なぜか海のなかの三神山に長寿の願いを託したり、「海神」の夢を見たりするのか。ちなみに、始皇帝の陵墓を囲んで埋められた膨大な数の兵馬俑と戦車は、すべて東に向かって行進しているが、一説によるとそれも東方にある海に憧れ、長寿不死を求めた結果だったという。また、始皇帝は秦皇島の碣石山で自分の功績を称えた「碣石門辞」の石碑を立てたが、その山は海から十五キロほど離れ、海を眺望する「神岳」とも言われていた。

かくして、世界各文明圏における海は、いつからか天地創世の原初・始原にかかわるものとして看做される一方、信仰と結びついて真理・平和・善、または長寿不老の聖地の象徴としての役割を果たしてきた。また海は、また神秘的で異郷的な存在でもあるが、その一方、つねに危険でかつ不可知の場所であると同時に、美しい魅惑的な対象として捉えていた。しかし、その根底には、いずれも想像力という人間の営為が関わっており、想像力を切り離して海を考えることはとうていできない。そして、想像力の集大成か大御所となる文学にとって、海そのものはいうまでもなく、海にまつわる神話・伝説までも人々の想像力をかきたて、また逆に人々を魅了してきた。海と想像力とは、文学において切っても切り離せない関係にあるのだ。いってみれば、海と想像力は、文学において協働して一種の思考の基盤かパラダイムをなしているとも言える。

言語の意味において、海の形態は湖・池・川・泉と隣接関係からいずれも液体として共通点があり、古代ギリシアから世界を構成する四大元素の一つは水だと考えられてきた。その液体としての海は、水の一形態であり、恐怖というよりも力強い生と死のシンボルだとしてみなされたりする。現代文学・詩的言説においても、例えばガストン・バシュラール（一八八四〜一九六二）は、「海」というイメージに注目し、それを古代ギリシアまで遡って考えて、最も根源的なイメージなのだと考え、とりわけ詩において「水」＝「海」というイメージは、起源的で、超越的であり、また根源的な象徴でもあるという[29]。そして、象徴という意味において、たとえ実際、現在の生命科学の明晰な例証を引用しなくても、海は全ての生き物のシンボルであり、生のシンボルでもある。生命は海より出て、海に帰る。そして寓意という意味から、海と水がその誕生、進化、変容、死と再生の場だと認知されるのは、自然なことである。また海をはじめ、すべての液体は、その動いて止まぬ性質から、まさしくそこには形が定まらない不定形性が秘められており、変化と不変化との間の過度的な状態をも象徴する。実際、言葉として運用する上で、海とは、そのコノテーション（内含）とデノテーション（外延）のいずれにおいて、多義性をもつ状態を意味しているのだ。したがって、海とは不確定さ、神秘さ、未決定、可能性と懐疑的なことと、永遠や深淵をも象徴し、人倫を超え、善悪どちらにも結論が下されるような状態を指す。そのため、海は人々にとって生（誕生）のイメージであるとともに、死（消滅）のイメージでもある。

海と地誌的な知

こういった複合的、多面的な海の全体について、早くも古代ギリシアにおいて、科学的な興味を示し、自然哲学のなかで、アリストテレスは海洋生物学について触れていた。そして、人々の本格的な探検と挑戦は、ずっと後のルネサンス期の展開からはじまる。ただし、その探検は、一四九二年コロンブスの航海の探検によって象徴されたように、海洋認識よりも新しい土地の発見と海上の支配、資源略奪が先に進んだのである。その後、一五〇七年、マルティン・ヴァルトゼーミュラー（一四七〇―一五二〇）の地図は、初めて海洋の全体図を正確にガイドできたとみてよかろう。しかし、十八世紀イタリアの自然史学者のルイジ・フィルディナンド・マルシギリ（一六五八―一七三〇）によって出版された『海洋誌』（一七二六）が世に現れるまで、実際、人々は真剣に海を認識しようという取り組みがほとんどなかったといっていい。そして、十九世紀に帝国建設が進むにつれ、海洋科学への熱意が高まり、貴重な観察が英国のみならず、ロシア、フランス、オランダ、アメリカ合衆国まで探検に参与してきた。その中で、とりわけ科学的に海洋を観察することにおいて、米国の沿岸測量局の設立とチャールズ・ウィルケス（一七九八―一八七七）世界一周の探検や、英国の南北極の探検、また一八五九年『種の起源』の出版のきっかけになったビーグル号に乗船したチャールズ・ダーウィン（一八〇九―一八八二）の航海などは、革命的な出来事だが、つい百何十年前のことだった。もちろん、マシュー・モーリー（一八〇六―一八七三）の『海洋自然地理学と気象学』（一八五五）のような科学的な見地から数多くの海を観察した海洋誌や探検記は、十九世紀半ばを中心に上梓されていたのを忘れてはならない。

かくして、近代的、科学的な海洋認識は、地理学・海洋誌・探検誌・旅行記などの大量な報告によって蓄積され、豊富になってきたが、しかし、人間と海との長い歴史から見ると、それらはいずれもつい最近のことだったことがわかる。しかも、人文学の見地から海を観察したものですらそれほど早くなかったのだ。フランスのジュール・ミシュレ（一七九八―一八七四）の『海』（一八六一）[30]は、おそらく十九世紀までの記録の中で、最も成功した書物の一つだと考えられる。その『海』は文学作品と違って、人間の海についての歴史的背景やその諸相、あるいは人間の海に対する感情ないし心象風景をリアルに復元しようとしたもので、人文学において、それは一つの流れの始まりをつくったといって過言ではない。実際、それは二〇世紀のアナール派代表のアラン・コルバンの大著『浜辺の誕生――海と人間の系譜学』の生みの親でもあり、気宇壮大なスケールという点では両者は共通している。

歴史家が記録した海

ミシュレの『海』は、それまでの地誌学や海洋学などとは一線を画す。「海洋博物誌」だと言われてきたものの、決して海それ自体を「もの」として記すことにこだわっていない。その幻覚的だとも言える独特な文体によって描かれた海から、「ほのかな人格らしきもの」すら読み取れる。そして、その描写は時には幻想的で、えも言われぬ抒情すら見え隠れし、歴史家の「客観的歴史叙述」という掟を犠牲にしてまで、想像力の羽ばたきに任せているところが見られる。しかし、そうかといって、それが決して海の詩的なエッセイでもなければ、はたまたその逆の客観的な海の記録でもなかった。言ってみれば、過去の神話・信仰から近代の科学へ移行する海洋認識の中間に位置づけられようか。十九世紀において人文学から考察した海を挙げるとするならば、まずこの『海』があげられよう。

それでは、この人文学的な視点から見た海は、いったいどのように展開されていたのか見てみたい。

例えば、「海から受ける第一印象というのは、恐れだな」という冒頭の引用文から始まった『海』は、傍観者として海を記述するよりも、ミシュレはまず、読者を海という恐怖に想像力をかき立てるように誘う。

（前略）この未知の闇に深々とつつまれた海とよばれる大量の水が、人々の想像の中に、つねに恐るべきものとして現れてきたからといって、さして驚くほどのことはない。

東洋人たちは海に、たえがたいような深淵と奈落の闇しか見ていない。インドからアイルランドにいたるまで、あらゆる古代の言語では、海の名は荒地や暗闇の同義語か類義語となっていた。（コルセンやクルチウスは、ラテン語の **mare** をサンスクリット語の **maru** に帰しているが、これは「荒地」や「命のない要素、不毛な要素」を意味する単語である）[31]。（下線は引用者による。以下同）

しかし、いったん、主題が「海岸、砂浜、断崖」に移ると、ミシュレはまったく逆の心象風景を展開し、海を友のように位置づけて読者とともに海を恋人として想像するように導く。

陸と海！これ以上、なにを望むことがあろう。ここでは両者がそれぞれに魅力的だ。しかしながら、海を海そのものとして愛する人、海の友、海の恋人は、むしろ何の変哲も無い場所に海をもとめにゆくだろう。海との末永いつきあいを始めるためには、（砂がやわらかすぎなければ）広い砂浜のほうがだんぜん都合がいい。そこでは好きなだけ散歩ができ、夢想に浸ることもできる。砂浜は、人間と海との間で、ひそかな打ちあけ話をかわせるようにしてくれるのだ。ほかの人々であればすっかり退屈してしまいそうなこの自由に広がる砂浜に、私はすこしも不満をいだいたことはない。そこにいるのは私ひとりではなく、いたるところに海の気配を感じる。むつまじい友がそこにいるのだ。ご機嫌ななめで特に荒れ模様だというのでさえなければ、私は彼におもいきって話しかけてみる。そうすれば、彼もむげに応じぬことはない[32]。

ミシュレ自身がこのように、夢想に浸って海に話しかけるのみならず、さらに海に生きる生物――軟体動物たちを「このあわれな小さい労働者の苦難に満ちた人生は、誠実さの魅力と海の徳性とを生みだしている」といい、それらを倫理的に人格化して、海と生物と大地との調和したエコロジーを思わせる、抒情に溢れた言葉で次のように締めくくる。

静まりかえった大地と、海の寡黙な連中との間には、ここで力づよく重々しく相和した対話がたっぷりと交わされるが、それは大いなる自我たる海が、自分自身との間に調和のとれた一致を見出しているのであって、そのおだやかな論戦は愛にほかならないのである。[33]

しかし、その後ミシュレは、フランス西部のサン＝ジョルジュという港町で、一八五九年十月二四日からほぼ六昼夜も荒れ狂った嵐を体験する。そして、いままでの海との会話を楽しんでいたこと、あるいは海と生物との互いに交わされた愛の囁きに耳を傾いていたことなど、もはや完全に忘れ去られたように、海はまったく別な悲惨な顔を出してくるのである。

最初の一撃で、広大な灰色のテントが水平線をすっぽりと覆い、人々は、遺骸の灰のような色をした陰鬱な屍衣につつまれてしまった。この覆いもすべての光を奪いはせず、たけり狂ったままの、鉛色の石膏のような、ひどく忌まわしい海をながめられるほどにはなっていた。海は一つの調子しか知らず、それはつねに、煮えくりかえる巨大なボイラーのうねりのようであった。どのような恐怖に満ちた詩であっても、この散文ほどに戦慄をあたえはしなかっただろう。いつまでも果てしなく同じ音を発しているのである。ウーウーウー、あるいはビュービュービューと。[34]

すさまじい暴風雨は、五日間も衰えなく荒れ狂い、ミシュレは陸側の部屋にいても同じ喧騒や振動を感じ、昼間でもロウソクをともし、「しまいには疲労と睡眠不足」で、「伝えられてくるニュースは、海難のことばかりだった』という。そして、「この悲惨な出来事は、他の出来事をも予想させ、人々は忌まわしいことばかり想像していた。それにしても海はまだ飽き足りない様子であり、だれもが精魂つきはてていたのに、自分だけは元気百倍といったところだった」と、ミシュレは海を憎しむ。

私もまた、恨みをだきながら、飽くこともなくこの海をながめていた。実際にさらされてはいないので、私はせいぜい、海に対して不安と悲しみとをおぼえた程度ではあるが、海は醜く、おぞましい形相をしており、詩人たちの絵空事のような情景描写をしのばせるものは何もなかった。ただただ奇妙なコントラストがあって、私には、自分の実在感が薄れればうすれるほど、海のほうが生き生きとして感じられていた。そのものすごい動きで帯電した波の一つ一つが、生気をえて、奇怪な魂をもったかのようであった。総体としての激しさのなかには、個々の波の激しさがあり、全体的な均一性（たとえ矛盾した物言いと思われようとも、これは真実である）のなかに、悪魔的なひしめきが秘められていた[35]。

かつて、愛を語らい合った海、あるいは陸と調和した海、夢想に浸ってむつまじい友であった海、またひそかな打ちあけ話を交わされ、倫理的に人格化された海は、いまや「悪魔的」になってしまったのだ。歴史家のミシュレは、博物誌として海を捉えようとしたが、人文の見地から観察されたその海は、限りなく文学に近づき、恐怖の海から美しい海、愛の海から醜い海、生気の海から悪魔の海というように、共々に混合して浮かんできたのである。

ところが、この複合体的で、広大無限に広がった、激しく矛盾しあった海について、果たしてわれわれ人間の言葉で表現することが可能なのかと疑うほどである。海の表情や矛盾した面々がリアリスティックに表象されるかたや、幻想的に描かれ、事実として記録される一方、明らかに筆者の想像的な筆致によって対極的なイメージで結ばれているのだ。そして、いったいこの海の叙述は、想像力がミシュレをして海に思いを駆り立てたのか、それとも海がミシュレの想像力を羽ばたかせたのか判明できない。あたかもミシュレと海と想像力が一体化されずにはいられなかったようである。『海』を和訳した加賀野井秀一は、そういったミシュレの想像力に注目して、そのスタイルを「幻視」だと指摘し、その「幻視は、無論、比喩などというなまやさしいものではない。ミシュレにははっきりと見えているのである。あるいはむしろ、全身で感じられているのである」[36]という。確かにその文体は、修辞学的な比喩やアレゴリーなどの技巧を超えた何かを示唆している。それをもし象徴だと名指せば、それはそれで納得できるかもしれない。しかし、海を相手にしたミシュレは、とうてい傍観者として冷静に語ってはいられず、正気の沙汰とは思えない何かにとりつかれていたようだ。

それは私の目の迷いであったのか、それとも疲れた頭の迷いであったのか。はたまた、実際にそうであったのか。波は私には、忌まわしき下賤の者たちのうごめき、いや、人間というよりも吠えたてる犬どものうごめき、たけりたった、あるいはむしろ、発狂してしまった何千何万の番犬どもの恐ろしいうごめきのように思われた……。だが、どう表現すればいいのだろう。犬？　番犬？　いや、それでもまだ言いたりない。おぞましく名づけようもない幽霊、目も耳もなく泡をふく口だけをもった獣とでもいうべきか。

怪物どもよ、おまえたちは何がのぞみなのだ。私は四方から得た海難の知らせに、おまえたちはまだ飽きたらぬのか。いったい何が欲しいのだ。――「おまえの死、すべての死、大地の崩壊、そしてカオスへの回帰なのさ。」[37]

ミシュレは心身ともに海の恐怖を感じ取り、その渦巻きのど真ん中にいるかのようだが、一方、逆に、その身体化した海の豊穣さ、増殖力を賛美して次のようにも謳歌する。

悲しいことはなにもない。すべてには荒々しい喜びが満ち溢れているようだ。相殺しあう二つの力が激しく入り交じるこの海の生命から、すばらしい健康と、比類ない純粋さと、並外れて崇高な美しさとが由来する。死者たちにおいても、生者たちにおいても、おなじように海は輝かしく君臨している。何者にもさほどの分けへだてなく、電気や光を賦与したり、取り上げたりする。海はそれらから、この火花の戯れをひき出し、極地の闇の中にまで不吉な夢幻劇をくりひろげる果てしない青白い光をひき出してくるのである。[38]

嵐、海難、死、おぞましい怪物、悪魔、崩壊、カオスなど、恐怖に満ちた海の風景を呈示した後、ミシュレは、また逆に想像力を羽ばたかせて、海の「荒々しい喜び」、「すばらしい健康」、「崇高な美しさ」を讃えてくる。しかしこれはいわゆる歴史家の綴る「海の博物誌」なのだと、誰が黙認して肯くことができよう。もしかしたら、海洋には、その凝視者や語り手あるいは読者を虜にさせ、狂わせるような魔力や神秘性が潜んでいるのであろうか。

主題が「海水浴の起源」に移って、その節の最後にミシュレは、人間と海との関係をこのようにまとめる。

ここに神秘が明らかにされる。あなたの中で統一されているあらゆる原理は、そもそもこの広大な非人称的人格である海が分割していたものなのだ。海はあなたの骨も血も、生命力も熱気も、つまりは、その申し子たちの誰かれによって体現されたあらゆる要素を内蔵しているのである。

さらに海は、あなたが所有していそうにないもの、すなわち、力の横溢や過剰といったものをも有している。その息吹きは、何か陽気で活動的で創造的なもの、肉体的エロイズムとでも呼びうるものをあたえてくれるのだ。どんなに荒れ狂おうとも、それでもなおこの大生殖器たる海は、激しい喜びや、豊饒な快活さや、海みずからが胸はずませるような荒々しい愛の炎を、とめどなく振りまいている。

ミシュレは、あたかも海と生命の後見人になったように、夢想に浸って、海にこのように語りかけるのだ。

生命を開始した大いなる母よ、あなたはその生命を果てまで連れてゆくことはできない。着手された仕事を妹の大地が続けることを認めなさい。子供たちは、神聖なる瞬間にあなたの胸のただなかで、大地とその不動性を夢み、そこに近づき、大地を讃える。あなたにはそのことがおわかりになるだろう。

かくも心身ともに、文学的、詩的な想像力を羽ばたきながら海を感じ取ったことを存分に描いたミシュレだが、しかし、『海』を執筆したのちの「覚えがき」において、逆に彼はきわめて控え目になる。彼は言う。ドイツ人のように海を「夢想」しなくてもいいが、地球は「海の生命によってである」と。そして、「この小冊子においては、いかなる文学的な引用もみずからに禁じることとした」と、文学的、詩的言説を戒めたつもりだったが、果たしてそうだったのであろうか。むしろ、この『海』という博物誌は、詩的狂気の想像力によって成就された作品だったと言ってもいいぐらいだ。そして、執筆の動機についてさらに、なんと「不幸にして多くの漁師や船員が海に背をむけ、工業に手を染めているような場合には、この欠如部分を埋め合わせねばならない」という。また「かの英雄的な職業を天職とし、その職をなににもまして気に入っている人々、幼少期から海にはぐくまれ、この大いなる母のみを愛し、彼女を母国そのものと区別せぬように人々、フランスの選択は、そうした海に生きる人々を創りだすものとなるべきであろう」と、いわば、海を愛するフランス人を増やしたいという素朴な理由が、その主要な執筆の動機の一つだったという。最後の節「諸国民の新生」において「子供海水浴場」の創設を訴え、人々には「体質の改善を、大気を、海を、一日の休暇を与える」のだと呼びかける。しかし、一七五〇年イギリスのブライトンですでに海水浴場が開かれて百年も経ったことを考えれば、この呼びかけは、果たしてどこまで『海』の現実的な執筆動機であったのか、作品の内容とつりあわないところが明らかだ。

ところで、ミシュレの執筆動機どうであれ、海を語ることとは、そもそも神話から信仰までその伝統からして日常的なことではなかった。たとえそれが体質改善のためであろうと、健康な国民を育むためであろうと、海を語ることにおいて、十九世紀近代の「客観的な叙述」を凌駕したミシュレですら、詩的狂気に陥って想像力を働かせなければならなかったのだといえるかもしれない。そして、海はミシュレを狂わせたのか、ミシュレが海を語っているうちに詩的狂気や想像力に取り憑かれたのか、不明だ。

ミシュレは、『海』の末尾に近づくにつれて声高にこのようにいう。

「大地は沈黙し、海は語る」。
「海はなにを語るのか。生を。（中略）」。
「海はなにを語るのか。不滅性を。（中略）」。
「海はなにを語るのか。連帯を。（中略）」[39]。

かくして、海を語ることは、客観的で、ありのままに模写することは不可能なことだ。海を語ることは、いつの間にか想像力に取り憑かれていくことを意味し、歴史家のミシュレですら客観的な叙述を忘れてしまい、つい海に飲み込まれていったのである。

科学者の想像力と海

現代において、科学や生物学にとって、海はどういう存在となっているであろうか。少なくとも生命科学においては、海洋とは生命それ自体の産みの親だということが確実に明らかになった。そして、科学的見地において何億年前の海への探求の旅は、まさしく人間自分自身への回帰、生命の起源への探求の旅として未知の世界へ誘い、人々を魅了してやまない。現に、生物学、生命科学をはじめとして、さまざまな分野の研究者たちがとりつかれたように海に取り組み、探求を続けている。海洋科学探検家のローラン・バリスタが編集した『海の惑星——その王国の心への旅』では、科学者が海について次のようにいう。

もし海洋がわれわれを魅了しているとすれば、それは何よりも第一、それを誰も理解しておらず、誰も把握していないからだ。海はわれわれの自由への力強い感情を喚起し、驚嘆させ、また安らぎと慰めを与えてくれる。もちろん、ときには不安か、あるいは恐怖をもたらす。しかし、最も困ったことには、恐らくわれわれが認知してきたこれまでのこの「他の世界」がわれわれからあまりにも遠く、かつわれわれの過去を記憶し、われわれの未来の決定にもかかっているということがわかったからだ。今、西暦二千年の始まりに、現代人はようやく長年自分と密接に結ばれているにもかかわらず、忘却されてきた母なる自然を改めて再発見したようにみえる。[40]

ここで、科学者たちは海が自分の産みの親で、かつこの親が自分の過去を記憶し、未来にも介在しているのだといい、その研究に基づいていることには何の疑いの余地もない。彼らの確信には、まるでその秘密を知っているかのように、海の神秘さに惹かれ、その謎に導かれ、あたかもそこに回帰していこうとするかのようにみえる。
海洋問題のジャーナリストのルーク・カイバースは、海洋の汚染問題を取り組み、現代人がどのように海を汚染しているかを具体的な課題にして挑戦してきた。しかしなぜか、海洋の神秘性にこだわってやまない。彼は言う。

海は、いつまでも神秘的であってほしいとも思う。人間の心は超自然的存在の壮大さを楽しむものであり、海は限りない霊感を与えてくれてきた。深海の永遠の暗黒の中には、なにが潜んでいるのだろう。科学者たちがしだいに答えを明らかにしてくれるとしても、科学的でない解釈の方がずっと多くの人に受ける。（中略）海は、いまなお私たちに畏敬の念を起こさせ、霊感を与える。恐れと驚きを生む。いかに知り尽くしても、海は私たちの心を強く動かす呪文を投げかけてやまない。（中略）それは人間の血である。[41]

ここで、海という「人間の血」が、逆に人間に「霊感」を与え、「呪文」を投げかけているが、人間は決して単純な観察者ではない。その一方で、まさに現代の合目的の科学者の作為は、いつのまにか、まるでかつての神話・伝説における起源への帰還といった物語を反復しているようにみえる。つまり、現代の人々は、無意識のうちに神話や伝説に語られてきたことと同じように、最新の科学的な探求によって自己への回帰を現実化しようとしているのだ。言ってみれば、かつて神話の時代には海が身近な存在だったが、その後、一時遠ざかり、今や科学技術によって見直した結果、科学は神話と同じように、いずれも海洋が全てのものの始まりであるという認識において相似するに至り、その原点に回帰を果たそうとしているのだと。ここに一つの大きな回帰や循環の姿を見せているかもしれない。

前掲でレイチェル・カーソンが言ったように――「その結果、人類はいわば精神的に、また想像の力で、再び海に帰ったのである」と。[42]

このような、海と神話、人間と科学との関係については、もしも、ユング（一八七五―一九六一）ならば、おそらくそれを「元型」、「集合的無意識」[43]に導かれていった結果だと、解釈するであろうか。したがって、集合的無意識・元型という意味において、神話・伝説の世界原初の物語とは、決して事実無根の無意味な戯言ではなく、あるいは無から勝手な幻影を幻想したことではなくなろう。その回帰を果たそうとしているのは、まさしく生命自体に備えられていた、想起して思い浮かべる自然の力であり、その力とは、いわば想像力なのだ。そして、むかしから神話に語られてきた、人間や海に対する神秘性と異界への憧憬のような情動は、いまや逆に現代科学それ自体の探求によっても裏付けられつつあるということは、あながち空想の結果とはいえないのであろう。

なるほど、自然や海の申し子である人間は神話・伝説を通して、起源を想起したり、思い描いたり、回帰したりする。

しかしそれ自体は、まさしく人間という生命体に記憶された、想起し、想像する能力を持ち合わせているのだということの発露であろう。というのも、「海の神話」とはユングの言い方では、海洋・自然それ自身の力——人間によって成就され、語られ、かつ人間の「集合的無意識」によって想起されて思い描かれてきたものだからだ。ここで最も重要な役割を果たしているのは、ほかではなく、まさしく自然・海の末裔である人間に遺伝されてきた「集合的無意識」の「能動的想像力」[44]なのだ。それは人間だけが持ち合わせた一種の天性でもあろうか。たとえ生命が進化して原初から遠く離れても、自然の、本来の、本能の想像力によって神話を語り、その神話を語り継ぐことによって原初回帰への思いを果たそうとしているのであろうか。現代風にいえば、人間の原初への回帰の欲動が、まさに人をして科学によって実現されるようになり、いまやミトコンドリアのレベルまで遡って解明を進め、原初への回帰を果たしているのだ。つまり、想像力とは、まさにまずその本能的な力の現れであり、その無意識の力の表象なのだ。

「生物進化論」を唱えたチャールズ・ダーウィン(一八〇九—一八八二)は、この想像力には特別な感心を寄せ、人間にとって重要な意味をもつ能力だと看做していた。彼は晩年の著作『人間の由来と性に関連する選択』において、人間と蟻などの模倣・記憶と想起の能力を考察し、それらを比較した上で、生物の記憶と想像力について次のように明言する。

想像力とは、人間の最高の特権の一つだ。この能力によって人間は、それまでの数々のイメージやアイデアを総合して自律的な意志に従って、絢爛たる新しい結果を創造する。(中略)夢を見ることによって想像力という観念には最高の力が与えられる。さらにジャン・ポールがいうように「夢とは、詩という無意識にして作られた芸術作品である」。われわれから生み出された想像力の価値は、いうまでもなく数値、正確さと印象の明瞭さによって決定され、われわれの判断と好みの取捨選択によって決定され、あるいはわれわれが無意識の混合体を拒否するか、それともある程度においてわれわれの意識的な力によって結合させるかによって決定される。[45]

生物学の固定観念を覆したダーヴィンによるこの想像力への擁護は、当時、宗教界や経験主義、リアリズムにとって衝撃的な出来事だった。しかし、創造的な科学や文学、芸術などの分野の人々に歓迎され、現在でもよく引き合いに出されるいちくだりである。もちろん、『種の起源』それ自体には、推測と想像力の積み重ねによって構築された理論だという疑問が付されていたことも事実である。しかし、科学者のなかで、おそらくダーウィンよりももっと想像力を信頼していたのは、アルバート・アインシュタイン（一八七九〜一九五五）だったのであろう。一九二九年、ベルリンでアインシュタインは、詩人でジャーナリストだったジョージ・セルビスター・ヴェリックの長いインタビューにおいて「あなたは自分の発明が直感とインスピレーションによるものだと考えていますか」と質問されたところ、次のように答える。

私は直感とインスピレーションを信じる。時には私はそれが正しいと思う。（略）ある芸術家が私の想像力を十分に描いたが、私は思うに、想像力は知識よりもっと重要だ。知識は限界があるが、想像力は全世界を取り囲む。[46]

そして、そのインタビューの二年後、出版された『宇宙的宗教――その見識と格言』において、それをさらに強調して次のように記述する。

（前略）想像力は知識よりもっと重要だ。知識は限られてしまうが、想像力は全世界を抱擁し、刺激を発展させ、命の誕生に進化を与える。[47]

種の起源や進化を探求したダーウィンと、宇宙の起源や進化を探求したアインシュタインは、いずれも想像力に頼って探検したといい、たとえそれは、比喩という限定的な意味で想像力という言葉を用いたとしても、それ以外に表現しようがなかったのであろう。

そして、現代の人たちは、想像力を信仰して、想像力には神秘性をも注ぎ込む。かつてプラトンが言ってもいなかったのに言ったことにして、世に広く知られている言葉――「音楽は魂に宇宙を与え、翼は心に想像力を与え、命はすべてを与えるのだ」。たしかに、プラトンはこの言葉を発していない。しかし、それに近い言葉を言ったのは事実である。現代人（主に欧米）にとって想像力とは、無から有を作り出すことができるマジックに等しい言葉で、それは二〇世紀後半からますます謳歌されるようになってきた貴重な思考様式でもあるのである。


以上のように、海と神話、想像力と神話ないし科学者にまつわるさまざまな事象をめぐってみたが、そこで介在している問いかけは、いずれもわれわれ人間自身の存在と起源に関わった難問に立ちはだかったことになる。もともと単純に海岸に立ち竦んで眺めたり、海の風景を思い描いたり、あるいはその深いブルーに魅了されて感情的になったりすることで、それは何の変哲も無いことのようだったが、しかし、そこに想像力を加えていくと、物事がたちまち複雑になり、海という風景が単純なものでは済まされなさそうになってくるのだ。想像力が加わることで、人間は自分の起源に回帰しようとし、自分の内面世界に深く沈んでいく衝動に駆られてしまうのだ。

ところで、海洋という謎と、元来、人間に備えられた想像力という能力が互いに結びつくと、いったいわれわれの内面には何が起こるのであろうか。

心理学はいう。神話や海を「元型」（ユング）として見なすならば、眺めるわれわれ自身が特別に意識しなくても、すでに「無意識」の世界に魅了され、「集合的無意識」が顔を覗かせてくることがあるのだという。そして想像力を加えることにより、心理学においてその意味が解釈できるのみならず、科学者たちがなぜ「海」の謎に見惚れて探求に勤しんでいるのかが理解できるのだという。しかし、そもそも人間が起源に立ち帰ろうとする神話・伝説・科学の帰還の欲動は、いったい生の集合的無意識の表象なのであろうか、それとも集合的無意識に促されたものなのであろうか。あるいは、海という対象・シンボルは、太陽や空、または山のような対象・象徴に置き換えてはいけないのであろうか。これらは非常に興味深い問いかけではあるが、むしろ象徴と無意識の専門分野の研究に任せるべき課題であろう。あるいはシンプルにエーリック・ノイマン[48]の主張にならって、生命の起源となる海洋と、そこから進化した人間の想像力との関係は、それが一種の「ウロボロス」の現象だと考えた方がもっと理解しやすいかもしれない。あるいはエッシャー（一八九八―一九七二）の絵に表象された風景が示唆するように、海と人間の想像力は、互いにパラドッキシカルな関係をなすが、認知が限界に至れば、そこには一種の解釈の循環が始動するので、もはや遊戯として考えた方が楽しいかもしれない。いずれにせよ、海と人間との関係において、われわれが生まれつき持ち合わせた想像力だけは、紛れもなく存分に発揮され、海にさえ出会えば、人間の原初から恵まれた特別な能力がより著しく顕現されるようだ。

　ということで、むしろ想像力を得意とする領域である文学に立ち戻り、文学における海と想像力について限定して考えていった方が良さそうだ。というのも、文学の中において海と想像力は、互いに寄り添い、関与し合い、何よりも一段と輝いてきたからである。

第二節　海と文学と想像力

古典における中国と日本とギリシアの海

いうまでもなく想像力は、決して神話や宗教、科学、シンボル、アレゴリーなどを介して表象され、認知され、思い描かれた心象や光景に限ったものではない。しかも、この想像力はまた海洋だけに限って表象され、生成されてきたものではなかったはずだ。概して言えば、文明と地域によって、また時代によって人々の想像力が発揮されたパワーがそれぞれ違っており、海によってかき立てられた想像力の豊かさや広さ、また深さにも差異がある。内陸発祥の中国文明は、大陸を中心に生を営んできたにもかかわらず、海に関する言説は少なくなかった。最も有名なのは、曹操（一五五—二二〇）が残した「碣石篇・観滄海」（二〇七）の叙景詩であろう。それは苦難に満ちた遠征の末、ついに烏恒を征服したのち、帰りに碣石山に登って感慨深く謳ったが、その詩は、こう記してある。

東臨碣石、以觀滄海。水何澹澹、山島竦峙。樹木叢生、百草豐茂。秋風蕭瑟、洪波涌起。日月之行、若出其中。星漢燦爛、若出其里。幸甚至哉、歌以詠志[49]。

（東海を臨む碣石山に立ち、はるかな青海原を見渡す。水はいかにもゆったりと波うつ。海原のそばにたつ山と島が立つ。樹木がむらがり、草が茂る。秋風がさわさわと寂しく吹き、大波がたちあがりさわぎたつ。日月の運行はそのなかから出たのか、星の天川もそこから現れたのか。これらの風景が見られて幸いなこと、これを以って我が志を詠む。）（訳は引用者による）

海の風景を眺望して凱旋の喜びを歌ったものだったが、初めてスケールが大きく広大な海と空と日月の風景を謳っただけに、中国文学史では珍重されてきたものである。ただし、海というよりも、どちらかというと借景という意味合いが濃厚で、海それ自体に深く凝視するよりも、むしろ戦乱の世で勝ち抜いてきた曹操の野望に呼応した、万感胸迫る風景の方が重きをなしたと言える。しかし、それが海を眺め、広大な風景を謳うという意味で、一つの伝統を生み出したのはたしかである。その後、かつて不老長寿を求めて海の向こうを憧れた始皇帝を詩句にした白楽天（七七二―八四六）の「海漫漫」（海はひろびろ）[50]もあり、人生の短さと、海の風景による虚しさを表現しようとしたものもあった。このような広大な海の風景を喩えた詩句は、中国文学史において多くはなかったが、絶えることはなかった。

しかし、海に囲まれた日本に比べれば、中国の海についての神話・物語は貧弱で少なく、豊かさにも劣る。ところが、東洋全体の海にまつわる神話・伝説は、西欧のそれらと比較すれば、ずっと乏しくみえる。したがって海にめぐる想像力について、これまでの東洋の思索・探求・定義は、西欧のそれとは比較にならないほど欠如している。古代から各文明圏が、それぞれの地勢により関心の向きに差異があったのはやむを得ないことであろう。

確かに、西洋古典文学において海にまつわる神話・伝説は非常に豊富だった。しかし、意外なことに、実際、海それ自体についての抒情性のある詩・文学作品に関しては、東洋と同じく非常に貧弱だったと言わざるをえない。むしろ洋の東西を問わず、海に関して、いずれも文学において、つねに死・恐怖・障害が付きまとわれ、悪魔・怪物の住処などのモチーフが頻出し、海の危険性や神秘性において共通しているところが多かった。

ただし、古代ギリシアの海神の美しい娘たちの甘美な歌声や舞踊などを賛美する文学は、とりわけ東洋とは違って特別だった。その中で、海神の娘たちの美しさと甘美な声の魅力は、代々にわたって抒情性に託されて歌われ、とくに有名なのは、オデッセウスの帰郷の航海が台無しにされるほど魅惑的だったことである。こういった伝承された海ないし川の妖精らがもつ魅惑的な美しさと危険さを隣り合わせた伝説は、かたちをかえて、例えば、ドイツにみられる「ローレライ」（近代日本でも愛唱されていた）に似たような歌・伝説（一八世紀再発見、再創作された海洋に関わる叙事詩『オシアン』をも想起すべきであろう）などは、欧州各地に遍在している。

一方、文字記録が発達してからの文学史において、継承されてきたギリシア・ローマ古典文学においては、海神のポセイドンをはじめ、神々の所為やその美しさについて賞賛の詩は多かった。しかし海それ自体についての賛美は、決して作品として数が多いとは言えない。そのなかで、とくに抒情詩といえるものはさらに限られてくる。ただし、海から生まれたアフロディテー（ビーナス）をはじめ、海や川に関わるセイレーンやニンフらの一連の伝説・詩などのなかで、その美しさと妖艶さによって人々が魅了され、狂わされ、死に至るといったようなモチーフは、枚挙に暇がない。

例えば、日本に紹介された『ギリシア詞華集』などのみを見ても、プラトンの「パーンの葦笛」[51]やムナサルカスの「浜辺」[52]は、神々や海の妖精について歌い、いずれも心地のよい風景と音楽を楽しみ、抒情性に溢れていた歌である。またアニュテー（BC.三世紀）の「海辺のアフロディテーが杜に」[53]という詩は、女神の神殿や海に光り輝くのをみて身が打ち震えるという具合に、海と女神は一体となって美しい景観を成す。なお、同じ詩集には「海面に」[54]が、きわめて純粋に海と風と波寄せてくる風景が歌われている。

かくして、西洋の海にまつわる神話、伝説ないし詩・文学には、おおよそ危険でかつ恐怖や死などにつながるモチーフに関係する一方、その海と妖精たちには、魅惑的で神秘的かつ美しさを隣り合わせている。その背景には、つねに「美」、「エロス」、「誘惑」と「悪」などがあるが、しかしそこには仏教のような「善」がみごとに削ぎ落とされ、かつ平和や平穏とは無縁な存在として表象されている。つまり、東洋の仏教のように海を善の比喩や象徴としてみなす伝統はまったく見られない。

古典ギリシア文学と想像力の伝統

このように、海につきまとう美しさや魅惑的な側面と、またそのために命が落とされるような危険で恐怖や不可知による神秘的な側面は、まさにヨーロッパの神話ないし文学の豊かな想像力によるものだったが、しかしそれらがまた豊富な想像力をかきたてる源泉の一つになったのだ。その神話を生み出した「能動的想像力」（ユング語）は、時代と共に変容があったものの、その「想像力」という言葉それ自体に多様な意味が付きまとってきたことも歪めない事実であろう。

実際、古代ギリシアでは、想像力を掻き立てるのは神々で、とりわけその神話群のなかで、ミューズの女神はもっとも深く関わっていた。たとえば、ホメロス、ヘシオドスは、詩を語るまえには、いずれもまずミューズの女神に霊感やお告げを授けてくれるように祈るか、特別な神聖な儀式を行ない、霊感やお告げが授かる祈祷を行う。そのミューズの女神たちは、意味深くも記憶の女神の娘なのである。そして、詩人たちは、まずこの記憶の女神の娘たちに祈願し、その記憶の中にたくわえられたイメージによって養分が与えられ、そこで詩人たちは記憶とイマジネーション（想像力）の化身となる。そして、その部族の記憶を具象化し、言葉をイメージ化して、勇猛な闘いの功績や過去の偉業、試練などを同時代の人びとの心や精神（魂）に届け、人々のなかにいきいきと保ち、それを未来の世代へ伝承していくという。詩人はそのような記憶とイメージを貯えてかつ送り伝える役割を果たしていたのである。ミューズの女神から霊感を授かった詩人は、しばしば正気を失い、入神・恍惚・エクスタシーの状態になるが、それを詩的狂気（**poetic madness**）だともいう。そして、このミューズの女神によって授かった霊的なイメージを生み出す力――現代でいう創造力（**creative**）や想像力（**imagination**）はこのときに働き出すが、真の詩人はそういった霊的な、神的な特権のもとで詩作しないと、真なる美しい詩は生まれてこないという。一方、もちろん、その歌は、嘘（**false**）とも幻覚（**illusion**）とも言われる誹りはさけられなかった。しかしそれにもかかわらず、真の詩人が理性というものをとどめている限り、霊感的な創造力や想像力によっての詩作はできない、というのが、古代ギリシアの一般的な通念だった。

したがって、西洋の詩人に付きまとう霊感や想像力という言葉は、きわめて複雑でかつ厄介なもので、それについて、古代から現代まで議論されてきた歴史が有する。とりわけジョン・マーティン・コッキング（一九一四―一九八六）の『想像力――その思想史的研究』（一九九一）は、古代ギリシアからルネサンスまでの想像力の変遷を探求したものの中で、最新の網羅的な力作だが、その「序説」において、ギリシア古典の研究者ペネロピ・マレーは、想像力について簡潔に次のようにまとめる。

想像力の歴史は単なる用語の歴史ではない。それは数多くの人びとによって時代から時代にわたって多様な定義や解釈が行われてきた心理的なカテゴリーの活動なのである。もっともその基本的な用語としての「imagination」（想像力）とは、言語学的に古代ギリシア語の「phantasia」と「eikasia」にあたり、ラテン語の「phantasia」と「imaginatio」に対応する。いずれも人間がイメージを作り上げる能力を意味し、人間の多様な経験のすべてがこの能力によって表わすことができる。この能力によってわれわれが現実に所有していないもの、例えば、夢、ファンタジーと幻影を思い描くことができる。芸術的な創作と発明から、一般の人の力によってよりよい可能な世界を想像したり、あるいはまったく別の生活を想像したりすることができる。また高度的な、現実性のある神秘的なビジョンによって感覚の世界を超えたりすることができる。現代の想像力の運用の仕方について、今や思い起こす必要がなかろう。現代の用語には多様な意味を含蓄している。例えば、真実の性質を洞察するという特殊な作法まで提供してくれる理論もあり、それは十八世紀以前のヨーロッパの主流の思想にとって考えられないことだった。想像力という言葉は、その掴み所の困難さからその最高の時代の確定すら難しい。そしてそれをさらに複雑にさせ、困難にしているのは、想像力とファンタジーの境界であり、それは古代ギリシアからラテンまでの言葉の翻訳からすでに混合が始まっているからである[55]。

このように、想像力とは、あまりにも古くから広範囲にわたって議論されてきたもので、しかも、その時代その時代の哲学的認識論、宗教ないし心理学などにかかわって再定義されてきた用語である。とりわけ、現代の欧米ではもっとも使用頻度の高い思考様式を表わす重要な概念の一つである。コッキングは想像力について古代から近代までの変容の歴史を考察して、その重要な転換期を説明して、次のように述べる。

重要な交点はアウグスティヌスである。彼は音写した「phantasia」（想像力）と翻訳した「imaginatio」（想像力）両方を使い、この二重の使い方は全ヨーロッパの各国言語に使用されてきた。もちろん想像力はアウグスティヌス以前よりも、すでに二つの意味にわけて使われる傾向があった。すなわち、イメージとは真実と仮像とその両方を反映でき、それは思慮深くなることができるが、軽い娯楽に変貌することもできる。時代がくだって、この二重の意味はアウグスティヌスの使い方に応答し、とくに各国の言語（方言）において、独自の応用のなか、想像力は、人々の心理において重要な活気のある、軽い空想と陽気なふざけた意味として定着してきた。しかもその二重の意味の相違や格差が固定されたことはなかった。しかし、哲学の用語として稀にしか考察されず、パラケルスス、ベーメ、シェリングとコールリッジに至って、それはヨーロッパのロマン主義の美意識として変貌したのである。[56]

ヨーロッパ各国の地方語において、想像力における多様な意味が産出されたきっかけは、まずアウグスティヌス(三五四—四三〇)によるものであったと、簡潔明快に指摘したコッキングは、アウグスティヌスを「重要な交点」として捉えたが、それは、いみじくも中世キリスト教を媒介して受容されてきた想像力には、根強いネガティブな意味が付きまとわれていることを示唆しているのだ。事実、「想像」・「想像力」は、キリスト教の文脈のなかで、ややもすると幻想、妄想（delusion）だと看做され、『旧約聖書』（イザヤ書66:4、シラの書「集会」34:5、哀歌2:14）と、『新約聖書』（ザカリアの書10:2、テサロニケ人への第二の手紙2:11）などに見られたように、警戒され、つねに慎重に回避されるべく心的現象であった（コッキングはここで、パラケルスス〈一四九三—一五四一〉とベーメ〈一五七五—一六二四〉を言及したものの、その主著の『想像力——その思想史的研究』から両者を省き、むしろフィチーノ〈一四三三—一四九九〉を取り上げて、その特別な歴史的な仲介役を高く評価している）。

いずれにせよ、コッキングの指摘に従ってみると、古代ギリシア語の「φαντασία；phantasia」（想像・空想）は、「εικασία；eikasia」（推し量る）と類似的な意味をなし、そもそも起源から不確定な要素の多い言葉であったが、アウグスティヌス発の音写と翻訳によって助長され、そして、各国の個別言語において、さらにズレが生じたのだ。例えば、英語の場合は「imagination」（想像力）と「fancy」（空想）、フランス語の場合は「imagination」（想像力）と「fantaisie」（空想）、ドイツ語の場合は、「phantasie」（想像力）と「fantasia」（空想）にみられるように、それぞれ独自の音写をして、独自の言語への翻訳、理解、解釈をして、応用されてきたのである。しかも、場合によっては異言語同士が互いに随分と違ってくるばかりか、しいては同一言語のなかでも、分野と専門によって、それぞれの訳と理解が違ってくるのである。

かくして、古代ギリシア発の「phantaisa」は、他の言語に受容されているうちに、多様な意味を含蓄し、人々によってそれが信念・憧憬・高揚から混乱・困惑・失意まで、さまざまな意味にわたって理解され、活用され、つまり、それはきわめて活発な概念として用いられてきた傾向がある。

実際、文学・詩学において、「空想」（phantasia; fancy）と「想像力」（imagination）は隣接語、類語として用いられ、文字通り両者の対比や境界、区別は不明瞭な要素が多かった。しかし、最終的には、それはイギリス、ロマン派詩人、哲学者サミュエル・テイラー・コールリッジ（一七七二―一八三四）によって（ドイツのシェリング（一七七五―一八五四）が先立って成立させたともいう説もあるが、その議論は避けたい）定義が下されるまでは、文学において「想像力」が「空想」とは違うのだ、ということを誰もが明確に境界を引こうとせず、その言及を避けることができれば避けようとしてきたのが、一般的だった（あとでわかるように、あの『英語辞典』のジョンソン博士でさえ敢えて避けようとしていた傾向が見られる）。

批評性の高い文学用語事典を編纂したジョン・A・カードン（一九二八―一九九六）も、その『文学用語と文学理論事典』（第四版）において、「imagination」（想像力）を「fancy」（空想）の見出しのもとに収録し、両者を同じ項目として扱い、かつ長い定義を試みている。冒頭から次のようにいう。

「空想」（fancy）と「想像力」（imagination）はいずれも文学批評史において最も多く使われ、最も議論の多い用語である。その多くの事柄が文学と関連しながら、それ自体の構成と原理、またその問題の核心については、もう一度文学批評世界のトップの二人――アリストテレスとプラトンに立ち戻らなければならない。そして彼らを継承した中世とルネサンスの時代に今一度立ち入らざるを得ない。つまり、その用語は中世における問題の発想と思想がアリストテレスに基づいたものだったが、ルネサンスの思想はプラトンに基づいたものであった。[57]

いわば、想像力とは一見、日常的に使いまみれた言葉だが、それに付きまとってきた複雑な議論とその用語の定義と起源について、カードンもやはりアルフレッド・ノース・ホワイトヘッド（一八六一―一九四七）と異口同音にして「西洋哲学的伝統の最も無難な一般的な特徴づけといえば、それはプラトンの脚注のシリーズによるものなのだ」[58]と、言わんばかりである。つまり、想像力もプラトン、アリストテレスを起源とし、その起源から展開し、発展してきたのだ。言い換えれば、二千年の西洋の想像力に付きまとわれてきたさまざまな思考のほとんどは、いずれもまたプラトンとアリストテレスまで遡せねばならないということであろう。ちなみに、想像力において、中世はアリストテレスをルーツにし、ルネサンスはプラトンの概念の恩恵を受けているのだというカードンの指摘は、とくに注目に値する点であろう。

それでは、「想像力」の起源について、最新の研究がどのように指し示しているか、アンナ・シェパードの指摘を参考にしたい。氏はプラトン発祥の「想像力」の起源は初めから矛盾し合い、逆説的だったという。

「想像力」（imagination）は、古代ギリシアの「ファンタシアー」（phantasia）の標準的な訳語の一つである。しかしながらそれは、プラトン的なセンスでその作品に表象され、アリストテレスによって使用され、とりわけ『魂について』においての応用は、後の思想にとってきわめて重要な概念となったのである。われわれは想像力を、審美的な文脈を中心に議論することができるが、しかし、古代ギリシアの思想家たちは多くの場合、「ファンタシアー」を全く審美的に用いているのではなく、予想に反して審美的な用語ではなかった。[59]

（中略）

プラトンの影響は全体の隅々までにわたっており、広い意味では芸術的な書物の伝統においてであり、狭い意味で哲学分野それ自体においてである。その影響はパラドックス的なものであるが、アリストテレスの「ファンタシアー」が、最も明確な形で新プラトン主義者たちの心理学に影響を与えたが故に、後の古典期のプラトンとアリストテレスは、ほとんど両者を同一視するように扱われてきたからである。[60]

つまり、「想像力」はプラトンの著作において初めて表れ、アリストテレスに起用され、のちに多様な文脈の中で用いられてきたが、プラトンが発した「想像力」は、矛盾し合った、パラドックス的なものであった。それにもかかわらず、後の人々はそのパラドキシカルなものに辻褄が合うように解釈して語ってきたのだった。すなわち、プラトンから発した概念、思想は一枚岩のような真理ではなかった。その対話において対立、競合、拮抗があり、その対話が対立しながら議論して表象されてきたものそれ自体が、後の世代ないし現代まで矛盾や対立しあい、議論の尽きない逆説的な思想や概念となって継承されてきたのである。

それでは、西洋伝統における「トップの二人――アリストテレスとプラトン」による特徴づけの伝統が脈々と息づいてきたと言われたところ、文学・詩学・芸術批評において、あるいは具体的に「想像力」（ファンタシアー）において、どのような発端をなし、どのような起源のもとでその思考の鉱脈が形作られてきたか、それぞれどのように言及し、定義をしたのか、またその定義と特徴付けが、後の文学にどのような大きな影響を与えてきたか、そのあらましをみてみたい。

第三節　表象としての想像力の起源

表象（想像力）とミメーシスの系譜

想像力について、現代日本の哲学、思想、心理学などの諸専門の辞書・事典を精査してみると、そこには基本的に共通の理解がみられる。それはすなわち、プラトンと新プラトン主義よりもアリストテレスを起源にしたカテゴリーの定義が主流となっている。しかし、なぜアリストテレスが主流になっているのか、一度は疑問をもつべき深刻な問題だが、それは、いつか思想史か歴史分野の研究によって回答が得られるであろうが、当面まず、現にこの主流となる共通の理解の淵源におけるアリストテレスの定義がどういうものだったのか、またその定義を継承し、主流をなしてきた主要な後継者たちの考えをみてみたい。

「想像力」（φαντασία；phantasia）の定義は、通常、アリストテレスの『魂について』（第三巻、第三章427b16）が起源とされる。想像力（φαντασία；phantasia）は、前掲でみたように、ヨーロッパ諸言語においても互いにズレが生じてきた経緯があった。同様に、日本語においてもズレが生じている。従って、アリストテレスの定義を考察する前には、まず、日本語と英語の翻訳と理解とは随分違っていることに触れなければならない。

例えば、アリストテレスの『魂について』の日本語翻訳において、「想像力」（φαντασία；phantasia）について、早くも一九三七年、高橋長太郎は、それを「思い浮かべること」[61]と訳し、その後一九六八年、山本光雄は「表象」[62]と訳し、一九九九年、桑子敏雄訳は「心的表象」[63]と訳し、なお最新訳の中畑正志氏は、「表象」と訳して、かつ文脈によって「表象のはたらき」[64]と訳してきた。同じ「phantasia」には違う訳が当てられ、通常よく使われるような「ファンタシアー」（想像力）という概念には、日本語において統一された概念用語が成り立っていない。たしかに、高橋訳と桑子訳は心理学の基礎理論にとって把握しやすく、他の二者は哲学分野から整合性を考慮したうえでの訳であろう。ただし、いずれも「imagination」（想像力）という訳を回避して、現在の英語における「representation」（表象、再現）

という意味合いを重んじ、現代の認識論や心理学あるいは認知言語学ないし哲学などにとって有効な用語を前提にした訳語を与えてきたと考えられる。

しかし、文学理論や批評においてみると、それは有効な訳語だとはいえない。むしろ誤解を招く場合が多い。というのは、文学、詩作、創作において、「想像力（imagination）」という能動的かつ活発な心的活動が、いったいどのようにして「思い浮かべること」（representation）や「表象」（representation）、「心的表象」や「表象のはたらき」をもって定義し、表現できるのか戸惑いが多い。つまり、無から有までも生み出す「想像力」の所産である文学作品を、字義通りの「思い浮かべること」（representation）や「表象」（representation）「心的表象」「表象のはたらき」という意味で解釈するなら、それだけ思考が塞がられる。言い換えれば、「思い浮かべる」（representation）、「表象」（representation）、「心的表象」などは、いずれもアリストテレスの原典に沿ったかたちで解釈的な意味において訳語を与えてきたが、しかし、近代以降、英米の「想像力（imagination）」の訳語が主流となってきたなかで、とくに現代では「想像力」（imagination）が汎用されているなかで、「思い浮かべる」や「表象」（representation）をもって「想像力（imagination）」を表現しようとすることは、あまりにも狭ますぎる向きがあろう。しかも、とくに、たとえば、文学における想像力は、しばしば霊感や狂気、熱狂やエクスタシーなどの概念と同じカテゴリーに括られて考えられ、あるいは類概念として用いられることがあるが、しかし「思い浮かべること」や「表象」などは、むしろ逆に齟齬をきたすことになる。もちろん、アリストテレスの原典の「ファンタシアー（phantasia）」を忠実に反映して、「表象・再現（representation）」とすることは、その分野にとってきわめて重要だということは間違いない。

ただし、ここでいうのは、なにも日本語訳や訳者によってひき起こされたズレだということではない。それはおそらく、近代の心理学や哲学、言語認知学などの分野において照合して原典から直訳した結果だという側面があり、あるいは中世スコラ学派がアリストテレスの諸概念をキリスト教側に手繰って「想像力」（imagination）よりも「表象」（representation）として理解した方がより整合性がとれるという思惑による長い歴史的な結果であろう。あるいは近代以降の経験主義に基づいた理解の結果だったとも考えられる。いずれにせよ、実際、日本語は「想像力」の翻訳、受容において、かつてオランダ語から「空想」や「幻想」を思い起こすようなネガティブな意味で捉えていた傾向があったが（これについてのちにまた考察するが）、それは、ヨーロッパ中世においても「想像力」とは、「illusion; delusion」、幻想、幻覚、妄想」に近い言葉で、一種の病的な現象だとみなしていた歴史とつながらなくもなかった。ただし、現代の日本語環境において「想像力」は、思考の創造力を生み出す重要な要素として推奨されているなかで、相変わらず「思い浮かべる」（representation）、「表象」（representation）、「心的表象」、「表象的なはたらき」など、複数にわたってそれぞれ異なった翻訳を維持し、複数の認知の仕方を継続させようとすることは、決して建設的で生産的なことだとは言えない。アリストテレスの専門家である中畑正志氏は、その背景について懇切丁寧に解説[65]を施してきたが、理解して戸惑わない人が果たしているのであろうか。専門分野よりも社会全体の思考の前進のためには、概念用語の統一と公的なコンセンサスが不可欠なものである。

しかし、一方、アリストテレスのテクストそれ自体がそもそもその混乱を生み出した原因だとも言うべきか、タームの翻訳の統合はなきにしもあらず、そこにもう一つの壁が生じているのは確かである。中畑氏の言葉を借りて言えば、「アリストテレスの多くのテキストに言いうることだが、そこに提示されている考察は、現代の探求や学問に対して少なくとも二つの異なる仕方でかかわっている。一方では関連する現代の学問や知の原型ないし雛形を提供するが、他方ではその現代的知とは異なる思考のあり方を指し示すのである」[66]。事実、アリストテレスのみならず、プラトンにおいて、それはもっと顕著に見られる現象である。

このような事情を鑑み、本書は理解しやすさを図って、文学理論と批評ないし創作において主流となる英米の伝統に継承されてきた、「ファンタシアー・Phantasia」を「想像力（imagination）」と訳してきたことを参照し、支障をきたさないかぎり訳語の「想像力」を用いることにする。

それでは、想像力について、具体的にアリストテレスの『魂について』において、どのように定義されていたのか、以下、そのあらましをみてみたい。

アリストテレスは想像力（phantasia; imagination; representation「思い浮かべること、表象、表象のはたらき」）について定義をするのには、まず人間の魂（精神、心）の活動を二つの特性か、二つのカテゴリーとして捕捉せねばならないという。この定義をわかりやすく言い換えれば、こうである。人間の、いわゆる知性的な認識や思惟・思考・思慮することは、感覚・知覚することとは違って、それは二つの、違う特性のある活動である。つまり感覚することは思惟することと同一ではない。また、想像力は感覚とも思考とも異なる。この想像力は感覚・知覚を欠いては生じないが、また想像力を欠いては、思惟・思考の判断は成立しない。そして、想像力が知性的な認識や思考の判断の基準でないことも確かである。したがって、想像力とは、感覚・知覚と、思考・理性との中間にあたり、両方に依存して表象される。それは真である場合もあれば、偽である場合もある（『魂について』427a18-428a5）[67]。

しかしいずれにせよ、この定義は、前で言及したように、近代の哲学的認識論や心理学においては基礎的な理論の原型や枠組を創出して、それを提供してくれたが、詩・文学創作・創造の心的な全過程について説明できる定義だとは言いがたい。いわばそれは、詩の創作の心理の一局面だけに触れたことにとどまっていると言える。ただし「想像力」は、とりわけルネサンス以降、徐々に重要な意味を担い、とくに現代に入ってから欧米ではことさら重要視されるようになってきたのだ。

レイモンド・ローレンス・ブレット（一九一七―一九九六）[68]は、アリストテレスのこの定義の限界を見抜いて、『空想と想像力』において「彼は、創作心理にあまり興味を示さなかったとよくいわれている。これには一面の真理がある。というのは、アリストテレスは、文学に向かう場合、科学教育を受けた人のような視点をとった」[69]のだと、その定義が文学に向いていないことを指摘する。

しかし、アリストテレスの想像力「ファンタシアー」の定義に従って、文学や詩作の創造力や想像力を考察する場合、それは全く歯が立たないことではない。アリストテレスは、『詩学』において別の方途をとってそれを定義している。

それは、つまり、プラトンがかつて呈示した「ミメーシス」（芸術的模倣）という概念（のちにまた言及する）をもって理解できるように定義しているのである。すなわち、アリストテレスが定義した「ミメーシス」という行為は、人間にとって子供からの本能的な模倣行為で、それは習得の行為と同等で、かつ快楽の行為でもある。文学創作と文学的な快楽は、まずこの模倣の過程から発生し、いわば文学とは一種の本能に基づいた芸術的な模倣行為だという。そして、文学の創作の起源と鑑賞ないし楽しみなどのすべてのことは、とりあえずこの「ミメーシス」で説明がつく。しかし、ブレットはその限界をさらに指摘する。

アリストテレスは大きな一歩をふみだしてくれたとはいえ、詩の創作心理に関してわれわれの理解を深めるには、比較的わずかしか貢献しなかった。実際、この種の理解は心理学そのものが独立した科学として発達しはじめるまで待たなければならなかった。

だがそれは十七世紀まで待たなければならないのだった。中世のあいだ、詩学は修辞学の中に包含されるようになり、さもなければ劣等な論理学として見られていた。詩の創造に関する心理学的な問題には、ほとんど注意がはらわれなかった。[70]

一方、アリストテレス以降、文学や芸術においてミメーシスの役割を「想像力」（ファンタシアー）と対置して考えるようになり、単に模倣ではなく、想像力も重要だという発想をした人がいた。アポロニオス（一五―一〇〇）という、キリストと同時代のピタゴラス学派の修辞学者・哲学者である。その伝記によると、著者のフラヴィウス・ピロストラトス（一七二―二四七）は、アポロニオスとエジプト人との間にミメーシスと想像力について興味深い対話が行われたが、それは以下のように記される。

エジプト人は言った。「そして、あなたたちの芸術家は、ペイディアスやプラクシテレスのように、わたしの推測するところでは、天国に行って神々の型をとって模倣し、そして、彼らの芸術でそれらを複製したのではないか。そのほかに何か影響があって、それが鋳型として成就に導いたものがあるのであろうか?」。アポロニウスは言った。「あったとも。つまり知恵と天才を懐妊したからだ。」と。「何だって?」エジプト人は「私はあなたが模倣を除いて、それ以外に何かを挙げることができるとは思わないね。」というと、アポロニオスは言った。「想像力*は、芸術家にとってミメーシスよりはるかに知的でかつ巧妙な作品を作り出すことができるのだ。というのは、ミメーシスは、見たところのものだけを手仕事として制作することができるが、しかし、想像力は、かつて見たことのないものを想像して同じく創出することができ、現実に照らしてそれを思い浮かべることができるからだ。ミメーシスはしばしばおそれによって困惑されることがあるが、想像力を妨げるものは何もないのだ。なぜならそれは、自らが想い定めた目標に向かって、うろたえることなく堂々と進んで行っているからだ。」

(注*これは古典文学において、「想像力」を創作の過程における重要な部分として初めて言及したものである。Jona Lendering による)(Ⅵ・19)[71]

奇術師ともいわれるアポロニオスは、ミメーシス(模倣)よりも「想像力」(ファンタシアー)の方を賞賛しているが、この賞賛は詩学や修辞学にとってはいうまでもなく、千七百年後に勃興したロマン主義文学にとっても新プラトン主義と同様、その起源の一つになっても不思議ではない。ここで想像力が賞賛されたのは、創造において想像力がミメーシスよりも「妨げるものは何も」なく、より自由なのだということだったのであろう。この対話での対立それ自体について、コッキングは、それを所詮「それはおそらく、ミメーシスと想像力についての芸術の心理学上の対立ではなく、この対話は、ギリシア人の人文主義とエジプト人の神聖なセンスの対立であり、いわゆる楽観的な宗教と、混合による不安定な宗教との対立ではないか」[72]とみて考えたのは、問題の焦点を絞ってもっと客観的に捉えているかもしれない。

他方、この新奇な発想は、その伝記『テュアナのアポロニオス伝』を書き残したピロストラトスが、アポロニオスが亡くなってから一五〇年後の資料を収集し、その言い伝えによって綴った[73]ものであった。従って、その間接的な記録によるもののせいか、それとも所詮一修辞学、哲学を兼ねたソフィストの書いた頼りない伝記だと見做されたせいなのか、いずれにせよ、キリスト教が普及しつつあった時代のなか『テュアナのアポロニオス伝』は、修辞学や文学批評の王道においてインパクトがうすく、おおかたの注目に浴することはできなかった。しかし、アリストテレスの詩学を考えることにおいてミメーシスという概念の延長上に「想像力」が検討されたという意味で、忘れてはならない重要な見解であろう。

想像力を継承したイギリス

そして、アリストテレスの「想像力」の定義を受け継いだ後継者のなかで、最も注目せねばならないのは、イギリス、ルネサンス期のフランシス・ベーコン（一五六一―一六二六）である。一六〇五年、彼はラテン語ではなく、英語で『学問の進歩』を出版し、初めて直接自国の英語でアリストテレスの「phantasia」、ラテン語の（imaginatio）をいわば「imagination」（想像力）として翻訳して表現したのだ。これは、後世の英米系におけるプラトン、アリストテレスの「phantasia」を「想像力」（imagination）として受容していくことにおいて、重要な始まりの役割を果たしたのである。『学問の進歩』の第二巻十二節において、アリストテレスの『魂について』における「想像力」の定義をなぞって、ベーコンは以下のように述べる。

人間の精神の諸能力に関する知識には二つの種類がある。すなわち、その一つは人間の悟性と理性に関するものであり、他の一つは人間の意志と欲望と感情に関するものである。そしてこれらの能力のうち、さきの二つは、決定あるいは判定を生み、あとの三つは行動あるいは実行を生む。なるほど、想像力（imagination）は、双方の領域において、すなわち、判定を下す理性の領域においても、またその判定に従う情意の領域においても、代理人あるいは「使者」の役割をつとめる。というのは、感覚器官が想像力（imagination）に映像を送ってはじめて理性が判定を下し、また理性が想像力（imagination）に映像を送ってはじめてその判定が実行に移されることができるからである。それというのも、想像力（imagination）はつねに意志の運動に先だつからである。ただし、この想像力（imagination）というヤヌス（二つの顔をもつローマの神）はちがった顔をもっていることである。というのは、想像力の理性に向けた顔には真が刻まれ、行為に向けた顔には善が刻まれているが、それにもかかわらず、「姉妹にふさわしいような」（オウィディウス『変身譚』二の一四）顔なのであるから。なおまた、想像力（imagination）は、ただの使者にすぎないのではなく、伝言の使命のほかに、それ自身けっして小さくない権威そのものを付与されるか、そうっとそれを僭称している。[74]（括弧内の原文は筆者の対照によって付け加えた）

ベーコンのこの想像力について定義を略して言えば、人間の精神活動には、理性と感情という二種類があって、想像力はその中間にあり、それはまるでヤヌスのような二つの顔をもち、理性と感情の両方に介在して機能するのだという。前掲のアリストテレスの定義をより生き生きしたかたちで述べていることが確認できる。ただし、ベーコンは、アリストテレスよりもさらに想像力にかなりの権威と地位を与え、想像力は単なるメッセンジャーではなく、それなりの権威があり、独自の役割を果たす場合があるということも示唆したのだ。とりわけ、ベーコンのこの定義は、ギリシア・ラテン語ではなく英語で書かれ、英語の「representation」（表象）ではなく、「imagination」（想像力）として変貌させたところがきわめて深遠な意味をもたらしたのである。というのは、それがアリストテレスからベーコンまでの想像力に関する概念や思想に対する独自の展開を意味し、かつ心理学的な理解にとどまらず、さらにより広い解釈の可能性に道を開いてくれたからである。それは、後の想像力（imagination）の展開、とりわけロマン主義文学によって裏付けられたことは紛れもない史実になったのである。

ところで、前出のコッキングは、まさにベーコンがいう想像力とは、単なるメッセンジャーではなく、独自の役割があるという定義に着目し、前掲のベーコンの想像力の文を踏まえて、さらに別の想像力の見解を示唆してくれる。彼はいう。

ここでのベーコンの想像力における定義の総まとめは、同時にそれもまたアリストテレスからカントまでヨーロッパにおける合理主義者支配の伝統に関しての見方の表明でもある。しかしながらベーコンは、アリストテレスやプラトンからではなく、まったく別なところから別な定義と見方を引き出すことを理解していた。それは、つまりプロティノスやその新プラトン学派の後継者、錬金術の哲学、魔法のフィチーノとイタリアのルネサンス期から引き出せることを心得ていたのである。しかしもし、ベーコンがこの興味深い別の定義と見解をサポートすることができなかったならば、この定義は彼の未解決の主要な懸案の一つになるであろう。実際、この別の想像力についての見解とは、新プラトン学派やルネサンス期から誕生したもので、その想像力とは別の種類のメッセンジャーであり、別の信念に基づいて勃興した想像力のことである。その想像力は真理とコミュニケートすることが可能のみならず、かつそれは何が不合理的か——それは理性の上にあるか、理性と共にあるか、それとも理性の下にあるか、それを洞察することさえできるものである。[75]

コッキングは、その『想像力——その思想史的研究』の「メッセンジャーとしての想像力——プラトンからクリスティヴァまで」というエピローグを飾る講義の冒頭のややあとで、ヨーロッパには、アリストテレスからカントまでの合理主義に抗した、別の想像力の伝統があったことを力説する。しかしそれは、くしくもベーコンのアリストテレスへの理解と翻訳から導き出したもので、それもまた、アリストテレスにおいて「そこに提示されている考察は、現代の探求や学問に対して少なくとも二つの異なる仕方でかかわっている」のだ、と中畑正志が指摘したその矛盾対立の見解をさまざまと、その例で示しているのである。

想像力に対する否定的なフランス

ところが、アリストテレスから導かれたこのような想像力に関する二つの側面は、フランスにおいても継承されていた。ただし、文学・芸術の創造（想像、創作、創出）の活動においての想像力に対して、どれくらい有効なのか甚だ疑問であった。

フランスのルネサンス期における想像力についての思考の発端は、ほぼミシェル・ド・モンテーニュ（一五三三―一五九二）の『エセー』（一五八〇）における「想像力」の議論に帰する。その議論は、ベーコンとも、のちのシェイクスピアとも違って、文学においてイギリスとは違った伝統を作り出したのだ。実際、「**fantaisie**（十六世紀においては **phantasie, phantasie, fantasie, fantasie** などと綴られる）と **imagination** という二つのフランス語は、モンテーニュの『エセー Essais』の中では混淆して使用され、両者の間に意味上の差異は全くない」[76]と指摘されてきた。モンテーニュは『エセー』で「想像力」について、その力を知りながらも、むしろそのネガティブな面を強調して語っていた。

『強烈な想像力は、できごとを生み出す』と学識ある人が述べているが、このわたしも、想像力の非常に大きな強度を感じているひとりだ。だれもがその衝撃を受けるものの、中には、それでひっくり返されてしまう人もいる。その圧力がわたしに突き刺さってくるけれど、それに抵抗する力などないから、ひたすら避けるのがわが手段だ。（中略）想像力を勝手に羽ばたかせて、それを鼓舞するような人々に、熱病や死がもたらされるのも、別に異常なこととは思わない[77]。

モンテーニュにとっての「想像力」は、霊的、詩的なものというよりも、むしろ病気や身体的な痛みや夢や性欲などにとりつかれた妄想だとして想定されていた。その様々な様子を枚挙して、次のようにいう。

（前略）想像力の力だけで、すでに処刑台の上で固くなって死んでいたというのだ。われわれは、自分の想像力に揺り動かされて、大汗をかいたり、がたがた震えたり、青ざめたり、紅潮したりする。ふとんのなかでごろんとなっていても、あれこれ想像しては、体が突き動かされ、ときには、そのせいで息絶えてしまうこともあるのだ。熱情に燃える若者などは、眠りながらも、かっかと興奮してきて、その性欲を夢の中で満足させることになる。[78]

なお、信仰や精神的な活動における想像力について、モンテーニュは、理性的、道徳的な面から批判を加える。

奇跡や、幻覚や、魔法など、こうした異常なできごとを信じる心情は、もっぱら想像力に由来するのであって、それが、主として、民衆のより柔軟な精神に働きかけるのだ。そうした信心のところでがっちりと捕まえてあるから、彼らは、見えないものも見たように思ってしまう。あのばかばかしい魔法の結び目について、世間の人々はすぐ、それに邪魔されたとかいって、このことばかり口にするけれど、わたしはこれを疑っている。これはたいてい、不安とか恐怖のしわざなのだ。[79]

このように述べたモンテーニュの想像力は、非常に大きな力があり、「奇跡」「魔法」までも想像力による仕業で、想像力には多様な意味が与えられていた。しかし、その反面、想像力は蔑視されるべき能力であって、その否定的な側面ばかりを強調していたのだ。ところが、その主張は、まさしくプラトンの詩的狂気による想像力の伝統とは、真っ向から対立するものであった。そういったモンテーニュの影響下におけるフランスだったのか、言わずもがなのこと、ルネサンス期から想像力を重んじるイギリス文学とは違って、道徳的な人間性探求を重んじる文学の伝統が切り開かれたのも理解できなくもない。

のちのルネ・デカルト（一五九六―一六五〇）も、想像力について『情念論』（一六四九）において言及するが、アリストテレスの定義をさらに前進させたとは言いがたい。

精神が、魔法の宮殿とかキマイラ（頭がライオン、胴体がヤギ、尻尾が蛇のギリシア神話の怪物）を思い描くときのように、存在しない何かを想像しようと努める場合、また、可知的なだけで想像不可能なもの、たとえば精神そのものの本性を考えようと努める場合、こうしたものについての精神の知覚は主として、それらを精神に知覚させる意志によるものだ。ゆえに通例、これらの知覚は、受動でなく能動と看做される。[80]

ここでデカルトがいった「精神」について、「魂」（広田昌義訳）[81]とも「心」（伊吹武彦訳）[82]とも訳され、そこには統一した理解と認識が必要とされるが、いずれにせよ、デカルトはあくまでも「精神」、「心」、「魂」の知覚を優先させ、想像力はその知覚の意志によってはたらくもので、自立した想像力や創造的想像力は認められていない。いわば、「想像力蔑視の思想はある意味で最も純化され最も深刻な形でデカルトの中に存在していると言いうるであろう」[83]。

モンテーニュとデカルトの影響の延長上、ブーレズ・パスカル（一六二三―一六六二）は、想像力についてさらなる否定的な叙述を残した。それは今日から考えれば、ほとんど非難ともいうべきものであった。『パンセ』（一六六九）の第二編「人間学」の「想像力」において、次のように言う。

想像力。――それは人間におけるあの欺瞞的部分、誤りと偽りとのあの女主人、いつもわるがしこいときまっていないだけに、それだけいっそうわるがしこいものである。なぜなら、それがうそのたしかな基準であったならば、

真理のたしかな基準でもあったであろう。（中略）
わたしは愚者について語っているのではない。すぐれた知者について語っているのだ。想像力が人々を説得する大きな技能をあらわすのは、かれらのあいだにおいてである。理性はいかにわめいても無益である。理性は事物を評価することができない。
理性の敵であってこのんで理性を支配し統御しようとするこの尊大な能力は、自分があらゆることにいかに有力であるかを示そうとして、人間のうちに第二の天性をつくりあげた。それは人間を想像の上で、幸福にし不幸にし、健康にし病気にし、富ませ貧しくする。それは理性を、信じさせ、疑わせ、否定させる。それは感性を、停止させ、また働かせる、それは愚者をつくり、知者をつくる。そして何よりしゃくにさわるのは、それがその主人公の心を、理性が与えるものとはまるでちがった十全な満足をもって満たすということである。[84]

パスカルは、想像力の危険さを、真理と欺瞞、知者と愚者、理性と感性の両方に「十全な満足」を与えることができる偽りなのだ、と批判して、人々に警告を発する。つまり、パスカルは「想像力」に対して憤りすらもっていた。ところが、こうしたルネサンス期のフランスにおける想像力への批判は、モンテーニュが筆頭だったが、おそらく人を戸惑わせ、あるいは確信させたのは、「fantaisie、空想」と「imagination 想像力」という二つのフランス語が、『エセー Essais』をはじめ、それを混淆して使用されたことがきっかけだったのであろうか。というのも、想像力について大概の否定的な批判は、「空想」に向けており、その能力を認めた評価は、ほぼ「想像力」に向けていたのであった（しかし、プラトンの詩的狂気の想像力の伝統は、フィチーノを経由してイギリスに受容され、歓迎されたが、なぜフランスでの継承と開花が遅かったのか、これは問いかけるべく興味深い課題だが、単に課題の大きさからしても、当面ここでは避けるべきであろう）。

経験主義的な想像力

それでは、イギリスにおいて、想像力の定義の基礎は、どのように築かれたのであろうか。それは、先述したように、ベーコンによって賢明な移植は施されたものの、トーマス・ホッブズ（一五八八―一六七九）の登場によって時代の流れが変えられた。ブレットが指摘する。「思想家の中でとりわけホッブズは、文学理論の発達において、心理学的な方向づけをした最初の人であった。彼の詳述した人間精神の概念は、その後一世紀以上にわたり、イギリス思想の主張となった」[85]のである。しかも、ホッブズは、ベーコンと違って、フランスと同じように「想像力」と「空想」を分けて考えていなかったのだ。

ホッブズは『ダヴィナントへの返書』において、神話と比喩を混じえて、詩的想像力について、次のように述べる。

時間と教育は経験を生み出す。経験は記憶を生み出す。記憶は判断力と想像力（Fancy）を生み出す。判断力は力強さと構造を生み出し、想像力は詩の装飾を生み出す。それゆえ、古代の人々は、神話において記憶をミューズの女神の母にしたのは、莫迦げたことではなかった。記憶にとって世界は、鏡のようで本物ではないが、判断されるものであり、そこで厳格な女神の姉妹が勤勉に自然のあらゆる部分について威厳を持って厳しく自己観察をする。そして、その秩序、原因、効用、相違と類似が文字によって記録されるのである。従って、女神が出動して芸術作品を創出するとき、想像力は彼女のために手元に材料を見つけ出して用意し、より素早く動きで彼女の必要に応じるようにするのだ。女神は一つのインディーズから他のインディーズへ飛び回り、天国から大地、過酷な事や暗黒なときを通して、未来と自分自身を探し求め、そのすべてが時間においてであり、その探索の旅がいまだに満たされたとは言えず、女神はつねに自分を探し求めている中にいるのだ。女神の素晴らしい鋭敏さは、素早い動きよりも、豊かな思慮深く整った心象（Imagery）と完璧な記憶にあり、そしてほとんどの哲学者と名乗る人は、一目で装いに翻弄され、下品な彼女に勘違いをし、論争のところに陥ってしまう。しかし、このような人間の想像力は、

哲学の真理に導かれてきただけに、輝かしい成果を生み出して人間に利益をもたらしたのだ。ともかく建築におけ
る誇らしさと美、あるいは回転する機械と設備における素晴らしさは、想像力によるものであり、天空の観測や、
大地の測定や、時間の計測や、海の上の歩行（キリストの逸話。引用者）など、またヨーロッパ文明とアメリカ原
住民の野蛮との区別、これらすべてのものは、哲学の真理に導かれた想像力によっての所産なのである。[86]

ホッブズは、人間の思考が経験から生まれ、経験が記憶を生み出し、記憶が判断力と想像力を生み出すといい、その女神を比喩として語った詩作のプロセスは、プラトンの詩的想像力やミメーシスの伝統を見事に取り入れながらも、結局のところ、「哲学の真理」や判断力が、想像力より優位であると考えている。そして想像力を、記憶に従属する一形態として捉えながらも、想像力は正しい哲学や理性の導きによってこそ、その素晴らしい力を発揮できるのだという。つまり、想像力は、理性によって制御されるべきもので、女神によって生みだした想像力は、方々に飛び回って探し求めても、そこには虚像もあれば、思慮深さもあり、論争を引き起こすこともありうる。そして、哲学や理性はそれらを正しく導いていくのである。かくして、ホッブズは、デカルトの「想像力蔑視の思想」よりそれほど離れていない。ただし、知覚において記憶を優先にしたホッブズのこの考えは、ベーコンと違って、想像力に権威を付与させたのではなく、それを心理学的な認識へと促すことになったのである。

ホッブズの政治論の弟子であるジョン・ドライデン（一六三一―一七〇〇）も、基本的に変わらなかった。そして、十八世紀にもっとも影響力のある経験主義者ジョン・ロック（一六三二―一七〇四）も、想像力において「観念連合」（連想主義）に関する理論を展開する。その「観念連合」とは、ある観念が意識のなかで別の観念をよび起こし、あるイメージが以前、それと結びついたもう一つのイメージをよび起こすという能力のことで、それがいわば連想主義の想像力のことである。この「観念連合」の基本原理は心理学理論や美学などの発展を促したが、その延長上ではデーヴィッド・ハートリー（一七〇五―一七五七）と、デーヴィッド・ヒューム（一七一一―一七七六）によって連想主義心理

学が進められる。

(前略) 理性 (reason) は、経験、すなわち過去のすべて事例における恒常的随伴の観察に助けられても、一つの対象と別の対象の間の結合をけっして示し得ない。それゆえ、精神が、或る対象の観念から別の対象の観念へ、または或る対象の印象から別の対象の信念へと移行するとき、精神は、理性によって決定されているのではなくて、これらの対象の観念を連合させ想像力においてそれらを結びつけるいくつかの原理によって、決定されているのである。知性 (理性) にとって対象がたがいに結合していないように見えるのと同様に、もし観念が想像力において結合していなかったとすれば、われわれは、けっして原因から結果へ推理することができず、いかなる事実を信じることもできなかったであろう。それゆえ、この推理は、ただ (想像力における) 観念の結合にのみ基づくのである。[87]

このように表明したヒュームは、ホッブズ以降の思惟 (知覚) において、観念と観念が想像力のなかで結び合わさっていると、是認しながらもそれは、哲学や理性や判断力に決定されるのではなく、あるいはそこには因果関係や論理的必然性がないという。そのかわり、ヒュームは想像力の働きについて、自分の「観念の連合の諸原理」を導入する。

(前略) というのは、思惟は、諸対象を眺める際に極めて不規則に動くことが明らかであり、何の決まった方法も順序もなしに、天空から地上へ、宇宙の端から端へ、飛ぶことができるからである。しかし、私は、これら三つの関係にこのような弱さを認め、想像力にこのような不規則性を認めるが、それでも、観念を連合させる一般的な原理は、類似性と、隣接性と、因果関係だけである、と主張する。[88]

(前略) したがって、我々が一方の印象から他方の観念または信念に移行するとき、われわれは、理性によってではなくて、習慣（custom）、すなわち連合の原理（a principle of association）によって、（そうするように）決定されているのである。[89]

ヒュームは、従来の思惟（知覚）において理性や記憶を上位におき、想像力をあくまでもその従属関係におかれるようにする。その一方、想像力が観念の連合を決定し、「推理」の基礎となり、それも、想像力の三つの原理に基づいて観念が連合されるというが、しかしそこにおいても想像力は「方法も順序」もなく、「弱」くて、「不規則」的で、「習慣」によって「推理」されているのだという。つまり、精神、思惟（知覚）にとって想像力は決して確実性、安定性を保つことはできない。それゆえ、ヒュームは想像力によって導かれた観念連合（連合主義）に対して、懐疑的だった。そして、このようなヒュームの想像力についての主張は、のちの心理学のために先駆的な基礎を築いたが、詩的想像力や創造的想像力に関してほとんど考慮されていなかった。

ドイツにおける想像力

かくして、道徳的、合理主義的、経験主義的、心理学的な想像力の定義は、ルネサンス期から一八世紀にわたって支配的だったのである。

ちなみに、ドイツでは、英米のようなアリストテレスのファンタシアー（phantasia）を創造力的な「想像力」（imagination）としてではなく、どちらかというと、表象（representation）の流れをくみながら想像力を力説したのは、イマヌエル・カント（一七二四―一八〇四）である。イギリスの経験論的な「観念連合」（連想主義）の「想像力」に刺激され、「構想力、Einbildungskraft」（想像力）の定義を改めて取り組むに至ったが、文学、芸術の創作・創造について、カントはイギリスの「観念連合」よりもっと前進した見解を示す。ただし、その限界も露呈される。カントの論究の中で、本書の扱う想像力の範囲において最も簡潔に言明したところを引用すると、次のようになる。

すなわち、構想力（産出的認識能力としての）は、これに現実の自然が与える素材から、いわば別の自然を創造することにはきわめて強力である。（中略）その際、われわれは連想の法則（この法則はある〈構想力という〉能力の経験的使用に付随している）から自由であると感じられ、その結果、連想の法則にしたがって自然からわれわれに素材が与えられることができるが、しかしこの素材は、われわれによってあるまったく別のものに、つまり自然を凌駕するものに加工されることができるのである。（A314）

（前略）したがってこの概念そのものを無際限に美感的に拡張するとすれば、この場合、構想力は創造的であり、知性的諸理念の能力（理性）を活動させる。（A315）[90]

（中略）

それゆえ、合一して（ある種の関係のうちで）天才を形成する心の諸力は、構想力と悟性である。ただ、構想力は認識のために使用される際は、悟性の強制と悟性の概念に適合すべき制限とに服しているが、これに反して、美感的意図では構想力は自由であり、これは、概念とのあの一致を超えて、さらに内容豊かな未発展の素材を巧まず悟性に提供するためである。（A316-317）[91]

ここで、カントは「構想力」（想像力）の創造性を認め、それには「自然を凌駕するもの」や、「別の自然を創造する」能力があると、高く見積もっており、かつ想像力は「知性的諸理念の能力（理性）を活動させる」こともできるという。また、構想力は、悟性と共に天才の心の力にもなると定義する。しかし、その想像力は、あくまでも条件付で、美学的意図や創作においてのみ想像力は自由でかつ創造的だという。認識において、想像力は、あくまでも悟性の強制と制限に服すると、限定されたものとして認知され、定義されていたのである。つまり、想像力は、制限された美学や創作においてのみ、その条件付けの枠の中においてのみ創造的で、自由なのだという。したがって、想像力の定義においてカントも「ヨーロッパにおける合理主義者支配の伝統」に属すものだと、コッキングと共に言わざるをえない。

第四節　狂気としての想像力の起源

狂気と想像力

ソクラテスとプラトンは、もっぱら文学（詩）に焦点を当てて（厳密に言えば）、文学それ自体について、専門的な論文を書いたことはなかった。しかし、彼らは生涯にわたって文学にかかわり、それに刺激され、その対話において文学について明晰な議論をしただけでなく、繰り返し文学・芸術について言及し、多くの対話それ自体が文学と密接に関係し、多くの箇所で詩的な心象風景や神話、ドラマティックな手法などを使っている。さらに「プラトン本人の資質まで も詩人的だということは、すでに古代から見受けられている。ある伝え（浪漫詩、しかしほとんどありそうな噂）によると、プラトン自身は若いとき詩を書いたことがあり、ソクラテスに出会ってから彼は青春のパッションを捨て、哲学に転向したという」[92]。このような詩的な趣向のある哲学者プラトンは、詩に魅了され深く染まりながらも、しかし、自分の理性の王国（とりわけ『国家』において）から詩と詩人を追放することにしたのだ。その一方、彼の初期の短い対話篇「イオン」において詩人に対して好意を示し、賞賛の言葉を惜しまず、詩人の創作の源泉について検討を加えている。つまり、プラトンは、読者を感動させる最高の詩人のような書き手でありながらも文学を侮蔑し、詩人を賞賛しながらもまた追放するようにしたのだ。この相反する矛盾の態度について、専門の研究者の間では、それは「懸案のパラドックス」[93]だと考える者もいれば、「アンビバランス」[94]だと考える人もいる。プラトン自身も『国家』において「哲学と詩（創作）との間には昔から仲違いがあったという事実を、詩（創作）に向かって言い添えておくことにしよう。」[95]と、それまで哲学と詩とは互いに対立していたことがすでに一種の伝統だったということを表明する。しかし、まさにその対立や矛盾によって、あるいは未解決の対話によって、真実への議論が導かれ、後世に多様な解釈の余地を残してくれたのである。以下で考察する対話編「イオン」は、まさしく『国家』と相反する懸案の作品で、詩人の創作源泉のみならず、想像力にとって解釈の多様性を許容するテクストである。

『イオン』は、プラトンの初期の作品だが、プラトンは初めてここで詩と詩人について言及する。そこでソクラテスはアテネで吟遊詩人のイオンと対話して、詩人の創作源泉と創作の過程について定義をくだし、文学とは何かについて回答を与えることにつとめる。以下、よく引き合いに出される部分の一部である。

詩人たちは、われわれにこう語っているはずだ――彼らは、あたかも蜜蜂さながらに、彼らみずからも飛びかいながら、ミューズの女神たちの庭や谷にある蜜の泉から、その詩歌をつみとり、われわれのもとにはこんでくるのだと。その彼らの言葉は、真実でもあるわけだ。なぜなら、詩人というのは軽い、羽の生えている、聖なるものであり、そして入神状態になって正気を失い、もはやみずからのうちに理性をとどめていないときにはじめて、詩を作ることができるのであって、それ以前は、不可能なのだ。そしてどんな人間も、この理性という所有物を保持しているかぎり、詩を作ることも託宣をつたえることもできないのだ。だから詩人たちが、いろいろなことがらについて、かずかずの美しいことを語って詩作するのは、ちょうど君が、ホメロスについてそうするのと同じように、技術によってではなく、たまたま神のめぐみとしてあたえられたものによってである以上、それぞれの詩人は、ミューズの女神が、それぞれをそこへ駆り立てた分野においてのみ、見事に詩をつくることができるわけだ。(『イオン』534a-534c)[96]

ここで詩人とは、ソクラテスにとって技術・技法ではなく、神的な特権によって取り憑かれたからこそ真の素晴らしい詩を生み出すことができる者で、それは一種の神聖なエクスタシーか、インスピレーションによって授かったミューズ女神の賜物だという。これは汎神論的な信仰として理解できても、現代のわれわれにとっては、すでに一個の比喩か、アレゴリーか、象徴として語られ、解釈的な意味を指し示している。つまり、それは字義通りの意味と、解釈的な意味といったような、二通り以上の理解を促していることがわかる。というのも、もし、字義通りの意味において理解するならば、それは汎神論的な信仰の意味において、詩人は、霊感や狂気によって飛び立った「軽い、羽の生えている、聖なるもの」で、「蜜蜂」のように空を飛び、そしてミューズの女神の庭や谷の泉から「詩歌をつみとり、われわれのもとにはこんでくる」ものだということになる。とくに敬虔な信仰者や信者にとってそれは霊的な現象としてよく見られることである。しかし、もし、字義通りではなく、比喩か、寓意的な意味において理解するなら、それは詩人が霊感や狂気によって飛び立ったというよりも、その思いや意識が飛び立ち、「軽い、羽の生えている、聖なるもの」のようで、その思いや想像が「蜜蜂」のように空を飛び、そしてミューズの女神の庭や谷の泉から「詩歌をつみとり、われわれのもとにはこんでくる」ものだということになる。つまり、詩人や吟遊詩人らは、古代の円形劇場で「二万人以上の人に囲まれ」(534d)、また目撃されながらも、その思いを羽ばたかせ、ミューズの女神の庭から詩歌を運んでくるのだ。そしてそのインスピレーションや狂気によって思いを羽ばたかせるようにさせたのは、一種の思いを馳せる能力――想像する能力であり、しかも、その思いは「軽い、羽の生えている、聖なるものの」ように、羽ばたかせることができるものである。かくして、想像力とは、「ミューズの女神たちの庭や谷にある蜜の泉から、その詩歌をつみとり、われわれのもとにはこんでくる」ものだと理解することもできる。したがって、霊感や狂気によって歌う詩人は「聖なるもの」として賛美され、その神感・霊感・狂気に取り憑かれる能力・天分が高く評価されていたのである。しかも、詩人の狂気のみならず、詩人の狂気によって運ばれてきた詩歌によって賞賛されていたのだ。というのも、「彼らの言葉は、真実でもあるわけだ」(前掲)とソクラテスはいう。ここで、ソクラテスはイオンや詩人を聖なる者として賞賛し、その神聖な入神の能力を預言者と同じように高く評価しているのだ。(それとは逆にソクラテスは「イオン」について理性とは相反する者なので、詩人を見下した態度をとっているのだとも解釈されたり、あるいはそれはソクラテスのアイロニーや、古来の因習である「哲学と詩は仲違い」の例だとも解釈されたりしてもきたが)。

この神感的、霊感的、狂気的な詩人、あるいは文学的な狂気は、「イオン」を起源にして語られてきたが、それについてプラトンは、さらに『パイドロス』において、明確に触れ、その入神のありようを「狂気」(霊感)だと定義する。

しかも、その狂気を称えて、「善きもの」として擁護する。ソクラテスはいう。「実際には、われわれの身に起こる数々の善きものの中でも、その最も偉大なるものは、狂気（霊感）を通じて生まれてくるのである。むろんその狂気とは、神から授かって与えられる狂気（霊感）でなければならないけれども」（224a）と。そして、人間の四種の狂気（「予言術の狂気」、「救済の狂気」、「詩人の狂気」と「愛の狂気」）に言及して、その「第三番目」の詩人の狂気、いわゆるミューズの女神による狂気について次のように述べる。

さらに第三番目にムッサ（ミューズ）の神々から授けられる神がかりと狂気とがある。この狂気は、柔らかく汚れなき魂をとらえては、これをよびさまし熱狂せしめ、抒情のうたをはじめ、その他の詩の中にその激情を詠ましめる。そしてそれによって、数えきれぬ古人のいさおを言葉でかざり、後の世の人々の心の糧たらしめるのである。けれども、もしひとが、技巧だけで立派な詩人になれるものと信じて、ミューズの神々の授ける狂気にあずかることなしに、詩作の門に至るならば、その人は、自分が不完全な詩人に終わるばかりでなく、正気になせる彼の詩も、狂気の人々の詩の前には、光をうしなって消え去ってしまうのだ。

✶　✶　✶

神々から与えられた狂気がつくり出す、かがやかしい功績としては、このように数々の事柄を、いや、もっと多くの事柄を、ぼくは君に語ることができる。だから、少なくともこの狂気の問題そのものについては、何も恐れないことにしようではないか。そして、ある種の議論が、心の激動している者よりも正気を保っている人を友として選ぶべきだと主張して、われわれをおどかしたとしても、われわれはそれにわずらわされることのないようにしようではないか。（『パイドロス』245a-245b）[97]

このように、パイドロスに向かって雄弁を振るうソクラテスは、芸術・詩・文学における狂気の善的なところを賞賛し、その偉業を称えるが、その一方、それを恐れることはないと明言しながらも、神がかりや狂気には危険性を伴うことをも示唆する。

翼は想像力

それでは、「イオン」において神的な狂気、狂気的な詩人が「軽い、羽の生えている、聖なるもの」だといい、思いを羽ばたかせてミューズの女神の庭や谷に飛び立ったというが、その飛び立つ羽、いわば「翼」とは、いったいどういうことを意味していたのか。ソクラテスは『パイドロス』において、神々と人間の「魂」の「不死」性と「完全」性についての説明にあたって「翼」にも言及していた。その「翼」の言及とは、いわばソクラテスが「何に似ているかを譬えて話すことなら、人間の力でもできるし、また比較的短い話ですむ」と言い出したところのあの有名な「翼」についての比喩的な語りのことである。

そこで、魂の似すがたを、翼を持った一組の馬と、その手綱をとる翼を持った駆者とが、一体となってはたらく力であるというふうに、思い浮かべよう。——神々の場合は、その馬と駆者とは、それ自身の性質も、またその血すじからいっても、すべて善きものばかりであるが、神以外のものにおいては、善いものと悪いものとがまじり合っている。そしてわれわれ人間の場合は、まず第一に、駆者が手綱をとるのは二頭の馬であること、しかも次に、彼の一頭の馬のほうは、資質も血すじも、美しく善い馬であるけれども、もう一頭のほうは、資質も血すじも、これとは反対の性質の性格であること、これらの理由によって、われわれ人間にあっては、駆者の仕事はどうしても困難となり、厄介なものとならざるをえないのである。(246a-b)[98]

ソクラテスがいう、魂を持つものはすべて「翼」をもっているが、神々は完璧であり、人間は欠けているのだという。それでは、人間の中の「聖なる」詩人はどうだったのであろうか。考えさせられるところだが、この「羽」と「翼」という比喩は、古来、ホメロスによって繰り返し使われてきたものであった。例えば、『イリアス』において、女神アテネにアキレウスが言葉をかけていうところでは、「女神に向かって翼ある言葉をかけていう」(1:201)[99]と「翼」が用いられ、またゼウスが夢の神オネイロスに命令してというところでも、「そこで『夢《オネイロス》』に向かって翼の言葉をかけていう」(2:7)[100]といっている。また『オッディセイア』においても「翼ある言葉をかけて」(12:296)[101]や「言葉の翼を掩がれ」(17:59)[102]というように用いられている。これらの「翼」はいずれも、神や夢や神々の言葉それ自体と緊密な関係をなしており、そこには、多くの意味が有すると推測されながらも、実際、それらは未だに完全に解明できていない懸案の言葉である[103]。いわば、「翼」や「羽」は起源から神話と文学にとって欠かすことのできないもので、少なくともそれは神々とは密接な関係する重要な比喩や象徴をなすようなものだったのである。

ソクラテスは「翼」についてさらに説明する。

> そもそも、翼というものが本来もっている機能は、重きものを、はるかなる高み、神々の種族の棲もうかたへと、翔け上らせ、連れて行くことにあり、肉体にまつわる数々のものの中でも、翼こそ最も、神にゆかりある性質を分けもっている。神にゆかりある性質――それは、美しきもの、智なるもの、善なるもの、そしてすべてこれに類するものである。したがって、魂の翼は、特にこれらのものによって、はぐくまれ、成長し、逆に、醜きもの、悪しきもの、そしていま言ったのと反対の性質をもったもろもろのものは、魂の翼を衰退させ、滅亡させる。(246d-e)[104]

このように、ソクラテスが思い描いた神々と人間の魂の「翼」とは「美しきもの、智なるもの、善なるもの、そしてすべてこれに類するもの」であったが、くしくもそれは、すでにヘシオドスの『神統記』[105]において「翼」が、イリス（虹）という女神として登場し、翼を持った「脚迅いイリス」とも称され、神々のメッセンジャーか、メッセージそのものであった。したがって、イオンのような詩人やその詩歌にとって、「翼」とは狂気的な状態において授かった神的なもので、それが霊感に等しく、前で見たように、「翼」はまさしく狂気的に「飛び交いながら、ミューズの女神たちの庭や谷にある蜜の泉から、その詩歌をつみとり、われわれのもとにはこんでくる」のだ。つまり、詩的狂気によって想像の翼を羽ばたかせ、思いを飛翔させて、そこで摘み取った詩歌を運んでくるのである。そしてその詩的狂気によって運んできたメッセージこそ神々によって授かった詩歌なのだが、現代風に言い換えれば、それはいわば、詩的狂気の想像力を意味し、詩的狂気の想像力によって成就された詩歌のことである。

ところで、これは、古代ギリシアにおいて決して極端な現象でもなければ、ソクラテスやプラトンの定義が特殊なものでもなかった。むしろ当時として一般的に見られる現象で、（現にエピダウロスを始め、ギリシア各地に見られる半円形劇場や神殿などの遺跡をみればわかるが）ミューズの女神や神々への信仰は、ごく日常的なことであり、きわめて一般的なことであったのだ。そういった西洋芸術・文学の起源（ホメロス・ヘシオドス）における神々による狂気や想像力や霊感に関しての賞賛が、あるいはそれらへの信仰が伝統として形成されていたなか、ソクラテスは初めて対話を通じて検討を加え、定義を試みたわけである。その結果、その後の西洋の詩・文学・芸術の創作から鑑賞・批評・研究ないし思考様式の方向付けまでに影響を与えてきたことになったが、それが前で言及したミメーシス（芸術的模倣）とは相反した伝統として脈々と受け継がれてきたのである。この神感説や霊感説と狂気説、あるいは詩的狂気か狂気的な想像力による伝統は、模倣説と拮抗しながら、時代によって盛衰し、見え隠れしながらも、現在まで継承されているのである。

狂気とミメーシス

そして、この文学観の拮抗と対立の起源もプラトンに遡らざるを得ない。つまり、プラトンは単に詩人の狂気・神がかりや入神説の想像力の伝統を寿いだだけではなかった。彼はまた『国家』において、まったく反対なことを主張する。『国家』の第二巻、第三巻と第十巻にわたって、いわば自分の理性の王国を尊び、「詩人追放説」を展開する。すなわち、国家の未来の守護者の教育にあたって、ヘシオドスやホメロスの作品をはじめ、叙事詩や悲劇などは内容の面ではフィクションで、「作りごとの物語を組み立てては語って」(『国家』第二巻、377d)[106]おり、道徳的な面では殺戮・残酷さに満ちているので、詩を検閲し、詩人を監督すべきだと主張する。さもなければ、理想(理性)の国家からその詩と詩人を追放すべきだ(『国家』第二巻、377c)[107]という。また詩とは「ミメーシス」(芸術的模倣・再現的模倣)であり、それはしょせん「鏡」と同じようなもので、物事を写し、模倣し、真似事で、似せた影像を見せるだけのこと(『国家』第十巻、596e)[108]だと。したがってそのミメーシス(模倣・再現)とは、三つの種類があって、真なるもの(例えば普遍的な寝椅子、いわゆる神の、イデーの寝椅子)と、職人が作ったもの(例えば作られた特定の寝椅子)と、鏡・画家によって模倣されたもの(描かれた寝椅子)という三つがあるが、そのなかで、最後の鏡・画家によって模倣されたもの、あるいは真似をして描かれたものは、詩と同じであり、虚像に満ちているという(『国家』第十巻、579a-d)[109]。したがって、そのミメーシスとは、最初の神の真の寝椅子を模倣できるどころか、二番目の職人が作った具体的な寝椅子をも一側面しか描くことができない。というのも、その絵は、職人の本来の寝椅子とも違っているのだ。したがって、鏡・画家によって模倣された寝椅子とは、職人が作った具体的な寝椅子を模倣したものだけなので、それは神の真なる寝椅子の模倣の模倣であり、「第三番目に生まれついた素姓の者」としてものを真似し、模倣する人なのだという(『国家』第十巻、597e)[110]。したがって、プラトンの理想の国家において、似せた嘘の影像を伝える詩人は教育と道徳に害を与えるので、追放されるべきだとする。ただし、「もし快楽を目標とする詩(創作)、すなわち、真似の仕事が、よく治められた国家のなかにそれが存在しなければならないという、なんらかの論拠を提出することができるならば、われわれとしては、よろこんでその帰国を迎え入れるであろう」(『国家』第十巻、607c)[111]と、詩と詩人を国家管理のもとで治めようと主張する。

かくして、詩と詩人に対して、プラトンは相反した二つの見解を生み出し、相反する二つの文学観を後世に残したのである。この相反する二つの文学観は、いずれも「詩・文学とは何か」、「詩人はどのように美しい詩を作っているのか」というような文学の本質的な問いかけにつながるが、西洋の起源から引き起こされたこの大いなる二つの対峙――神感・霊感・狂気(想像力)による文学観と、ミメーシス(模倣)・リアリズム(通常の意味においての写実的文学)に基づいた文学観との対峙は、現在までも続いている。それは真なる創造的な作家や芸術家たちにとって、愉悦と苦悩、幸福と不幸の分水嶺であり、われわれ読者や研究者にとっても一種の臨界点となっている。

ところが、プラトンの弟子アリストテレスは、のちに「神感説」(狂気、霊感)や「詩人追放説」を継承するよりも、むしろ一定の距離を置きつつ、より分析的な仕方で作品への探求を進めた。彼は『詩学』と『弁論術』などにおいて、詩・文学作品はどのように成り立ったのか、そのジャンル、機能、構造、技巧、効果などを分析し、新たな文学理論を構築していった。そのなかで、アリストテレスはプラトンが打ち出した概念の「ミメーシス」を特別に重宝して取り上げる。すなわち、その『詩学』の第四章において、文学の本質とは「ミメーシス」(芸術的模倣・再現)のことであり、それは人間にとって本能的なことだと定義する。それはつまり、(前節ですでに言及したが)人間は子供の頃から模倣によって習得し、記憶する。快楽はその過程において発生することなのだ(『詩学』1448b5-10)[112]と。詩・芸術の誕生は人間の本能的な行為であり、それは快楽を伴うことにもつながるのだという。そこで初めて、作品創作の心理的な側面が強調されたわけである。アリストテレスのこの詩学における定義は想像力の探求に多大な影響を与え、プラトンの「神感説」とは違って、想像力をあくまでも人間の感覚や知覚や記憶として考えていた。つまり、想像力とは「理性」の周辺の「断片」のことだと看做されていた。

それでは、このような文学の起源から見られる狂気と理性、想像力とミメーシス、神感説と模倣説のような相反する文学観の現象について、現代のわれわれは、さしずめどのように理解し、それらを一個の概念や命題として認知すべきか。あるいは前述の「懸案のパラドックス」や「アンビバランス」をどのように理解して把握するすべきか。

ミシェル・フーコーの定義

それについて、ミシェル・フーコー（一九二六―一九八四）は、「古典主義」の狂気について定義を試みたが、その定義が一つの無難な認知の枠組みを提供してくれるかもしれない。フーコーは二点を挙げてそれについて力説する。

⑴　狂気は、理性と相関的な形式になる。あるいはむしろ、狂気と理性は、相互にいつまでも置換しうる関係をもつにいたる。この可逆関係によって、どんな狂気も、判断し制御してもらえる理性をもち、どんな理性も、理性がそのなかに自分のわずかな真理を見出すような狂気をもつことになる。一方が他方の尺度であり、この相互的な照合の動きを通じて、両者はともに相手を否認しあうが、相手に根拠をおいている。[113]

フーコーのこの定義に従ってみれば、ソクラテスの「イオン」や『パイドロス』において行った詩人の考察は、『国家』における詩人追放とは相反しており、しかしながら「相関関係的な形式」をなすことになる。互いに「可逆関係」によって、真理を見出すのだ。とするならば、狂気の下位概念とされてきた想像力は、いうまでもなく理性と「相手を否認しあうが、相手に根拠をおいている」とみることができる。

⑵　狂気は、理性の諸形態学そのものの一つとなる。狂気は理性の一部になって、その秘密の力の一つ、あるいは理性のあらわれの契機の一つ、あるいは理性が自分を自覚する逆説的な形式の一つを構成する。いずれにしても、狂

気は、理性の領域そのものにおいてしか、意味と価値をもたないのである。[114]

言い換えれば、ここでいう狂気とは、まさにプラトンがかつてホメロスやイオンのような吟遊詩人を名指していったようなことである。詩人とは理性を喪失して狂気の沙汰で詩作をし、その作品はフィクション・作り事でかつ国家の未来の守護者の教育にとって有害で、おまけに第三番目の模倣者のことでもあるのだ。しかしながら、奇しくもその軽侮し、追放しようとした詩と詩人は、プラトンの「理性の一部になって」おり、その「理性のあらわれの契機の一つ」で、かつ「理性の領域そのものにおいてしか、意味と価値をもたない」のである。つまり、ホメロスの狂気は、プラトンのイデーの王国の一部であり、そのホメロスの「狂気のもっともひどい狂暴さをも自らの動きのなかに引き込むことによって、理性は自分の最高の目的に達するのである」[115]。さらに簡潔に言うならば、ホメロスの狂気とはプラトンの一部分のことであり、プラトンの理性・イデーとは、その狂気を「自らの動きのなかに引き込むことによって」こそ、自分の最高の目的に達することができるのだ。こうしてみると、通常、一般的に「狂気のソクラテス、プラトン」といわれるところの狂気は、決して比喩的な意味ではなく、ある意味において真実として、むしろ知恵の最高のかたちとしての顕現であり、「狂気は、理性の領域そのものにおいてしか、意味と価値をもたない」のだと把握されるべきであろう。

二つの文学観の系譜

しかし、ソクラテス・プラトン発の確信と困惑を含んだ相反する霊感や狂気（想像力）と、理性（ミメーシス）との大いなる対立について、フーコーのような弁証法的な認知に辿りつくまでは、長い道のりがあった。その後継者たちのなか、プロティノス（二〇五―二七〇）やプロクロス（四一二―四八五）、とりわけイタリアルネサンス期のマルシリオ・フィチーノ（一四三三～一四九九）によってその狂気（想像力）が受け継がれ、その伝統をより確固たるものにしてきたことを忘れてはならない。

プロティノスは、具体的に詩・文学の想像力や創造と模倣については言及しなかった。というよりもむしろ、複雑な形而上学的なシステムとして究極的、神的な「一なるもの」の原理を打ち出したのである。それによると、万物（霊魂・物質）は、「一なるもの」から「流出」したもので、それゆえ、霊魂は一なるものへの回帰を希求し、いったん超越して一なるものに合流するか、あるいはそれに接近すれば、忘我のエクスタシーの状態に至る。その神的な一なるものにおいては超越美も存在し、世界は一なるものから遠近の距離によって高低があり、人々も同じである。プロティノスは自ら何回も超越的な体験をしていたという。プロティノスはあくまでも哲学か宗教の範囲にかぎって、修行や体験をし、それに基づいて多くの貢献をしたが、しかし、その「流出」や「超越」、または「エクスタシー」などの概念は、後世の狂気や想像力ないし超越的な文学観の解釈において重要な先駆けとなったのである。

プロティノスと違って、プロクロスは、文学について、また神的な霊感について、あるいは詩人の超越的な世界を省察する能力について考えていた。それは彼の『プラトン〈国家〉注釈』において『国家』の第十巻について取り上げているが、古典哲学専門のアンナ・シェパードは、その考えを簡潔に次のようにまとめている。

詩には二種類があり、知識的な詩と、霊感的な詩である。知識的な詩は事実として物質的な世界や倫理を語るが、霊感的な詩は、高次元のもので、それはプラトンが『パイドロス』の245a（前掲、引用者）と、「イオン」（プロクロスの額面通りの意）において書かれたようなものである。ホメロスによって語られた神々の戦いや愛の物語は、ヴェールに包まれた高い真実として寓意的に理解されてきたが、この寓意的な詩は霊感的な詩人によってこそ創作されるもので、その詩人は神々と一体となって、正気よりもむしろより高い価値ある狂気によって作られるのである。プロクロスが指摘した霊感的な詩は霊感的な詩人によって創作され、その霊的な詩人は知的な世界をも超え、最高の聖なる神へネデとともに超自然の世界を成就することができる。[116]

プロクロスは、ここで超越性と霊魂の次元について語り、限りなくプラトンの神的、霊的、あるいは狂気の文学観に近づいて解釈しようとしている。そして、プロクロスも同じく、新プラトン主義者たちはいずれも哲学と宗教を背景に取り組んでおり、あくまでも霊魂の超越性の有り様を描出しようとし、文学それ自体には深く立ち入ることはなかった。

しかし、イタリアのフェレンツェで『プラトン全集』(一四八四)をギリシア語からラテン語に訳し、かつ注解を加え、しかも自分の『プラトン神学――霊魂の不死性について』(一四七四)、『愛について』(一四七五)、『生について』(一四八九)、『パイドロス注解』(一四九六)などを出版したフィチーノは、ルネサンス期にプラトンの受容と伝播において、とりわけ文学芸術一般にとって、詩的な狂気や霊感を伝授させたことにおいて、類をみないきわめて特別な存在だった。

メディチ家の侍医としての父をもつフィチーノは、早くからその才能が認められ、メディチ家がその庇護者となった。しかし、ギリシア語を学習し始めたのはすでに二三歳のときで、現代から考えればすこし遅かったかもしれない。一四六〇年、二七歳でプラトン著作の翻訳という記念的事業に着手しはじめる。「その翻訳の正確さ、プラトン原文の尊重――教説の瑕疵の有無にかかわらず――、そして哲学的洞察力において、先人をすべて凌駕した」[117]という。当時の出版技術を合わせて考えても、彼の翻訳した『プラトン全集』は、十六世紀までに三〇回以上も印刷され、加えて自著の『プラトン神学』も人気があり、ルネサンス期のヨーロッパにとって、またアリストテレスを中心とするスコラ学派の伝統のなかで、どれほど大きな衝撃的な出来事だったのかおおよそ察することができる。

たしかに、ルネサンス期、古代復興を唱えた人たちのなか、フィチーノだけが突出し、それは「一人の人物によるプラトン主義と『プラトン・アカデミー』との復興という旧来の単純な構図」[118]だともいわれがちな傾向がある。しかし、歴史の分野においてはともかく、古代ギリシアの文学・芸術の復興において、とくにプラトンの詩学・美学ないし創造力と想像力の理解・継承において、彼ほど重要な理解者・伝導者はいなかったであろう。コッキングは『プラトン神学――霊魂の不死性について』を中心に展開したフィチーノの影響力を次のように述べる。

われわれがフィチーノの作品からわかるように、彼の作品の数多くの要素は、後の時代に総合され、芸術家の創造活動にとって役割を果たす想像力の原理として形成されたのである。彼は美学体系を立ち上げなかったし、直接、想像力と想像力についての芸術をもまとめなかった。しかしそれらが総合的に現われてくると、まさしく一つの想像された世界が構成され、それが一種の感覚と価値のかたちで人間の経験の多様な様相として形成される。彼が呈示したのは、何よりも詩人と画家たちにとって容易に自分の実践としての想像力となるように仕向けたもので、それは詩人と画家たちをして自分の想像力を通じて創造的に省察を行い、神の創造性をみるのである[119]。

フィチーノは、新プラトン主義を継承して、ルネサンス以降、ほぼほとんどの霊感か想像力を重んじる詩人や作家に直接か、間接的に影響を与えていたとみて取れる。言ってみれば、霊感ないし狂気的な想像力を重んじる文学にとって、フィチーノはその創作の源泉になり、彼を通じてプラトンに遡及し、彼の介在によってプラトンから後のロマン主義までに及ぶ文学の流れが成し遂げられたといえる。その力強い影響力は、フィチーノがロレンツォ・デ・メディチ（一四四九〜一四九二）に献呈した『プラトン神学——霊魂の不死性について』の第一巻、第一章においても見て取れる。フィチーノは、ここで情熱的に語りかけているが、その魂の自由を求める憧れの姿勢と、今や高揚して天高く飛翔したかのようなその語りぶりが、当時の読者ばかりか現在の読者にとっても刺激的である。

そして、わたしは祈る。天上の魂としてのわれわれは憧憬し、渇望し、自分の天上の家に戻るため、できるだけ素早く地上の足枷の鎖から解放されるように。プラトンの翼に乗って神に導かれ、われわれは自由に天上の住処へ飛翔しよう。そこでわれわれは即座に人間自身の本質の素晴らしさを洞察し、楽しむことができるであろう[120]。

魂を飛翔させるのか、それとも想像力を羽ばたかせるのか、かつてプラトンのいった「翼」は、こんどフィチーノにおいて新たに息吹が吹き込まれてきたのである。フィチーノは、晩年「プラトンの『イオン』のテーマ、詩的狂気における序説」において、さらに狂気と詩との関係について次のようにいう。

最高の友ロレンツォよ。『パイドロス』において、プラトンは狂気を一種の疎外的な精神だとして定義した。しかし彼はわれわれには二種の疎外的な精神を呈示してくれたのだ。一つは人間の病気からくるもので、もう一つは神からくるものである。彼は前者を精神異常だといい、後者は神聖なる狂気だという。精神異常は、人間の存在とその種族から獣に堕落させてしまうが、神聖な狂気は彼の人間の本質を高め、超越して神に至らしめるのである。しかしその神聖なる狂気は、理性の魂の光り（啓蒙）によって達成せねばならない。神は高邁なところから深淵に落ちた魂を導いて深淵から高邁なところに戻すのだ[121]。

フィチーノはこの短いエッセイにおいてさらに、神聖な狂気を賞賛し、アポロをはじめ、ミューズの女神を賛美し、それぞれの役割を述べ、またヘシオドスやホメロス、ウェルギリウスたちはいずれもその女神によって狂気と霊感が授けられたのだという。そしてその末尾で、ロレンツォにこのように語ってエッセイを終える。

……おお、我が最高の友、ロレンツォよ。火の神のポイボスは、あなたの祖父のコジモに予言を与え、その導き（虹？）と安らぎは、あなたの父のペエロを救済し、最後に彼はあなたに彼の竪琴と歌を授けたのだ[122]。

この時、フィチーノは、すでにキリスト教の司祭に叙階されていた。そして厳格なスコラ学派に囲まれながらも、あえて人文主義者として汎神論を唱え、神的な狂気、詩的な狂気を語っていた。その文言から、少なからずフィチーノがすでに狂気に取り憑かれていたことが読み取れる。晩年のフィチーノはその仕事が人間の精神にとってどれほど貴重なことだったのか自覚していたが、それを成し遂げたことを自負してもいたという。しばしばよく引用されてきた書簡だが、フィチーノはこう記していた。

（前略）われわれの時代が［黄金］時代であることを疑うことはないだろう。というのも……それは、ほとんど息絶えようとしていた自由学芸――文法学、詩、弁論、絵画、彫刻、建築、音楽……――を光の中に連れもどしたのであり、それもフィレンツェにおいてだった……［ここで］プラトン的学問は暗闇から光明の中へと呼びもどされたのだ[123]。

シュミットとコーペンヘイヴァーの共著『ルネサンス哲学』の「フィチーノ」の章を終えるところ、この書簡を引用しているが、ここで詩学・文学にとどまらず、人文学分野の全般にとっても重要な伝導者として讃えられ、とりわけその霊性が強調されて次のように括られている。

フィレンツェが一五世紀に黄金時代を享受したとするなら、それが鋳造したひときわ燦然と輝く金貨こそは、フィチーノが復興させたプラトン主義の洗練された霊性だったのである[124]。

かくして、プラトンの霊感説、神感説、または神的、詩的狂気の想像力は、ほぼ千年近く眠っていたところから、新たに「光の中に連れもどし」、ヨーロッパ中に伝播されいくのである。

プラトンを起源とする霊感や詩的狂気や想像力について、イタリア・ルネサンス以降、イギリスにおいて、まず敏感に応答され受容されていくが、文学においても、イギリスはヨーロッパにおいてまず先駆けとして栄えたのである。

第二章　伝播

第一節　自然と想像力の出会い

イギリスの詩的狂気と想像力の擁護

ルネサンス時代、人々はいわゆる「理性の時代」を迎え、中世への反動として、人間への再認識を行うようになる。その時代の趨勢のなか、古代ギリシアの精神への初歩的な理解から、詩・文学とは修辞学的な次元の問題であり、その価値は低いと喧伝されるような偏見があった。少なくともイギリスでは清教徒的な主張が加わって、詩・文学・芸術は役に立たないと看做されることがあり、追放されるまではいかなくても、しばしば攻撃の対象になったりすることがあった。そのなかで、初めて反論し、詩と詩人の神感説・狂気の正当性を主張し、それを唱えたのは、サー・フィリップ・シドニー（一五五四―一五八六）である。彼は『詩の弁護』（一五八五？）において、自然を謳歌し、万物は自然（海をも含む自然）の摂理に従うが、なかでもとりわけ詩人は格別な存在であり、詩人の創造したものは自然の真意を伝えており、その詩人の目に映った光景、イメージを高く称賛する。

およそ人類に授けられた文芸は、自然が作り出した作品で、そこに自然の摂理の目的がないものはなく、それをなくしては成立できず、それに依存しているが、その自然が言わんとしていることを伝えるため役者や演技者になるわけである。たとえば、天文学者は星を見つめ、彼の目に映るところのものによって、自然はそこにいかなる秩序を設けているかを明らかにいたします。[125]

このように、超越的な自然の摂理、規則を強調した上で、シドニーは幾何学者や算術家、音楽家、自然哲学者、道徳哲学者、法律家、医学者、形而上学者などをとり挙げ、それらの学問はいずれも自然の奥の摂理に基づいて成り立っているが、しかし自然にはさらにもう一つの超越的な者が存在しているのだと示唆する。そして、それらの学者のなかで詩人だけは特別なのだと主張する。

ただ唯一詩人のみは、そのようないかなる隷属的立場にも縛りつけられることを蔑み、みずからの創造性によって発展して、結局のところもう一つの自然に没入し、物事を自然から生み出し、現前するよりも一段と美しく作りあげ、あるいは自然の中にはかつて存在しなかったような形姿を新たに作り出すのであります。たとえば、英雄たち、半神たち、独眼のキュクロペス、怪獣キメラ、復讐の女神のフュアリーズ、等々であります。かくして詩人は自然の女神と手に手を携えて行き、そして彼女が与えた賜物の狭い保証の枠内にとどまるのではなく、詩人は自身の智慧の十二宮のなかを自由に駆け巡るのであります。自然はいまだかつて大地にこれほどの絢爛たる刺繍をさまざまな詩人によって飾ったことはあろうか。かつてこれほどの歓喜の川、実りゆたかな樹木、甘い香りの花を添えたことがなければ、また他にこれほど愛されている大地をますます愛すべく愛しているものはいません。自然の女神の世界は青銅だが、詩人たちはただ黄金を送り届けます[126]。

シドニーにとって詩人とは、自然と手を携えて自然を表現し、古代ギリシア詩人と同じように神話を生きるのみならず、さらに自然よりも超越し、新たな自然を発見して、「歓喜の川、実りゆたかな樹木、甘い香りの花」を大地に捧げることができる超越者であった。彼のいう詩人は神話と自然と一体となっており、それがあたかもロマン主義文学の到来を予言し、その曙を予兆したかのようだった。そして『詩の弁護』の末尾には、読者の理解と寛容を求め、聖なる詩と詩人に祈りさえ捧げている。

かくして、常に賞賛に価するところの詩は、美徳を育成する喜びに満ちており、学問という名に具わるべき資質を何一つ欠いていないがゆえに、それに対する非難は偽りで、根拠簿弱です。詩が軽んじられるのは、猿まね詩人の罪で、真の詩人の詩はそうではありません。そして最後に、わが国語は詩歌を敬い、詩歌に敬われるのにもっとも適しているがゆえに、私のこの墨汁の無駄な駄文を読むすべての読者に、他ならぬ九柱のミューズの女神の名において、今後はどうぞ詩の神聖な秘儀を軽蔑しないでいただきたいと、切にお願いいたします。どうぞ今後は、詩人という名を聞いて、あたかもかれらが道化の直系の後嗣ぎででもあるかのように嘲笑することはなさらないでいただきたい[127]。

シドニーは、古代ギリシアに関して狭量ではなく、より自由な理解ができ、キリスト教の神だけではなく、ミューズの神々への祈りを捧げながら詩の擁護を唱える。そのミューズの女神への帰依と、別の世界を発見できる創造的な詩人像は、ほとんどソクラテスとプラトンのいう詩人の姿に立ち戻ってそれと融合したかのようであるが、しかし、ここで突出して「自然」を取り上げ、詩人が「自然」を謳歌するという点においては、のちにやってくるロマン主義の自然回帰を先取していることが明らかである。

ところが、同じ時期、同じ主張を作品創作の現場からシドニーの『詩の擁護』に応答した巨匠がいた。つまり戯曲・夢幻劇『夏の夜の夢』（一五九四―六?）を発表したシェイクスピア（一五六四―一六一六）である。シェイクスピアはその作品のなかで、詩人の狂気と想像力を描出し、それを賞賛したところが有名である。しばしば「小さなラテンに、ギリシア離れ」[128]だったといわれるシェイクスピアは、当時プラトンの「イオン」や『パイドロス』などを直接読んでいなかったと推測されてきたが、しかし、共通の通念として詩人の神がかりの狂気、神感説がすでにラテン作家キケロ、ホラティウス、セネカによってイギリスに伝わっていたことは確かで、その影響の大きさは無視できない。というのは、シェイクスピアの『夏の夜の夢』の舞台は、当然アテネに設定されており、その狂気と夢の「トポス」（場）は、くしくもプラトンの『パイドロス』と同じようにアテネの郊外であった。そして肝腎の詩と詩人についての論評と見解は、シェイクスピアは作中人物に言わせている。劇の最終幕の冒頭で、登場人物のシーシュースの口をとおして、まさしくプラトンと同じように、ホメロス・イオンの神がかり、狂気を絶賛するかのように、次のくだりを語らせたのだ（この部分は劇それ自体について自己言及を行い、自分の創作について自己批評しているが、それが霊感や詩的狂気の想像力の文学観の例証としてよく引用される）。

恋するものと気ちがいはともに頭が煮えたぎり、
ありもしない幻を創り出すのだ、そのために
冷静な理性では思いもよらぬことを考えつく。
狂人、恋人、それに詩人といった連中は、
すべてこれ想像力のかたまりと言っていい。
広い地獄に入りきれないほどの悪魔を見る、
それが狂人だ。恋人もそれに劣らず狂っていて、
色黒のジプシー女に絶世の美女ヘレンを見る。
詩人の目は、恍惚とした熱狂のうちに飛びまわり、
天より大地を見わたし、大地より天を仰ぐ。
そして想像力がいまだ人に知られざるものを
思い描くままに、詩人のペンはそれらのものに
たしかな形を与え、ありもせぬ空なる無に
それぞれの存在の場と名前を授けるのだ。
そのような魔術を強い想像力はもっているので、
ただあの喜びを感じたいと思うだけで、たちまち

その喜びを仲介するものを思い浮かべるし、
あるいは暗い夜、ある恐怖を想像するだけで、
簡単に草むらが熊と思われてくるのだ。[129]

ここでシェイクスピアは、「恋」と「熱狂」、「詩人」と「狂気」、そしてそれを生み出す想像力を生き生きと歌い上げているが、そのアテネの夏の一夜はいったい何があったのか、と読者に考えさせる。ところで、この詩は、もはやプラトンの「イオン」を想起させ、ソクラテスが詩人について語ったことをそのまま蘇らせている。かつてソクラテスは、詩人を「軽い、羽の生えている、聖なるもの」で、「入神状態になって正気を失い」、「蜜蜂のように飛びかいながら、ミューズの女神たちの庭や谷にある蜜の泉から、その詩歌をつみとり、われわれのもとにはこんでくるのだ」といったが、シェイクスピアは、今度ここでそっくりそのまま言い換えたかのように、同じ比喩とイメージをもって賛嘆の口調で詩人を語る。つまり、詩人とは「正気を失い」、「冷静な理性では思いもよらぬことを考えつく」ものだ。詩人は「軽い、羽の生えている」「狂人だ」。詩人は「想像力のかたまり」で、その想像力の羽に運ばれて、「広い地獄に入りきれないほどの悪魔を見」、「天より大地を見わたし、大地より天を仰ぐ」のだ。「詩人の目は、恍惚とした熱狂のうちに飛びまわり」、「ミューズの女神たちの庭や谷にある蜜の泉から、その詩歌をつみとり、われわれのもとにはこんでくるのだ」。そのような「強い想像力」は「魔術をもっているので」、「思い描くままに、詩人のペンはそれらのものに、たしかな形を与え、ありもせぬ空なる無にそれぞれの存在の場と名前を授けるのだ」という。

かくて二千年もの長いスパンを隔てたシェイクスピアは、ソクラテスと同じくまるで異口同音にして「聖なる」詩人とその狂気と想像力を讃える。しかも『真夏の夜の夢』は夢幻的でありながらも、一方、描かれた夢の一夜の出来事を劇の内部から批評し、劇中劇のかたちで作者の詩人と登場人物に言及し、その想像力を批評するのだ。つまり、その語りにおいて、ついに作者のシェイクスピアが自ずと自分の顔を覗かせ、狂気・霊感・想像力に陶酔し、かつてのホメロ

スやイオンを蘇らせ、彼らと共にもう一度その霊的な状況を生きたかのように、その狂気と想像力の心情を吐露する。しかしまさにこの瞬間、シェイクスピアはいみじくもプラトンの詩と詩人についての洞察と同じことを表明したのである。そして、ここで、かつて古代ギリシアにおいて洞察された、ミューズの女神に取り憑かれた詩人たちの狂気と想像力の伝統が、いまや十六世紀末、シドニーやシェイクスピアにおいて、また彼らによって継承され、復活させられたことを、われわれが確認できるのである。

ロギンヌスの崇高・想像力・自然・海の再発見

ところが、この狂気と霊感と想像力の文学観は、十七世紀半ばから後半にわたってさらに一冊の本によって強化され、助長される。いわゆるギリシア語・ラテン語から英語とフランス語に訳されたロンギヌスの『崇高について』[130]である。もともと紀元一世紀頃に書かれ、その後散逸したと言われた修辞学の教科書だったが、この本が広く知られるようになってから、文学や芸術の創作ないし評価基準までに変化を引き起こすようになる。具体的にそれがどれほど大きな影響をもたらしたのか計り知ることはできないが、単にその「崇高」という概念をめぐって、もっとも保守的に見積もっても、それは「フランスの新古典主義の復活に重要な役割を果たしたが、それが重要な概念となるにつれ、新古典主義への反抗を導いていくなか、ロマン主義的な反響を引き起こし、イマヌエル・カントなどのような新興の美学の原理になったのだ」[131]と、評されたほどであった。

事実、十七世紀末から十八世紀にわたって、イギリスでは幅広く議論を呼び起こし、それは自然と文学、さらに哲学においても複数の理論にわたって展開され、ロンギヌスのテクストそれ自体の内包を超えてしまうほどであった。例えば、ジョン・ミルトン(一六〇八―一六七四)は、当時、イギリスの教育改革のために書いたパンフレット「教育論」[132]において、基礎的な教養としてロンギヌスをプラトンと並べて「有機芸術」としての読書リストに加えており、ジョナサン・スウィフト(一六六七―一七四五)は『詩についての狂想曲』において「もしロンギヌスを読んでいなかったなら、われわれは威厳をもって輝いただろう」[133]とロンギヌスの出現によって、既存の世俗的な墨客たちが困っていることを皮肉っている。アレクサンダー・ポープ（一六八八―一七四四）は、その『批評論』において「汝、自由奔放なロンギヌスよ、大いなる九柱の女神よ、批評家たちに詩人の霊感と狂気を恵んでくれるように」[134]と、ロンギヌスを芸術の女神と並べて祈りの対象にして謳っていたのである。そしてケンブリッジ・プラトン主義者たちのヘンリー・モア（一六一四―一六八七）やシャフツベリー伯（三代目一六七一―一七一三）らはいうまでもなく、いずれもこの古くて新しい文学観に魅了され、そこから自然と人間との関係を考え、改めて自然をみるようになったのである。その影響はどれぐらい大きかったか、のちの人々の感受性によって評価の度合いがまちまちだが、少なくとも現代にとって美的感受性ないし時間と空間のスケールの認知にいたる諸問題につながることは確かである。

それでは、そもそもロンギヌスの文学観の核心となる概念の「崇高」とは、どこから導かれてきたのであろうか。その源泉を辿れば、またもやプラトンの霊感や神感説に行き着くのだ。つまり、ロンギヌスの「崇高」が生み出された前提には、作者の「個性」や「天分」「天才」が据えられているのだ。それはプラトンが捉えていた狂気、霊感、想像力をもつ特殊な詩人観に基づいており、ネオ・プラトン主義と同じ血脈を引いているのは確かである。その霊感や天才を前提にしたロンギヌスは、その「崇高」には、空間の無限性や時間の永遠性、精神的な気高さと普遍的な性格が内包されていると言い、それらは「天性のもの」や「天分」こそ「崇高」を生み出すことができるのだという。とりわけホメロスを例示し、かつ多くの修辞学的、美学的な諸要素を付け加え、その「崇高」は「熱狂」と「天分」と「自由」によってしか成就されないと主張する。

一七世紀から一八世紀のあいだ、人々はロンギヌスのその「雄大さ」と「無限」、「天分」や「気高さ」と「自由」などに魅了されていた。しかし、最もエポックを画す出来事として、人々はロンギヌスから受容したのは、新しい美的感受性、あるいは美的評価基準やファクターとしての「想像力」と「自然」のことであろう。

以下、『崇高について』において、ロンギヌスは弟子のテレンティアノスに向かって（書簡のかたちで）どのように語っていたかみてみる。

「崇高は、稲妻の一撃」（一節）である。また「崇高とは偉大な精神のこだま」であり、「天性のものであり、後天的に身につけるものではない」（九節）。その主張する崇高とは、高貴な精神や魂こそが生み出すことができる美的な対象、カテゴリーであるが、しかしその文章表現には技術も必要だ（二節）といい、崇高とは、まず「天性」「天分」ホメロスのような「高貴な精神・魂こそが生み出す」もので、次に技術も必要だという。そしてさらに、崇高な事柄を表現しようとする場合、想像力はどのような役割を果たしているのか、それを以下のように解説する。

わが若い友よ、イメージとは偉大さや高尚さ、気高さや力強さを形作る欠かすことのできない要素である。人々はそれを心的な表象と呼んでいるが、通常、それはイメージ、あるいはイマジネーション（想像力）といい、あらゆる心に思い巡らしたものを形作って表現するのに用いられる。ただし、今日は、君が考えて見ている記述、あるいは君の眼の前にいる視聴者が、圧倒的な、熱狂やパッションによって超越され、運びさられる場合に用いられる。君がよく知っているように、詩人と弁論家は同じイメージを用いてきたが、その対象と結果は全く違う。詩人の用いるイメージは魅力的で驚愕させるが、弁論家の用いるイメージは明解的である。両者はいずれも人々の感情に働きかけることを求めている。

（中略）

エウリピデスは狂気と愛との二つの激情において悲劇的効果を出すことに全力を傾けて、その領域においてもっともすぐれた成果をあげている。（十五節）[135]。（傍線は引用者による、以下同）

そして、崇高についての「気高さ」と「偉大さ」、または「広大さ」や「荘厳さ」など、それらすべては自然によって導かれたものだと唱え、人間が自然の一部分だと見なされた以上、自然はまた人間の天分を通して崇高的なものを顕現しているのだと示唆する。人間は自然によって疎外されるものでもなければ、自然が人間によって疎外されるものでもない。もはや人間それ自体は自然として諭され、かつその自然は人間と人間の内面世界として広大無限であるべきで、また何よりも自然の「海洋」は崇高として、あるいは崇高の表象として賛嘆すべきだと謳歌する。それについて次のように唱える。

何よりも自然はわれわれ人間を選んで自分の子として成就したのは、恥ずべき生き物としてではなく、彼女がわれわれに生命をもたらし、広大な宇宙に導いてくれたところの偉大な祭典において、われわれは観衆とされると同時に、われわれの魂が最初から偉大なるもの、聖なるものへの揺るぎのない憧憬のパッションが吹き込まれたのだ。それゆえに、自然のすべてがわれわれより常に偉大なるもので、神聖なるものとして抗しがたいものである。従って、人間社会内の視野においてその思考に頼って、たとえ全世界を熟慮しても限界に達してしまうが、しかし、われわれの想像力は常に空間の境界を超越しており、そしてわれわれ自身の生命それ自体にさまざまな思いを巡らしてみると、それはどんなに素晴らしく卓越し、どんなに偉大でかつ美しいかがわかり、そして今や人間自分自身がなぜ創造されてきたのかが諭される。だからこそ、われわれは自然の脈動に動かされ、たとえ小さな川が実用的で清らかな水に満ちても、ナイル川を賞賛したり、ドナウ川やライン川を賛美したりする。言わずもがないっそう海洋を賛嘆するのだ（三五節）[136]。

ロンギヌスは、ここで紛れもなく天分（天才）、雄大さ、想像力と自然への没入などを検討し、解説しているが、しかしながら、崇高さについて呈示しているうちに、いつの間にか弟子と共に超越したかのようになってきたのだ。ここで、講師のロンギヌスと受講者のテレンティアノス、また語り手のロンギヌスと読者のわれわれは、今やいずれも自然という産みの親そのものによって生が与えられたのだと説かれ、さらに「自然はわれわれ人間を選んで自分の子として成就し」、また「われわれは観衆とされると同時に、われわれの魂が最初から偉大なるもの、聖なるものへの揺るぎのない憧憬のパッションが吹き込まれたのだ。それゆえに、すべてがわれわれより常に偉大なるもので、神聖なるものとして抗しがたいものである」と、ロンギヌスに説かれてくるとき、あるいは自然という客体がわれわれ人間という主体を成就し、熱狂が吹き込まれたがゆえに、われわれ主体が自然という客体に従属し、その偉大さや聖なるものに憧憬するのは当然だと、ロンギヌスに説得されたとき、十七世紀頃の読者は言うまでもなく、現代のわれわれ読者ですら動かされるのであろう。

これはもともと、修辞学・弁論術の手本を教える教科書の一つのくだりで、修辞的な効果を説明していたはずのものだったが、しかし、いつの間にか、ここでわれわれは文学における諸々の本質的な問いかけに導かれ、その呈示された自然という人間の、自分の存在の在り方や自然との関係が自覚させられる。あるいは、人間自身は「観衆とされると同時に、われわれの魂が最初から偉大なるもの、聖なるものへの揺るぎのない憧憬のパッションが吹き込まれたのだ」ということが知覚させられてしまうのだ。ロンギヌスは、この修辞学の教科書において実際、まずすべての詩人、作家、芸術家ないし創作者に対して、彼の文学観を雄弁に語っているが、しかし、ここで否応なくさまざまな問いかけが引き起こされているのである。つまり、作品創作において、作者の視点は局部的か、それとも全体的か。作者は理性的であるべきか、それとも単に模倣的であるべきか。あるいは専ら想像力・直感・霊感に頼って創作するのか。あるいはその対象は純粋な美なのか、それとも実用性を重視した結果なのか。あるいは文学と天分と自然が互いにどのような関係をなすべきなのかなど、そこには現代を生きるわれわれの思考様式までにつながるさまざまな問いが含有している。

しかし、ここでは、何よりも想像力と自然との関係において、とりわけ自然――深淵さと広大無限さを顕示しながら神秘さに富み、青々しい美しさを見せながらも恐怖に満ちた海――が私たちの視野に立ちはだかってきたとき、あるいは静かな海や嵐の海を目にしたとき、想像力はいったいどのようにはたらくのか、といったような問いかけをめぐって、ロンギヌスの「崇高」は、実に多くのことをここで教えてくれる。とりわけ、西洋において少なくとも十七世紀から十九世紀にわたって、海と想像力にとって「崇高」という概念は、まるで一種の触媒のような役割を果たし、一旦「崇高」がシー・スケープ、自然風景に取り入れられると、われわれ自身のなかで何かが変化したかのようになったのだ。すなわち、海と想像力が「崇高」という概念を通すと、海と想像力は新しい美的価値評価・鑑賞システムの一環として変貌し、それに導かれて、人々は海と想像力に愉悦を覚え、それを賛美するようになるが、実際、それに関わった文学作品、とりわけロマン主義文学の時期が飛躍的に増幅されたのである。そして、人々がどれほど憧れの念に駆られて、想像力を羽ばたかせて海に思いを注いだのか、測り知るすべはない。しかも文学だけではない。絵画や音楽などにも多大な影響と変化をもたらし、そして、海と想像力それ自体の内実、内包も眩く変貌し、豊かになっていったのである。

確かに、ロンギヌスとその「崇高」が再発見されてから、具体的にいったいどれほど人々の、とりわけ作家たちの心的な時間と空間、想像力、あるいは心象風景などに刺激を与え、文学においてどれほどの高邁な思想や深淵な洞察をもたらしたか、正確には把握することができない。しかし、文学批評史において新しい時代を生み出したところをみると、ロンギヌスはもはや避けて通れない本質的な基準の一つを呈示したのは確かだ。その点について、前掲のペネロピも、ロンギヌスがその「崇高」と共に、「古典世界においてユニークな先駆者として位置づけられるが、彼の繰り返し言明した熱狂的な言葉と霊感と共に（何よりも確実にプラトンの強い影響のもとで）、その文芸思想の複合体が天分と霊感と感情に結びつけられ、それが十八世紀において光り輝き、そして究極的に、彼はロマン主義の誕生をもたらしたのである」[137]と断言しているのだ。言い換えれば、ロマン主義文学にまつわる諸々の美的感受性は、ロンギヌスの崇高なるものなどによってもたらされたのだが、そのなかで自然と共に海と想像力は、まさにその過程のなかで目覚めさせされ、喚起されて形成された美的感受性なのである。

シャフツベリーの熱狂・霊感・自然・詩人

しかし、ロンギヌスの文学論が熱心に受容されていた時代は、それに対立する主張である経験論的哲学がイギリスで普及していく時代でもあった。むしろ経験論が幅を利かせ、機械的に自然を解釈しようとする見方が主流をなす時代だったと言える。そのような時代のなかで、ケンブリッジ・プラトン学派はマイナーな存在であったが、それに属する詩人でもある哲学者のシャフツベリーは、なお特異な存在だった。というのも、彼はロンギヌスの主張に共鳴し、哲学の分野から詩人の「想像力」と「熱狂」（enthusiasm、熱狂は当時ほぼ空想・想像力や狂信、入神状態、神がかり、霊感、狂気と類似的な意味で用いられていたことに留意されたい）と「自然」と「美」を擁護し、百年前のシドニーの『詩の擁護』に匹敵するほどの考えを打ち出したのである。

シャフツベリーは『諸特徴』の「熱狂についての書簡」において、「熱狂」を擁護し、その諸側面を検討してから、最後に次のようなことを提唱する。

閣下、私はこれらのすべてを通して推察したのは、ただ一つのことである。「熱狂」とは素晴らしく広範にわたって多大な力のあるものである。この世の中でそれを全体的に確実に把握するのには正確な判断力が必要で、無神論者にとっても同じことである。ある識者たちが言ったように熱狂的な無神論者はたくさんいた。しかし、このインスピレーションが本当に神的な表れだと感じて、熱狂とは違うのだということについては、その外見から見て、神的なインスピレーションとの見分けは簡単ではない。両者はパッションとして同じように見えるものだ。人間にある心象が浮かび上がって、その心象がいかなる本当の対象物であっても、あるいは神的な霊験であっても、それを見て驚嘆して、人間を超えた悲惨、歓喜、困惑、恐怖、賛嘆、あるいはいかなる激情に属するもの、あるいは最高なるものである場合、それが広大無辺で、（画家が言うように）生を超越したものである場合、それを「狂信」だといい、起源的な意味で古代から用いられてきた用語で、霊的なものとして人間の心に継承してきたのである。

人間の狭い心には、ある豪奢なるもの、あるいは凶暴なものが思想やイメージとして、受け入れがたい場合、それゆえ、インスピレーションを恐らく神的な熱狂といい、それ自体を神的な表れと表現するが、古代の哲学者やキリスト教の神父はそれを神的なものだと称し、人間のパッションにおける崇高なるものとして表現されていた。これは霊的なものであり、それが英雄、政治家、詩人、弁論家、音楽家ないし哲学者に割り当てられて伝わるのだ。（前略）私たちは妄想を回避することを願い、それが神的な霊験かどうかを判断するには、まず自分の霊験を判断せねばならない。（中略）「自分自身を理解し、私たち自分の霊的なもの（精神、引用者）は何であるかを知らねばならない」。そして、そのあとこそ私たちは他者の霊的なものを判断することができ、何がその個人的な美点であるかを考え、それは健全な脳からの陳述だということが証明できるのである[138]。（傍線は引用者による、以下同）

シャフツベリーは、ここで明確に「熱狂」とは何かを定義できなかったが、キリスト教に向けてその存在を擁護し、その有益なところに注目している。そして、心象、イメージ、神的な霊験、生を超越したもの、霊的なもの、インスピレーション、神的な熱狂、神的なもの、崇高なるもの、パッションないし狂信などまでを十把一からげにして一つのカテゴリーとして考えて、それらを「熱狂」としてどういうふうに考えるべきかを問題にしているのだ。この提唱において、彼は「心象が浮かび上がって」、いわば想像されたイメージを「妄想」と看做さず、むしろクリスチャンは、何よりもまず自分の心象とは何ものかを省察せよと促しているのである。

このように主張したシャフツベリーの熱狂ないしそれにまつわる詩や詩的想像力などについての考えは、のちのロマン主義における同類の諸概念の先触れにもなっていたが、その諸主張において、文学にとって特徴付けられる最大の要点は、以下のことであろう。すなわち、詩人の精神と神の精神とは、類似的な関係にあり、また自然とは機械的ではなく、有機体的な関係にあり、詩人とは自然それ自体を顕現するものなのだと。彼は『諸特徴』において以下のように言明する。

もし私が間違っていないならば、真の詩人の名に価する人、しかも真の巨匠となる人、そしてその分野における建設者で、人間と人間の立ち居振る舞いを描出できて、かつその身なりに相応しく調和した人なら、非常に優れた別類の人として認められるであろう。そういった詩人であるならば、創造主の神の第二の創造主であろう。つまりそれはまさしくジュピターに従属するプロメテウスだ。そのような至高の芸術家は、あるいは普遍的な自然の顕現者・化身は、すべてを一身にして形作られ、凝縮され、調和しているが、彼は甘んじて自然の全体の一部分として侍従し、奉仕者になる。彼は熱狂の境界を熟知し、確実にそのトーンと測りの基準を把握している。それで彼はバランスよく自然を表現し、感受性と行動の崇高なるものを描出して、曖昧から美を選別し、憎しみから優しさを弁別するのである[139]。

シャフツベリーのこの詩人観は、ロンギヌスに限りなく近づいたと言えよう。詩人は神と類似的な関係にあるのみならず、「第二の創造主」として看做し、さらに自然の化身となり、自然が詩人を通じて顕現されるのだという。言い換えれば、天分のある詩人は神に近づき、自然と融合するのがもっとも理想的なのだ。そういう詩人だけは他とは違って陶酔し、熱狂的に没入し、自然を賛美して謳歌するのである。ここでシャフツベリーが強調した概念である「熱狂」は、十七～十八世紀、ほぼ狂気や霊感と同じ意味で理解され、それらはいずれも神に取り憑かれるという意味が含まれていた。従ってキリスト教における「熱狂」に対するネガティブな意味よりも、シャフツベリーは美を追求することにおけるポジティブな意味を擁護している。「熱狂」は、その時代にとって真と偽、創造的想像と狂信といったような両義的な心的状態を表象していたにもかかわらず、彼はもはやそのネガティブな意味を退ける。彼は言う。「聖なる愛や愛されるもの、それまでのすべての優れた尊厳と威厳のあるもの、優雅なもの、美しく心地のいいもの、私はそれを恥じるのだろうか？それこそ熱狂（霊感）だろうか？私はもはやいつまでもこういった熱狂主義者でありたい。そしてもし、他の種類の熱狂を捨てて、これだけに向かって成長していくことができれば、私はそれで幸せだ」[140]と。つまり、美しいものを生み出すことができるなら甘んじて「熱狂」を受け入れたいという。そして、瞑想と熱狂（霊感）にどっぷり浸かったかのように、シャフツベリーは散文的叙事詩の文体でさらに自然を絶賛するのである。彼は『諸特徴』の「モラリスト」においてこのように謳う。

おお、栄光ある自然よ！最高の美と至高の善よ！すべての愛、すべての愛すべきもの、すべての神聖なるものよ！自然はかくも永遠の恵みで、自然への探求はかくも叡智に満ちて、自然への観照はかくも愉悦に溢れる。その動きは何一つをとっても実り豊かな風景をもたらし、その優雅なスペクタクルはいまだかつて芸術に見たことはない！おお、広大なる自然よ！知恵の源泉！創造の女神の全権者！あるいは全権の女神、最高の創造主！（中略）私は創造主の自然の秩序を賛美し、あなたの賜物の美を称え、すべての美の完全性の源と掟を寿ぐ[141]。

シャフツベリーは、ここでまるで自然に取り憑かれたかのように自然を賛美する。自然は女神であり、知の源泉でもあり、創造主でもあるのだ。当時、経験論的哲学が主流で、ニュートンらによる機械論的自然観がケンブリッジ大学を中心に影響力をふるっていた時代でもあったが、それがシャフツベリーの身近で進行していただけに、彼は声高に有機的な自然を謳歌し、自然それ自体を人間の倫理・道徳・善・美の化身として謳っていたのであろう。

ケンブリッジ・プラトン学派の歴史的役割に光を当てたエルンスト・カッシーラー（一八四七―一九四五）の言葉を借りて言えば、「シャフツベリーは自然の征服ではなく純粋な観照を、外的権力による意志の隷属ではなく没我的な没入を擁護する。観照と没入ということの行為こそ、あらゆる芸術的な創造と喜びの基盤である」[142]と。ところが、この自然への観照と没入は、後のロマン主義文学よりほぼ百年も早く先駆けていた。ただし、その賛美した自然の背景には天地創造の絶対的な神（たとえ汎神論的で神々が混入していたとしても）が崇められていた。それゆえか、その有機的な自然の善と美は、キリスト教においても歓迎され、多くの読者に受け入れられていたという。当時、シャフツベリーの『諸特徴』は、その師匠だったジョン・ロックの『第二論』に次ぐ多くの人々に読まれた本となり、十八世紀には最も版を多く重ねた本だった[143]という。

このように、ルネサンス以降、自然の再発見や自然への回帰といったような大きな動きのなか、とりわけ、プラトンの狂気・霊感と想像力の文学観が十七世紀半ばからロンギヌスの再発見と共に、急速に促されていく。シャフツベリーは、熱狂や霊感、崇高なるものや心象、イメージ、想像などを軸に自然への没入を唱え、直感をもって自然を見直した点で大きな意義を持ち、その自然と霊感と心象などが互いに結び合わさって、当時の文学観の展開において大きな役割を果たしたのである。

しかし、一方、シャフツベリーのそういった自然賛美において重要な役割を果たした点を除き、イギリス国内における彼の「重要性は十八世紀の間中、ずっと減少していった。それは、経験哲学の普及によるものだった」と。また「彼自身の追従者でさえも、ロックの権威に強い印象を受け、彼の見解を『観念による新しい方法』に順応させようと試みる始末だった」と、シャフツベリー研究の専門家R・L・ブレットはいう。すなわち、イギリスでは有機的な自然回帰が求められた陣営は劣勢で、経験哲学はアカデミーにおいて依然として権威的で幅を利かせるようになっていたのだ。しかし逆に、彼の考えは、不思議にも大陸のドイツ人に好まれ、むしろ「シャフツベリーの影響が大きく、レッシング、ヘルデル、カント、シラーなど、つぎつぎにあらわれた作家たちの間によく知られていた。そしてその作家たちは、すべて、イギリスにおいては、シャフツベリーを新しい運動の預言者だと見なしていた」[144]のだった。

この時期のイギリスとドイツとの影響と受容の関係について、カッシーラーは長い検証作業を行ない、その結末において、シャフツベリーによって次のような結論を引き出す。

ケンブリッジ学派の基本的教説に含まれていた哲学的美学の萌芽を完全に成熟させることができたのであり、そして彼のみがこの内容にふさわしい形式を作りだすことができたのである。シャフツベリーの『モラリスト』の文体は抽象的な、論理をもてあそぶようなものではない。それは狂詩曲ふうの賛歌であり、この賛歌の文体のもとでプラトンのエロス説の根源的力が新しい時代に真によみがえったのである。この力は十八世紀の半ば頃ドイツ精神史に流入し新しい衝撃を及ぼす。真の創造的精神の持ち主は誰ひとりこの衝撃を逃れることはできなかった。ヴィンケルマン、ヘルダー、シラー、ゲーテはもっとも強烈な衝撃を受けた[145]。

そして、ドイツにとって「ケンブリッジ学派は、いわば精神の仲介役、時代の仲介役である。イタリア・ルネサンスから十八世紀ドイツ人文主義へと通じる橋の橋脚の一つである」[146]と、カッシーラーは断定を下す。しかるに、その人文主義の橋脚を支え、プラトン的霊感をもってドイツの啓蒙主義者たちに光をあて、スムーズに古典ギリシアに導いたのは、シャフツベリーだったのである。

しかし、これは決してライプニッツを中心に行われていたもう一つのプラトン主義解釈と受容を過小評価したということを意味していない。英国ケンブリッジ学派やシャフツベリーを経由してドイツに導かれたのは「エロスと美の教説」だとすれば、ライプニッツは同じくプラトンから水脈を引き、そこで築いたのは「論理学的・数学的観念論」の基盤だったということができよう。

「かくてシャフツベリーのプラトン主義は今や知的媒体のなかで復活し、ドイツ観念論の哲学と美学が生まれる根本的動因の一つとなった。」[147]とカッシーラーは、シャフツベリーの重要な意義と役割を指摘する。

第二節　海と想像力の展開――イギリス

ジョセフ・アディソンの想像力と海

しかし、イギリスにおいて自然が再発見され、謳歌され、自然への回帰が唱えられるようになってきたとき、だれよりも早く自然を讃えるのに海に想像力を羽ばたかせたのはジョセフ・アディソン（一六七二〜一七一九）であった。彼はヨーロッパにおいて、初めて海によって自然に対する美的な感受性を高めることを発見したのである。

シャフツベリーの活躍とほぼ同じ時期、アディソンとリチャード・スティール（一六七二―一七二九）は共同で『スペクテイター』（一七一一―一七一四）という新聞を執筆して発行する。このユニークな新聞は、刊行期間が短かったが、発行当初から人気で、停刊後、製本されて再版を重ねてきた。アディソン研究で博士論文をまとめたピーター・スミザース（一九一四―二〇〇六）は、発行から二百五十年後の一九六六年版の再版において、賞賛を込めた「序説」を載せている。そこでどのような時代要請によって『スペクテイター』が刊行されたのか、またその歴史的位置付けや成功した理由及び読者の反応などについて述べているが、とりわけ想像力について言及したところが興味深い。

『スペクテイター』は当時最も成功した文学紙だった。発刊されてすぐ有名になり、人気と賞賛を得、作者たちにも経済的な富をもたらしたのである。十八世紀から十九世紀の間、『スペクテイター』はテクストとしてほとんど『聖書』の次に数えるほど、イギリス人の礼儀作法と道徳に影響を与えていたのである。その書き残した散文体の文章はイギリスのもっとも人気のあるモデル文にもなっている。（中略）多くの主題につき真剣で、例えば「想像力の喜び」などについての探求は徹底さを見せている。（中略）その成功は二つの独特な時代的条件によって保障されていた。まず、第一に過剰なピューリタンと王党復古期のあと、イギリス人は前向きに考え、平等で不道徳を克服した快活な暮らしと厳格さを伴わない正しい生活を期待していたこと、第二に、ジョン・ロック（一六三二

―一七〇四）、アイザック・ニュートン（一六四二―一七二七）、クリストファー・レン（一六三二―一七二三）と同時代の人たちと並んで芸術や科学において違う考え方を打ち出していた。すなわち、人間の心とは、その能力が理性をいかに応用するかによって、いかなる方向にも発展できるのだということを呈示したかったのである。[148]

当時、厳格なピューリタンから自由になったイギリスは、先述したように、ニュートンを代表とする自然科学の進歩によって自然哲学、理性や合理主義に対する人々の態度がますます複雑になっていた。自然への回帰という風潮のなか、一方、自然科学側から自然の摂理への好奇心をかき立て、そこで幾何学的な計測による人工的庭園などのような自然を想定することしかできなかった。他方、シャフツベリーのような考えでは、自然を賛美し、大山嶽や大森林など、なるたけ山野・荒野そのままの自然として取り入れることを尊ぶという傾向があった。アディソンは、まさにその時代の要請に応答し、機械論的な世界観に対峙し、シャフツベリーの詩的な「熱狂」よりも、人気の生活の指針となる『スペクテイター』を発行する。そこで自然と霊魂は有機的につながり、想像力の賛美と夢の自律性などが唱えられ、中流階級向きに新しい発想、生活態度などの諸々のことが披露され、それが時代をリードするほどの成功をもたらしたのである。その五五〇号を数える新聞のなか、十号にもわたって「想像力の喜び」をめぐってエッセイを書いて（一七一二年六月二一日の四一一号から七月三日の四二一号まで）掲載しているが、ヨーロッパにおいて「想像力」をテーマにして書かれたものとして史上初めてのことであった。そして、一七一二年九月二〇日の四八九号において、アディソンは、読者への応答のかたちで、海洋の暴風雨、嵐の海の風景を賛美する文章と詩を掲載する。それも、ロンギヌスの美的感受性を継承した、史上初めて海の嵐を想像力と結びつけたエッセイだった。そのエッセイは以下のようになる。

拝啓、

あなたの「想像力の喜び」についてのエッセイを読んでわたしが気づいたのは、あなたがすでに発見した三つの喜びの源泉のうち、その一つが宏大無限さのことである。というのは、それはいままで目にすることができるあらゆる事物のうちで、海あるいは海洋ほどわたしの想像力を掻き立てるものはなかったからである。たとえ天候が穏やかなときですら、この放縦な大量な水を見るたびに、わたしは歓喜の驚きを禁じえない。それが荒れ狂う時化ともなれば、水平線には泡立つ波頭が水浮かぶ連山のように見渡すかぎり聳り立つばかり。そしてこの光景からは、筆舌に尽くしがたい得も言われぬ慄きがつたってくる。思うに、人が航海してそこで目にした漂うものとして、巨大なもののなか、ただ荒れ狂った海の広大さしかその人の想像力に最高の歓喜を与えないであろう。じつをいうと、海洋の世界を俯瞰するには、あの神の手による初めての大水を生み出したことと、それに相応しい海中に道を敷いて受け入れたことを抜きにしては考えられない。この海洋のような対象物を眼の前にし、自ずとわたしには万能の神の存在の観念を思い浮かべずにはいられない。海洋はわたしに形而上学的な実演よりも神の存在を確信させる。想像力は悟性を促し、そして知覚しうる崇高なるものによって神の観念を生み出し、それは決して時間と空間によって制限されるものではない[149]。

アディソンはシャフツベリーと同様、ロンギヌスに啓発され、ここで広大な海洋に想像力を羽ばたかせ、神の広大さと無限さを認知して謳歌する。言い換えれば、時間と空間の感覚を拡張させる巨大な海洋は想像力を掻き立て、想像力はさらに豊かな無限な神の世界を増幅させ、その広大さと永遠性のなか、あるいは荒れ狂う海のなかで、神の試練に与えられたことに喜びさえ感じるのだと説いているようだ。この続きにおいて、アディソンは自分の海上での旅で嵐に遭遇した体験に言及し、かつそれを繰り返し古代の詩人たちの詩句に照らして振り返すが、そこでロンギヌスのホメロスについてのコメントを例にして次のようにいう。

私はホメロスを絶賛したロンギヌスの言葉を覚えている。というのは、詩人とは自分の小さな喜びを面白がっていることではない。次元の低い才能の作家と同じように、表現し、創作し、そしてかき集めた物語のシーンはほとんど恐怖に近い風景となり、かつあたかも本当の嵐の海のなかで起こったかのように描くものではない。ここで同じ原理に基づいて、私はむしろ以下の嵐のなかの船の風景を推奨したい。つまり私は今まで聖書の詩篇のように描かれた海には出会ったことがなかった[150]。

そして、アディソンは、さらに『聖書』詩篇一〇七節二三〜三〇をエッセイの中に挙げる。

船で海に下る者は、／それらは主のみ業を見、／沖でその不思議を見た。／主が言われると嵐の風が起こされ、／海の波は高まった。／それは天にとどき、淵に下り、／人の心は危険に生きた心地もなかった。／彼らはめまいし、酔ったようによろめき、／知恵は消え去った。／苦悩のうちから彼らは主に叫んだ。／主はその煩悶から彼らを救い、／嵐をしずめてなぎとし、／波は沈黙した。／しずまったので喜ぶ彼らを、／主は望む港へと導かれた[151]。

かくして、アディソンは、ロンギヌスのホメロスへの賛辞を献じてから、詩篇を挙げ、そして読者に両者を呈示した上で、次にさらに読者には多くの問いを投げかける。すなわち、詩篇の詩人とウェルギリウス（B.C.七〇—一九）やその他の異教徒の詩人たち、どっちが人間により多くの安心を与えたのか？　どこで神々の嵐が表象され、あるいは設定されたのか？　崇高とは一篇の詩文だけのものであって、どういうものが人間の気高さを形作っているのか？　それは知識によって教わったのか？　人が最高の存在者として喧騒な世の中に高く居られ、混乱のなかから立ち直れるのはなぜなのか？　何ゆえ自然は困惑でもあり慰藉でもあるのか？

アディソンは、このように多くの問いかけをしたが、しかし、確実な回答は与えようとせず、正解をも求めていない。むしろ『スペクテイター』の読者が自分で回答を見出すように仕掛け、当時、すでに頻繁に起こる海洋での遭難を思い起こさせ、海の嵐の風景を自分で想像するように示唆する。そしてエッセイの最後に、アディソンは、「偉大な画家（作家）は、ただ単なる庭園、果樹園と野原の風景を示すだけで留まってはいない。彼らは筆先によく海洋を扱うのだ。私はむしろ以下の例を挙げたい。もしこの小さなスケッチがあなたの仕事になお値するのであるならば、あなたととものに、ある紳士が自分の旅の結びとして作った神聖なるオードを読ませてもらい、この文章の結びとしたい」と、実に賢明な結び方で、筆者ではなく、読者としてその四九〇号のエッセイを終わらせている。その「神聖なるオード」とは、以下に掲載するアディソンが創作した一〇スタンザの詩を指しており、のちに曲までつけられ、賛美歌としてイギリスの教会でも歌われるようになった。

（大意）

1　僕《しもべ》への御加護はどんなに神聖だったのか、主よ！
彼らの護衛はどんなに堅固だったのか！
永遠の英知は彼らを導き、
彼らの助けは全知全能。

2　異人の異郷で陸から離れても
神、あなたのご加護のもと
燃える大地を通って汚れた空気のなか、
息をしても私は傷一つもなかった。

3　慈悲深い神のご加護は全世界で
あらゆる地域に豊かさを。

白い頂きのアルプスすら暖まり溶けて、
スムーズにエトルリア人の海へ流れ込む。

4　敬虔に考えてよい、わが魂よ、
いかに慄いて見ていたのか、
あなたが目撃したあの広さから延びる深さを、
聳り立つ大波の海の真ん中で！

5　人々の硬くなった困惑の表情、
だれもが心に恐怖を。
次から次の大波は峡谷から峡谷へ、
オルケム操縦者のわざ。

6　その後のすべての私の悲しみは、主よ、
あなたの慈悲で自由になり、
心地の良い祈りの時、
私の魂はあなたに憑かれた。

7　炸裂の高波のうえに、
怖しく宙づりに回転される刹那、
あなたは祈りを聞き流しているのでもなければ、
救うのが大事だというのでもない。

8　あなたの意志に服従して、
嵐が引き上げ、暴風が静まる。
海は吼えながらも
あなたの命令にわめく。

9　危険で恐怖と死のさなかに、
私はあなたの憐れみを拝み、
あなたの慈悲を賛美し
謹んでさらなる慈しみを。

10　もしあなたが私の命を救ったなら、
あなたの生贄にしてよい。
もし死が私のさだめなら、
わたしの魂をあなたと共にすればよい[152]。

ここで、海と嵐、死と恐怖の真っ只中で、作者が祈りを捧げているが、そこで祈りが力になっていたか、心に自由と平和がおとずれ、逆に恐怖と死と嵐を鑑賞すらできるようになったといい、あるいは人間は嵐の海という崇高なるものを知覚したからこそ真の神の力だけでなく嵐の恐怖すら賛嘆できるのだという。最後のスタンザにおいて、アディソンは、生も死も神とともにいさえすれば、嵐の恐怖・死すら崇高なるものとして賛嘆すべきだという。ところが、このファナティックなまでに神を信じ、死を直面させる嵐の海を崇高なるものとして詩的に賛嘆するとは、まさしく一種の詩的な狂気にも取り憑かれたことにほかならない。しかし、アディソンは、ここでもっぱら神の全知全能を謳歌しようとするより、むしろ何よりもこのエッセイ全体が想像力の喜びを説明しようとするのが目的で、海と想像力の威力を読者に呈示しようとしたのであろう。

確かに、大航海時代とともに始まった発見の喜びと、その航海に伴う座礁、難破、海難などは、頻繁に発生し、当時として決して海の旅は理想的ではなかった。当時の船舶の技術や衛生状況からみても、船上生活は、場合によって呪われた場所に変貌し、人によって「幻夢と化すほど困難な航海のことを思えば、船酔いがどんなに苦しい経験であったか、想像してもあまりある。船酔いは怒れる神の鞭であり、船旅を敢行しようと決めたが最後、船長と水夫は別にして、だれもが受けずにすまない天罰でもあるかのような気がしてくる」[153]と非難されるほど海上の旅は不愉快なことが多かった。

しかし、アディソンの海と想像力は、まさしく従来のような現実の苦痛に埋もれることを超越しようとしており、読者に海の広大さや崇高さにおいて過酷・恐怖・死を超越する想像力の威力を伝えようとしたのだ。想像力とは、アディソンにとって海の嵐の恐怖においてこそ崇高なるものが発見でき、そこでこの上もない歓喜に巡り合うことであった。

一方、アディソンの想像力への賞賛は、いうまでもなく、中世キリスト教に伝えられる想像力がイコール幻想・幻視であるという伝統や、ロバート・バートン（一五七七―一六四〇）の『憂鬱の解剖』（一六二一）[154]における想像力を憂鬱の症状だとみなしてきた医学的な知見などに対して、一種のアンチテーゼであったことを忘れてはならない。

また、想像力は、それまで単なる職業的哲学者（フランシス・ベーコンやトマス・ホッブズ〈一五八八―一六七九〉）だけしか興味のなかった心理的な現象だったが、しかし、アディソンによって、想像力は崇高なる美的感受性として海と結びつけられ、史上初めて新聞紙という形のメディアを通じて、社会に普及されていったのである。

かつて、ホメロスを起源とし、プラトンによって立証された霊感、狂気、想像力の文学観は、ルネサンスを通じて復興されたが、その詩的な狂気の想像力は、シェイクスピアなどによって復興され、ほどなくロンギヌスの崇高なるものの再発見によって補強され、さらにケンブリッジ学派のシャフツベリーによって自然への没入が唱えられる。そして、ついにその狂気的な想像力は、アディソンによって自然の一部である海洋と結びつけられ、イギリスにおいて、海と想像力が、初めて新聞の形で文学と共に広く社会に普及されるようになったのである。

アディソンの想像力と海の影響

一方、イギリスで十八世紀初期、想像力が海と結びつけられて讃えられていたとき、フランスではそれとは違う美意識が唱えられていた。アラン・コルバンは、前掲の『浜辺の誕生——海と人間の系譜学』において、その状況を簡潔に解析している。すなわち、ルネサンス以降、イタリアを中心に海の風景が芸術に取り入れられるようになり、イギリス人のイタリア旅行日記やオランダの絵画にも海がすでに頻繁に登場し、フランスでも宗教を背景にした海の風景の詩が創作されていた。しかし、既存の美意識の伝統にとってはとうてい馴染めないところがあり、「海の風景描写が田園詩のなかに持ち込まれること」には人々が嫌悪感をもち、「殺風景な浜辺や広大無辺の大洋」に詩趣を感じるような詩人には批判的で、「おおかたの詩人は海を、そして海づたいの岸辺を侮蔑もあらわにしりぞける」[155]といった具合だったという。ヨーロッパで十八世紀から十九世紀の間、海と人間との関係を詳らかに系譜学的に検証した彼の作業は、当時、イギリスがいかに先駆けて他国と違っていたか、それを遺漏なく立証してくれる。

大陸のそういった事情とは対照的に、とりわけ、アディソンの新聞『スペクテイター』は、個人のエッセイという新しいメディアとして反響が大きく、その内容が社会の注目を集めたのである。それがイギリスにとどまらず、フランスまでに影響を及ぼし、モンテスキュー（一六八九―一七五五）はそれに触発され、『ペルシア人の手紙』（一七二一）を書き、マリヴァー（一六八八―一七六三）は、この新聞をまねて『ル・スペクタトゥール・フランセ』（一七二二）を発行した[156]という。

アディソンは病弱で四七歳の若さで亡くなったが、『スペクテイター』は読者のあいだでずっと人気が衰えなかった。彼の死後三九年目の一七五八年一月、イギリス『文学雑誌』に匿名の筆者——オリバー・ゴールドスミス（一七二八―

一七七四）だと広く信じられてきたが――によって、イギリスの二九名の詩人と作家ランキング比較表が掲載される。そのランキング比較表には「天才」、「正義」、「知識」と「詩作」という四つの「スケール」が評価基準として公表され、読者によってランク付けがされている。そのランク付けについて、それぞれ詩人・作家の得点ポイントを合計してみると、第一位はポープで、第二番目はミルトンとドライデンだが、第三番目がアディソンであった。そして第四番目はやっとシェイクスピアとカウリーが並べられ、第五番目にはペリオリ、第六番目にはスペンサーがランキングされていたのである。このランキング比較表の結果について、斎藤勇は『イギリス文学史』において「誠に馬鹿げている」[157]とコメントしているが、当時の読者にとって、ポープはトップで、シェイクスピアはアディソンよりも劣っていたと看做されていたとしても致し方のないことかもしれない。しかし、十八世紀中葉のイギリスにおけるアディソンの人気度と影響力を読み取るのには、この作家のランギング比較表は決して「馬鹿げている」とはいえない。

海と想像力の賛歌がアディソンの『スペクテイター』刊行によって普及されるようになってから三八年目、ロンドン南部において、世界初のブライトン・ビーチが開かれたのである。それはエキゾチックかつ憧れの異郷でもあるかのような建築に囲まれ、その広大な海に面した海岸は、まず病気治療が目的であった。いわば啓蒙運動以来、近代化によって引き起こされた憂鬱・憂愁（メランコリー）やヒステリーから快癒したいという欲求の高まりに呼応して、「自然医学」が標榜され、その気運のなかで、一七五〇年を境に、医者の「ラッセルが大豪邸を構えていたブライトンは、ほどなく海水浴場としてとみに世評を轟かせる」[158]ようになったのだ。古来、怪物の住処であった恐怖の海洋は、いまや治療と娯楽に転換させられ、とりわけ海辺はまず文学や美意識において崇高なスペクタクルとして、王室や貴族ないし裕福な人々の心身を養うような場所として変貌していったのである。かくして、ブライトン・ビーチは世界に先駆けてビーチ文化の発祥地となったのである。それについては、アラン・コルバンの研究に詳しく言及されているが[159]、夏目漱石も早く二〇世紀初頭においてブライトン・ビーチについて指摘し、とくに近代において人々がいかに流行に流されているのか、その「自己本位」のなさの側面を批判的な視点で捉えていた。その風刺を込めた指摘は、こう綴っている。

ついでだから一言する。一七五〇年にドクトル・リチャード・ラッセルと言う人がサッセックスの一小村ブライトヘルムストンと言う処に居住を定め凡ての病気は海水浴をすれば全快すると言う説を天下に吹聴した。すると何か事あれかしと待ち構えていた退屈な連中はワッと言ってこの寒村に集まって来た。今でもブライトンと言う英国第一流の海水浴場になって居る。これが今日流行の海水浴の濫である。[160]

海は当時、文学や芸術の内面風景として浸透し定着しつつあったが、海水浴による病気治療とビーチの道楽による流行は、それより遅れていた。しかし遅まきながらもその流行には弾みがつき、すぐさま全ヨーロッパに伝播した。そして人間の海への接近、再発見において、当時の科学者たちまでもが促されたという。海水浴場同士を比較するばかりではなく、ブライトン地区を小区画に分け、各区画の効能の違いを比較したり、あるいはバルト海、ドイツ北部、オランダや英仏海峡のどこが海水浴場の建設にとってより利点があるか吟味したりした。[161] かつて、現実の生活において危険視されて嫌厭されていた海は、いまはより身近な娯楽と癒しの存在となってきたのである。

かつてアディソンは『スペクテイター』で海と想像力を謳歌し、それを普及させたが、ビーチ文化が流行り出した一七五〇年ごろには、サミュエル・ジョンソン（一七〇九―一七八四）も「アディソンらにならい、The Rambler という個人的定期刊行物を自ら創刊した」[162]のだ。この「The Rambler」『逍遥者』（ランブラーとも訳す）（発行部数、発行期間と分量からみて、いずれも『スペクテイター』に及ばず二年間で終刊）[163]において、ジョンソンは、アディソンの『スペクテイター』のように取り立てて「海」と「想像力」を取り上げたりはしなかったが、一七四六年から契約を結んで着手していた、英国に比類のない初めての『英語辞典』の編纂は、『スペクテイター』よりも時代と文学にとって多大な影響を与える仕事となったのである。それが文学的な描写用語としての「海」と「想像力」の定着には、少なからず貢献したことになる。

第三節　海と想像力の伝統と概念の形成

ジョンソン『英語辞典』の想像力と海の定義

アディソンが「想像力」を謳歌して促したように、十八世紀のイギリスは、さまざまな分野で広大さが歓迎され、想像力が尊ばれ、グローバル化が好まれるような時代であった。その一方、「秩序への情熱に囚われた時代」[164]でもあった。知識のグローバル化によって、言葉の起源と言葉の選別、意味の確定が急務とされていた。というのも、当時、イギリスよりもフランスの方はすでに『アカデミー・フランセーズ辞典』（一六九四）が出版され、イタリアではフィレンツェのアカデミアによる『イタリア語辞典』（一六一二）が誕生していた。ディドロとダランベールによって編纂された『百科全書』の出版も告知され（一七四五）、「英国国教会主教ウィリアム・ウォーバートンは、自分が新しく編集したシェイクスピアの序文で、（…）『わが国には文法も辞典もなく、この広大な言葉の海をわたるための海図も羅針盤もない』」[165]と悲哀を込めて述べるほど英語辞書が必要とされた時代であった。サミュエル・ジョンソンは、まさにその時代の要請に応え、一七五五年、英国の記念碑的な「国語」辞典として、『英語辞典』を出版したのである。奇跡ともいうべき短時間に四万語以上の言葉の編纂によって、英語史のみならず英文学においてもエポックを築いたのだ。そして「この記念碑的辞書のおかげで、イギリスはイタリアやフランスと言語文化的に肩を並べることになった」[166]だけでなく、実際、その後約一五〇年間、ＯＥＤ（『オックスフォード英語辞典』）が誕生するまで、誇りうる英語辞典といえば、ジョンソンの『英語辞典』を指し、それが他の追随を許さないほどのものであった。

というのも、ジョンソンの『英語辞典』は他の辞典類と違って、そこで打ち出されたもっとも重要な編纂原則とは、定義した言葉の使い方を示すために名作の引用文を入れることであった。いわばジョンソンの『英語辞典』は、イギリスの財産である作家たちの作品を正典とし、彼らが書いたものからの抜粋を、巨大な抜き書き帳ともいえる辞典に書き入れてその選集とした」[167]ものだった。英語辞書の編纂史において、言葉の起源や歴史と原理を重視する点において、後のリチャードソンを経てマレーらの『オックスフォード英語辞典』へ続く正統な、アカデミックな辞書の伝統がある。しかし、ジョンソンの『英語辞典』については、「英語と英文学の全史を通じて第一級の作家によって編纂されたのはジョンソン博士の辞典だけだ」と、ＯＥＤの編集者やジョンソンの伝記作者らが主張する[168]。言い換えれば、ジョンソンの『英語辞典』は、それまでの芸術的な言葉を集約し、その集約から次の世代の作家や芸術家に伝えていくのに最高の文学的な宝庫なのだ。そして、この英語・英文学の記念碑的な辞典、いわば文学描写辞典ともいうべきところに、幸運にも「想像力」「大洋」と「海」がともに収録され、かつ文字通り当時の数多くの「一流の作家」の用例文によって編纂されているのである。したがって、その「一流の作家」の文章において描写され、記録されたものは、まさしく当時の最高の「想像力」「大洋」と「海」を表象し、その意味を確定し、定義していたことになる。とりわけ文学的、思想的な用例を検証するのには、これほど手頃な良い検証のレンズとサンプルを提供してくれるものは他には見当たらない。

以下、一七五五年に出版された『英語辞典』において、ジョンソンは「想像力 Imagination」、「大洋 Ocean」と「海 Sea」の項目において、だれの用例を当て、どのように編纂していたか、順次みていきたい。引用文の翻訳にあたり、シェイクスピアの諸作品は小島田雄志訳（白水社、一九八三年）、ミルトンの『失楽園』は平井正穂訳（岩波文庫、一九八一年）、ロックの『人間知性論』は大槻春彦訳（岩波文庫、一九七四年）、『聖書』はフェデリコ・バルバロ訳（講談社、一九八〇年）を利用したが、そのほかの訳はすべて筆者によるものである。

まず、『英語辞典』の「想像力」の項目をみてみよう。

想像力（Imagination）

①　空想。理想的な情景を構成する力。自分にも他者にも存在しない物事を表象する力。

＊想像力とは、独立的な思考の表象だと私は考える。想像力は三つの意味に分けられる。つまり、それは信じること

と結合してそれが現れてくるもの、記憶と結合した過去のもの、そして諸々の現在のものか、あるいはあたかも現在であるかのようなものである。つまりわたしの理解では、このような想像力とは、まるで仮象のようなもので、その当人があかたも礼服を着た教皇のように、あるいは翼があるように、思うままに想像できる能力である。（フランシス・ベーコン『自然史』）

＊われわれの身体的な単純な不安が、もし表出するならばそれは知覚となるが、もしそれが不在のものであれば、想像力によるものである。われわれは物質的な対象を知覚するとき、われわれの空想がその自体の発想でわれわれに表象する。（ジョセフ・グランビル『懐疑的科学』）

＊おお、わたしは逃げるべきか、それとも飛び出すべきか
この恐ろしい影像との葛藤から、
かつて私の目を捉えて、あるいはいまだにまだ捉えていないものとは！
貧困な想像力はいまだにわたしを追いかける。（ミルトン『闘士・サムソン』）

＊彼の想像力は常に、ちょうど彼らがかつて取り憑かれたようなものと同じようなもので、かつ鮮明だった。（ジョン・デニス）

＊心温まる想像力の劇の光はいずこ、
溶け消えていくなよやかな記憶の肖像。（アレクサンダー・ポープ）

②　**概念。心にあるイメージ。考え。**

＊ときには彼女の想像力はすべて消えて真っ暗になり、ときには彼女の創造力は、愛の歓呼と鮮明さで激しいパッションに満ち溢れている(サー・シドニー)。

＊王侯貴族はただ栄誉のためにのみ爵位をもつ、
だがその外にあらわれた栄誉を保つお返しが

内に秘められた悩みなのだ、手に触れえぬ影（imagination）のために
山のような不安の心労を胸に抱かねばならぬのだ。（シェイクスピア『リチャード三世』第三幕）

＊（…）狂った方がましだ、
そうなればおれの思いは悲しみに侵されるなく、
苦しみはあらぬ夢想（imagination）にとりまぎれ、おのれを
見失ってしまうだろう。（シェイクスピア『リア王』）

＊私たちはともすると空間それ自体が現実に限界がないと考えがちであり、この想像への空間ないし広がりの観念それ自身が私たちを自然へ導いてくれるのである。（ジョン・ロック）

③　彫琢。たくらみ。

＊わたしに対する悪意を
あなたは、彼らの報復と、私へのたくらみ（imagination）をごらんになりました。[169]（『旧約聖書』哀歌3：60）

以上、ジョンソンは「想像力」を三つの意味群に分けて引用文を例示している。その①は、従来の「空想」と「想像力」の意味を分けずに用いるような因習を受け継いだもので、その例文はベーコンをはじめ、グランビル、ミルトン、デニスとポープの作品から引いたものだが、いずれも想像力を空想と同じような意味で捉えて使っている傾向がある。しかもその引用文にはキリスト教の「空想」を忌み嫌う伝統的な背景が見え隠れしなくもない。しかし②は、それとは違って、シドニーとシェイクスピアの引用文が当てられ、「想像力」の威力に対して好意的であり、哲学的な立場からみたロックの用例においてもニュートラルに捉えられていたことがわかる。いわば、いずれも想像力の威力や能力についての例文である。そして③は、まさに正真正銘なキリスト教の伝統を背景にしたイギリス欽定訳『聖書』の「想像力」におけるネガティブな用例であろう。こうして三つの意味群を全体的に見ると、ジョンソンが収録した「想像力」

の引用文は、好意的なものとニュートラルなものと侮蔑的なものという三つに分けられるが、しかし長いスペースを割いて数多くの引用文で「空想」と「海」を例示したところ（あとでみるように）と比較すれば、やはり慎重に扱っていた傾向がある。とくに、ジョンソンが個人的に崇めて、非常に尊敬していたアディソンは、かつて『スペクテイター』において「想像力の喜び」（前掲）というタイトルで長いエッセイをもって想像力と海を謳歌していたが、しかし、ジョンソンは、なぜか自分の『英語辞典』の「想像力」項目においてアディソンの「想像力の喜び」を故意に回避して、そこから一言も収録しなかったのである。そのかわり、自分の新聞『逍遥者』（ランブラー）において「想像力」に言及している。一七五〇年十月十三日『逍遥者』の六〇号に掲載したエッセイの冒頭のところだが、そこでジョンソンの「想像力」について私的、個人的な考えの一側面が反映されている。

人々の幸か、禍のために喜んだり、あるいは悲しんだりするすべてのことは、想像力のなせる業である。想像力によって、出来事が虚構であろうと類似したものであろうと、それとも遠く離れたものであろうと、一時、我が身に起こったように認知し、われわれはその人の状況においてその運命を見つめてしまう。それゆえ、われわれは、それにだまされているかぎり、その諸行の善か悪かに感動し、われわれはそれを我が身に起こったように感じるのである。[170]

ジョンソンはこの続きにおいて、作者あるいは伝記作家がいかに読者を感動させ、読者がどのようにその作品に魅了されているのかなどについて「想像力」の役割を述べるが、ここでジョンソンの「想像力」についての関心は、あくまでも作者か作品が読者に与える効果のことで、その効果には良いものもあれば、悪いものもあるのだ。要するに、「想像力」について、ジョンソンはアディソンの見方とは一線を画し、もはやアディソンの想像力の全面的な賞賛には同意できなかったと見て取れる。ただし『英語辞典』において収録した引用文をみる限り――シェイクスピア、シドニーの想像力を賞賛した用例と、その対局にある『聖書』の用例を並列して配置したところ――ジョンソンは「想像力」について、その虚構性からくる不信感よりも、むしろニュートラルな立場をとるようにしており、あくまでもできるだけ多様な「想像力」の意味を世に呈示しようとしたのが看取される。

ちなみに、「想像力」の類語である「空想」は、当時ほぼ同じ意味で使われていたが、ジョンソンは「空想、fancy」のためにも一項目を立て、多くの引用文を収録し、かつその意味の分類が「想像力」より多く配慮しているが、その項目の小見出しのみを挙げると以下のようになる。

空想（Fancy）

① 想像力、心が自分の心象を構成し、事物や人物、あるいは場面の情景を表象する。
② 理性というよりも想像力によって作り出された見識。
③ 趣向、考え、物事の概念。
④ イメージ、概念、思考。
⑤ 嗜好、好み、好きなこと。
⑥ 気まま、気分、気まぐれ。
⑦ 戯れ、たわいないたくらみ、とっぴな考え。
⑧ 楽しみ、あるいは娯楽のようなこと。

全部で八つの意味で分類されているが、ジョンソンは「想像力」よりも「空想」のほうをもっと詳らかに調べ、その意味の多様さと広さに幅を効かせるようにしているのである。そのなかで、⑤と⑥の意味を除き、ほとんどの意味が「想像力」としても理解できるが、その詳細にわたって意味分類を与えたところをみると、「空想」に対してジョンソンは、寛容的で、個人的な思い入れよりもニュートラルな見解を保っているように見える。ジョンソンの伝記作者のヘンリー・ヒッチングズがいうには、実際、「ジョンソンは狂おしい想像力に苦しんだ。（imagination 想像力）という言葉は、こんにちではおもに肯定的な言葉と受け取られているが、この辞典編纂者とその時代の人々にとってはまったく異なったものを意味した」と。また彼は「危険な想像力の流行」と書いたりして、「頼りとするお気に入りの本はロバート・バートン（一五七七―一六四〇）の『憂鬱の解剖』だった」[171]という。「メランコリーの解剖」とも訳されてきたこの本は、当時「憂鬱」の治療について最も幅広く探究され、奇書ともいわれていた。それがジョンソンの苦しみをやわらげるのにどれほど役立ったか明らかではないが、「想像力」についてネガティブに捉える見解を展開するのには、『憂鬱の解剖』が十分な説得力のある情報源であったことが十分に考えられる。[172]したがって、「想像力」をネガティブな面から考慮して、ジョンソンが「想像力」の項目には、その引用文に意図的にアディソンを登場させなかったこと、あるいは外したことは決して偶然なことではなかった。そして、「空想」の項目は、「想像力」と違って、全体の引用文をみると、ミルトンをはじめ、アディソンをも含め、フランシス・アタ―ブリー、ジョージ・グランヴィル、リチャード・フッカー、ジョン・アーバスノット、ロジャー・レストレンジ、ジョン・モーティマー、シェイクスピア、ドライデン、ロック、ベーコン、スウィフト、トマス・スプラット、ウォルター・ローリーなど、多彩な名作家の文章の引用文で埋められているのである。

実際、一九世紀初まで世間一般では「想像力」と「空想」の区別を意にも介さず使っていたが、繊細なジョンソンはどうしても意識せずにはいられなかったようだ。しかし、それでも彼は可能なかぎりこの二語の、多様で客観的な意味を呈示しようとしたのであろう。いやむしろジョンソンの私的な内面生活において「想像力」に苦しめられたことがあったからこそ、逆に「想像力」という用語は、当時、イギリスにおいていかに精神的に重要な用語であったのか裏付けられよう。そして、何よりも、アディソンによって「想像力の喜び」が華々しくデビューし、擁護されたことで、「想像力」がそれまでみられなかったポジティブな意味が与えられたこと、そして、「想像力」によって苦しめられていたジョンソンは、敢えて「想像力」には自分の私的な考えやお気に入りの『憂鬱の解剖』における病気の症状としての考えやネガティブな意味を控え、ニュートラルな定義を施したことは、後の英語圏における文学的な「想像力」の意味の発展にとってどれほどの恩恵をもたらしたのか、計り知れない。

次に、「大洋」と「海」の項目を見てみよう。

大洋（Ocean）

① 海。大海洋。

＊朝、金色に輝く太陽が東のかたに姿をあらわし、
海原をその光でもって金メッキしてから、
まばゆいばかりの馬車を駆って天頂を目ざし。（シェイクスピア『タイタス・アンドロニカス』）

＊大ネプチューンの支配する大洋の水すべてを傾ければ、
この手から血を洗い落とせるか？（シェイクスピア『マクベス』）

② あらゆる巨大な広がり。

＊時間一般と持続とは、場所と広がりと同じである。時間と場所は、永遠と果てしなさの無限界な大洋からいわば境界標で仕切られ、残りと区別されただけのもので、したがって、持続と空間のそうした一様で無限な大洋の中で有限な実在の存在者の相互の位置を表示するために使われる。（ジョン・ロック『人間知性論』）

海（Sea）

① 大洋。大陸と相反した水。

＊大ネプチューンの支配する大洋の水すべてを傾ければ、
この手から血を洗い落とせるか？　いや、この手がむしろ
見わたすかぎり波また波の大海原を赤に染め、
緑を真紅に一変させるだろう。（シェイクスピア『マクベス』）
＊諸々の川は海に飛び込んだ。（トマス・カリュー）
＊主は、六日の間に、天と地と海と、そこにあるものをすべてつくり、（『旧約聖書』脱出の書20：11）
＊かくして風と雷雨を引き起こして空を綺麗にし、
かくして海を穏やかにしてワインを清める。（ジョン・デイビーズ）
＊水のものとも陸のものともつかぬ河馬と、全身鱗に包まれた鰐も現われた。（ミルトン）
＊（…）特にあるこの海の怪物のことだが、これが（あるリヴァイアサンらは）、
ノールウェイの泡立つ海原でたまたま仮睡んでいるときなど、
垂れこめた夜の帳に困じ果てた小さな船の船長が、これを島だと
ばかり思いこみ、鱗状の外層に錨を打ち込み、横腹に碇泊して
風をさけ、海面をとっぷり包んだ闇夜を見つめながら、
遅々としてはかどらぬ夜明けを待つ、という。（ミルトン『失楽園』）
＊嵐に砕かれた貝殻の小さな破片は海辺に広がり、海陸に施肥される。（ジョン・ウッドワード）
＊彼らは三百隻の艦隊を海に送り出した。（ジョン・アーブスノート）
＊海の競争の海豚たちの訓練は、われわれの運動のため、
月に照らされた満潮の波は、われわれを岸辺に打ち返す。（ジョン・ドライデン）
＊しかし、まるで岩のように動かず頑固に勇ましく、

荒れ狂う嵐の波浪の立ち上がりが、
独りで聳え立ち、頑強な波の傍
海の雑草が洗い流されて、潮騒が聞こえる。（ジョン・ドライデン）
＊世界で多大な損害がなければ、海をこれ以上狭くすることはできない。（リチャーズ・ベントレー）
＊かくて初めての果敢な船舶は勇敢に海洋に向かうとき、
高い船尾にトラキア人の気質が高揚され、
アルゴがその家系図をみたら
ペリオンの末裔が海へ。（アレクサンダー・ポープ）

②　水の集まり。湖。

＊さて、ガリラヤの海辺を歩いておられたイエズスは、二人の兄弟、（『新約聖書』マテオによる福音書4：18）

③　一般的にあらゆる巨大な量を意味する。

＊血の海が残酷にもアイルランドに流され、
それで十分だ、永遠の汚れと哀れに堕ちていくには、
その怒涛が悪意のある著者と扇動者には。（チャールズ一世）

④　あらゆる(人の)激しさと荒々しさ。

＊（…）彼は悲しみに襲われた。だがもっと悲惨な事態が彼の内部に生じた。
荒れ狂う（海の）激情の怒涛に弄ばれた彼は（…）（ミルトン『失楽園』）

⑤　半ば酔って。ほろ酔い。

＊私が逃げ出すまで行政官たちはみんな上手に装っていたが、わたしたちの友人の町の参事は火祭りが始まる前にすでに酔っ払っていた。（アディソン『スペクテイター』）

以上、『英語辞典』の「大洋 ocean」と「海 sea」との二項目を例示したが、おそらく現代のわれわれ読者にとって、これで「大洋」と「海」が定義されたとは思えないであろう。これらの引用文を大まかにみてみると、たとえば「大洋 ocean」の①では、「大洋」が単純に海として意味され、「海 sea」の①では、「海」が大陸と対照的なものとして意味されている。この二語の①に当てられた十四の引用文は、ほとんど一流の作家の文章だが、しかし、文字通りこれらの例文の内容は現代の辞書と同じように言葉それ自体の範囲を限定して、意味を指定した上で性質を定義するということは一切していない。というよりもむしろ、現代の一般の読者にとって、これらの例文は、もはや的外れの誇張過ぎだともいうべき、それには違和感を抱かせてしまいかねない。つまり、これらの引用文は『聖書』やシェイクスピアの戯曲、あるいはミルトンの叙事詩やポープの詩などから集めてきたものだが、これらの引用文の「海」はいずれもその作品の一情景として描かれたもので、実際の「海」それ自体を呈示して、海を定義する目的のために書かれたものではなかったのである。というよりも、どちらかというと比喩として描写され、あるいは「海」の詩的な描写への鑑賞を促すように描かれていると言ってよい（逆に、前で漱石が言及した、いわゆる一七五〇年ごろブライトンから流行りだした海水治療の効能や「自然医学」から定義した海の意味については、一切収録されていない）。言い換えれば、ここで「大洋」と「海」はもっぱら文学作品においてどのように登場されるべきか、どういう情景においてどのように描かれるべきか、といったような一流の作家の作品の範例が例示されているのだ。しかも、それらの引用文には、それぞれ前後の配置が丹念に考慮されたことが明らかで、そこから大凡の作品内容によって表示された進化の過程に従ったかのように、時間の推移の順序によって配列されていることが読み取れる。すなわち、まず、シェイクスピアの作品に登場してきた比喩としての海の神話の語りか、それに関連する比喩の例文が最初に配置される（ジョンソンにとってシェイクスピアの文はまず、最初に挙げるべきだったのであろう）。次に『聖書』の語りが配置され、その次にミルトンによる伝説の語りから徐々に現代に近づき、アーブスノートの「戦艦」の描写が登場して、最後にドライデンやポープによって描かれた身近な航海としての「海」が末尾にくる、という具合である。そして、これらの「海」に関する引用文には、具体的な「海」もなければ、抽象的な海もない。この「海」の引用文によって伝わっているのは、視覚、聴覚、感覚などに訴える巨大さと激しさのことであり、その諸作品の内容によって思い起こされるのは、天地創造をはじめ、様々な驚異、崇高、恐怖、悲しみと勇気などの様々な情景であろう。したがって、「海」はここで、人智を超えた巨大な、果てしなく広がる時間と空間の比喩か、あるいは人間の忍耐力か想像力を超えた激しさや荒々しさの比喩である。つまり、ジョンソンが引用文によって明確な定義を施そうとするより、むしろこれらの引用文によって想起させようとしたのは、感覚的な、多様な、豊かな、様々な「海」の風景のことで、それらによって合わさって展開される文学的な一大スペクタクルのことであろう。

そして、「大洋 Ocean」の②の「あらゆる巨大な広がり」には、ジョン・ロックの時間と空間についての定義の一段落が当てられているが、それは諸定義のなかで、唯一もっとも現代の言葉の辞典の定義らしい定義になっていると思われる。しかし、実際、その本文を詳らかに見ると、それは直接「大洋」を定義しているというよりも、時間と空間の広がりを定義するために「大洋」が引き合いに出された比喩であって、厳密にいうと、それもやはり「大洋」それ自体の定義から逸れている。そして、「海 Sea」については、②の「水の集まり」は『聖書』の語りからの引用があてられ、③の「量を意味する」ところは、チャールズ一世による歴史的な出来事の比喩からの引用が当てられており、④の感情の「激しさ」には、ミルトンの『失楽園』から引用したものが当てられている。最後、もっとも日常的な慣用句だとも思われる⑤の「ほろ酔い」では、大文筆家のアディソンの『スペクテイター』の例文で示されている。つまり、これらは、いずれも一流の作家の文章によって例示された「海」であって、「海」それ自体について定義して説明したものではなかった。いわばほとんどが「海」についての文学的な描写である。そして、さらに「大洋」と「海」によって組み合わさって五六の派生語の項目が設けられているが、それらもほとんど名作家か聖書などから収集した用例文によってあてられ、シェイクスピアをはじめ、ミルトンやドライデンやポープなどが頻繁に引用され、その全体の引用文を合計すると、延べ一一九にものぼる。

ジョンソン『英語辞典』の影響と普及

こうして、以上のように「想像力」、「大洋」と「海」に限定してみただけでも、英国の初めての「国語」辞典だと言われた『英語辞典』は、文学的な描写辞典だといってもよく、その文学的な用例に傾いたところが実に意味深い。それは、ただ単にアルファベット通りに、機械的に刈り集めるのではなく、辞典を超えた最高の文学的、美的感受性を示した辞典で、まさしくこれこそサミュエル・ジョンソンが狙っていた辞典――「汚れなき英語の泉」[173]だったのであろう。しかもこれらの最高の数々の例文が奇しくも約一五〇年間、英国のみならず米国にまでも強い影響（実用を重視したノア・ウェブスターは猛反対したものの、ジョンソン辞典に取って代わるものは作れなかった）を及ぼし続けてきたという。このような英語の言葉の美的感受性の受容の歴史を考えると、これらの例文は、いかに驚くほど文学的描写の普及と文学創作・創造のためにその役割を果たしてきたかが推察できる。

事実、十八世紀半ば、ジョンソンの『英語辞典』によって一級の作家の用例が収集された結果、その美的感受性や描写のモデル・基準が呈示され、かつその後、そこからさらに文学が創作され、創造され、生産されるようになったこと（たとえ控え目に「想像力」「大洋」と「海」に限ってみても）は、英語・英文学において初めての出来事であったばかりか、人間の言語史上においても初めての試みだったのであろう。ジョンソン自身もそれについて自覚していたようで、『英語辞典』の「序文」で反省しながらも次のように自負している。「ある例文は完璧ではなかったのが惜しまれるが、改善できないものは膨大な数の段落から適切に選択された上、補遺され、精確なものは保持されることが望まれる。あるものは想像力のひらめきによって輝き、あるものは叡智の宝庫で満たされている」[174]のだと。

そしてもし、文学を愛好する読者がこの「想像力」、「大洋」と「海」とその派生語の一一九の引用文をすべてまとめて通読するなら、おそらくそれ自体が立派な海の想像力のある文学描写の百科事典に目を通したことになろう。そして、洞察力にとむ幸運な読者ならば、だれもがシェイクスピアをはじめ、名作家たちの想像力を羽ばたかせて海をめぐって描いた豊かな描写に触れ、彼らの海における文学的な感性と魅力、またその迫真の想像力と創造性にインスパイアされたに違いない。

実際、ジョンソンの『英語辞典』は当時、様々な文学者に多大な影響を及ぼし、インスパイアしてきたのである。ヒッチングズの調べによると「詩人のロバート・ブラウニングは若い頃、『英語辞典』の二巻をまるまる読み通した」という。そして、「ジョン・キーツ、パーシー・B・シェリー、ロード・バイロン、ウィリアム・ワーズワース、ジョージ・エリオット、メアリ・ウルストンクラフト、トーマス・カーライル、ジョン・ラスキン、ブロンテ姉妹、アンソニー・トロロプ、ジェレミー・ベンサム、ジョン・スチュアート・ミル、サミュエル・スマイルズ、ジョージ・ギッシング、マシュー・アーノルド、オスカー・ワイルドらにとって、辞典といえばジョンソンの『英語辞典』のことだった」[175]という。

しかし、そうかといって、これらの作家らが『英語辞典』を読んだとしても、確実に「海」の項目を直に読んだという保証はどこにもない。それればかりか、たとえ誰かが読んだとしても、それにインスパイアされたとは限らない。ただし、確実なのは、彼らはいずれもすでに海を描く流行の時代――一八世紀半ばから一九世紀を生きていたのであり、いずれもジョンソンの『英語辞典』によって集約され、切り開かれた多様で豊かな「海」と「想像力」の美的感受性の言語生活に恵まれていたのである。そのなかで、とりわけワーズワース、バイロン、シェリーとキーツらは、いずれも想像力にとりつかれた詩人で、海に憧れ、海の風景を心のスペクタクルとし、海を謳歌した代表的な作家であった。彼らはいずれもジョンソンの『英語辞典』とともに生き、ジョンソンによって切り開かれた文学的な描写の「海」とその美的感受性と美意識を詩作においてさらに前進させたのである。

かくして、ジョンソンの『英語辞典』は英語、英文学にとって記念碑的な出来事となっただけなく、多くの意味において文学における概念と美的感受性としての「想像力」と「海」の理解と解釈と表象において一つの記念的な集大成となり、とりわけ「海」の表象においては、さらなる創造的想像力の可能性を開示し、きたるロマン主義文学――海の大合唱の下準備を整えたのである。

エドモンド・バークの崇高と美と海

『英語辞典』出版の翌年、一七五六年、「海」と「想像力」にとってもう一つの出来事が時代を前進させた。つまり、わずか二八歳のエドモンド・バーク（一七二九―一七九七）は論考『崇高と美の観念の起源』を世に送り出したことである。

かつて、ホメロスからはじまった霊感（インスピレーション）や狂気の文学の伝統（ミメーシスではなく）がプラトンによって想像力とともに概念化されたが、フィチーノを経由して、英国のルネサンス時代には、「想像力」が堂々としてシェイクスピアやシドニーによって擁護される。そして、この文学の伝統は、十七世紀後半、ロンギヌスが再発見されたことによって新しい息が吹き込まれ、自然と海への賞賛が崇高なるものとして昇華されるようになる。その高揚した文学観に刺激されたシャフツベリーとアディソンらは、十八世紀初期、熱狂と想像力によって一段と声高に自然と海を謳い、その崇高なる海と自然の素晴らしさが広く読者に広められた。しかし、その崇高なる感動はいったい何だったのかについては言及できていなかった。バークはまさにその要請に呼応したかのように、哲学・美学からアプローチして、その認識を前進させたのである。

自然界において偉大で崇高なものによって生み出された情念において、もしそれが最強の機能を果たす場合、それは驚愕となる。驚愕とは、一定の戦慄（恐怖）が混じった、魂のすべての動きが宙づりになったような状態をさす。このような状態の場合は、心のすべてが対象によって圧倒され、その心は他の如何なるものをも思考することができず、また心には余裕がなくなったことによって理性的な判断をくだすことができない。それゆえ崇高なものの偉大な力に直面すると、論理的に物事を予想するどころか、抵抗し難い威力によって慌ただしくなるのである。私が述べたように、崇高なるものの最高の次元における効果は驚愕であり、低次元のものは賛嘆、尊敬や敬意である。[176]

バークは、自然界において偉大で崇高なるものが極致のものとして現れるとき、それは「驚愕」だと定義し、しかも、その「驚愕」の情念の次には賛嘆、尊敬、敬意というランクの順位があるという。そして、崇高なるものにおける「驚愕」並びに「恐怖」は、いかなる自然現象から生み出されるのか、それについて議論して、次のように述べる。

そして大きな容積の物にもし我々が恐怖という観念が偶然に加われば、この種の対象物は比類のない偉大なものとなる。大地の広大な広がりを持った平野は、疑いもなく侮ることのできない観念である。この種の平野の眺望は大海原の眺望と同じような広がりを見せるだろう。しかし平野は、海洋そのものと同程度の偉大な観念で心を満たすことができるのか？　それが可能である理由は様々に考えられようが、その最大の理由は海洋が少なからぬ恐怖の対象であるために他ならない。たとえ恐怖には顕在的と潜在的なものがあろうが、すべての事象において恐怖は確実に崇高の支配的原理なのである。[177]

神話時代から海は恐怖であり、叙事詩・悲劇もその恐怖を助長させてきた。『聖書』の「海」も怖れが多く、たとえ大航海から凱旋して栄光を勝ち取っても、荒れ狂う海に対しての恐怖心は払拭しきれなかったのだった。しかし、バークは哲学、美学からその従来の固定観念を転換させたのである。バークはそれまでとはまったく違う見地から海や恐怖について人々の思考を推し進める。つまり、崇高なるものが美であるならば、美の極致の現れ方となる驚愕や恐怖も美であるべきで、しかもそれは人間の理性的な判断までも狂わせる究極の美なのだと。したがって遭難をもたらす驚愕や恐怖の海は、畏敬の念を抱きながらも崇高なる美そのものなのだ。かつて神秘に満ちた怪物の住処であり、荒れ狂って破壊をもたらす海は確かに驚愕・恐怖であった。しかしそれは、われわれが古代ギリシアのあまりにも深くて悲しい悲劇を鑑賞することと同じように、崇高という原理のもとで、海という広大さ・崇高なるもののもとで、その恐怖が美として受容できるのだという。しかも、その美意識の方向転換は、神話への認識の回帰と整合性をも促す。つまり、神話に伝わってきたセイレーン等は、海難や死を意味し、かつまた美声や美しさをも意味していたが、バークは、その魅惑の美と海難によってもたらされる死は、同じ崇高なるものの海——崇高の支配的原理で説明してくれる。

かくして、想像力の極致には、悲劇があり、美があり、神秘があるが、バークの解釈によれば、海の嵐の恐怖にも悲劇があり、美があるのだ。そして、両者はともに絡み合って結ばれていた瞬間、人間の内面世界は崇高なるものとして理解できるのだという。

事実、十八世紀末期から十九世紀にわたって、暴風雨に苛まれた海難や難破のシーンはほぼすべて崇高論によって解釈されるようになり、荒れ狂う海は美として受容されるようになる。海で発生した遭難は、ほとんど崇高なるものに括られる美として、楽しまれるためか、鑑賞されるために用意されたスペクタクル（とりわけ絵画において）として変貌するようになってきたのである。

ところが、やや遅れて、スコットランドのジェムス・マクファーソン（一七三六—一七九六）によって収集と翻訳と創作された（また偽造されたともいわれる）『古歌断章』（一七六〇）や『オシアン詩集』（一七六二）[178]は、異例の形で人々の「海」の美意識を促したことを忘れてはならない。つまり、その詩集が世に出される瞬間から大歓迎され、文学史において未曾有のブームを巻き起こしたほどだった。作品はほぼ同時にフランス語に翻訳され、ヴォルテール（一六九四—一七七八）は、それを「スコットランドのホメロス」[179]だと賞賛し、ギリシア英雄叙事詩に匹敵するゲール語文学だとして反響を引き起こしたのである。しかも英仏だけにとどまらず、ドイツのヘルダーをはじめ、ゲーテが翻訳にかかわり、歴史的人物のなかでは、ナポレオンがそれに魅了され、アメリカにまでも影響を及ぼした作品であった。

そこには幾重もの魅力があった——原始的人間の「自然な」詩として、また原始社会の絵巻として、憂鬱な感情の表現として、暗い霧に閉ざされたもの珍しい北國風景を偲ばせるものとして、ケルトの異教的（つまり、反古典的）神話を啓示するものとして（中略）、古いロマンスを思わせる陰謀奸計の劇的な叙述として、そして最後に、以上の魅力に少しも劣らず、新しい詩の様式として――イメージや暗喩に富み、情感に溢れ、音楽的で、熱狂的で、異国ゲールの情緒に色どられている[180]。

そういった『オシアン詩集』において、海は古代ギリシアの神話に劣らず主要な出来事の舞台となったのである。英雄たちにとって海は、恐怖の試練の場だっただけでなく、人々のより身近な生活の場であり、十八世紀半ば以降の芸術、文学の美を鑑賞するスペクタクルの舞台でもあった。ただし、その典拠や真偽には議論が多く、今日まで評価が分かれているところだが、しかし、かつて歴史的に重要な役割を果たしていたことは、否定できない事実であろう。

しかし、先述で見てきたように、一七五〇年代頃には、既存のイギリス発の海における新しい美的感受性は、想像力または崇高的なものなどによって、すでに豊かになっていたが、『オシアン詩集』の出版によって、それがさらに補強されたのである。

第四節　海と想像力の展開――ドイツ

ヘルダー発信の狂気と想像力と海

しかし、文学における海と想像力は、孤立してイギリスで穎脱し、抜きん出てイギリスだけにおいて海の描写、海への美的感受性が発達したというわけではなかった。ヨーロッパ圏内では、文学的な重大な出来事において、常に互いに刺激しあい、共有し、また互いに競争したり対話したりするのが普通であった。例えば、ロンギヌスの『崇高について』における海洋の広大さへの絶賛の美意識の受容は、イギリスにとってギリシア・ローマの文献のルートがあったものの、フランス経由のルートが最も重要な役割を果たしたのである。それと同じように、近代以来、ヨーロッパの一国内で起こった出来事がほぼ同時に他の国に波及していくことはよく見られた現象だった。ただし、文学における海と想像力においては、とりわけその伝播と受容のなか、イギリスからドイツへの刺激と衝撃が大きかったのである。

先に言及したシャフツベリーは、かつて「おお、栄光ある自然よ！最高の美と至高の善よ！すべての愛、すべての愛すべきもの、すべての神聖なるものよ！自然はかくも永遠の恵みで、自然への探求はかくも叡智に満ちて、自然への観照はかくも愉悦に溢れる」（前掲）と声高に謳って、その熱狂的な自然賛歌は、一七〇九年頃、すでに世に披露していた。そして、その三十五年後、一人の熱烈な崇拝者がドイツで生まれる。彼はギリシア・ローマの古典に啓発されながらもシャフツベリーを「ヨーロッパの愛すべきプラトン」[181]だと讃え、その著作を「若い頃から変わらぬ伴侶」として愛読してきたのだったという。それはつまり、イマヌエル・カントの受講生でありながら、のちに袂を分かち、「鈍感な理性」よりも直感・直観[182]に多大な信頼をおき、ドイツで再び霊感に熱狂の火をつけたヨーハン・ゴットフリート・ヘルダー（一七四四―一八〇三）である。

ヘルダーは、早くからすでにシャフツベリーの熱狂（enthusiasm）や想像力などの諸概念に共感し、その芸術的霊感や広大な自然に崇高な美を見出すことに夢中になっていた。そして、ドイツ既存の古典主義や保守的な閉塞状態に異議を唱え、何よりも保守的なリガの大教会の聖職者に安住した自分に不満だった。ヘルダーは一七六八年十一月、ヨーハン・ゲオルク・シェフナー宛の手紙に「私があえぎ求めているのは変革です。このままだと私はこの不満な状況のなかで本当に憔悴しきってしまいそうです。」と記し、その「メランコリックな心情」[183]を吐露してリガを離れることを示唆する。同じ時期、カントにも書簡を送って、「敬愛する師よ、あなたが私の将来のためにモンテーニュ、ヒューム、そしてポープのような人物を後ろ盾に指し示してくださって（中略）、モンテーニュのような人物の魂の経験をもって語る人はどんなに素晴らしい人物でしょうか。——ルソーにまだ夢中になっていたこともあって私はまだヒュームをあまり好きにはなれませんでした。」[184]と、自分の思想的な傾向を述べ、懐疑主義的なヒューム嫌いとルソー好みをカントに打ちあける。そして、自分が崇拝してきたシャフツベリーをカントに推薦して、以下のようにいう。

　ところで、敬愛する哲学者よ。（中略）——われわれの老ライプニッツの友人で、しかも彼が多くを負い、また好んで読んだ人物——他の哲学たちが真理を咳き込んで吐き出すのとは違って笑いながら取り出す哲学的嘲笑家——すなわちシャフツベリー伯爵を。ただ残念なことに彼は道徳哲学、徳性に関する研究、それに最近では熱狂と気分に関する論考が凡庸な人々の手に落ち、なかば彼に対する嫌悪感を私たちに催させていますが、私は特にその原因が最近の翻訳者による長くて無茶苦茶な論駁にあるのではないかと考えています。しかし、たとえ私にとってその真理の基準が彼においては嘲笑に値するものであってもこの著作家はそれでも私の非常に愛すべき仲間であり、あなたにも是非この著作家に好意をもっていただきたいと思います。

　同じ書簡でさらに、バークの『崇高と美の観念の起源』（一七五六）をカントに推薦し、イギリスとドイツの新しい思想的な仲介者としての役割を果たしていた。

（前略）ちなみに美と崇高について私は今とても大きな満足感を持って一人の非常に哲学的なイギリス人の作品を読んでいます。この作品はフランス語でも読めます。それがちょうど私の手許にあるので標題をお知らせしましょう。***Recherches Philosophiques sur l'origine des Idees, que nouns avons du Beau et du Sublime.*** がそれです。[185]

この本の推薦は、カントにどれほど刺激を与えたのか明白ではないが、イギリスの最新のラディカルな研究状況を把握していた点においては、優位な立場にいたことが確かである。そして、カントに「私は当地を去って世界を見るための最初かつ最良の機会を持つという願望をあなたにも隠しておくことはできません」と、リガを離れる気持ちを告げる。しかしながら「誰にいったいこのことがわかるでしょうか。それにしても私はどこへ行くのでしょうか。」と、リガからの脱出を決意したにもかかわらず、どこへ向かうか、それも決められず、ともかく何かに催促されたかのように、あるいは何かに魅惑され、取り憑かれたようにリガを出ようとしていたのだった。ちょうどそのとき、友人ベーレンスから船への同乗を誘われる。それはまるで天啓のようなもので、一七六九年六月三日、ヘルダーはリガでの生活のすべてを投げ捨てて（天候のせいで実際乗船したのは二日後の六月五日）[186]、バルト海と北海を経て七月十五日フランスのナントに上陸するまで四〇日間の海上の旅をする。彼はいう。「私は旅立たざるを得なかった。しかもその現実に対しても絶望的な気持ちになったため、できるだけ急いで、何も考えず、危険を冒してまでも旅立たざるをえなかったのだ。」[187]と。そして海に出て、ほぼ四〇日間の航海中、長い旅日記を記す。この海上の旅でヘルダーは、海の広大な空間の広がりに対して想像力を羽ばたかせ、人間の精神と文学における海、その内面世界のスペクタクルの海をドイツで最も早く発見した第一人者となるのである。

天と海の間を漂う船は、どれほど広大な思索の領域をあたえてくれることか！　ここではあるゆるものが思索に翼と運動と広大な空間を与えてくれる。風に翻る帆、揺れ続ける船、ざわめき流れる波、飛び行く雲、広大な無限の空間！　地上では人は身動きがとれず、一つの状況の狭い輪の中に閉じ込められている……おお魂よ、このような世界から飛び出したら、お前はどうなることだろう？[188]

と、日記の最初の数頁後のところに記しているが、これは「旅日記」というよりも、むしろさまざまな思索が飛び交う万感のなか、高揚したヘルダーが声をあげて歌い出していた様子であろう。それまで、ルソーに夢中になり、シャフツベリーを崇拝し、バークを読んで、自然への憧憬と美と熱狂と崇高など、それらの霊的な想像力・創造力に感化されてきたヘルダーであったが、それまで格別に意識もしなかった広大な空間の広がり――海に対面したとき、彼の内面世界のすべてが海のざわめく波のうねりのようにほとばしって流出し、そして海が彼に多大なインスピレーションを与えたとは、想像だにできなかったことだろう。ヘルダーは取り憑かれたように、広々とした広大無限な海の風景の中を、その想像力・思索の翼を羽ばたかせ、また古代の英雄たちを自分の心に再現させるために荒れ狂う海を眺望しなければならなかったようである。

ジュピターの稲妻は海上で今もそうであるように、ひどく恐ろしいものであった。ゼウスは天空を駆けめぐり、稲光を強め、罪深い神殿の森や海を罰した。異様に大きくぽつねんと空に懸かり、大気、海、種々の時間に絶大な影響を及ぼす静かな銀色の月に、当時の船乗りはどれほどの畏怖の念をもって祈ったことだろうか。（中略）天駆けるポイボスの色で海に沈む太陽を描き、アウローラを彼女の美しさのすべてをもって描くのはどれほど自然なことか。オルフォイス、ホメロス、ピンダロスのような人物、なかでもオルフォイスを船上で読むと、神話の無数の新たな、そしてより自然な形で理解できるし、あるいはむしろこれら最古の作家たちをより内面から感じとることができる。ギリシア人に最初の宗教をもたらしたのは船乗りだった。（中略）ギリシアが持つことのできたのは、他国の、海の、そして神殿の森の宗教だった。ギリシアの神話はそれゆえまた海上で読まれねばならない。（中略）そして海上で私のオルフォイス、ホメロス、ピンダロスを感じとりたい。彼らの想像力がどれほど広大なものであったかはイルカたちが教えてくれる。[189]

この海上での「稲妻」、「畏怖」などは明らかにロンギヌスの崇高なるものを示唆しているようだが、その一方で、ヘルダーは海上に漂い、大海に対面しながらアポロンやオルペウス（オルフォイス）、あるいはホメロスの霊感にとり憑かれ、古代の作家たちを内面から感じとって、創造的な自分と、時代をリードする天分をおのずから発見したかのように見て取れる。ちなみに「想像力」の威力を「イルカ」・神託の聖地デルポイに託したのも興味深い。そして、海上でインスパアされた諸々のことがその自分のパワフルな想像力によって導き出されていたのを、次のように記す。

ここに多量の現象が人間の魂から生まれてくる。つまり想像力が生み出す最初のイメージから、幼年期に静かにずっと抱いている夢から、蒙昧な観念のなかで夢うつつに鳴り続ける音を助長し強めるそれぞれの響きによる印象から、不思議なことを歌いたいという気持ちから、既知のものにもまして未知のものをいっそう信じることから、そして若い頃の忘れがたい事柄を語る気楽さから、無数の現象が生まれてくる。[190]

ヘルダーはこの溢れんばかり想像力と神話に浸って、その詩的な高揚にとどまらずに、さらに彼は自然に対して哲学を試みようとする。哲学とは当時、自然科学をも含め学問全体を指すことだったが、彼は自然をも疎かにせずに探究し、全方位的にドイツを啓蒙しようと決意していた。

かくして私は船上で哲学者となった。（中略）もし実行できていたら、それは広大な海上でマストの下に腰をおろしながら天空、太陽、星々、月、大気、風、海、潮流、魚、海底について哲学的に考察し、これらすべてのものの自然学をそれら自身から見つけ出すための何かと素晴らしい立脚点だったろうか。自然の哲学者、これをおまえが教えている若者とともにおまえの立脚点とすべきだったのだ。この若者をつれて広大な海に出て、彼にさまざまな事象や実物を見せてやるがよい[191]。

ヘルダーは、かくして海によってインスパアされたが、そこで「膨大な数々の理念」の虜になり、古代ギリシアの復興のなか、また高揚した自然科学への熱狂のなか、未来の新しいドイツを想像して夢みるのである。ヘルダーのこの狂気ぶりは、当時どれくらい多くの人々に新しい思考と刺激を与え、あるいは困惑させたか、正確には把握できないが、とりわけカントを困らせたことについて、哲学者・評論家のリュディガー・ザフランスキー（一九四五〜）は次のような興味深い証言をもって示している。つまり、ヘルダーの先生で、かつ共通の友人ハーマン宛の手紙に、カントはヘルダーがいったい何を考えているのか説明してもらえないであろうか、と皮肉をこめながら慎み深い態度でこう書いたという。

ただし、できれば人間の言葉で願いたい。……哀れな地上の子にすぎぬ我が身は、直観する理性である神々の言葉向けには出来上がっていないのです。通常の概念を用いて論理的な規則に従って一文字一文字読んでもらえるなら、私にも十分理解できるでしょう[192]。

事実、ヘルダーは航海中、激しい霊感に襲われ、入神状態に陥ったといえ、人類の過去と現在と未来にわたって思索を巡らせ、想像力によって新しい総合的な思考を獲得できたのだ。海洋を眺望し、地平線、天空、星々のみならず、海底の世界までにヘルダーは想像力を羽ばたかせる。彼は言う。

（前略）海底には地上と同じような被造物の連鎖は存在しないのだろうか。（中略）暗い水中でも魚は見る。比重の大きな大気である海水の中でも魚は聴く。厚い殻の中でも牡蠣がこれほどまでに固い皮膚でしか感じることのできない触覚とはどういうものなのか、またどのような物に触れる触覚なのか。おそらく地上にある物とはまったく異なった物に対する触覚であろう[193]

このように、ヘルダーは海底の生物の視覚・聴覚・触覚がどのように構成されているかを想像する。その想像力はまるで現代の海洋生命科学者が海底に潜ったかのように、海底を観察し、彼らに勝るとも劣らず生命の神秘さに魅了され、今やそれらの生物の感覚の研究に取り組んでいるかのように生き生きと表象する。現代の生命科学者は、進化論に基づいて地球の生命の起源やゆりかごを海に求めているが、ヘルダーは二百五十年前、「生命とは有機的発展的なものであることを予感的に悟り、感じ、理解した。それも分析を事とする理性によってではなく、実在の内部にある生命法則への予言者的没入によってであった」[194]と、直感や悟性の力を主張する。いわば、直感で生命──「被造物の連鎖」を示唆していたのだ。

このように海上での霊的な想像力を羽ばたかせるヘルダーは、一方で、前出のシャフツベリーやバークなどのほかに、同じくイギリスからの影響──マクファーソンの『オシアン詩集』（前掲）やエドワード・ヤン（一六八三─一七六五）の『独創性についての推測』（一七五九）がそれぞれ一七六五年と一七六〇年にドイツ語に翻訳されて読まれていたこと──があったことを忘れてはならない。海上での体験の四年後、ヘルダーは『オシアン論』（一七七三）において書簡体のスタイルでこのように語る。

まずオシアンですが、私はそれを（中略）、たんに娯楽的に切れ切れに読むのとはほとんど似ても似つかない状況の中で読んだのです。あなたは私の冒険を知っていると思います。しかしあなたには、こうしたかなり長い航海の影響を、それを経験した者のように感じることは決してできません。突然市民社会の仕事から、喧騒と馬鹿げた地位争いから離れ、学者の安楽椅子から、社交界の柔らかいソファから投げ出され、気を紛らせるものも、図書室も、学術的な或いは通俗な新聞もなく、板子一枚の上で、測り知れない広大な海上で（中略）、まったく見知らぬ、生きて活動する自然の舞台の真っ只中で、底知れない海と天空のあいだを揺れながら、毎日変わることのない無限の四大に取り巻かれ、ただときおり見知らぬ遠くの岸辺や、新たな雲、心に浮かぶ地方に目を向けながら――今や古代の吟遊詩人の歌や行為を手中にし、魂をそれらで満たし、それらの歌われ行われた場所で――こちらでは数多くの奇しき物語が鳴り響いたオーラフの絶壁を通り過ぎ――あちらではあの魔女のオーゼが額の星をちりばめた四匹の力強い牡牛に耕させた島を向こうに見て（中略）、少なくとも私のような感性的な人間にはこのような具体的な状況がきわめて大きな作用を及ぼすのです[195]。

海上において、古代ギリシアの吟遊詩人の歌や『オシアン詩集』などは、まるでヘルダーの眼前に浮かんで、現に生き生きとして迫ってきたように見えるが、ヘルダーの「魂をそれらで満たし」、自由に想像力を羽ばたかせているところを見ると、聖職者であったヘルダーにとって、ふさわしくない一種の狂気かインスピレーションに陥ったと言える。

ヘルダーの身に何が起こったか

ところが、この海上での抑えきれない狂気的ともいうべき想像力と思索の迸りの奇跡的な体験は、奇しくも二十年前、ヘルダーが敬愛していた啓蒙家ジャン・ジャック・ルソー（一七一二―一七七八）がパリからヴァンセンヌへ向かう途中、霊感に襲われていた時と同じ種類の体験だったことが看取される。つまりヘルダーは、ルソーと同じような霊的な想像力・創造力が授かったと見てとれる。ルソーは当時の自分の体験を、のちに次のように述懐する。

……突如、わたしは心が数千の光で輝くのを感じ、多くの生々とした考えが、力強く、しかも渾然と生れた。そのために、わたしはいいようのない不安に陥った。酒の酔いにも似ためまいを感じた。烈しく動悸がし、胸がつまり、もはや歩きながら息をすることができなかったので、道ばたの樹のもとに倒れた。半時間ばかり、このような興奮状態にあったが、再び立ち上った時には、いつ流したとも知れぬ涙のために、服の前がすっかり濡れていた。……この樹の下での半時間たらずのあいだに、心に浮かんだ多くの偉大な心理から引き出すことのできたすべてが、わたしの三つの主要作品の中に、散在している。[196]

しかし、よく引き合いに出されるこの体験の記述は、ルソーがのちに読者に読ませるために書いたものだと言われ、猜疑的な読者にとって、それがどこまで真実かその信憑性が問われていた。ところが、ヘルダーの場合は、それとは違う。海上で狂気に陥った自己を記録した日記は、作者が生前に公開する予定はなく、その死後一八四六年(四十三年後)『一七六九年の我が旅日記』というタイトルでようやく出版された[197]のだった。つまり、この霊的な想像力と創造力の記録は、読者の手に渡すためのものではなく、まったく自分自身のために書きとめ、自分の内面世界の変化を克明に記録するために記しておいたものだったのである。

ところで、わたしたちはヘルダーのこの海の体験、彼の身におこったことについて、今や改めてかつてプラトンによって言明された、あの霊感(神感)、狂気あるいは想像力の伝統を想起させざるを得ない。神話から各文化圏の歴史、そして文学から欧州各国ないし学校教育、言語などまで広範にわたって記録したヘルダーの日記は、私的な備忘のメモでありながら、どことなく狂気に取り憑かれた古代ギリシア詩人らの姿を想起させ、そのインスピレーションが新しいドイツを予言し、未来の姿を彷彿させる。日記全体において昂揚した躍動的な語りに運ばれた広大なスケールのビジョンは、まさしく「咆哮する海の深い裂け目では未来が芽生えてい」[198]たのだった。

実際、海上での四〇日間、ヘルダーの身には、いったい何が起こったのか、実証的に見ていまだに謎が多い。それは「海上での夢想」だったとか、あるいは単なる「詩的な旅」だったとさまざまに言い当てることができようが、ヘルダーが海上で書いた頌歌「未来のゲーニウス」に焦点を合わせてみれば、その内面の輪郭がより明確に浮かんでくるかもしれない。「未来のゲーニウス」の初稿の冒頭のプロローグに、ヘルダーは次のように記す。

長い間自己の魂の内面に目を向けてきたこの詩の作者は、過去の生の経験全体から、心情の根底に生の或る種の成果や公理が存在していると考える。（中略）作者はさらに、これらの成果や公理がある種の人間にあっては非常に高められることができ、しかも頼りになる予言者、夢に現われる神々、神託、そして予知能力のある姉妹にまできわめて頻繁に高められてきたし、またほとんどすべての偉大な人間もそれらなしには存在しなかったのはもちろん、目標にも到達しなかった、と考える。作者はむしろまた、冒頭のこうした注釈のようなものが、このあとに続く頌詩の理解のためにいかに必要なものとなろうとしているか、ということを考えている。ちなみにこの頌詩は海上で作られ、したがって海のさまざまな形象の中を逍遥している。[199]

ヘルダーのこの自己省察をしたところによると、もともと人間の魂には「成果」と「公理」があって、かつ高められていくのだが、それが「偉大な人間」になればなるほど「予言者」「神々」「神託」に頼って高められ、それに頼って目標に到達するのだといい、古代ギリシアの「予言」や「神託」の狂気の伝統を仄めかす。そして、その続きには、六スタンザからなる「未来のゲーニウス」の頌歌を謳っているが、そこには、もはやキリスト教の面影は微塵も見られない。冒頭から「過去のさまざまな行為の海から／一つの影法師が魂の中に立ち昇る。デーモンよ、汝は何者なのだ。汝は／私の生の船を高みへと、また蒼い霧のかなたへと／導きながら、海と空が幻影の衣装を／織り合わせるところに姿を現わすのか。」と歌い始めた詩は、海と魂が一体となっているが、さらにまた「それから魂が自己の海の／魔法の鏡の中に永遠を読む――」と、その魂が海そのものを所有するようになる。そして最後のスタンザにおいて「彼方へ向けて思いを巡らせ、羽ばたきの眼差しを／希望の岸へと向ける。見るがよい。さあ、もう／到着の気高い使者たちが私の方へやってくる。／この使者たちは喜びの歌で船の頂きを／花輪で飾ってくれる。私には見える。汝ら神々よ／山々は緑なす勝利の円柱のようだ。」というように謳うが、ここでヘルダーは、すでに聖職者でもなければ、神学者でもない。詩全体は魂、精霊、守護霊、神々などを讃え、作者が霊か、狂気に憑かれたような忘我状態に浸っており、そこには非キリスト教的な世界が表象されているのである。

ヘルダー研究と翻訳の第一人者嶋田洋一郎の調べによると、ヘルダーは晩年の著作『カリゴネー』（一八〇〇）の第三部第一章「人間の知覚における崇高の歴史」において登場人物に次のように語らせたという。

> 私が初めて海というものを見たとき、それはまた果てしのない、素晴らしく広大な風景でした。海は雲のなかに姿を消し、空は海にまで降りてきました。そのときは私の視線も無限の高みと深みの中で自己を見失ってしまいました。板子一枚の上で空と海の無限のあいだを、未知の深淵を覆う満々たる水と風を通って揺れ動くというのは何という感覚でしょうか。[200]

「私」は「板子一枚」のような船上において、広大な海と空を眺めて「自己を見失ってしまいました」というこの文章は、あとからの回顧によって解釈されたともいえ、議論の余地はあるかもしれない。しかし、出版予定のなかった記録『一七六九年の我が旅日記』と距離やズレがあるかというと、決してそうは見受けられない。いわば「自分を見失ってしまいました」とは、一種のエクスタシーか激烈なインスピレーションか、恍惚、忘我の状態であり、古来詩人たちによく見られる狂気だったのであろう。

実際、ヘルダーは海上での霊的な体験の前後、「旅行文学に没頭して、地理、気候、植物が人間の生理と心理に与える影響を調べ」、神話、比較宗教学、美学、舞台芸術論などとの関係を確かめるため膨大な調査・執筆活動をしていた。そのようなかで、神話や霊的な詩人の始祖とされる「オルペウス」の普遍性を信じていたようだ。また十八世紀当時ヨーロッパを驚かせた北アジアや北米の「シャーマン」についての大量な知識を収集し、当時の天才・天賦の研究書ともいえるイギリスのエドワード・ヤン（一六八三―一七六五）『独創性についての推測』（一七五九）[201]の考えまでも考慮に入れて、人類の始原的な生命や霊力などについて、それを再考しようと取り組んでいた。

イリノイ大学ドイツ学科教授グローリア・フラハティ（一九三八～一九九二）は、豊富な資料に基づき、霊的な思考や想像力とシャーマニズムについて研究し、『シャーマニズムと想像力――ディドロ、モーツァルト、ゲーテへの衝撃』（一九九二）において、ヘルダーの主要な著作とシャーマニズムとの関係について言及している。そこではヘルダーが生涯にわたっていかにシャーマニズムと、その超越的な力に魅入られたかについて検証と分析作業をし、『古謡集』（一七七四）を蒐集して出版したヘルダーについて次のように述べる。

ヘルダーはかれらの歌から、かれらの古期スカンディナヴィアとケルトのみならず、当時ヨーロッパに知られていたギリシア文明とも、一定の特性を共有することを見てとった。ヘルダーによれば、注目すべき焦点はつねに、自然を支配すると信じられる霊力を呼び出すことのできるシャーマンである。状況がどうであれ、オルペウスこそはシャーマンの典型的な例であったし、今後もそうであろう。ツングース語をドイツ語化した単語であるシャーマンの概念をヘルダーが利用した最初の例のひとつを示す[202]。

そして、フラハティは、ヘルダーが主張するオルペウスとはシャーマンのことだったという見方を示す文章を次のように引用する。

オルペウス、あの偉大な、永遠に人類にふさわしいオルペウス、かれが残したわずかな断片にも自然の魂のすべてが生きている。あの詩人が元来はトラキアで、また北タタール地方などでも見られたもっとも高貴なシャーマン以外のものだったなどときみは信じるか。もしギリシアのテュルタイオス（紀元前七世紀の詩人）を知りたいなら、北アメリカの、歌の指導者が登場して軍歌が歌われる戦争の祝典をみたまえ。古代ギリシアの喜劇の誕生時の姿を見たいか。その同じ北アメリカの未開民族のサテュロス劇とパントマイムで、いまなお完全にホタティウス（前六五〜八、ローマの詩人）が書いているとおりに、寸劇とダンスを伴って演じられているのだ。[203]

フラハティは、さらにヘルダーが具体的にオルペウスについて言及したところに注目する。すなわち、「オルペウス、古代ギリシアの預言者、法律制定者、設計技師――なんという奇跡を行なう人。エジプトのヘルメース（古代エジプトのトート神のギリシア名。とくにヘルメース・トリスメギストスと呼ばれた）とまったく同じ。ヘルメースのものとされているとおりの、まさに同じ肩書き、著作、発明。文字、音楽、七弦の竪琴、博物誌、呪術、予言、占星術と宇宙論、だがとりわけ神学と詩作と法律――これらすべてがオルペウスにふたたび見られる。ヘルメースに起こったことがオルペウスにも起こるにちがいない。」[204]というところを引用してフラハティは、ヘルダーにとってオルペウスとは、「奇跡を行なう人（**Wundermann**）」で、それは「一八世紀にシャーマンを指して用いられたもうひとつのドイツ語の単語を使って」表現され、オルペウスとはいわばシャーマンのような存在だったという。

フラハティの分析と検証によって明らかにされたのは、ヘルダーが早くから神話や古謡、シャーマニズムなどに表象されるエクスタシー、憑依、忘我、狂気、霊感などの現象に注目していたことである。ヘルダーはそれらに注目し、様々なジャンルにわたって資料を収集し、『人類の最古の文書』（一七七四）、『ドイツ博物館』（一七七七）、『古代および近代諸民族の習俗にたいする文芸の影響について』（一七七八）、『人間の霊魂の認識と感覚、観察と夢について』（一七七八）、『ヘブライ文学の精神――ヘブライ文学と人間精神の最古の歴史を愛する人のための入門』（一七八二―一八三）、『人類の歴史の哲学』（一七八四―一七九一）など諸々の著作において探求していたという。その探求のスタンスは「ニュートン、ライプニッツ、その他科学的決定論を思わせるものはなんであれ、ヘルダーは拒否した」[205]のであった。

また「フォントネルやヴォルテールのような合理主義者の虚偽を暴く」[206]ことを意図した著作もある。そのかわり、「シャーマンが忘我状態、トランス状態を招き寄せるために用いるさまざまな手段よりも、他者の想像力に影響を与えるばかりか、完全に支配さえする能力のほうに関心を抱」[207]いていたものもあると、フラハティは指摘する。

ところが、このようなヘルダーの生涯にわたっての探求と思索の起点、あるいはその思想のほとばしり出る最初のきっかけ、発端は、まさかすべてがその海上での四〇日間の旅から始まったのだとは、それは出来すぎたシナリオではないかと思われるかもしれない。しかし、海上での『ヘルダー旅日記』は、まさにそれを如実に物語っている。

ヘルダーからゲーテへ

事実、ヘルダーはその航海中のインスピレーションによる数々の思索を抱えたままフランスに上陸する。その翌年の一七七〇年、目の治療のためストラスブールに滞在したところ、偶然にもあの歴史的な出会い――若きヨハン・ヴォルフガング・フォン・ゲーテ（一七四九―一八三二）との邂逅があった。ヘルダーの海上での熱狂的な高邁な思索はゲーテに衝撃を与えただけでなく、その周りの若者たちをも興奮させ、とりわけ「若いゲーテの進路を決定する教師になった」のだ[208]。つまり、「ヘルダーはゲーテに感性的人間の宗教的、文学的創造力について語り、彼に世界史の広がり、民謡の感性的、具象的言語を示し、さらには彼にホメロス、オシアン、ソポクレス、シェイクスピアのような詩人を自然の天才力のあらわれと見ることを教えたのである」[209]。のちにゲーテはヘルダーから学んだこと、尊敬と友情、また叱責されたことなどについて『詩と真実』においてスペースを割いて書き綴っている。ゲーテはいう。「彼の素晴らしい、偉大な特性や、広範な知識、深い見識を、日々ますます尊重することを学んだ」[210]。また、ゲーテはインスピレーションに溢れたヘルダーに出会ってから、その「影響下に詩人に開眼し、『第五オリュムピア競技祝勝歌』の独訳を試み、また自作の抒情詩『旅人の嵐の歌』の中で、ピンダロスを高らかに謳い上げ」[211]たという。この「旅人の嵐の歌」とは、ギリシア・ローマの神々を謳歌した歌で、「シュトルム・ウント・ドラング」（疾風怒濤）時代を代表とする自由律の詩でもある。ゲーテとヘルダーとの出会いは、個人的なことだけにとどまらず、それはその後のドイツの文学の運命を変えていくほどの出来事だったのである。

一七七二年五月から九月まで、ゲーテはヴェツラルの高等法院で研修するが、その間、退屈な日々に耐えがたかったのか、一七七二年七月十日、ヘルダー宛の書簡に自分の彷徨いと渇望の心情を次のように記す。「相変わらず私は小舟に乗って大波に揺られています。そして星が隠れると、私は運命の手の中を漂い、勇気と希望と恐怖と安心感が私の胸の中で交錯しています。(中略)私がどのような様子をしているか、あなたの手紙がピロクテテスのような状態にある私にとっていかなる影響を与えたか、今やあなたはご存知です。」[212]と綴って、ヘルダーの手紙を待ち望み、まるでヘルダーを暗闇で方向を示してくれる星のような存在だと見なしていた。いうまでもなく、その「小舟に乗って大波に揺られています」という比喩的な叙述は、高等法院での事務的な研修の生活に迷い込むなかで、ヘルダーの、海上での霊的な体験が我が身にも降臨しないかと渇望していたことをも暗示しているのであろうか。想像力を自由に羽ばたかせようとする若きゲーテにとって法学研修とは、耐えられない苦しみだったにちがいない。

事実、ヘルダーの海上体験の十七年後、ゲーテはとうとうヘルダーと同じような体験を求めて憧れのイタリアを旅する。かつてヘルダーは「ギリシアの神話はそれゆえまた海上で読まれねばならない」と主張したことを肝に銘じたのか、ゲーテはついにそれをみずから実行し、体験したのだ。一七八七年五月十七日のヘルダー宛の書簡には、「地中海とその海岸のようすを知るにいたって、はじめて『オデュッセイア』はじぶんの精神のなかで『活きいきとした表現』に変わりえた」[213]と、ついに報告できたようである。

かくして、かつてイギリス経由の啓蒙思想の影響の下、シャフツベリーを愛読し、ロンギヌス、バークらの影響で成長してきたヘルダーは、より高邁な、より崇高で広大な思考を求めつつ、ゲーテをはじめ、シラーらに大きな影響を与える。やがて彼らの「シュトゥルム・ウント・ドラング」(疾風怒涛)の文学運動が引き起こされる。ゲーテはヘルダーに出会ってから三年後、『若きウェルテルの悩み』を生み出し、それは「シュトゥルム・ウント・ドラング」の代表作になったのである。

ゲーテの「ウェルテル」はシャーマン的だったのか

通常、その作品は青春そのものを爆発的に歌い上げた世界文学史上最高の傑作だと賞賛されてきたが、しかし、その異常なセンセーションを巻き起こし、驚嘆と戦慄と興奮を呼び起こした主要な原因について、フラハティは人類学的な分析の視点からみて、『若きウェルテルの悩み』の主人公ウェルテルの性格には、もう一つのシャーマン的な側面があり、それが想像力の極致にいたすところ、むしろより霊的な人間に近かったという。フラハティは、その主人公の主な諸特徴を次のように解析する。

(ウェルテルは)、一般に認められていたシャーマンの特徴をほぼ残らず示す。習慣的な白昼夢、内向性、そして特別に過敏な神経系に起因する気分の変動の激しさに加えて、孤独や正常でない社会関係への、心の奥に根ざして抑制できない欲求がある。身体の機能障害は、休養、気晴らし、食餌療法によっても治せない病気として表われる。(中略)ヴェルター(ウェルテル)はシャーマンのように、自分のドラマを上演する空間を慎重に定め、衣裳、小道具、照明、タイミングに気を配る。かれが綿密に仕上げた死のシーンを考えてみさえすればよい。かれが持つ多様な芸術的才能には、たとえば文学的感受性、ダンスの技量、クラヴィコードの調律ができるほど高度の音楽的知識などがある。(中略)かれはたびたび自分の生活を牢獄とか墓とか形容するが、これも洞穴など閉鎖された狭い、子宮のような空間でシャーマンや託宣を伝える人が秘儀を経験することに似ている。(中略)さらにかれは直感、感覚、予感のほうを科学的決定論やニュートン的な世界観よりずっと大切にする。後者は産婆、薬草医、魔女を否認し、医療の職業化を進めていた。ヴェルターには、精霊を信じ、彼らによって自分の世界を活気づけようとする傾向が強い[214]。(中略は、引用者による)。

そして、シャーマンのような性格をもつウェルテルは、自分の霊的な入神状態について早くもまず、「五月一〇日」（『若きウェルテルの悩み』）の冒頭の描写において告知されているのだという。つまり、「この地方には人をまどわす霊がただよっているのか、それともぼくの心のなかに超人的な空想力がひそんでいて、それが周囲のあらゆるものにこの世のものならぬ美しさをあたえるのか、どちらであるか、わからない」[215]。

フラハティは、また「ゲーテはヴェルター（ウェルテル）に奇妙な体外離脱経験もさせる。ヴェルターはしばしば自分は夢想家で、現実世界の上空に漂っている、という」[216]。まさにここでゲーテが描いたウェルテルの体外離脱経験や霊的な入神状態は、くしくもまたもやソクラテスがいう「詩人というのは軽い、羽の生えている、聖なるもので」、「彼らみずからも飛びかいながら、ミューズの女神たちの庭や谷にある蜜の泉から、その詩歌をつみとり、われわれのもとにはこんでくる」（前掲）ことを再現しているようで、あるいは、またシェイクスピアがいう「詩人は恍惚とした熱狂のうちに飛びまわり」をしていること（前掲）を表象し、エクスタシーの状態において、想像力を羽ばたかせているウェルテルではないだろうか。

そして、小説においてウェルテルはロッテの家を最後に訪ねた一二月二一日に自殺するが、実際、それは北ヨーロッパのシャーマンを崇める熱狂的な異教徒の祝日なのである。また、ロッテがウェルテルに朗読するようと願う詩だが、その詩はウェルテルが訳したオシアンの歌謡であり、その「愛と勇気と、先祖の霊の住む国へと三途の川を渡る死者の船旅を歌うオシアンの歌謡」は、「古代ケルト族のシャーマン、吟唱詩人、予言者といわれるが、（中略）それらの訳詩を手に取るやいなや、『戦慄がかれの体を（走り）』、目に涙があふれる」。その後、ウェルテルは衝動的にロッテにキスするが、突然のことにロッテはウェルテルを押しのけて離れる。取り残されたウェルテルは「まるでトランス状態に陥ったように、床にすわり頭をソファにもたせたまま三〇分以上じっと動かない」[217]こととなっていた。

フハラティは、以上のように解析してから次のように断言する。

ゲーテのヴェルター（ウェルテル）は失敗するシャーマンの完璧な例である。十八世紀には、召命を受けたと信じてシャーマニズムの修行をした者が、その実践によって我が身の治療に失敗すれば自滅する、ということもしばしば書かれていた。ゲーテはそのことを、とりわけいわゆるシベリア学術調査団が盛んだった一七七〇代の初めに知ったにちがいない。ゲーテのヴェルターには文学、音楽、模倣、演劇の才能があり、それらはみずから招いた狂気と自己破壊的な傾向を癒せるかもしれないが、自分からトランス、エクスタシー状態に陥ったとき、その才能を発現することができない。かれはまた、自分のトランス状態を他者に感染させ、種族全体、社会全体のために有益な結果を生み出すこともできない。ヴェルターは崖っぷちの賭に負ける。自身が崖から落ちるばかりか、自分が愛する人びと、かれのために心配する人びとをも道連れにしてしまう[218]。

ここで最後に言及された「道連れ」とは、当時ヨーロッパ中でゲーテの小説を読み、若者が真剣に真似をして自殺する者もあらわれていたことを示している。そして「ウェルテルの効果」という、自殺の連鎖を引き起こすことを意味する専門用語までも生まれてきたほどで、社会に大きな影響力を与えた作品だった。

そして、フハラティはウェルテルがシャーマン的な性格をそなえていたばかりか、『ヴェルヘルム・マスターの修業時代』の「ミニヨンも、さらにゲーテ文学の集大成となる『ファウスト』の主人公の「ファウスト」もシャーマンの性格をそなえ、シャーマニズムとゲーテの『ファウスト』という主題は、それだけで一冊の書物になるくらいだという。彼は『ファウスト』の特質についてこのように語る。

それというのも、十八世紀の人びとがシャーマニズムについて聞いたり考えたりしたことのほぼすべてを、ヨーロッパ文化の進化の図式そのものに組み入れた最高傑作だからである。途方もなく常軌を逸しているとか、想像を絶して滑稽だとかと見なされ、やがて無害で珍しいだけのものになったシャーマニズムという現象を、この作品は西欧の歴史および先史の中に位置づけ、意味あるものとした。そしてシャーマニズムを哲学、とくにルネサンス期の新プラトン主義とみごとに融合させたのみならず、ドイツの伝説のシャーマンと神話的な魔法使いとを総合することによって、およそ考えられるかぎりの意味における啓蒙の概念を象徴する近代人像を創造したのである。[219]

実際、ウェルテル、ミニヨン、ファウスト、これらの主人公はいずれも現実離れし、その想像力にとんだ人物像には異界をみたか、あるいは異界からきたかのような性質が見られ、あたかもエロスかビーナス女神にでも取り憑かれたような、あるいは非キリスト教の世界で信仰されてきた諸々の精霊的なものが表象されたように読み取れる。たしかに古代ギリシアからルネサンスへ、あるいはロマン主義から現代まで、想像力と創造力を宗教の如く信仰してきた詩人たちは、その霊的な力をゼウスやアポロ、ミューズの女神、ゲーニウス、妖精、天使などと様ざまな名称を与えて讃えてきたが、フハラティは、それらをゲーテの作品において再発見し、さらに一歩進んでファウストを「近代シャーマン」と名付けたのである。フハラティは、『ファウスト』冒頭にある「献呈の詩」の終わりの部分「所有するものははるか遠くにあるように見え、すでに姿を消したものが実在になる」を引用したうえで、『ファウスト』という作品は、「この後の続くものはなにもかも、旅すなわち歌の一部であるとともに、想像力によって、つまり合理的機能の停止によってのみ理解されうる芝居である。いいかえるならこの芝居は、シャーマンが異なる存在領域への旅から得た知識を同胞に伝える手段」だったのだ。いわば、それ自体は現実模倣のリアリズムよりも想像力によって想像された作品で、実際、読者がゲーテに導かれ、『ファウスト』の世界に入っていくには、作者とともに想像力を最大限に働かせなければ、決してついていける作品ではない。いうなれば、『ファウスト』は全編にわたって想像力のかたまりなのである。

フハラティの指摘のように、ゲーテの諸作品の人物像の背景には、シャーマニズムの霊的な想像力がみられるが、それは何よりもまずヘルダーの衝撃と影響を抜きにしては考えられない。しかも、ヘルダーの影響がきっかけで、その後のゲーテは持続的に霊界に興味をもち、さらにはヴァイマルの図書館のゲーテの貸出記録から判明したように、『ロシア帝国の民族のすべて』などツングース系のシャーマンにも関心を持っていた。少なくとも人類学にとって「シャーマニズムに関しては二冊がとくに重要である」ヘルダーの『ヘブライ文学の精神』と『人類の歴史の哲学』を何度も借りていたのだった。かつ「しばしばかれ自身の透視力や、日常経験する合理的には説明のつかないさまざまなことについて語った」といい、「ゲーテが霊界のことを本気で考えていたことを、友人、知人は知っていた」という[220]。

ところが、ヘルダーによって触発された海上での霊的な体験がゲーテにおいて、それが文学的な想像力と創作のインスピレーションになったとはいえ、その想像力とシャーマニズム、あるいは詩作と狂気、精霊などとは、いったいどういう関係をなしていたのであろうか。それについては別の研究課題に譲ることにして、当面は、ヘルダーの霊的な体験——海と想像力によって触発されたゲーテの文学の起点を考慮せねばならない。それは、晩年のゲーテが語った、自分の身に起こった狂気についての回顧的な告白が、ヘルダーの衝撃と影響がいったいゲーテにとって何であったのかを示唆してくれるかもしれない。ゲーテは晩年、『若きウェルテルの悩み』を創出した若き自分を振り返って、「病的な状態」とヨハン・ペーター・エッカーマン(一七九二〜一八五四)に次のように告白している。

私がペリカンのように、私自身の心臓の血であれ(『若きウェルテルの悩み』・引用者)を育てた。あの中には、私自身の胸の内からほとばしり出たものがたくさんつまっているし、感情や思想がいっぱい入っている。だからたぶん、それだけでもあんな小さな小説の十冊分ほどの長編小説にすることもできるだろうな。それはともかく、すでにたびたびいったように、あの本は出版以来たった一回しか読み返していないよ。そしてもう二度と読んだりしないよう用心している。あれは、まったく業火そのものだ!近づくのが気味悪いね。私は、あれを生み出した病的な状態を追体験するのが恐ろしいのさ[221]。

かくして、詩的狂気と想像力は、ヘルダーの海上の霊的な体験から始まり、ゲーテへの衝撃と影響から徐々に形成され、その後「シュトゥルム・ウント・ドラング」（疾風怒涛）として勃興し、ロマン主義文学の先駆けとして一時期一大センセーションを巻き起こしたのだ。ゲーテは、『詩と真実』においても、「その時期、若い天才的なひとびとの集団が、その年齢にのみふさわしいあらゆる大胆さと尊大さとをもって登場し、その力を発揮して多くの喜びと多くのよきものを生み、同時に、それの濫用によって多くの不快事と禍とをもたらしたのであった」[222]と記す。

事実、ヘルダーとゲーテから引火された若者のサークルの熱狂と霊感と狂気は、のちにまたフリードリヒ・フォン・シラー（一七五九―一八〇五）、シュレーゲル兄弟（兄一七六七―一八四五、弟一七七二―一八二九）らの雑誌『アテネーウム』に継承され、ドイツでは集団的にインスパイアされ、その一連の衝撃と地響き、伝播と感動が熱狂的に多くの若者に迎えられる。それが十八世紀末から始まって、徐々に伝播されていき、文学・芸術の運動――ロマン主義が成就されていく。

通常、ロマン主義の起点はフランスのルソーの奇跡的な体験から語られ、その影響が大きかったというが、しかし、ヘルダーの海上での霊的な思索がゲーテを始め、多くの若者にとって、むしろ身近でかつリアルな衝撃だっただけに、その影響はより大きかったのではないだろうか。というよりもヘルダー、ゲーテによって集団的なインスピレーションが助長されたからこそ一大文学的・芸術的な運動として自覚し、形成されていったとみた方が妥当かもしれない。つまり、ヘルダーは知的、詩的狂気の想像力のリアルな火付けの役を果たし、そのきっかけを作った人だといえよう。「それゆえロマン主義の歴史は、ヘルダーが一七六九年にフランスへの船旅に出た瞬間から語り始めてよいだろう」[223]と、ザフランスキーは主張する。

ヘルダーが伝播させた海と想像力による霊的な思索の背景には、古代ギリシアと汎神論の伝統があった。いうまでもなく「シュトゥルム・ウント・ドラング」（疾風怒涛）と、その後継者としてシュレーゲルらと雑誌『アテネーウム』などを中心に展開されたロマン主義文学運動の背景と根底にも、古代ギリシアと汎神論があった。とりわけ彼らに共通して尊ばれたのは、プラトンの詩人についての「ミメーシス」の伝統だけではなく、それと相反した創造力・想像力を尊ぶ霊感や狂気や天才などを崇める伝統のことだった。プラトンに軽蔑された「ミメーシス」を踏まえながら、シュレーゲルはロマン主義文学を次のように主張して定義を下す。

ロマン主義文学だけが、叙事詩とおなじように周囲の世界全体の鏡、時代の似姿となることができる。だがまたロマン主義文学はもっとも多く、いかなる実在的関心にも理念的関心にもとらわれず、文学的反省の翼に乗って、描写された対象と描写する者との中間に漂い、この反省を次々に累乗して合わせ鏡のなかにならぶ無限の像のように重ねてゆくこともできる。ロマン主義文学は、もっとも高度にしてもっとも多様な形成を可能ならしめる。[224]

シュレーゲルがここで打ち出した考えとは、つまり、ロマン主義文学はプラトンのいう鏡（ミメーシス）のように、単に世界の似姿を映し出すことにとどまらず、さらにそれを超越したものを作り出す可能性のあるものだということであろう。言い換えれば、プラトンを起源にしたミメーシス・「詩人追放説」の源となる『国家』における文学観（596e）[225]や、アリストテレスの『詩学』において呈示された模倣となるミメーシスにとどまらず、ロマン主義文学とは、同じくプラトンが「イオン」において呈示した、いわゆる「詩人というのは軽い、羽の生えている、聖なるもの」なのだと定義（534b）[226]されたように、「鏡」——ミメーシスの伝統にとどまらず、それを超えたところの文学的な反省の「羽」・「翼」に乗って無限の想像力や、創造性に溢れるものだということであろう。

したがって、「ロマン主義文学は発展的普遍的文学で」あり、かつまた「永遠にただ生成し続けていて、けっして完成することがないというのが、ロマン主義文学に固有の性質なのである。したがっていかなる理論によっても分析しつくすことはできない。……（ロマン主義文学）のみがひとり無限であり、ひとり自由である。そして詩人の恣意はいかなる法則をもわが身に甘んじて受けることはないというのが、その第一の法則である」[227]と、シュレーゲルが高らかに宣言できたのは、まさしくそういったプラトンを源泉にした二つの相反した文学観の長い伝統によって裏付けられていたからであろう。

ヘルダーの海上の旅から海の詩人ハイネへ

ところが、ヘルダーによって促され、ゲーテを経由して、ついシュレーゲルらによって迎えられたロマン主義文学は、くしくもそれもまたイギリスのサー・シドニー以来、ドイツにおけるもう一つの「詩の擁護」運動だったのだといえる。

かくして「翼」の生えた、「聖なるもの」としての詩人の伝統は、海を経由してドイツ・ロマン主義時代に尊ばれるようになるが、ドイツにおいて「文学的反省の翼に乗って」、想像力を羽ばたかせて海を最大限に表象した海洋詩人ハインリヒ・ハイネ（一七九七〜一八五六）の誕生を迎えることになる。

ハイネの想像力は、最初、「むかしゆめみた」（一八一七〜一八二一）[228]という詩において夢のかたちで表象されていたと読み取れる。初めは「灼きつく恋を」という詩に囁かれ、「かなしい歌のかなしいしらべ」という詩において夢を通じて告げられるが、やがてハイネは自分の天分を明確に自覚するようになる。そして「実際には」という詩において「陽の光とともに春がくると／つぼみをひらいて花は咲く／月がかがやきはじめると／そのあとから星が浮かび出る／詩人が恍惚した瞳でながめると／こころの底から歌が湧く／けれども歌も星も花も／瞳も月のひかりも陽のかがやきも／それらがどんなに欲しい品でも／世間はけっしてあたえてはくれない」[229]と歌い、詩と歌とはひとりでおのずと湧き出でて、「恍惚」のなかから生まれてくるのだという。まるでかつてのシェイクスピアが想像力を謳歌した「詩人の目は、恍惚とした熱狂のうちに飛びまわり、天より大地を見わたし、大地より天を仰ぐ」と、あの『真夏の夜の夢』で歌ったような作者の吐露（前掲）を想起させる。そして、『抒情挿曲』（一八二二〜一八二三）において、ハイネの想像力がもっと自由に遠く飛び立つようになる。「歌の翼に」という詩では、「歌の翼にともにのり、いっしょに行こう恋びとよ、ガンジス河の草原に、ふたりの憩う場所がある」[230]と、異郷のインドまで想像力を羽ばたかせ、「ぼくのおっきな」において、その想像力はより自律し、自立していったように見て取れる。

ぼくのおっきな悩みから
ちっちゃな歌がうまれ出た
歌は翼をうごかして
彼女の胸《ハート》へとんでゆく
胸《ハート》へたどりついたのに
歌はたちまち飛んできて
なにかぶすぶす言ってるが
胸《ハート》のことはだまってる[231]

と、自在に飛び回るハイネの詩の想像力は、ここでかつてソクラテスが詩人たちについて「みずからも飛びかいながら、ミューズの女神たちの庭や谷にある蜜の泉から、その詩歌をつみとり、われわれのもとにはこんでくるのだ」と、描いていた情景と同様、まさしくそれを反復しているとみてよい。

そういった想像力の豊かなハイネは、実際の海に出会うが、その出会いが初めから尋常ではなかった。一八二三年夏、クックスハーフンから北海のヘルゴラント島への郵便船で渡る際、ハイネは嵐に遭遇し、遭難を避けて引き返した経験をする。一八二三年八月二三日友人のモーザス・モーザの手紙にその嵐の体験をこう記している。

海が大波に荒れ狂うとき(中略)、互いに押し寄せる巨大な狂涛と間断なく打ち砕かれる荒波は、船を巻き上げ打ち下ろし、船室から吐き出す音楽、船員たちの怒号、低く唸る暴風の音、雷鳴、轟音を立てながらもヒューヒューと吹く風雨、降り注ぐ死の雨の風景、まるで天譴によって流された汚濁流のようだが——デッキに横になっていた私にはほかならぬ、まさに魂においての敬虔な思索のひとときだった[232]。

荒れ狂う海の恐怖がハイネにとって「まさに魂においての敬虔な思索のひととき」で、そこで崇高な美的感受性を目覚めたのか、以降、海はハイネの想像力の源泉として働く。ハイネは、一八二五年と二六年の夏、ノルダナイ島を訪れる。ノルダナイ島は、東フリースラントを構成する五つの島の一つにあたり、当時「東フリースラントを治めることになったハノーファーの王家は、イギリス風の社交界的な海水浴場を作ることに熱心で、すでに作られつつあったノルダナイの海水浴場」は、ついに「一八一九年、『ハノーファー王立海水浴場』となったのである」[233]。ゲッティンゲン大学を卒業して職に就くべきか決められず、体調も優れず激しい頭痛に悩まされていたハイネは、ノルダナイで「医師の指示に従って、毎日、数分と決められた海水浴を行った」[234]という。その間、ハイネは海を再発見したのか、海に溶け込み、心身ともに海と融合する。

ハイネは一八二七に出版された『北海・随想』には、海との関係を次のように記す。

私は自分の魂のやうに海を愛する。屡々私は、海こそはほんたうに自分の魂そのものであるかのような気持ちになる。さうして海の底には、花の開く瞬間だけ海の表面に浮び出し、花が萎む瞬間には再び沈んでゆく名も知れぬ水草があるやうに、時としてまた不思議な花の姿が私のこころの底から浮び上がって来て、馥郁と香り、輝き、さうして再び消えてゆく――、

（中略）

何故なら海は私の魂なのだから――[235]

このように海を愛するハイネにとって、海が魂と融合し、魂がまた海に宿っていることになる。熱狂的な想像力によって海はもはや通常にみられる風景や比喩ではなくなり、彼の内面世界ないし魂を表象する源泉となったのだ。

ハイネの海についての詩は、主に一八二五年から一八二六年までの間に書かれ、それが「北海」というタイトルのも

とで出版された詩集『北海』（一八二五〜一八二六）「第一輯」と「第二輯」に収録されている。

その「第一輯」は十二篇[236]からなる。その十二篇の詩それぞれのモチーフから大まかにみてみると、全体が叙事詩を意識し、ストーリーか、順序立てて語られているように読み取れる。その冒頭の一番目の「1戴冠式」は、海の詩を語る詩人のために語られた通過儀礼ともいうべき歌であろうか。詩人は、「おお　歌よ　わがよき歌よ　起て　起て　武装せよ　喇叭を吹きならせ」と、歌いはじめるが、それはホメロスの叙事詩『イリアス』の冒頭を想起させる。古来、叙事詩を歌うのにまず、ミューズの女神に呼びかけて祈り、その儀式を行ってから歌い始めるが、この「1戴冠式」は、まさにその呼びかけの役割を果たしているのである。そして詩人は「2たそがれの薄明」、「3落日」において、海辺で眺望し、海に話しかけ、海と対話する。「4浜辺の夜」、「5海神」において海の神話や伝説を傾聴し、海の過去が追憶される。かくして「6告白」、「7夜の船室にて」において、詩人は海と心が通い合うようになり、海に恋をする。しかし海との恋はいつもの波風ではなく、「8嵐」、「9海の凪」、「10海のまぼろし」において、「おお　海よ／美の母よ／泡からうまれた美神《ヴェヌス》の母よ／恋神《エロス》の祖母よ　加護あれよ」と歌ったように、ビーナスの女神に憑かれることが示唆され、美と恋と危険が予知された通り、我が身を喪失し、惑わされて傷を負うようになる。「ついにみつけた恋びとよ／・・・・・・もう　ぼくはおまえをはなさないよ／さあ　おまえのところへゆくよ／腕をひろげて／おまえの胸にとびこんでゆくよ／だが　その刹那だった／キャプテンがぼくの足をつかんで／ふなばたからぼくをひっぱった／そして怒ったように笑いながらさけんだ／「先生　あんたは気がふれたんですか」と、詩人は、海に恋をして狂気に取り憑かれたことを「キャプテン」を通じて告白する。そして、ついにその危険を乗り越えた詩人は、「ほぐれたこころが歓呼する」ようになり、「11純化」において「なかばまどろみ　ぼくはみた　キリストを／世界の救済者を／とほうもない巨きな姿」と歌い、詩人は「第一輯」の最後の「12平和」において、海の恋と美に誘惑され、たとえ「気がふれた」としても最終的にキリストによって用意され、救済されて歓喜のエンディングを迎えていくのだ、といったようなプロットで終える。

以上はハイネの海についての詩の「第一輯」である。詩人は「第一輯」において、海に恋をし、エロスの祖母に取り憑かれ、トランスかエクスタシーに達した状態において、「海は私の魂なのだから」と吐露したのであろうか。そして、こころの葛藤と苦難を経て、最終的にはキリストの守護によってこころの「平和」が叶えられるのだ。いわばすべてが「イエス・キリストに栄光あれ」と言わんばかりの結末に結びつく。ヨーロッパ文化へのパスポートを入手するため、ユダヤ教からキリスト教に改宗したハイネにとって、ユダヤ教の神よりも具体的なキリストが救済者となり、謳歌せねばならないのが自明の理だったのであろうか。しかし、ハイネの「第二輯」のモチーフはそれとは違ってくる。

「第二輯」は、九つのグループの詩から構成され、全体が一つのストーリーを成すかのように編集される。冒頭のスタンザ「1海への挨拶」では、まず詩人のクセノフォーンの歌の歓呼の声――「海よ《タラッタ》海よ《タラッタ》」をもって歌いはじめ、「ごきげんよう　永遠の海よ／いくどでも　ごきげんよう　と／湧きたつ心から　挨拶しよう」と、古代ギリシアを表象しながらも「北方」の海を謳歌するというスタンスをとって、スタートを切る。かつて詩人が「第一輯」ですでに海の妖精によって「気がふれた」ためか、「2雷雨」でわざわざミューズの女神を改めて呼び出す儀礼が省かれ、詩人は直に海の神々「クロニオン」、「エリクトニオス」、「カストル」などに伴われながら海を漂い、あるいは風の「神エーオルス」と共に人間の「あわれな　こっけいな小舟よ」を俯瞰したり、その「よろめく水夫が　舵をとり／羅針盤を　ふるえる舟のたましいを／しっかりみつめて天にむかい／哀願の両手をあげる」のを鳥瞰したりして詩を進める。ここにおいてハイネはまるで海の神々と共になる眼差しを身につけたか、あるいは人間自身を超越した視点を獲得したとも見て取れる。「3難破者」においては、浜辺にうちあげられた「おれ」が、海の妖精になでられて北国の女の恋を追憶したりする。「おお　黒い太陽よ　ああ　いくたびか／恍惚としていくたびか　おれは　おまえから／強烈な感動の炎を飲んで酔い痴れ／歩みもならずよろめいただろう」と、歌う詩人の狂気じみた恋心は、北国の女と「黒い太陽」とが重なって、それもまたもや「するとおれの心はたかまり／鷲のように大空に飛びあがった」と歌い、くしくもここで古来の想像力のイメージである「羽ばたいて飛ぶ」ことが比喩として用いられる。「4日没」と「5海の精のうた」においては、いずれも「ぼく」か「男」、あるいは「おれ」を通じて伝説、神話に伝えられる海の精たちの暮らしを歌う。そして、「6ギリシアの神々」では、詩人――「わたし」は高揚して威厳高く、古代ギリシアの「古い神々」、いわゆる「おまえ」や「あなた」たちを見下ろすような姿勢をとる。いわば過去に世界を支配して栄光に輝いていた神々は今や幽霊のごとく、アフロディテーでさえ「わたしを夢中にしようとしても　おそろしくてぞっとする」と。そして「古い神々」には「憐れみ」や「同情」すべきで、「新しく支配する陰険な神々」には憤って、「わたしはその新しい宮殿を破壊したくなる」という。「神々の争いにさいして　わたしはいま／敗者の神々に味方します」と、詩人の「わたし」は今や神々のなかでも、もっとも強者として表象されて、真の覇者になったのかのように振る舞う。そして最後のスタンザは「雲のうしろに姿をかくした／海が高鳴り／空には　かちほこるように／永遠の星がまたたき出した」という詩句で結ぶ。詩人はここで「古い神々」、「敗者の神々」の救済者にもなったかのようだ。しかし、「7疑問」においては、「海辺に　夜の荒れた海辺に／若者がひとりたたずんでいる」と、ハイネは、かつて神々と共にあった境地から「若者」自身に降りてきて、海に向かって人生の意味を問いかける――「さあ　教えてくれ　人間の意味を／人間は　どこからきて　どこへゆくのか／あの空の金色の星にだれが住むのか」と、問いかける。かつて「6ギリシアの神々」において神々を見下し、自信に満ちた「わたし」には希望が与えられ、「永遠の星がまたたき出した」ほどだったが、しかしこの「7疑問」の最後の二行においては「星は冷たくいたずらにひかり／愚者は　答えを待つ」という。「古い神々」を憐れみ、同情していた詩人は、いま海に向かって地上の賢者に人生の意味を問いかける。ハイネはこのとき一つの身において相反する二つの境地を背負ったかのようだ。「8フェニックス」において、詩人の「ぼく」は、海上でエジプト神話の不死鳥に託して「その女《ひと》はその男を好いている　好いている」と、永遠の夢の歌を語らせる。ハイネは「1海への挨拶」から「8フェニックス」までの詩をまるで神話か永遠の夢に託したかのように謳ったが、しかし、「9港にて」では、むしろ海を後にして、海と決別するのだといわんばかりの詩を綴る。このスタンザにおいて詩人の「おれ」は、「ブレーメン市役所のりっぱな地下酒場で」ワインに泥酔し、すべてが見下され、「見たまえ　家々の屋根に／天使がすわり　酔っぱらって歌っているぞ／あの上に炎える陽は／酔っぱらいの赤鼻だぞ／世界精神の鼻／世界精神の鼻の周囲を／酔っぱらった世界中がまわっている」と、バーレスクともいうべき茶化すようなことが挿入され、この最後のスタンザは、「タラッタよ　タラッタよ／ごきげんよう　永遠の海よ」と冒頭で歌い始めたところと呼応して、一個のアイロニーを成すかのように、海の「第二輯」を終える。

この海の「第二輯」において、詩人は海の神々と共にさまよって敗者の神々を味方にしたり、陰険な神々に憤りを覚えたりする一方、人間を超越して俯瞰したり、「若者」になって海に運命を問いかけたりもする。言ってみれば、天上の星々から海洋の神々まで、海の精霊からわが魂まで、地上の賢人から地下の酔っ払いまで、ハイネは一身にしてすべてを戯れるようにしむけたのだともいえようか。それはともあれ、「第一輯」とは違って、この「第二輯」において詩人がまるで何かを乗り越えたようで、とりわけ港につくことで海による「気がふれた」ことから覚めたことを意味したかのように描かれ、もしくは、まったく逆に、海洋から見る人間界とは、所詮「ブレーメン市役所のりっぱな地下酒場」で見られたような、「酔っぱらって歌っている」ことしかなく、それは、いかに海とは似つかわしくないことかを示しているかもしれない。いずれにせよ、嵐から神話、神々から地下酒場まで、ハイネにとって、海はより自由無碍に心のスペクタクルとして表象できるようなものになったと見て取れる。

第五節　海と想像力の展開――フランス

ネガティブな海

海と想像力を一緒にして考察する場合、フランスはイギリスと随分違ってくるのが明らかだ。それはカトリック教会の伝統の影響力とフランス革命の勃発、またアリストテレスの伝統的な詩学に傾きすぎたなど、さまざまな要因が挙げられ、そもそも美しい海岸を発見するのが遅かったのは、海よりも大陸の方がより豊かな想像力を育んでくれたためなのだ、といった背景の原因を挙げることもできる。また、海に想像力を羽ばたかせることにイギリスとドイツより遅かったのは、アディソントやヘルダーのような海洋を発見する偉大な先駆者がいなかったのも事実である。しかも、自然の始原的な状態を賞賛して社会の堕落を批判したルソーの思想は、十八世紀末ごろのフランスをして自然に目を向き合わせながらも、海よりも社会の「革命」の方により豊かな想像力を働かせるように促したのは、不思議に思われるくらいである。いずれにせよ、海に関してフランスは、より多くのネガティブな側面に注意が払われていたためかもしれない。現に歴史学から広範にわたって海辺を総合的に考察したアラン・コルバンは、その『浜辺の誕生――海と人間の系譜学』において幻想的な海を考察する一方、現実的、実利的な海を視野に入れると、その考察は海の「厭わしいイメージの輪郭」をまざまざと浮き彫りにし、現実におけるフランス人の海への嫌悪感の描出においてきわめて特徴的である。ちなみに、イギリスにはそれに匹敵する研究があったとしてもそれほど際だっていない。ちなみに、工藤庸子が『ヨーロッパ文明批判序説』で帝国と植民地への批判を展開したネガティブな海――「海は毒物、船は汚物」というタイトルのもとで開陳した「障害としてのたちはだかる海」[237]――などに視線を注いでみても、たしかにフランス寄りの海の視野には自ずとイギリスとは違う、別のシー・スケープが浮かんでくるのである（詩人よりも普通の生活者の証言を重要視する歴史学にしては致し方のない結果ではあるが）。例えば、コルバンはその論考には「船はきわめつきの呪われる場所」だと、次のように捉えている。

近代の航海士が強いられるひどい船上生活をテーマに、おびただしい数の科学論文、医学論文が発表され、大洋のまとう厭わしいイメージの輪郭がひときわくっきりとなぞりかえされる。当時にあって、船はきわめつきの呪われた場所として立ち上がってくるが、（中略）船の両の脇腹には湿った板材が張られており、腐敗と発酵の元が船に溜まる。異臭に満ちた暗く深い穴のような船倉の底で、あらゆる瘴気が水溜めに滞る。ひとびとは船から頻繁に毒気が漏れだし、悪疫がたちのぼっているものと思っている。船は停泊すれば街の衛生を脅かし、海に出れば水夫たちの体を腐らせる。航海中にはかならず脚気を患う。脚気は象徴的な意味合いを帯びた病気であり、これに罹ると体が爛れて崩れてゆくとされる。[238]

当時、船舶の技術や衛生状況から推測してみても、たしかにコルバンが示した「腐敗」「異臭」「瘴気」の船が多かったであろう。現代でさえ高級な客船でない限り、軽油に混じった異臭が漂うのは普通のことだ。しかし、果たして海上において狂気じみた想像力の持ち主らにとって、それらは一々嫌気をさすほどのことであろうか、むしろ意にも介さなかったことであろう。繰り返すことになるが、たとえば、一七六九年、四〇日間も乗船生活をしたドイツのヘルダーは（その船はおそらく現代人の目にはボロボロの貨物船としてしか映らないであろう）、具体的に周りの乗船した人々について淡々と「見知らない〈騒々しい人物〉や、身寄りのない〈若者〉など」と言及しただけにとどまり、そのかわり「自分が慣れ親しんだ考えの中にふたたび喜んで身を投げ入れる」[239]ことができて、むしろまったく別の次元で海上の生活を送り、船がたとえそれが「板子一枚」で頼りなく海を漂っていても、海と空を眺めて思索にふけるには何の妨げにもならなかったようだった。ヘルダーは、つまり「私が初めて海というものを見たとき、それはまた果てしのない、素晴らしく広大な風景でした。海は雲のなかに姿を消し、空は海にまで降りてきました。そのときは私の視線も無限の高みと深みの中で自己を見失ってしまいました。板子一枚の上で空と海の無限のあいだを、未知の深淵を覆う満々たる水と風を通って揺れ動くというのは何という感覚でしょうか」（前掲）と。その四〇日もの間の船上生活を通じて、へルダーはドイツの啓蒙時代ないしその後の文学史、精神史を変えるほどの影響を与えたのだ。そして、イギリスのアデイソンも嵐と時化の過酷さをすでにイタリア旅行で経験しており、嵐の恐怖を眼前にして神の威力を感じて、想像力をかき立て海の崇高さを賛美していたのだ。

しかし、それとは相反して一定のイデオロギーの枠組において海を見る場合は、海の崇高さを賛美し、狂気に取り憑かれて思索にふけるどころか、確かに海の美しさは、跡形もなく消えてしまうのだ。工藤庸子が「ただでさえ気味の悪い海のイメージが拍車をかけたのだろう。恐るべき船酔いをめぐる症候群のようなものが、当時存在したように思われる」といい、フランスにとって「十八世紀の海は、危険な空間だった。航海術が未熟であるための遭難や拷問のような船酔いの恐怖」[240]だったと捉えたのは、決して間違っていない。そして、アラン・コルバンの解析は、海のネガティブな側面をさらに生々しく浮かび上がらせる。

海そのものが腐っている。海の発散物に有害性があるとする考えは固定観念化し、十七、十八世紀の新ヒッポクラテス派医学にこびりついている。大量の塩なら腐敗を抑えてくれるが、少量だと逆に腐敗は速く進む。海は毒気を含んだ水蒸気をあげており、そのため沿岸地帯は嫌な臭いを立てる。(中略)大洋は強張り、海は粘りつき、おそらくは腐ってもいて、腐敗から生まれた生き物たちが所狭しとうごめきながらたかり、そして船は泥海に突っこんだように船足をとられ、航行は難渋に難渋を重ねる。(中略)幻夢と化すほど困難な航海のことを思えば、船酔いがどんなに苦しい経験であったか、想像してもあまりある。船酔いは怒れる神の鞭であり、船旅を敢行しようと決めたが最後、船長と水夫は別にして、だれもが受けずにすまない天罰でもあるかのような気がしてくる。[241]

確かに、嫌悪と難儀に満ちた海洋と航海生活は、苦労を伴っていたことは事実で、コルバンによって語られた「あまりに恐ろしいめにあったので、海をみることさえできなくなってしまった」といったような体験は少なくなかった。とはいうものの、一方、コルバンは「多感なロマン主義者ともなれば、船酔いの経験は針小棒大な話になりかねない」と、現実を超越した想像力の海の存在を首肯する[242]。実際、ドイツのハイネにとって、前にも触れたように、彼の初めての海の体験は恐怖そのもので、「巨大な狂涛と間断なく打ち砕かれる荒波は、船を巻き上げ打ち下ろし、船室から吐き出す音楽、船員たちの怒号、低く唸る暴風の音、雷鳴、轟音を立てながらもヒューヒューと吹く風雨、降り注ぐ死の雨の風景、まるで天譴によって流された汚濁流のようだが――デッキに横になっていた私にはほかならぬ、まさに魂においての敬虔な思索のひとときだった」(前掲)といい、その吐露したところからみれば航海において遭遇した難儀や恐怖に満ちた海の嵐は、むしろハイネにとって真逆な情感をかき立て、「魂の慰めのひととき」であって、その想像を飛躍させる甘美な瞬間のようだった。

こうして対比してみると、フランス文学における海と想像力は、もっとどろどろした現実的な出来事から出発せねばならなかった。たしかに、「フランスのどの作家にも先んじて『大自然が海岸一帯にちりばめた筆舌に尽くしがたい調和』を、熱烈な筆致にのせ、整然と表現してみせた」ジャック＝アンリ・ベルナルダン・ド・サン＝ピエール(一七三七―一八一四)[243]は、実際の海難事件を背景にした小説で成功したのである。実際の海難事件によって裏づけられていなかったら、彼の小説はおそらく単なる夢想家の戯言として忘れられていたかもしれない。

一七四四年八月十八日、フランスの帆船サン・ジェラン号はインド洋にあるイル・ド・フランス(フランス島、現モーリシャス島)北東の沿岸で嵐によって難破し、数時間の間、岸辺の多くの人々に見守られるなか瞬く間に二〇〇人あまりの乗船者が海に呑み込まれてしまうという大惨事があった。生存者は九名だけだったという。

この海難事件から二十四年後、幼少の頃から『ロビンソン・クルーソー』を愛読してきたベルナルダン・ド・サン＝ピエールは、あたかもロビンソンの探検の物語を現実世界に探し求めていたかのように、技官としてこのフランス島にやってくる。一七六八年から二年四カ月も滞在した。その間「専門にかかわる仕事は少ないため、執筆や植物学に費やす自由な時間ができ」、また「一七六九年八月二六日から九月一三日にかけて、徒歩による島内一周旅行」をした[244]という。そして、フランスに戻ってからその体験を『フランス島への旅』という旅行記を出版するが、紀行文、旅行記が人気の時代であったにもかかわらずあてが外れた。「想像力にとむ夢想的な興奮しやすい性格のため早くから波乱に富む生活を送る」[245]サン＝ピエールは、のちにさいわい憧れのルソーと知り合って親友と弟子にもなり、そのルソーのすすめで『自然の研究』（一七八四）に着手して成功する。フランス島の海難事件を下敷きに書いた『ポールとヴィルジニー』（一七八八）という「恋愛小説」は『自然の研究』の第三版に加えて出版し、ベストセラーになる。このときのフランス島は、サン＝ピエールにとって二〇年前に訪れた場所で、フランス島の海難事件はすでに四四年間も年月が経っていたのだ。そして、『ポールとヴィルジニー』は、現実に起こった海難事件を再現した小説だというものの、実際、想起や想像力をかき立て巧みに語った物語で、その自然や海を背景にして紡がれたストーリーがパラダイスや幻想すら彷彿させ、そのところが読者を虜にしたのであろう。小説はたちまち一世を風靡し、世にもてはやされ、サン＝ピエールは一躍時代の寵児になる。

『ポールとヴィルジニー』

それでは、『ポールとヴィルジニー』は、どういう小説だったのであろうか。

小説の舞台は、フランスから遠く離れたインド洋に浮かぶフランス植民地の島である。当時、フランスから喜望峰をまわって行かなければならなかったので、フランス島まで直行船便でも三、四ヶ月以上かかったという。小説の語り手の「わたし」を除き、主要な登場人物は、農園を経営しようと奔走していた夫と共に、はるばるフランスから島に来たが、まもなく夫を亡くしたため島で暮らしていこうと決意した裕福な家系の未亡人と、フランスで貴族の男に棄てられ人目を避けるために島にやってきた貧乏な農家の女と、その二人の子供ヴィルジニーとポールである。小説のメイン・ストーリーは森や川に囲まれた楽園のような美しい南洋の自然の島で、この未亡人と農家の女が現地の黒人たちと共同で、夫と父の不在の家を営み、聖書を読みながら大家族のような生活を展開する。そして、二人の母親のもとで、また黒人たちと助け合う隣人愛のなかで、ポールとヴィルジニーは神と自然の教えだけを学んで「自然児」として成長する。兄妹か双子のようにむつみ合う純真無垢な二人の間にやがて恋心が芽生えるが、老いたお婆さんの世話と財産相続のためヴィルジニーは島を離れてフランスにいくことになる。しかしヴィルジニーがフランスに行くことは、二人にとって無情に引き離される愛に苦しまれることだけでなく、楽園のような自然島と偽善に満ちたヨーロッパ文明とのギャップによって二人が隔てられ、また二人の間に越えがたい経済的な階級のギャップが生じることを意味していた。幸いなことに、自然児として育ったヴィルジニーはフランスでの生活に馴染めず、ついに財産相続を放棄して愛の誓いを守ってフランス島に戻ってくる。しかし乗船したサン・ジェラン号は、島に近づく矢先に不幸にも嵐で座礁する。海岸にいた人々は悲鳴を上げ、乗船していた人々は船から海に飛び込んで脱出するが、ヴィルジニーは泳ぎの邪魔となる服を脱ぐことを羞恥として拒み、毅然とした姿で甲板上に残る。そしてサン・ジェラン号とともにヴィルジニーは荒れ狂う海に呑み込まれていくが、ポールは助けに泳ぎ近づこうとして失神する。ヴィルジニーは死に、ポールは悲しみにくれ、憔悴する。二ヶ月後、ポールはヴィルジニーのあとを追うが、その母たちもやがて死の道に旅立つ。

この小説はいわば、キリスト教の楽園への憧れやルソーの自然回帰のユートピア思想を背景に純粋無垢な悲恋を描いた小説だといえよう。刊行後、たちまち英語、ドイツ語、オランダ語、ポーランド語、ロシア語とスペイン語に訳され、ストーリーにまつわる挿絵や絵画までもブームになった。そのなか絵画において港、嵐と難破船で知られるクロード・ジョゼフ・ヴェルネ（一七一四〜一七八九）の「ヴィルジニーの死」[246]が最も有名だったという。のちに小説が「シャトーブリアンをはじめナポレオン、ヨーゼフ（ヨーゼフ二世、引用者）とルイ・ボナパルドなどに賞賛され」[247]、その後一世紀以上も広範な読者を獲得し、ルソーの思想の影響のもとでフランスのロマン主義文学のエポックを築いた作品だと高く評価されてきた。

この小説は、もともと偽善に満ちた近代文明を批判し、遠く離れた海洋の自然の楽園を謳歌するように描かれたはずだったが、あるいは、近代文明から離れて、孤島で人々がいかに幸せに平和に暮らすことができたかという物語のはずだったが、しかし、まさにその美しい自然が豹変して逆に無残にも自然によって育まれた、自然の無垢な象徴だった処女・聖女ヴィルジニーの命を奪うという展開になる。しかも自然児ポールもその自然の力によって悲しみから回復できずヴィルジニーのあとを追い、かつその母たちもその美しい自然に癒されることができないまま、悲しくも子供たちのあとをおって次から次に死んでいくのだ。そしてそのすべての死はいずれも自然の力によって救われるのではなく、むしろ敬虔なキリスト教信者として最期を迎え、神の守護によって救済されることを願っていたかのように設定されている。小説はいわゆるキリスト教の神の守護による自然と人間の生起した物語だといえる。

しかし、小説の語り手は、現実の海難事件を回顧するという形で語りながらも、決して現実に従ってそれを忠実に描いたわけではない。最初は、作者のサン＝ピエールが一人称の「わたし」として語り始める。そして「わたし」はこのフランス島に来て「好んでこの盆地を訪れては、広大な眺望と深い静寂とを味わっていた」という具合に、モノローグで進める。しかし、「そんなある日のこと、いつものように小屋の傍らに腰を下ろし、その荒れはてた姿を眺めていると、ひとりの老人が近くを通りかかった」ので、作者の「わたし」は挨拶をし、「この小屋ですけど、住んでいたのはどんな人なんでしょう。ご存知ですか？」と、ある「老人」を登場させ、その「老人」に語らせる。そして、「この家も、この土地も、今ではすっかりかりみる影もなく荒れはててしまった。だが、この二〇年ばかり前には二組の家族がここで暮らしていたのだ。それも幸福に包まれて。それなのに、なんともあわれな話だ……」と「老人」は話し出す。すると「わたし」はさらに「たとえ世間にはびこる歪んだものの見方に毒されたわたしのような人間でも、自然のふところに抱かれ美徳に満ちた生活の幸福について聞かせてほしいのです」と求めると、やがて「老人」は次のように語りはじめたと、小説はそれ以下のすべてが「老人」によって語られた物語になる。ただし、物語が中盤、悲劇に傾きはじめるとき、「しかし、この物語をこれ以上つづける必要があるだろうか」と「老人」は打ち切ろうとするが、作者の「わたし」は、「老人」にお願いして続けて語らせる。その一くだりを除き、終わりまですべて語り手の「老人」が「わたし」に語った物語となる。小説内容からわかるように、「老人」とは、かつて迫害されてヨーロッパ中をめぐり、アメリカやアフリカの各地にも足を運んだあげく、この住む人がほとんどいないフランス島に落ち着くことになった――奴隷を持たない独身の白人男性のことである。彼はまた豊富な読書経験と人生経験をもち、すべてを目撃した全知的な語り手でもある。つまり、「老人」は、いわば全知的な語り手でありながらも良き隣人で、事件の目撃者でありながらも、出来事のすべての意味を懇切丁寧に説明してくれる人なのだ。かつまただれよりもヨーロッパ文明と大自然の両者を熟知した博学の解釈者でもある。

小説の語り手は、一見、記憶を手繰りながら出来事をリアリズム小説と同じく読者に示すように語っているが、しかし語りが進むにつれて、語り手がおのずから物語内容に登場し、物語に三回にわたって介入していく。そして、その介入ごとに物語に進入していく度合いが高まり、ストーリーもリアルな回顧物語から遠ざかっていき、ついに小説は語り手の想像力によって語られるようになり、物語は想像力に満ちたものへと変貌していくのである。その語り手が介入していくところをみてみると、以下のようになる。

その一回目の介入は、語り手の「老人」が「妻もなく、子もなく、奴隷ももたずにひとりで暮らしている」ことを延々と述べ、自分が世の中を超越して、孤独と隠遁生活に浸っているのだと表明したうえで、今や大自然に溶け込んで楽園のような環境に囲まれて暮らし、「私が捨て去ってきた世界を描き出すことによって、今の幸福をいっそう深めてくれる」と、自分の身の上話や身辺のことと環境を披露する。もともとポールとヴィルジニーの両家族を回憶して語るはずだったが、いつの間にか語り手の「老人」が自己回顧に浸るようになる。

次に、ヴィルジニーが大伯母の財産相続のためフランスに渡ってから「歴史、地理、文法、数学、それから乗馬」を習うが、ポールは島で「老人」に教えを乞う。そこで「老人」はポールにいろいろと教えるが、「本筋から離れて少しばかり長々と伝えることになるが、（中略）私はそれを対話の形で話そうと思う」と明言して、おのずから登場して新たな物語を語り出す。その対話の形で話したものとは、フランスの国王から階級制、門閥家と官僚、貴族と庶民との身分関係、権力と徳との関係、聖書の徳目など広い範囲にわたってそれらの良し悪しを批評し、フランスの政治体制への批判を披露することだった。またホメロスやソクラテス、プラトンとピタゴラスなどの運命を例にして忍耐の美徳を賞賛しながら、いつの間にか自分の文学と創作の考えを披瀝する。つまり、「自分の著作が世紀から世紀へ、国から国へ伝わり、誤謬と圧政に対する砦となることを思えば、地位や財産を持つ連中からたとえどんな不正や軽蔑を受けても、それほどつらいとも感じないだろう」と。そしてさらに文学を最高の知恵として位置付けて、ポールに向けて自分の文学観、詩学を展開して賛美する。「老人」は次のようにいう。

しかしこの世界には、理性の松明が暗くなったときにふたたび火をともしてくれる灯台がある。それが文芸だ。文芸というのは天からの救いなんだ。全宇宙を統べる知恵の光が、天賦の才を授かった人間の手によって地上にあらわれてきたものなんだ。太陽の光と同じで、明るく照らし、楽しみを与え、身も心もあたためてくれる。文芸は神聖な火なんだよ。地上の火がそうであるように、その神聖な火によって、われわれ人間は自然界のあらゆるものを自分たちの役に立てることができる。(中略)文芸、それは人類の苦悩をやわらげるために地上に降り立った女神《ミューズ》たちだ。その女神に霊感を吹き込まれた大作家たちはいつでも、社会が大きな困難に直面した時代にあらわれてきた。(中略)創意の才に富むギリシア人は、文芸を司る九人の女神ひとりひとりに、人間の悟性の一部を割り当て、それを支配させた。したがってわれわれの情念は、その女神たちの手で軛や轡をかけてもらい、野放図に動き回らないよう統御してもらうことになっている。女神たちは、激しく暴れるわれわれの魂を前にして、季節のうつりかわりを司る女神ホーラたちが、日輪の駿馬の手綱を引いて御するのと同じ役割を果たすのだ。[248]

語り手の「老人」はせめてキリスト教の詩学を表明してもよかったが、聖書を聞いて育ったポールに本来教えようとしたところから脱線して、ギリシアの汎神論を背景とするミューズの女神を賞賛する。恋人を偲ぶポールを相手に説教した詩論は、直接的な必然性はなく、恋い焦がれるポールのために役立つ教養にも慰めにもなれないのが明らかだ。というよりも、語り手の「老人」が語るその回憶物語自体は、むしろプラトンの「イオン」やシドニーの「詩の擁護」を想起させ、文学への擁護を読者に訴える向きが見え隠れする。

そして、三回目は、「老人」が小説の結末に奇妙な形で介入してくる。つまり、ヴィルジニーの死の悲しみにより憔悴していくポールを慰めるため、「老人」は天国にいるヴィルジニーを天使として登場させ、ヴィルジニーの代わりに「老人」はみずから天使の口調でポールに次のように語りかける。

《兄さん、人生っていうのは試練なのね。私、みとめられた、自然の掟にも、愛の掟にも、徳の掟にも忠実だった、って。あたし、お母さんや大伯母さまの言いつけ通り海を渡った。誓いを守るために富を捨てた。恥ずかしい姿をみられるよりは命を失うほうがましだと考えた。このあたしの一生を、神さまはじゅうぶん義務を果たしたとおみとめになったの。だからあたしにはもう永遠に貧しさもない、悪口もない、嵐もない、ほかの人の苦しみをみることもない。人間をおびやかす不幸は、これから先は二度とあたしのもとまでやってこないのよ。それなのに兄さんは悲しんでいるのね。あたし、光のかけらみたいになって、いつまでもいつまでも澄み切ったままでいるのよ。それなのに暗い人生に戻ってこいっていうの？　ねえ兄さん、愛しい兄さん、思い出してちょうだい、あの幸せな日々。（中略）あたしの魂はもう、不完全な身体の感覚の助けなんかなしに、直接に見たり、味わったり、聞いたり、触ったりしてる。ああ、いったいどんな言葉なら伝えてあげられるかしら、あたしが永遠に住むこの常世の国を。（中略）そしてあなたのヴィルジニーをもっともっと幸福にしてくれることになるのよ。（中略）ポール、あたしの夫となるあなた、どうかその心を無限のほうへ高めて、一時の苦しみに耐えてちょうだい》[249]。

ここで死んだはずのヴィルジニーは「老人」（ベルナルダン・ド・サン＝ピエール）の想像力によって生き返る。そして現実には居もしないヴィルジニーが生き生きと想像され、また創造され、天国の風景や自分の思いを伝えながらポールを慰め、耐えて生きる勇気を与えようとする。奇妙な風景だが、われわれ読者は作者のサン＝ピエールの「わたし」とともに、語り手の「老人」がヴィルジニーとして呈示してくれた語り——天国にいるヴィルジニーが地上にいるポールに話しかけた——情景を目撃し、それに耳を傾けるのだ。それは、まるでゲーテが想像力を羽ばたかせながらウェルテルやファウストを通じて別の世界を伝え、その想像された情景から読者に話しかけていることと同じように、今や作者サン＝ピエールの「老人」は、まるでウェルテルの体外離脱経験や霊的な入神状態を反復しているかのように、天使のヴィルジニーとしてポール、または「わたし」に向かって話しかけているのだ。想像力は、ここでわれわれ読者に別の世界の風景を示し、そしてサン＝ピエールによって想像された追憶の人物を通じて、われわれ読者はまたもやソクラテスがいう「詩人というのは軽い、羽の生えている、聖なるもので」、「彼らみずからも飛びかいながら、ミューズの女神たちの庭や谷にある蜜の泉から、その詩歌をつみとり、われわれのもとにはこんでくる」（前掲）ことを再認し、その記憶や想像力から物語を運んできたことをみるのである。

かくして、サン＝ピエールによる語り手の「老人」の回顧物語のはずだったが、サン＝ピエールはおのずから想像の天使のヴィルジニーとして登場して語ることによって、物語は変貌したのだ。そして、その変貌によって、ここでわれわれ読者は、ついにサン＝ピエールの追憶のストーリーというよりも、むしろ彼自分の想像力によって想像され、想像された物語に耳を傾けていることが気づかされよう。いってみれば、この回顧物語とは、実際に起こった出来事に基づいていたが、想像力をぬきにしては成就できないもので、かつだれもがリアリズム的な物語として甘受できるような物語であろう。

いうまでもなく、天使としてのヴィルジニーの語りによって、小説はキリスト教的に解釈され、あるいは聖書の海に関わった一節が感動的なストーリーとしても解釈されることができよう。一方、その荒れ狂う海と嵐の風景は、キリスト教を背景としながらも、汎神論的な、いわば古典ギリシアから受け継がれた美的感受性によって描かれたことも、紛れもない事実であろう。実際、サン＝ピエールが小説を執筆していたとき、英仏ともロンギヌスの詩学を共有し、かつ自然の巨大さや崇高さを新しい美的感受性として受容してからすでに百年もの時間が経っていた。また英独ともに美学という新しいジャンルが創出され、例えば、エドモンド・バークが「恐怖」と「美」を力説したような崇高説も、流布してすでに三〇年がたっていた。したがって、ルソーの勧めで『自然の研究』に着手したサン＝ピエールにとって、人間のか弱さと荒れ狂った海の諸要素との対決や、その恐怖から生み出される魅惑的な美などに感心がないことはなかったはずだ。実際、サン＝ピエールの描いた海は魅惑的で、恐怖だけではなく、それによって生み出される崇高的なもの、いわば美でもあったのである。

波濤は次から次へ怒号を上げて入り江の奥までなだれ込み、海岸から一五メートル以上離れた陸の上まで小石を打ち上げる。波が引いていくときには、むき出しにされた岸辺の底を、砂利が陰にこもった鈍い音を立てて転がっていく。吹きつける風に波はますます荒れ狂い、琥珀島と陸のあいだの海は、逆巻く渦に一面が白くわきたつ。水泡は入り江の奥にかたまって二メートル近い高さにまで盛り上がり、強風にあおられて宙を舞うと、岸辺の断崖を越えて二キロ以上離れた内陸まで飛んでいく。（中略）海と空は境目がはっきりとしない。沖合からは禍々しい形の雲が次々と湧き、鳥が飛ぶようなすさまじい速さで真上を流れていくが、ほかの雲は巌のごとく頑なにひとところにとどまっている。天空には青いところはひとかけらもない。陸といわず海といわず空といわず、あらゆるものがどんよりとした鈍色の光に浸されていた。[250]

ここでサン＝ピエールが示したのは、荒れ狂う海が空とともに表現された無限さと巨大なパワーを前にした哀れなひ弱な人間の卑小さのことであろう。その一大パノラマとしてのランド・スケープやシー・スケープによって呈示された圧倒的な自然の嵐や海の崇高さは、あたかも対する「みじめな一日だけの種族で、偶然と苦労の子ら」[251]としての人間を見下ろしているかのようで、それは十八世紀から十九世紀の絵画によく見られるモチーフである。

ところが、この巨大な恐怖ともいうべき海の風景を前にして、「老人」と島の人々、ひいてはわれわれ読者はともに「安全な岸」に立って眺めている限り、海や嵐は悲劇を引き起こす元凶でありながらもシー・スケープとして鑑賞されるのだ。そして、小説で描かれた文明の一環としての船と荒れる大自然との衝突、死の恐怖に怯えて脱出する乗船者たち、また風、音と喧騒、そして嵐のなかで船上に毅然として立ちすくんで空を見上げるひ弱なヴィルジニーの姿、これらすべてが、まさしく崇高なるものの表象としてみることができる。ところが、この自然界の大海原による「広大さ」、「無限」、そしてすべてを呑み込もうとするパワーが眼前に悲劇を引き起こす瞬間、バークにしたがっていえば、まさにそこで「驚愕」を覚えるのだ。その「驚愕とは、一定の戦慄（恐怖）が混じった、魂のすべての動きが宙づりになったような状態をさす。このような状態の場合は、心のすべてが対象によって圧倒され、その心は他の如何なるものをも思考することができず、また心には余裕がなくなったことによって理性的な判断をくだすことができない。それゆえ崇高なものの偉大な力に直面すると、論理的に物事を予想するどころか、抵抗し難い威力によって慌ただしくなるのである」（前掲）。しかも、その海と空と嵐と船と、凛として立ちすくむヴィルジニーとその胸に当てて手放さないペダント（神への愛とポールへの愛の記念物）などは、見事に一大スペクタクルのなかで、崇高なるものの次元における驚愕や賛嘆、尊敬や敬意として表象されたのである。

このように、サン゠ピエールの『ポールとヴィルジニー』は、海と想像力において、それまでとは違う美的感受性の境地を切り開き、それがのちのロマン主義文学の嵐の海の美的感性を導き出すのに一役買っただけでなく、海と想像力の展開の方向付けとして主役になったのだと言える。したがって、ここでわれわれ読者はサン゠ピエールの作品において、またフランス文学において初めて海と想像力がコンビネーションとなって、ともに美的な対象として描かれたことを確認できたのである。フランス文学において、『ポールとヴィルジニー』は海と想像力の発端をなした作品だということが言える。

海とフランソワ・ルネ・ド・シャトーブリアン

『ポールとヴィルジニー』における海と想像力のスペクタクルは、英独と違って、その発端はまずフランス本土から遠く離れた南洋をロケ地にして展開されたものだった。それはある意味において異国趣味に属し、フランスとは一定の距離がおかれた美意識や感性だとも言える。しかし、その十四年後、海と想像力の心象風景は、とうとうフランスの海に回帰するようになった。それはつまり、『キリスト教精髄』と『アタラ』、『ルネ』を出版し、想像力をかきたてて海を賞賛して、ブルターニュ半島の尖端に位置するサン・マロ生まれのフランソワ・ルネ・ド・シャトーブリアン（一七六八～一八四八）によって実現されたのである。彼はまさに「波濤の唸りが呱々の声を掻き消し、……嵐の響きが幼き眠りを揺った」といったような海辺の町に生まれ育ったのだ。四歳年上の姉リュシルと互いに文学の趣味を分かち合いながら、「彼女は、私のうちに保護者を見ており、私は、彼女のうちに恋人をみていた」という二人の特別な感情は、その海辺の町で育まれた。のちの自伝的な要素を交えながら書いた小説『ルネ』で著したように、それは「姉弟愛を超える情熱に襲われた姉と弟との悲劇」のような恋の仲で、その恋は実らないが故に哀れとメランコリーに満ちたものだったが、そのすべては海辺で展開されたことだった。そして、一六歳から一七歳に至る「二年は、シャトーブリアン自ら、『狂気の二年』と呼んでいる年」[252]だったという。その「狂気」の源について、『ルネ』において主人公の「ルネ」が、少年期の体験の告白のなかで、いかに霊的な文学の才能に恵まれたか、それを次のように語る。

自然の光景に霊感を受けて小声で詩を口にすることもありました。つまりぼくは、若いながらも『ミューズの女神』と交わりを結んだのです。すがすがしい情熱という点では、十六歳の少年の心ほど詩的なものはありません。青春時代というものは、一日の朝と同じように、清らかさと、イメージと、美しい調和とに満ちています[253]。

ルネは霊感と情熱に取り憑かれる一方、悲哀を漂わせる不条理な姉弟の愛に憂鬱（メランコリー）を覚える。その憂鬱と霊感には、いうまでもなく、多くのヨーロッパの若者を狂わせた狂気のモデルがいたのだ。いわば、「『ルネ』の前には、ゲーテの『ウェルテル』（一七七四年）があった。ルネはウェルテルの後継者と看做されるようになる」[254]と言われても驚くに当たらない。こうしてルネは、ウェルテルと類似するのも自然な成り行きで、さらに『ポールとヴィルジニー』の悲劇を想起させるのも当然なことであろう。『ルネ』において、姉弟愛を断ち切るため、姉のアメリーはルネ宛の置き手紙にこのように綴る。

人生の無常やはかなさを、いまさらあなたにお話しする必要があるでしょうか？　フランス島の近くで、その船が難破した青年M……氏のことを覚えていらっしゃるでしょう。あの方が亡くなってから四、五ヶ月後に、あの方の最後のお便りをあなたが受けとったころには、もうあの方のなきがらは、この世に見いだされなかったのです。また、ヨーロッパで、あの方の喪に服しはじめた時分には、インド洋のあの島ではもう喪の期間が終わろうとしていたのです[255]。

これは、フランス島でサン・ジェラン号の難破事件によって恋人同士が死に別れた悲劇をもじって表現しているが、シャトーブリアンの想像した世界はベルナルダン・ド・サン＝ピエールを継承していていることが明らかである。そして、シャトーブリアンは『キリスト教精髄』において『ポールとヴィルジニー』のために一節を割いて、ベルナルダン・ド・サン＝ピエールについて「彼の牧歌が極めて感動的なのは、祖国を追われた二組のキリスト教の家族が、主の眼にみつめられつつ、聖書における主の言葉と、砂漠における主の御業にのっとって暮らした次第を叙したからである。これに宗教だけが救済の道をもつ霊魂と洗うがごとき赤貧を加えて見たまえ。そうすれば、この詩の主題を網羅することができるだろう」[256]と絶賛し、『ポールとヴィルジニー』を完全にキリスト教のコンテクストとモチーフに置いて解釈する。

さらに、想像力をかきたてて詩的に海を眺望することにおいて、サン＝ピエールが描いた海の風景は、シャトーブリアンの視覚を一段と広げさせたものの、アメリカへ渡るため船上で海を体験したのを語るとき、彼は自然それ自体よりも直接キリスト教への敬虔な信仰に結びつけることしか考えられなかったのである。

天地はただ紺碧の一色に塗り込められた。空の碧、海の碧、それは誰か偉大な画家の創作のために用意された一幅の画布にほかならなかった。水はさながら溶けたガラスの色を思わせた。（中略）特に軽い靄が海上を匐って、その広大さを更にますかと見えるとき、渺茫たる海の広さは一層著しく感ぜられた。ああ！　そのときの大洋の光景はいかに壮大で、また悲哀の深いものがあったであろう？　たとえ空想が北海の霧氷と風雨の底にいざない、または南洋の休息と幸福の島に導こうとも、いずれにせよ、この大洋の光景は何という深い夢想にわれわれを引き込むことであろう！

ああ、キリスト教の神よ！　あなたが全能のしるしを力強く刻み込まれたのは、特にこの深淵の水と空の深みである！　虚空の暗い碧色にきらめく幾千の星辰、天心に輝く月、漫々と果しない海、空と波との無限！　あの夜々、星辰と大洋とのあいだに掛って、頭上と足下に無際限を痛感した時ほど、あなたの偉大さに心打たれたことはない！[257]

キリスト教の神は、シャトーブリアンにとって森羅万象を司る全能な存在で、たとえかつて少年時代に「ミューズの女神」と交わりを結んだとしても、今や成人になったシャトーブリアンにとって、その感動と夢想のすべてはキリスト教の神の偉大さと深淵さによるものだという確固たる信念に至ったことの表れであろう。

かつて北海の船上で、海の広大さと深淵さに激しく感動し、エクスタシーや陶酔にひたったドイツの牧師ヘルダーは、「海は雲のなかに姿を消し、空は海にまで降りてきました。そのときは私の視線も無限の高みと深みの中で自己を見失ってしまいました。板子一枚の上で空と海の無限のあいだを、未知の深淵を覆う満々たる水と風を通って揺れ動くというのは何という感覚でしょうか」（前掲）と書き記していた。しかし、ここでのシャトーブリアンはそれとは対照的で、同じく船上での体験であっても、「このような光景を眼にしながら、神の美を認めなかったものがあれば、実に哀れむべきだ。（中略）俗に板子一枚は地獄という、この脆弱な船の上で、渺茫たる大洋のまっただなかで、波間に沈む太陽をみつめる人々の祈りは、いかに哀切であったろう！」[258]と、キリスト教の神に祈っていたことを述べ、同じ海の風景を眺望しながらも、それぞれまったく違う神、違う想念を抱いていたのである。シャトーブリアンから見れば、ヘルダーが自己を見失ったことは、「実に哀れむべき」ことだったのである。

とりわけ『キリスト教精髄』の「超自然的な存在との関係」の一節の末尾において、シャトーブリアンは、ギリシア・ローマの神々を海の風景に持ち込むことを咎め、明確にキリスト教の自然風景についての考えを打ち出す。

海の縁で、遠い暗礁へ白く波がかぶるのを見て、喜ばなかったものがあるだろうか！　大洋のなかに、ネプチューンの宮殿とプロテウスの洞穴しか認めなかった古代人は、憐れむべきものだ。あの海原の広大さのなかに、水神《トリトン》と水の精《ネレイード》の情事しか見ないのは愚の骨頂だ。海原こそ、おぼろげながら、人の魂の大きさの尺度を彷彿するものであり、その広大さこそ、自然を抱擁し創造主と融合するために、現世を去りたいという漠たる念願を、われわれの心に生ぜしめるものではないか[259]。

かくして、フランスにおける「海」と「想像力」は、ベルナルダン・ド・サン＝ピエールから始まり、シャトーブリアンを経由して大々的に展開されるが、ギリシア・ローマの神話やその神々を回避しようとする一方、キリスト教の色合いをますます濃厚にさせる傾向があった。そして、それを受け継ぐフランスのロマン主義でさえしばしば護教的な要素が混ざってくる。

しかし、少年時代に自然と海に霊感を授けられたシャトーブリアンは、中年になってキリスト教への信仰心が深まる一方だったが、なぜか最後に息を引き取る際、教会の墓地ではなく、幼少時代に回帰するかのようにサン・マロの街を望む島グラン・べを自分の安息地にしたのだ。その墓は、孤高の地ともいうべく、イギリスとフランスを左右に、北の海を正面に眺望するかのように据えられた島である。銅版の墓碑銘にはこう記してある。「フランスの大文豪は、海の音と風の音のみをこの地で聞き、永遠にこの地で憩はんことを欲した。遺言によりここに葬る」[260]。

ベルナルダン・ド・サン＝ピエールとシャトーブリアンが示した「海」と「想像力」による詩的なスペクタクルは、その後、アルフォンス・ド・ラマルチーヌ（一七九〇～一八六九）によって受け継がれ、『瞑想詩集』（一八二〇）に収録された抒情詩「バイア湾」をはじめ、数多くの海についての詩が書かれる。ただし、その詩はいずれもフランス・カトリック教文化の精神への傾倒が濃厚で、純粋に海を捉えたという点では物足りない傾きがある。さらに時代が下ってフランスは、ついに最大の「海の作家」ともいうべきヴィクトル・ユゴー（一八〇二～一八八五）を迎えるが、彼はその最初の詩――海（「エクスタシー」一八二八）をはじめ、ふんだんに海の怒涛や波瀾を描き、劇的な変化のある海を描いた作品を世に送り出す。しかし、その「作り出した詩の潮波は、結末に向かうにあたり、彼の作品は徐々に神を自然と融合させ、たとえその息をのませるような無限の怒涛の風景ですら神の存在と宇宙の生命力の証を表象する」[261]と評され、イギリス、ドイツのロマン主義文学の時代にあっては、その海の描写はすでに見慣れてきたあたりまえの風景になっていたと言わざるを得ない。実際、ラマルチーヌにせよ、ユゴーにせよ、キリスト教の神と海を結びつける詩作は、ほぼ百年もまえにアディソンがすでに唱えていた美的感受性に属するものであり、前述でみてきたように、十八世紀末になると、英独において海と想像力は、読者の間に受容されて久しく、すでによく見られる風景となっていた。ある意味で、フランスのシー・スケープが文学において大々的に登場するようになった十九世紀は、ヨーロッパの読者にとって、海は、すでにお馴染みの風景になっていたと言える。

第六節　海と想像力の極致

想像力とウィリアム・ブレイク

かくして、イギリス・ドイツ・フランスは、海と想像力において、それぞれ違うビジョナリーとスタンスからヨーロッパにおける海の文学の主たる伝統を形成していくが、そのなかで、海の文学における詩的狂気の想像力において、ひときわ進んでいたのがイギリスである。

早くも十八世紀初頭、海と想像力への賛美がアディソンから始まっていただけに、イギリスの海洋に対する美的感受性に変化が早く見られ、現実生活にとどまらず、英国の精神風土にも変化をもたらしていた。海は、すでに危険な時化や嵐の起こる、呪われる死の場所ではなく、「ブリタニア、大洋を支配せよ」（一七四〇）という、ジェイムズ・トムソン（一七〇〇―一七四八）の詩において誇らかに謳われていたように、全世界の海洋は、すべてイギリスの統治下におくべき領域であった。イギリスは世界各大洋を自由に航海できるだけでなく、世界の海図までも支配し、ほとんどの国がグリニッジ子午線を基準にするようになっていた。そして、前でみたように、海は病気の治療と健康のために研究され、利用され、かつ娯楽としてのビーチ文化においても世界をリードするようになっていた。

そして、十八世紀末から十九世紀の初め、海洋を文学的に内面化する傾向が一段と進み、ワーズワースをはじめ、コールリッジ、バイロン、キーツ、シェリーなどの手によって表象された海と想像力の作品は枚挙にいとまがない。その作家のなかで、ここで、もっとも代表的なウィリアム・ワーズワース（一七七〇―一八五〇）とサミュエル・テイラー・コールリッジ（一七七二―一八三四）だけに言及して、彼らの詩において、海と想像力はどのように融合され、内面化され、心象風景として、現代われわれの時代までにつながって、海洋風景が表象されていたかをみてみたい。

しかし、その前に、まず、文学において想像力を信仰として崇めてやまない詩人ウィリアム・ブレイク（一七五七―一八二七）に触れておかなければならない。というのも、想像力を霊的な創作の根源だと考えた詩人たちのなかで、彼ほど想像力を神聖化した詩人はそれまでいなかったからである。

この想像力の世界は永遠の世界である。それは、われわれのこの生えて枯れる植物的な体が死んだ後に、赴くべきであろう神の懐である。この想像力の世界は無限でかつ永遠であるが、これに反してこの世は植物的に生滅して有限で一時的な世界である。あの永遠の世界においてあらゆる物事の無限の真実があり、その真実の世界においてわれわれは、この植物的に生滅する自然の鏡に映されているのをみるのである。すべての物事は、その永遠なる精神において、神聖なる救世主の身体において、永遠なる真実の葡萄酒（神の血）において、人間の想像力において理解されるのである。[262]

これは、ブレイクの「最後の審判の一幻想」（一八一〇）という短文において、想像力について表明した最高の賛辞の一つである。想像力や空想（ファンシー）をネガティブに捉えがちなキリスト教の伝統のなかで、ブレイクの考えはラディカルだった。約百年前の一七一一年、アディソンの『スペクテイター』の発行によって「想像力の喜び」が世に初めて公表されたが、その内容より、ブレイクの方はずっと前進している。しかも、この短文は、同時にまた、プラトンがかつて詩人や預言者たちは狂気に取り憑かれ、自分らが発した言葉を当の本人が理解していないのだと非難し、そういった詩的狂気や霊感説を否定していた側面――「最も有害な虚偽」[263]なのだと非難した文脈――を踏まえた上で賛辞したのであった。つまり、ブレイクにとって、想像力を賞賛するということは、当時、キリスト教の伝統に抗うことを意味するだけでなく、プラトン、アリストテレスのミメーシスの文学観を拒絶することをも意味し、かつソクラテス、プラトンの霊的・詩的狂気の文学観の伝統を擁護したことである。いうまでもなく、それはまたそれまでほぼ一世紀を支配していたロックやヒュームを中心とする経験論やニュートンによって代表される機械論的な世界観にも挑んだことにもなる。

想像力とロマン主義との関係について、先駆的な研究を残したC・M・バウラ（一八九八―一九七一）も指摘する。「ブレイクにとって想像力は、人間の魂の中で働く神に他ならない。したがって、想像力が行う如何なる創造的活動も神聖であり、想像力の中においてこそ人間の精神性が完全に、かつ最終的に実現されているのだということになる」[264]。つまり、ブレイクは、想像力を神として捉え、神はいわゆる想像力だと信仰していた。この究極的な想像力への帰依は、当時として初めてのことだが、しかし、限られた銅版画の範囲に受容された結果、どちらかというと、時間が経つにつれて徐々に認知され、後になればなるほど世に歓迎されるようになってきたのだ。

ブレイクとワーズワースを単純に比較する場合、その背景にある神や神々と自然への観照などにおいては互いに相違があったが、しかし想像力それ自体において二人の想いは、一致しているようにみえる。ブレイクは「ワーズリースの『詩集』への注釈」（一八二六）において、ワーズワースの詩について次のようにコメントをする。

一つの力だけが詩人を作る。すなわち、想像力だ。神聖な幻視力だ[265]。

すなわち、ワーズワースの『詩集』の想像力において、ブレイクは自分と同じような神聖な幻視力をみたのだ。ところで、生涯神聖なる想像力を羽ばたかせて「天国と地獄の結婚」（ブレイクの詩）まで歌い上げていたにもかかわらず、ブレイクはなぜか、故意に海だけは避けたかのようで、たとえそれを一度たりとも正面から海を詩作にしたことはなかったのだ（ただし、水彩画「ニュートン」（一七九五）や「時空の海」（一八二一）において海が背景として描かれたことはあるが）。

事実、想像力を謳歌する作家のなか、ブレイクを除き、ほとんどが海に一度は、想像力をかき立てていたのである。

想像力と海とワーズワース

ブレイクと同じく想像力を心の源泉としたワーズワースは、キリスト教の神よりも、汎神論的な傾向があり、自然または海に憧れ、海に耳を傾け、多くの作品は海を表象していた。

その海を表象した数多くの作品のなかで、とりわけ最も早く海と霊的な想像力が融合されたのは、「幼少時の回想から受ける霊魂不滅の啓示――子どもこそおとなの父、願わくは一日一日が、生来の自然への敬虔な心で結ばれるように」（一八〇二―四）においてである。題名が通常「霊魂不滅の啓示」（「永遠の啓示」とも訳す）と称されるその詩は、三章十一のスタンザ、二〇四行によって構成され、全体の内容から分類して、大凡三つの部分に分けられる。

その内容からみると、大まかに最初にまず語り手がかつて子供の原初的な体験から過去の栄光や歓喜、美などをみたが、未だにそれが語り手の内面世界に微かながら記憶に残っている（第一章の第一から第四のスタンザ）。しかし、子どもが大人になるにつれ、栄光は失せ、歓喜と美への憧れを忘れる。ところが、最高の哲人の幼子はなお不滅の魂に輝いているのだ（第二章の第五から第八のスタンザ）。したがって、われわれは想起してかつての栄光に喜ぶべきだと語り手が呼びかける。過去の共感を忘れることなく、永遠の海、出自の海を眺め、原初の共感のなかにおいて、また苦しみのなかから迸り出る慰めのなかにおいて、魂を見つけるのだと。そして自然を生きることで、自然がすべてを与えてくれるのだ（第三章の第九から第十一スタンザ）という。詩全体は現実的な出来事を描いたのではなく、すべてが想像力によって成就され、想起という媒介を通して過去と現在をつなげるように謳っているのである。

その詩の第九スタンザは、焦点を海にあわせて謳歌し、海を自分の生まれたところだとして謳い、その想像力に導かれたところ、海と想像力が見事に渾然一体となっている。

おお、歓ぶがよい、われわれの心の燃えさし、
いまだに絶えることなく燃えて、

本性がまだ忘れられずに、
これほどのはかなさのなかで！
過去の歳月への思いが私の内面で育み、
消えることのない祝福。私が感謝し賞賛するのは
最も祝福に値すると思われるものではない、
喜びと自由な心、子どもの素朴な信仰のことではない——
子どもは忙しくても、休んでいても、
羽毛も初々しい希望が胸のうちで羽ばたくものだが。
それとは別に、私は
感謝と賞賛の歌を捧げよう、
子ども時代のあの執拗な問いに対して、
感覚と目に見える物、
抜け落ち、消え去るものに対する問いに対して。
子ども特有の漠たる不安、
いまだ実在化されぬ世界のなかで動く子ども特有のもの、
それは高貴な本能、それを見て世俗にまみれた大人の性は
不意を襲われて悪事の露見した者のように身を震わせた。
感謝し賞賛しよう、あの原初の感情、
影のように捉えがたい記憶、
たとえそれが何であろうが、

この世の光の源泉となる光、
この世の目に見えるものすべてを統べる光。
　われわれを支え、育み、その力で
この世の喧しき歳月をほんの瞬時と化してもらいたい、
永遠の静寂のなかの瞬時に。かくあれかし、目覚めた真理よ、
　死滅することのない真理よ。
無気力も、もの狂おしい苦闘も、
　大人も少年も、
棄却し破壊し去ることのできない真理よ。
　それだから凪の季節には
　海辺から遥か遠くにあってなお、
われわれの魂はあの永遠の海を見、
　われわれの出自たる海を見、
刹那にそこへ還ることが許され、
子どもたちが岸辺で戯れる姿と、
永久に高鳴る潮騒の音を聞く。[266]

かつて原初的な体験によって育まれた本性、あるいは魂は、いまや忘れかけていたところに、純粋無垢な子どもこそが「羽毛も初々しい希望が胸のうちで羽ばたく」のであり、想像力を羽ばたかせて想起されるのだ。人間は、生前から神々の世界においてすでに霊魂が授けられ、それは永遠で、不滅であるというプラトンの「霊魂不滅」の思想が、この

詩の背景に滲み出ている、というのが一般的な理解である。

ただし、この詩の創作・発表の一八〇二年前後、ワーズワースの母校ケンブリッジ大学ではプラトン主義がすでに廃れつつあり、彼がプラトンの著作を直に読んだ形跡はなかったという。他のルートがあるとすれば、ワーズワースにとってのプラトンは、当時コールリッジを通じてフィチーノを受容したのか、あるいはその他の間接的な影響によって理解していたのか、いずれにせよ、主としてプラトンの『パイドン』(72e-78b)などの霊魂不滅の面影が見られる詩作[267]だということが間違いない。しかし、そうかといって「霊魂不滅の啓示」は、決して単にプラトンの哲学や思想によって図解して解釈できる作品ではない。単純にその「子どもこそおとなの父、願わくは一日一日が、生来の自然への敬虔な心で結ばれるように」というサブタイトルをつけたところからみて、すでに多義性をおび、それを多義的に読み取らざるをえない。すなわち、字義通りにそれを読み解いても、その子どもは、いったい悟性に富む純粋無垢な幼少時代の詩人なのか、それとも神々から流出した霊魂、それ自体なのか、あるいは歴史の始まりの時点での初々しい古代ギリシアの象徴なのか、あるいは作者の無意識の世界に見られた深層風景の象徴なのか、いずれの意味において読んでも首肯できる。もしくは、それは単に生の起源を象徴する幼子だと見なすこともできよう。

したがって、プラトンの「霊魂不滅」の再現よりもプラトンによって目覚めされたワーズワースを力説したΛ・W・プライスの見解に沿ってその影響関係を把握した方がより妥当かもしれない。プライスは、プラトンの思想とワーズワースの「霊魂不滅の啓示」及びその自伝的作品である『序曲』との関係を綿密に踏査したうえで、以下のような結論を示した。

> ウィリアム・ブレイクは一八二五年、「ワーズワースはキリスト信者ではなく、プラトン主義者だ」と指摘したとき、彼が見過ごしたのは、ワーズワースがある教義を排除し、別の教義に服従しようとしたのではなく、むしろ教義から逃れて神話に向かったことである。しかし、そこでも何かに守護されるものは何もなかったのだ。彼の詩

は捉えようがないように、戦略的に仄めかし、感情の色合いの本性を重視しながらも決して思想には概括されることはない。彼の微かな憂鬱が仄かな希望に抗いながらも、その憂鬱と希望の「沈潜した深淵はダイビングの観察者よりも深い」（バイロンからの引用[268]）。キリスト教には諸々のものが欠如し、もはやみんなそれを信じなくなっていたとき、コールリッジから聞いたプラトンは、ワーズワースにとって眠っていた魂を啓蒙させた力となり、ヴェールに隠されていた意識を信じさせるパワーとなり、それが様ざまな思想として表象でき、まるで死から復活したかのようなものだった[269]。

プライスが主張したいのは、ワーズワースがプラトンの思想をも含め、すべての短絡的な定義を拒絶していることである。つまり、プラトンの啓示は、ワーズワースに力を与え、その力によってあらゆる教義や定義から逃れられ、その想像力によって本来の魂に戻ろうとしていたのである。

ところが、ワーズワースはまさに「教義から逃れて神話に向かった」ので、「生来の自然への敬虔な心で結ばれるように」という願いがかなえられたのか、その願いは、第九スタンザの最後において、自然が想像され、憧憬され、そして想像力によって一瞬の旅ができ、「出自の海」に戻ることができたように謳ったのである。もう一度最後の部分を引用してみよう。

それだから凪の季節には
　海辺から遥か遠く内陸にあってなお、
われわれの魂はあの永遠の海を見、
　われわれの出自たる海を眺め、
刹那にそこへの旅ができ、

子どもたちが岸辺で戯れる姿を見、
永久に高鳴る潮騒の音を聞く。

すなわち、たとえ「海辺から遥か遠く内陸にあって」も、想像力によって海を眺め、魂の「出自たる海」に戻ることができるのだ。想像力によってこそ海を訪れ、子供たちの姿を眺めることができるのだという。ここで海はもはや「出自」や詩の源泉となったのであろう。詩人はそこに戻って満たされ、そこから詩歌が流れ出るのである。

というのも、この「霊魂不滅の啓示」は、自伝的な長詩『序曲』と共に、ワーズワースにとって生涯の文学、心の原型・原郷だったのだが、『序曲』の方は亡くなるまで訂正や補充が行われていた（『序曲』の方は生存中に出版には至らなかったが、一八五〇年ワーズワースが亡くなってから公刊され、「霊魂不滅の啓示」と密接な関係にあることが後の時代に再認識される）。

そして、「霊魂不滅の啓示」に先立って、ワーズワースはコールリッジとの合作で、英文学史上画期的な詩集『抒情民謡集』（一七九八）を出版するが、ワーズワースはその第二版の「序説」（一八〇〇）において、具体的に自分の詩作の一プロセスを次のようにいう。

私がいつもはっきりした目的をきちんと考えてから詩を書き始めた、というのではない。私には瞑想の習慣があるために、それが私の情感に影響を与え、その情感を強く喚起させるような事物を描写するとき、その描写には、おのずから「目的」が伴うことになるのだ、と私は信じている。もしこの考えが間違っていれば、私は詩人と呼ばれる資格はない。なぜならすぐれた詩はすべて激しい力強い情感がおのずから溢れ出たものだからである。[270]

「瞑想」とは、キリスト教にとっても精神を集中する効果的な祈りの修行の行為の一つだが、ワーズワースにとっての「瞑想」は、「情感」か、あるいはその想像力を生み出し、それを高めるために精神を集中する行ないで、その瞑想を媒介にした想像力によってこそ「出自たる海」に回帰して満たされ、またそこから文学が自然に溢れ出たのであろう。一方、一八〇四年頃完成した『序曲』の第五部においても、ワーズワースはもっと直接にその創作の源泉と想像力について吐露する。「想像力――おのずから立ち上がり／私の視野と歌より先立って増幅し、／靄のように源の不明の力が現れ、／すべての霊力の天分を　／返って私に与え、私は雲に包まれ失われたようで、／抵抗することなくたち止まった。」[271]と謳ったように、ワーズワースにとって想像力とは、「霊力の天分」のようなもので、力強く立ち現れ、それが「啓示」として、また「本性と、出自」として「永遠に生まれ出るものとともに」[272]、かつナイル川のように「溢れ流れる」[273]のである。いわば、川や海という液体が想像力という霊力を通じて、力強く溢れ流れるのである（『序曲』の第六部においてもっと明確に謳う）。

言い換えれば、ある意味において、ワーズワースにとって海とは、靄のように起源が不明確なもので、想像力によってこそ辿りつけるようなもので、かつその想像された海は、川のようで、彼の詩歌の流れ出る源泉でもあったのだ。

想像力と海とコールリッジ

それでは、コールリッジはどうだったのであろうか。海と想像力がワーズワースと同じく、その代表作において表象されたのであろうか。たしかに、「二人はお互いの知性、心情、人格に、異なりながらも通い合うものを感じ、共鳴すると同時に畏敬すべきものを見出す」[274]といわれ、同じケンブリッジ大学出身だったこともあり、意気投合して詩集『抒情歌謡集』（一七九八）を共同出版した。しかし、二人は同じ海を見ながらも、それぞれ違う心象風景を想像していたのである。

何よりも大きな相違は、ワーズワースが「霊魂不滅の啓示」において海を謳歌し、海を創作の源泉として詩作したが、少なくとも実際に、現に乗船して航海の体験があってのことだった。しかし、コールリッジは違っていた。その幻想詩

「古老の船乗り」や、同じ時期に書き残した「クーブラ・カーン」は、いずれも実際に、現実においていまだ一度たりとも乗船して航海の経験をしたことがなく、まさしく海を想像して描いたものだった。つまり、コールリッジの詩は、ワーズワースのそれよりももっと想像力に依存し、実際体験を伴わない想像によって創作されたのである。そして、詩作が脱稿された後、コールリッジは初めて乗船してドイツやマルタへの航海をする。その海の旅は、まるで自分の想像した詩の海を現実において追体験をするという機会が与えられたようなものであった。

その代表作の長編詩「古老の船乗り」（または「老水夫の歌」とも訳す）は「一七九七年十一月二〇日から一七九八年三月二十三日」[275]の間に完成したもので、作品全体は、七部六二五行とエピグラフから構成されている。その第一部では、主人公の老水夫が不確実な動機か、それとも単なる浮薄さによって起こしたことなのか、軽い気持ちでアホウドリを殺してしまう。それがすべての発端で、叙事詩はそこから始まる。いうなれば、神聖な生命の秩序と法則を破ることが原罪として位置付けられたであろう。第二部では、航海中の老水夫の船は風がないためたち止まり、乗組員全員が渇きに苦しめられ、海面は昼はぬるぬるした生物、夜は鬼火に満ちたものだった。第三部では、仲間が死んでいくなか、老水夫は、「死神」や「骨ばかりの廃船」という「幽霊船」を見、「死中の生」、いわば生き地獄をみるのである。第四部では、孤独な老水夫は、腐った海と「屍体が転がっていた」甲板を眺め、祈っても声が出ないところ、海蛇が泳いでいるのを見て「思わずわしは彼らを讃えた」と。そのとき、祈りが届いたようで、すべての罰と呪いが解かれる。第五部では、眠りに陥った老水夫は雨に降られて眼覚めるが、風も吹き始め、船が動くようになる。天上の精霊が屍体の傍に立ち、「水夫らは今までの持場について、それぞれ帆綱をたぐりはじめた」。そして雲雀や小鳥が囀り、「いま全楽器が一斉に鳴るかと思えば、次にはただ一つ鳴る笛のように聞こえた。さらに天使の歌声とともに、全天が聞き惚れて静まり返ることもあった」。老水夫は恢復しはじめるが、「船は突然躍り上がった」。老水夫は「気を失ってしまった」。おぼろげに老水夫が「耳に聞こえ魂が聞き分けたものは、空に響くふたつの声だった」。「非道な弓で罪もないアホウドリをどうと射落としたのはこの男か」。「この男は罪を償った、これからも償うだろう」と。第六部では、老水夫は、一旦救われたようだが、死んだ仲間の霊につきまとわれ、恐怖と良心の呵責と孤独に苛まれる。そして結局、天使たちに助けられる。最後の第七部では、老水夫は告白して償いを果たすが、しかし決してもとの老水夫ではなかった。彼は独自の傷痕と記憶と運命を背負って生き、他人に自分の話を聞かせることにしかいくぶんかの生きがいを感じないことが示唆されて詩が終わる。

しかし、このようにあらましだけを伝えようとしても、原詩の神秘性と不可思議さは伝わらないであろう。実際、この「古老の船乗り」全体は、ほとんど海神を想起させるギリシア神話か、幽霊や異界についての話か、あるいは罪と罰と救済の神話のようなものに満ちている。恐怖と悲劇、不思議さと幻影が幻想的に展開されているにもかかわらず、細部の描写において読者の猜疑心が払拭され、「想像的写実主義の手法」[276]で描かれたところ、その詩は読者を現実的に不可能な夢か幻想的な世界に導いていくようなことに成功している。それらはもともと想像力によって構築されたものだったが、その海にしろアホウドリや精霊、天使、海蛇にしろ、あるいは詩全体が夢のようで、しかも、その夢や幻想的な世界のなかの老水夫は、さらに夢や幻覚を見、いわば幻想のなかの幻想、夢のなかの夢のように展開されるのである。そして、全体が漠然として言い様のない位神秘的な世界を展開したが、しかし、確かにそれはまた確実にわれわれ読者の経験可能な世界として表象されているのだ。だが、幻想的な諸々のものが明確さに欠け、「創造的想像力」[277]によって生まれた虚構の詩だと評されて、それがそのまま象徴的な詩だといってもよいほどである。というのも、たとえコールリッジがいう「超自然的」なものだったのであろうと、あるいは力強い想像力によるものだったのであろうと、取り憑かれたような詩的な狂気に導かれて、その神話のように展開された海は、ついに、かつての伝統的な海の文脈から脱皮し、詩全体が一種の象徴として誕生したのだとも見て取れよう。現代文学の理論でいえば、コールリッジにとって、海とは「象徴」である。

コールリッジの想像力とクビライ・ハーンの宮殿

ところが、「古老の船乗り」より数ヶ月前、コールリッジは、それに勝るとも劣らない創造的想像力によって一篇の詩を成就していた。それは、すなわち五四行の詩「クーブラ・カーン」である。この詩は、現在でも英語圏において重宝され、学校教育をはじめ、英国民の間で諳んじられるほど、もっとも神秘性に満ちた詩文の一つである。

この詩の発端は、一七九七年夏のある日、コールリッジは病苦を和らげるため阿片を鎮痛剤として服用し、サミュエル・パーチャス（一五七七―一六二六）の『パーチャスの旅行記』（一六二五）[278]に記述されていたクビライ・ハーン（一二一五―一二九四）の宮殿造営のところを読んでいた。つい、ねむってしまい、夢でクビライ・ハーンの宮殿にまつわる美しい詩文を見、その詩がこんこんと湧いて流れ出たという。目覚めてから早速書き留めていたところ、来客に邪魔されて、後にふたたび筆を執ったとき、多くの詩句が忘れ去られ、辛うじて五十四行しか書き残せなかったという。この詩は書かれてから十九年後、詩人バイロン（一七八八―一八二四）に勧められて、一八一六年、以上のいきさつを記した説明文を前置きにして、「クーブラ・カーン」というタイトルで出版されることになる。

「クーブラ・カーン」は、申し分のない霊的な想像力か、狂気的、詩的な想像力の賜物で、その神秘性に満ちた内容をはじめ、構造、リズム、音声などについては、代々にわたってこと細かく分析されてきた。時代ごとに分析のポイントと捉え方が違っており、研究が蓄積されてきたにもかかわらず解明に至らず、つねに神秘的、霊感的な詩だとみなされ、読んだ人々の心を惹きつけてやまないものとされている。

詩のモチーフは、夢に現われたものだが、しかし実在していたもので、コールリッジの時代には、すでに焼失されてほぼ四百年も時がたった存在しないクビライ・ハーンの宮殿、楽園のことである。

事実、かつて十三世紀、モンゴル帝国のクビライ・ハーンはまだ即位していない頃、夢に美しい宮殿を見、一二五六年、それを造営するよう中国人の劉秉忠（一二一六―一二七四）に命令して一二五九年に完成する。一二六〇年、クビライ・ハーンは即位したが、元朝の避暑地の行宮として毎年の夏季だけ、その宮殿に居住して政務をとるようになる。

コールリッジの詩の冒頭における「ザナドゥ」（Xanadu）とは、もともとモンゴル語「shand」という語で、それは泉という意味で、中国語の発音では「shang-du」、その音写で漢字では「閃電」や「上都」「商都」などと記され、いずれもモンゴル語音の「shand」を起源とすることばである。なお、その「shand」（泉）の周辺には川があり、その川は内モンゴル草原地から海に通じる唯一の川で、それをモンゴル語で「shand-in-gol」（シャンド川）といい、そのシャンド川は、中国語で「閃電河」とも記す。草原地帯から緩やかに曲がりくねって東へくだり、下流の「滦河」と合流して、中国河北省の北戴河の南の海へ注ぐ。このシャンド川沿いに造営されたシャンド宮殿（ザナドゥ宮殿）は、総面積二・八八平方キロで、外城、皇城、宮城からなり、世界中から集めた珍しい動物が飼育され、泉や川、またその周辺の森と牧草地、狩猟地などによって構成され、贅を尽くした楽園のような行宮だったという[279]。マルコ・ポーロ（一二五四―一三二四）の『東方見聞録』と『パーチャスの旅行記』にはわずかな文章で触れており、『新元史』などにも言及されているが、一三五九年、中国の農民蜂起によって完全に破壊され、宮殿は焼失し、全体が荒野に帰したのである。以来、中国とモンゴルの歴史上、約百年の間、ユーラシア大陸東側で、毎年夏季だけの間に繰り広げられた権力中心地として栄えた宮殿と楽園は一瞬のうちに、謎のように消え失せ、忘れ去られるのである。歴史的事実としてヨーロッパに知られたのは一八三六年のことで、それもラシードゥッディーン（一二四九―一三一八）のモンゴル史の本『集史』（一三一四）がパリで翻訳されてからのことである[280]。モンゴルと中国において、宮殿の焼失後、ほぼ六百年経って、やっと二〇世紀に入ってから注目され、再発掘とともに研究され、保護されるようになる。そして、かつてコールリッジの夢見た宮殿は、ついに二一五年後の二〇一二年、「世界文化遺産」として登録される[281]。

ところで、コールリッジは何ゆえイングランドで、彼に先立つ五百年前に建てられた内陸モンゴル宮殿に想いを馳せ、四百年前にすでに破壊されてわずかな遺跡しか残っていない、かつての楽園に想像力を羽ばたかせて詩にしたのか。ミメーシス（模倣理論）や写実的、実証的な方法に依存して、それを理解、解釈しようとしても、それはほぼ不可能に近い。ほとんど未知の状態でいたコールリッジが遠大な時間と空間を超えて夢見たその詩は、今でも読者の想像力をかき立て、今もなお遠い過去の異空間における、内陸の神秘的な宮殿と楽園を生き生きと目の前に繰り広げさせる力があるのだという。ところが、まさにこの詩において、いみじくもまたもや海が表象されているのである。

「クーブラ・カーン」の第三行から第五行と、第二十三行から第二十七行において、不思議にも海が次のように想像され、表象されている。

そこには聖なる川、アルファ川が
人知に及びもしない洞窟を通り
陽光のささない海へと流れ下る。
(中略)
力強い泉は聖なる川を休む間もなく
うねうねと五マイルも曲がりくねり
森や谷をぬって、聖なる川が流れて
ついに、人知に及ばない洞窟に着き
騒々しい音をたてて大洋の中に沈む[282]。

北アジア内陸のモンゴル草原の泉というシャンド(ザナドゥ)川は、コールリッジの夢や想像力において、何ゆえ、海に繋がらなければならなかったのか。現在ですらよほど地理上詳しく調べなければ、この小さなシャンド川が海に通じていたとは、ほとんどの人に知られていないことだ。

しかし、コールリッジの夢や想像力では、その「聖なる川」が「陽光のささない海へと流れ下る」が、「ついに、人知に及ばない洞窟に着き、騒々しい音をたてて大洋の中に沈む」ことを知っているのだ。コールリッジにとって、海はここで深淵の象徴なのか、それともすべてを吸い取るような淵源・または起源の象徴なのか、あるいは洞窟を通じて川のいきつく終点でありながら起源でもあるウロボロス（前掲、エーリック・ノイマン）なのか、いずれも定かではない。ちなみに、コールリッジに影響を与えた八〇何年の先駆けだったジョセフ・アディソンの夢に対する見方が当時の作者にとって、この詩の理解に一つのヒントを与えていたかもしれない。アディソンは『スペクテイター』で、夢のパワーに言及して、このようにいう。「夢とは自分自身が作り出した無数の生きものと対話をし、数多くのシーンを集めてくるものだ。夢とは、劇場であり、俳優であり、また観客自身でもあるのだ」[283]と。当時の夢分析において、これが限界だったのである。

アルゼンチンの詩人、作家ホルヘ・ルイス・ボルヘス（一八九九〜一九八六）は、コールリッジの詩の不思議さに魅せられ、多くの資料と現象を例示して、次のように解説したのが興味深い。彼はいう。夢のなかで宮殿の詩の言葉が聞こえてきた事例は「異常なものであるが、他に例がないわけではない」と。ヴァイオリニストで作曲家のジュゼッペ・タルティーニ（一六九二—一七七〇）やロバート・ルイス・スチーブンソン（一八五〇—一八九四）も、いずれも夢を見たことによって創作したのだ。また、ベーダ尊師（六七二—七三五）の英国教会史で伝えられる、霊感によって授かったカイドモンの賛美歌は、コールリッジが夢で見た「クーブラ・カーン」と同じだという。コールリッジは一七九七年に夢を見、一八一六年に公表した。一八三六年に、かつて一三一四年に書かれた『集史』の記録——クビライ・ハーンが夢に見て記憶の中にとどまっていた図面に基づき、ザナドゥ宮殿を建てさせたこと——が翻訳されてヨーロッパで知られるが、しかし、そもそも十三世紀モンゴルのクビライ・ハーンが夢を見ていたこと、またその夢に従って中国の建築師が宮殿を建てたことなど何も知らずに、十八世紀末、英国の詩人は、いわばクビライ・ハーンの夢見た宮殿をさらに夢見て、それを詩（詩の夢）として書き残したのである。ボルヘスは、このように「眠っている人間の魂に作用し、かつ広大な時間と空間を包み込むこと対称的《シンメトリック》な夢に比べると、聖典に出てくる空中浮揚現象とか、蘇生、亡霊の類は無に等しいか、取るに足らぬものに思われてくる」という。

そして、ボルヘスはクビライ・ハーンの夢とコールリッジの夢との両者の関係に注目して、次のように推測する。

最初の夢は現実世界に宮殿を添えた。二番目の夢は五世紀後に生じたものであるが、宮殿の暗示を受けて詩（もしくは詩の冒頭部分）をつくり出した。これらの夢の類似はある計画性を推測させる。すなわち、両者の間の遠大な時間は超人間的な執行者の存在を明らかにしている。この不滅もしくは長命なるものの意図を探求することは、おそらくは無益であるばかりか畏れ多いことであろうが、その意図がいまだ達成されていないと推測することは正当である。（中略）最初の夢を見た者には夜に宮殿の幻が与えられ、彼はこれを建てた。二番目の者は前者の夢のことは知らなかったが、彼には宮殿に関する詩が与えられた。もしこのような論の組み立てに間違いがないとすれば、誰かある者が我々から数世紀もへだたった後のある夜に同じ夢を見、かつて他の人たちがそれを夢に見たなどとは思ってみずに、その夢を大理石か音楽で形象化することであろう。（前略）おそらく、まだ人間には明らかになっていないある原型、ある『永遠客体』（ホワイトヘッド（一八六一—一九四七）の用語を用いいるなら）がだんだんとこの世界に入り込んできているのかもしれない。その最初のあらわれは宮殿で、二番目は詩であった。もし誰かそれらを比較した者がいれば、それらが本質的には同じものであることに気付いたことであろう[284]。

コールリッジの詩は夢であって、クビライ・ハーンと一致して同じ夢をみたとは、偶然かもしれないが、両者の共通した夢が象徴であることだけは確かだ。しかも、ボルヘスによって示唆されたように、そこには「見えざる第三の手」が見え隠れもしているようだ。

こうして、詩「クーブラ・カーン」は一種の象徴である以上、その海はコールリッジにとって「超自然的なもの」で、霊的な想像力によって成就された生の淵源でもあろう。あるいは、逆に、それは単なる阿片の魔力によっての幻想だったと言いきってもよいかもしれない。しかし、われわれ現代の読者にとって、もっとも手っ取り早い話、それらのいずれも無意識の世界からのメッセージだったのだと捉えた方がもっと理解しやすいかもしれない。

想像力の定義の極致

事実、コールリッジはこれらの詩において展開された夢や象徴の世界、あるいはその自律的、自立的な無意識の世界が、のちの彼の想像力における新たな定義において、方向づけの役割を果たすのに基礎になったのだ。つまり、自律的、自立的な無意識の世界が想像力と海、想像力と自然との関係において、コールリッジをして、その想像力の定義を極致に至らせたのである。

一八一七年、コールリッジは自分の主要な批評と哲学の根本思想を述べた『文学評伝』(「文学自叙伝」ともいう)を出版する。その評伝の第十三章においてコールリッジはそれまでの想像力に関する定義を斥け、新たな想像力と空想について定義をほどこす。

私は「想像力」(IMAGINATION)を第一と第二とに分けて考える。第一の想像力はあらゆる人間の生きる力であり、またその知覚の一番最初の作働者であると私は主張するが、それはまた、無限の「神」(I AM)における永遠なる創造作用を、有限の心の中で反復するものでもある。第二の想像力は前者のこだまであり、意識的な意志と共存するものであるが、しかしその作用の種類においては第一と同様であって、ただその活動の度合と様式において異なるものと考える。それは再創造するために溶解し、拡充し、あるいはこの過程が不可能な場合においても、なお常に理想化と調和統一とに向かって憧れる。すべて客体が(客体として)固定した死物であるのに反して、それはまさに本質的に生きたものである。

これに反して「空想」(FANCY)は固定的あるいは限定的なもの以外に、何らその相手を持たない。実際、空想は、時間および空間の秩序から解放された記憶の一様式に過ぎない。他方それは、われわれが選択と呼んでいる意志の経験的現象と交錯し、かつそれによって制約される。しかし空想は普通の記憶と同様、連合の法則によって既成品としてそのすべての素材を受容しなければならない[285]。

コールリッジ自身の詩の実践と創作を基礎にしたこの定義は、まるで想像力の長年の変容の歴史をなぞって物語っているようだ。すなわち、それは古代ギリシア語のファンタシアー（phantasia）からラテン語のイマジナティオ(imaginatio)までの変容を経て、英語においての想像力（imagination）と空想（fancy）として受容され、その長年の紆余曲折を経て、ついにコールリッジの実践と創作のなかで、より明確な輪郭のもとで意味が獲得されて定義が得られたのを改めて順序良く語ったのである。

言い換えれば、それはつまり、空想とは、一般心理学においていう「記憶の一様式」であり、「意志の経験的な現象」であって、既存の「記憶と同様、連合の法則によって既成品として」表象されることである。しかし、想像力とは、第一の次元において、空想と連携し、空想と同様な役割を果たすが、それよりも「生きる力」となり、「知覚の一番最初の」原動力であって、「無限」の『神』（I AM）における永遠なる創造作用を、有限の心の中で反復するもの」である。つまり、想像力とは知覚する力であり、生きる力であって、「無限」のものを「有限の心の中で反復する」力でもある。そして詩、芸術においてそれは、能動的なミメーシス（芸術的な模倣）であり、表象（representation）でもある。しかし、想像力の第二の次元は、第一次元の「こだま」であり、「意志」であり、第一次元と同じでありながらも、「その活動の度合と様式において異なるもの」である。それはつまり、「無限の「神」（I AM）における永遠なる創造作用」において創造することで、そのために第二次元の想像力は「溶解し、拡充し」、「理想化と調和統一とに向かって憧れ」て、再創造するのである。従って、創造するものにおいて、それはまた「本質的に生きたもの」なのである。言い換えれば、第二次元の想像力は、能動的なミメーシス（芸術的な模倣）にとどまらず、創造し、アリストテレスがいうミメーシスを超え、表象をも超える。そして、この第二次元の想像力は、創造的想像力であり、プラトンがいう霊的な、神的な想像力であって、「羽の生えた、聖なる」もので、「ミューズの女神たちの庭や谷にある蜜の泉から、その詩歌をつみとり、われわれのもとにはこんでくる」（前掲）ものでもある。つまり、第二次元の想像力とは、プラトンからネオプトニズム、フィチーノやシェイクスピア、またはロンギノスによって継承され、尊ばれてきた詩人の狂気的な想像力で、それが詩的狂気とも、創造的想像力とも言われてきたものである。M・H・エイブラムズの著名な比喩「鏡とランプ」（文学理論書のタイトルでもある）を借りていうならば、コーリッジがその定義をもって示そうとしたのは、第二の想像力とは芸術的な模倣の「鏡」――ミメーシスというよりも、「ランプ」そのものなのだ。つまり、文学の「精神において、これは二つの共通する、しかも対照的なメタファーを意味しているが、一つは外界の事物を反映する鏡という精神を喩えるが、もう一つはこの鏡がとらえる対象へ光を投げかけるランプという精神である」[286]。前者は、プラトンが呈示してアリストテレスが継承し、そして今日までの文学の主流になるリアリズム的な批評と創作の指針であるが、後者は同じくプラトンによって呈示され、ネオプラトニズムによって継承され、ルネサンスにおいて復興されて、ヨーロッパのロマン主義時期に極致に達した文学精神の「ランプ」であり、取り憑かれた詩的狂気のことなのだ。したがって、コールリッジが定義した第二次元の想像力とは、詩的狂気の想像力のことであり、自律し、また自立した創造的想像力のことである。

愛の対象となった海

かくして、イギリス文学は、十八世紀末から十九世紀初頭にわたって、詩的狂気の想像力によって、あるいは創造的想像力によって海の詩が大量に生産され、流行り出す。その数々の詩人のなか、ワーズワース、コールリッジは、先駆けをしたが、しかしやや遅れて彼らよりも劣らず実際の海を泳ぐまでして海に浸る詩人が現れる。それはつまり、海洋の申し子とも言われていた詩人バイロンである。

バイロンの長編詩「チャイルド・ハロルド」（Ⅳ）（一八一八）には数々の海の歌が編まれているが、彼の狂気的な詩人の気質とともにその海の詩も時代を画すほどのインパクトがあった。ここでその四スタンザだけを抄録しておくが、これらは、いずれもバイロンが海に取り憑かれ、海を崇め、海を愛し、海の子として海と共に生死することを謳った詩である。そして、これらのバイロンの詩は、後で考察したように、東洋にとって何よりも海の文学のパイオニア的な役割を果たしていたのである。

（一七八）
道なき森にこそ喜びがあり、
人気なき浜にこそ歓喜がある。
誰一人通わぬ大洋に、人倫の交わりがある。
その轟く潮騒に音楽がある。こう言うのも、
人を愛さぬからではない。今の自分、
過去の自分の全てを棄てて、宇宙と融け合ってきた
これまでの交わりを通じ、自然をより
愛するようになったからだ。言葉には表し得ないが、
隠すことも出来ない何かを感じたからだ。

（一七九）
逆巻け、汝、深く青暗い海よ、逆巻け。
一万隻の艦隊が汝に攻撃をかけようとも、無駄だ。

人は地表に廃墟を刻む、が、人の支配も
海岸で終わる。大海原では、
船の難破が汝のなせる全て、人の
破壊行為など痕跡さえ残さない。ただ、
人が己の命を、一瞬、一粒の雨雫のように、
呻吟の泡を立て深みに沈ませてゆくこともある。が、それとても、
墓もなければ、弔鐘も棺もなく、世人に知られることもない。[287]

（一八三）

ああ、輝かしい鏡よ、全能のものの姿は
嵐となってお前の上に映り、とこしえに
静まり、騒ぎたち、——微風に、疾風に、嵐に
極地を氷らせ、熱帯に暗くうねり
かぎりなく、終わりなく、おごそかに——
永遠の姿そのもの、——見えざるものの玉座
おまえの汚濁からすら、深海の怪異は生まれる
あらゆる地域はおまえにしたがい、——おまえは行く
恐怖にみち、測り知られず、ただひとり。

（一八四）

大海よ！　私はおまえを愛してきた
若い日のよろこびは、おまえの胸に浮かび
水沫《みなわ》のようにただようことであった
少年の時から、私は大波とたわむれ
浪こそ私の歓喜であった。たとえつのりくる嵐の
恐怖が迫ってこようとも、それはたのしい恐れであった。
私は、おまえの子だったと言っていいのだ。
おまえの大浪に任せて、遠近に浮かび
いまもするように、わが掌を、おまえの鬣《たてがみ》に置いたのだ。[288]

事実、イギリスをはじめ、十八世紀末をさかいに、以降、ヨーロッパの作家・詩人たちは、ほぼだれもが一度は海を歌い、海に想像力をかき立て、海によって心象風景を表現するようになる。その想像力については、バウラが指摘したように、イギリスを中心に先駆けた「ロマン主義文学とは、何よりも想像力に特別な注目を払った特性として特徴付けられる」ようなものだった。それと同時に、ロマン主義文学とは、その想像力がとりわけ海に注目を払った特性として特徴付けられ、海に想像力を羽ばたかせるような文学でもあったのだとも言える。ロマン主義文学と共に作家たちは、海に憧れ、海を幻想し、海に魂を託すようになるが、それがその後、欧米文学の一つの伝統として定着され、継承され、そして今や海とは、心を表現するのに欠かすことのできない重要なスペクタクル――心象風景になり、それのみならず、心の源泉ないし無意識の表象としての役割も果たすようになってきたのである。

十九世紀なかばから、ロマン主義文学の隆盛が後退しはじめ、プラトンをルーツにした霊感的、詩的狂気の想像力の伝統は、同じくプラトンを起源とするミメーシス（芸術的模倣）、いわばアリストテレスによって継承され洗練されて

きたミメーシス――リアリズムに取って代わるようになる。しかし、文学における想像力と海は、依然として継承され、それはたとえロマン主義の諸理念が後退したとしても、想像力と海は、一種の「ロマン的なもの」として、いわゆる一つの時期に限定されない精神的な態度として、文学や芸術を通して伝承され、非ヨーロッパ世界までに伝播していくようになる。そして、いかなる個人、民族、国家であっても、いったん近代化・西洋化に接近しさえすれば、あるいは一度、ロマン主義の諸理念を受容しさえすれば、それに伴う想像力と海の受容と融合は避けられなかった。

想像力と海は、ここまで見てきたように、文学において寵愛され、それがつねに自然の神秘性や崇高さ、過去の栄光や郷愁、また憧憬や英雄・天才への崇拝、悲劇・悲哀への愛着、革命への熱狂など、あるいは自我の覚醒や民族のアイデンティティの目覚め、祖国・郷土・自然への崇拝などの諸モチーフに生かされ、営まれてきた。とりわけ、そのなかで、自然に対する新しい美意識や美的感受性の発見において、詩的狂気の想像力と海が一種の特別な協動的な関係をなして好まれて表象されてきたのは明らかであろう。

第三章　受容

第一節　東漸する海

一千年以前と一千年以後の海

十九世紀後半、西学東漸していくにつれて、既存の東洋（オリエント）の海洋観は廃れていき、西洋の海洋観によって刷新されるようになる。この新しい西洋の知の枠組みにおいて東洋の海を考察してみると、中国文化（第一章第一節で言及したように）の起源の重要な原型の一つとして、海は果たしてどれほど生の象徴的な意味を担い、どれほど根源的な生の意味として認知できるか、はなはだ疑問で、少なくもと神話から考え、その意味が乏しい。しかし、日本にとって、とりわけ日本神話において、海は決定的な重要な起源と原型の意味をなし、日本文化・歴史の起源において重要な原型と根源的な象徴の役割を果たしている。ただし、現実の生の営みにおいて、神話や伝説は、海と深く関わりながらも、ヨーロッパと比べて海それ自体に注意を払って凝視した文学作品の数が圧倒的に少なかった。それについて、今までの研究が希薄だったこともそれを物語っている。

本書の冒頭で言及したように、海の文学の踏査の嚆矢は、一九〇二年、木村鷹太郎による「海と日本文学史」だったが、戦後、一九八三年梅光女学院大学公開講座・論集『文学における海』は、それを受け継ぎ、そして、史上初めて大型総合的なプロジェクトとして行われたのは、一九八七年、東京大学の『海と文明』（前掲）である。そのなかでとくに、注目せねばならないのは、芳賀徹先生による「海と日本人」というテーマのもとで、日本文学における海についての網羅的な考察である。それは日本文学史において恐らく全体を俯瞰した初めてのパノラマティックな考察であろう。そこで、漂流や異郷、渡来、海上の係恋、海辺の風景、望郷、海防などのタイトルのもとで、十節にわたって概観され、海にまつわる文学・歌全体が網羅的に鳥瞰される。そのなかで、『五代集歌枕』による「海にかかわる歌枕であげられている歌は二七四ある」が、しかし、いずれも「江」「浦」「浜」「潟」「崎」「磯」「岸」「津」「湊」「泊」などで、「実はみんな海岸の歌にすぎない」[289]と指摘され、柳田邦男の考えを同意したかたちで芳賀先生は、「四面海をもって囲まれて、隣と引き離された生存を続けていた島国としては、この海上生活に対する無知はむしろ異常である」[290]と慨嘆しながらも、それは、いわゆる『古事記』とか万葉の時代から後の約一〇〇〇年間」の歴史のなかの海の文学であって、「海との本当に深いつながりを語るような日本の文学の作品は早くもこの辺で終わっていく」[291]と、初めて『古事記』や万葉時代以前には、本来の神話や伝説が存在していたという、興味深い推測を打ち出した。

それでは、『古事記』・万葉時代の千年以前には、どのようなものが存在していたのか。それを探求するためには、恐らくまず、現在の神話に対する安易な実証的研究の歴史観を払拭すべきか、あるいは原郷・原型に想像力をはたらかせる理論的、精神的な営みに鑑みるべきであろう。それはともかく、芳賀先生は、広大な海に囲まれた「日本人の歴史の記憶の一番奥深いところには海があるはずで」、それは「海底にある、あるいは海の向こう側にある幸福な別世界」であり、「自分たちのはるかな原郷というか、もとの故郷との結びつきを予感して生まれてきた」[292]のが神話だったと力説する。これはいずれも神話と無意識と夢の研究が随分と進んで、それらを根拠にした上での推測である。

言うなれば、日本神話において、かつて神々にまつわる物語において語られてきた、いわゆる神が下の海に「沼矛」を突っ込み、もち上げたとき、矛についた塩水が凝固して落下し、小さな島になったという、あの天地創造の神話や、あるいは「海幸山幸」の話には、「海底の異郷」、あるいは「とこよのくに」や「わたつみの神の宮」という、「海底にある、あるいは海の向こう側にある幸福な別世界」があるといったような神話は、決して偶然に語られてきたものではない。それは「浦島太郎」が漁猟に夢中になって「海界を過ぎてしまった」ところ「わたつみの神の女」にめぐりあい、異郷に出会ったなどの神話と同じように、いずれも「自分たちの本当の故郷は海の彼方にある、という記憶がこういう神話や説話の底のほうにまだかすかに残って漂っていたのだろう」と、芳賀先生は推察する。

そして、『古事記』神話・万葉時代以降の千年において、「海はもうホームグラウンドというか、遠い昔の故郷に自分をつなげてくれる道ではなくなって、むしろ中国大陸という文明の高い世界から、その文明が流れ渡ってくる文明渡来の道という役割をもつようになった」[293]のだと、もともと海の故郷があったことを示唆する。

要するに、芳賀先生の海をめぐる壮大な構想には、千年単位で民族の記憶には断絶か、あるいは変容が起こったことが示唆されているのである。つまり、かつて神々にまつわる物語において天地が創造されたこと、生命が誕生した出来事の「予感」、あるいは「海底」「異郷」にあったはずだった記憶は、のちの神話の補足ともいわれる『日本書紀』などに示されたように、大陸中国文明の影響によって薄れていき、「原郷」はそのあたりから喪失してしまったのではないか、という考えである。

かくして、西学東漸のなかで、日本の海と神話は再考されることが促されるが、大方その一千年前の原郷喪失よりも、どちらかというと海を隔てた大陸文明か近隣とのつながりのほうにより多くの思いを寄せることが多かった。例えば、柳田国男がもらした、南国から黒潮にのって漂着した「椰子の実」のエピソードを聞いて、島崎藤村（一八七二―一九四三）は「椰子の実」（一九三六）を創作した。その詩は読者のさまざまな海をめぐる思いを想起させ、根源への思いを喚起させるのである。

名も知らぬ遠き島より
流れ寄る椰子の実一つ
故郷の岸を離れて
汝はそもの波に幾月
旧の樹は生ひや茂れる
枝はなほ影をやなせる
われもまた渚をまくら
孤真の浮寝の旅ぞ
実をとりて胸にあつれば

新たなり流離の憂
海の日の沈むを見れば
激り落つ異郷の涙
思ひやる八重の汐々
いづれの日にか国に帰らん[294]

この詩には、実に多くのモチーフが込められているのだ。例えば、母体から離れた嬰児や故郷から引き離されたディアスポラ、あるいは突き離されて回帰不能な流離、あるいは誕生から死へ向かう生物の循環、あるいは故郷へのノスタルジア、さらにひいてはエデン園からの追放など、多様なモチーフが考えられ、さらに南方人や文明の渡来も示唆されて、外来文明の象徴として受け取ることもできる。とりわけ、数多くの理解や解釈のなかで、「円環的な時間の主宰者であることを奪われた一個の椰子の実に託して、外来文化を摂取すればするほど、鋭く自己内面との距離を感じ、そこに根源的な違和感を覚えざるをえない近代日本人の流離感、言ってみれば、根底的な原郷喪失感、分裂感とが映し出されている」[295]のだという、杉本春生（一九二六―一九九〇）が施した解釈は、人間あるいは民族の孤独さに訴えたものがより重く受け止められよう。言い換えれば、西洋文化、強いては中国文化を摂取すればするほど、原郷喪失による孤独感が増してくるのだということであろうか。ただし、これらの解釈と理解は、いずれも海をただ単に生命や文明を運ぶ運搬者や仲介者として捉えており、あるいは海の彼方に文明が想定され、海のこちらには孤立した日本が流離っており、それによって引き起こされた喪失感、孤独感だということになるであろう。

想起すべき海の神話

しかし、はたして単なる文明の渡来観や「椰子の実」の流離の孤独感によって、日本本来の天地創造の独自の神話を背景にした島創出、生命誕生の海の意味を満たすことができるのであろうか。つまり、代々語り継がれてきた、天地創造の神話、あるいは海からの生命誕生の神話は、どのように理解し解釈すべきか、といったような素朴な疑問が残る。

きわめて単純な問いかけではあるが、海と塩の凝固によって形成された日本島という千年前の神話それ自体は、新たな海洋観を促し、新たな理解と解釈が求められているような気がする。言い換えれば、日本人にとって海とは、単なる生命や文化を運ぶ積載者・運搬者・仲介役だったのであろうか。そうではなくて、海は生そのもので、「原郷」そのものであって、「日本人の歴史の記憶の一番奥深いところには海があるはず」で、海が生それ自体として神話において継承されてきたのではないか。しかし、まさにここには、神話への実証的な解体ではなく、創造的想像力が必要とされているのである。

もし、この民族の「記憶の一番奥深いところには海があるはず」だという示唆的な神話を素朴な実証的な探求に任せるのではなく、ロマン主義の大御所においてみるならどうであろうか、あるいはコールリッジが日本島創出の神話について感得し、「古老の船乗り」や「クーブラ・カーン」のように、その霊的、詩的狂気の想像力によって詩作するなら、どんな生の淵源についての詩を生み出していたのであろう、あるいはその無意識の世界から、どのようなメッセージが送られてきたのであろうと、一度は思いを馳せてみたくなる。言うなれば、コールリッジの「第二次元の想像力」の定義や原理によって示されたように、創造的想像力が神話や夢において「理想化と調和統一とに向かって憧れ」(前掲)て、自由に羽ばたかせることができたならば、そこでどんな新しい神話や心の所縁の文学が創造されていたのか、一度は想像してみたくなる。というのも、もし神話とは人間にとって世界の夢で、あるいは原型的な夢のことであるなら、長い伝統において育まれてきた詩的狂気の想像力こそ、その可能性を探ることにふさわしい天分であろう。

幸いなことに、新しい科学的な発見のかずかずは、海洋への認識を豊かにさせ、想像力が科学と海と神話を結びつけてきた結果、今や海が生命を誕生させ、海が生命の揺りかごだったと考えることがすでに常識となっているのだ。従って、日本神話の「海底の異郷」、あるいは「とこよのくに」や「わたつみの神の宮」について、原型の夢の解析のもとで改めて日本の海の新しい神話が語られても決して奇異なことではなかろう。

前掲の海洋生物学者レイチェル・カーソンが最初は、調査報告でもなければ文学的風景描写でもない一冊の海について本『潮風の下で』（一九四一）を上梓した。無名な若い海洋研究者だった頃の彼女は、「海の生き物がどんなものかをつかむためには、活発な想像力を働かせ、しかもしばし人間的なものの見方や基準を捨て去る必要があります」[296]と思いを込めて淡々と書かれたところ、専門家たちから賞賛を受けたという。つまり、想像力を羽ばたかせれば、科学者ですら海には何かを感じるはずで、そこで彼女は海をただ単に人間の文明や生命の移動・運搬の媒介としてではなく、海を「一面に広がって生きている生命」として眺めていた。そして、その十年後、『われらをめぐる海』（一九五一）において、彼女はまるで日本神話の原型を自ら体験し、海から啓示を受けたかのようなことを語って憚らない。


そして過去百万年の間に、人間は、身体と頭脳と精神をもったものへと変わっていったのである。そうして結局、人類もまた海へと帰ってゆく道を見出した。

海辺に立ったとき、人は、自らの家系について無意識のうちに意識しながらも、驚きと好奇をもって、それを見渡したにちがいない。人は、アザラシやクジラたちがしたように、身体そのものをふたたび海のなかに帰らせることはできなかった。しかし何世紀にもわたってその技術と才智、それから理性の力のすべてを動員して、人は、海のもっとも遠くはなれた領域さえも、探検し、調査しようと努めた。

その結果、人類はいわば精神的に、また想像力によって、ふたたび海に帰ったのである。[297]（一部分は前出）

科学の分野にして、ほとんど抒情的な詩に近づいた彼女の語りは、まるで一千年前の日本神話が待ちに待って、ついにこの現代科学によって真の姿が蘇ったかのようで、ここで想像力がいかに海と科学と神話を結びつけているのかをみることができる。そして、その後、彼女は『海辺』（一九五五）においても、「海辺は、寄せては返す波のようにたちもどる私たちを魅了する。そこは、私たちの遠い祖先の誕生した場所なのである。潮の干満と波が回帰するリズムと、波打ち際のさまざまな生物には、動きと変化、そして美しさがあふれている。海辺にはまた、そこに秘められた意味と重要性がもたらす、より深い魅力が存在している。潮の引いた海辺に下りていくと、私たちは、地球と同じように年月を経た古い世界に入りこむ。」[298]と、科学の領域を超え、神話を示唆し、「遠い祖先の誕生した場所」を求めているかのようだった。

従って、もし、海によって運ばれた「椰子の実」も、生き物の象徴だったのであれば、それ自体の起源の海にも凝視すべきであろう。「海の日の沈むを見れば／激り落つ異郷の涙／思ひやる八重の汐々／いづれの日にか国に帰らん」という、島崎藤村の詩の後半の望郷の思いは、単にどこかの文明に回帰するのではなく、まさしくそれは、海それ自体という「原郷」に回帰しようとしているのだとも受け止められよう。いわば、その「椰子の実」とは、一千年前の神話によって示唆された原郷への憧れのことであり、その後の一千年も喪失感に苛まれてきた孤独な生のことでもあろう。かくして「椰子の実」も、海の子だったことの象徴なのだと解釈されるべきであろう。

しかし、こういったような海や神話・詩の読みに対して、想像力をかきたてすぎた、という誹りがあろう。ところが、文学・詩ないし人文学の諸理論、ひいては理性に頼る科学でさえ、神話と融合してくると、その想像力が倍増され、より豊かになり、創造的になることは、しばしば科学者によって語られ、立証されてきたものだ。

何気なく日常生活において、「わたつみの神の女」に巡り合ったり、恋や不幸に翻弄されたりしていた諸々の原型的な喜怒哀楽を楽しむことができるのは、神話の本来の役目の一つだが、しかし、そもそもそれらは深遠の生の原郷や淵源からメッセージで、あるいは人間内面の無意識からのメッセージなのだ、というさらなる深層な意味を、詩的狂気の想像力が教えてくれるかもしれない。

実際、人間は自分の生の原始時代へ、つまり海に生息していた時代へ立ち戻ることはできないばかりか、神話時代を再現することですらできない。しかし、現代科学は海の最果て、海のもっとも深いところまで探査し、あるいはミトコンドリアの領域までも精査して生命の進化を理解しようと努めてきた。それらの営みは、いずれも想像力を抜きにしては達成できないことである。

海の神話をもつ日本文学や詩は、想像力を羽ばたかせさえすれば、その一千年前の豊かな意味を復権させ、そのスペクタクルや心象風景を再現させてくれるに違いない。神話に対して実証的にあくせくして解体を施していくのも、素朴な合理主義に沿って考えるのも、たしかに認知の一つの方途ではある。しかし、それだけでは人間自身には何か本質的な一部分を見失っているような気がする。

第二節　東漸する想像力——日本と中国

想像力の東漸

ところで、西洋文明が東漸するにつれ、想像力あるいは詩的狂気の想像力は、日本と中国においてどのように受容され、その認知と定義はどのような状況の中で行われていたのか、みる必要があろう。

実際、神話や伝説から見ても推し量れるように、日本と中国の文化伝統においていずれも、想像力の素晴らしさに魅せられ、文学に表象され、ひいては分類・認知されてきたが、その歴史は古い。しかし、残念ながら想像力全般についての分析的な認知と研究は、ほぼ皆無に等しい。

事実、十九世紀半ばにはいってから、日中ともに西洋学問の学術用語、ジャンル、社会・政治制度ないし思考様式まで全面的に翻訳を通じて、新しい言葉の創出をもって対応せねばならぬ状況に直面していた。そのような時代、西洋学の翻訳・訳出・創出・造語などにおいて、漢字という大きな枠組の意味で、代表的な人物をあげるとするならば、日本の代表は西周（一八二九―一八九七）であろうが、それに対して中国の代表者はおそらく厳復（一八五四―一九二一）になろう。前者はオランダに留学し、ウィリアム・マーティン（一八二七―一九一六）の中国語訳書『万国公法』（一八六四）に訓点を施し、『百学連環』（一八七〇）やヘブンの『心理学』を訳出し、また『明六雑誌』（一八七四）を発行した啓蒙家、翻訳家で、教育家でもある。後者は、フランスに留学し、トマス・ヘンリー・ハックスリー（一八二五―一八九五）の『天演論』（「進化と倫理」一八九八）をはじめ、アダム・スミスの『原富』（「国富論」一九〇二）、ハーバード・スペンサーの『社会学研究』（一九〇三）、ジョン・スチュアート・ミルの『自由論』（一九〇三）、モンテスキューの『法意』（「法の精神」一九〇九）などを翻訳した啓蒙家、翻訳家である。それぞれ違う作法でともに欧米言語をいかに漢字に置き換えるかに苦心した人だが、両者が直面したのは、決して一般的に言う翻訳や通訳、通詞のレベルのことではなかった。彼らは短期間に一文化圏から他の文化圏に言葉と知識と思考様式の導入・移植をせねばならぬ喫緊の課題に直面し、既存のシステムが新しいシステムによって塗り替えられるという文化的な危機に晒されることを、身をもって体験していたのだ。厳復の翻訳・移植のプロジェクトは、西周よりほぼ四半世紀遅れ、さらにその翻訳用語は、文言文にこだわったあまり、口語訳が中国で現れてきたのはもっと遅く、二〇世紀二〇年代に入ってからのことなので、一般読者までに理解されるという意味で、それは半世紀も遅れたことになる。その翻訳と移植は、実際、革命と流血につながり、新旧、東西、内外の対立は、しばしば戦争の要因にもなったのである。

西周のプロジェクトは、中国よりスムーズだったとはいえ、決して順風満帆ではなかった。新しい用語・概念・発想ないしジャンルなどを理解して創出していくなか、既存の言語・表現システムのぎこちなさが露呈され、西洋知識を速く普及するのには、日本語の改革も要請されるようになる。従って明治期には様々な言語の改革の動きが見られた。まず、「漢字御廃止之議」(一八六六、前島密)から始め、徐々にエスカレートし、「修国語論」(一八六九、南部義籌)、「日本語廃止・英語採用論」(一八七二)、「洋字ヲ以テ国語ヲ書スルノ論」(一八七五)、「かなのとも」(一八八二)、「羅馬字会」(一八八五)などの改革が唱えられ、のちに緩やかな「言文一致」(一八八六)に展開されていったのである。そして文体においても、翻訳体、直訳体、漢文直訳体、漢文体、和文体、文語体、擬古文、雅文体、雅俗折衷体、言文一致体、口語体など、多様な文体が同時代に主張され、かつ使われていた。

そういったなかで、例えば、「文化」「文学」「哲学」「経済」「政治」などのような重要な概念が翻訳されて、新たに創出されていくが、大規模な文化的翻訳や移植は、激変をもたらす一方、それ自体は新たな文化の創出と旧体系の破壊をも付きまとうことを意味していたのである。

そのなかで、想像と想像力(imagination)は、単なる一思考のあり方に関わる概念ではなかった。本書前半で見てきたように、それは西洋において二千年以上の定義と運用の歴史的な背景のある言葉で、かつそれもまた単なる独立した用語ではなく、西洋学問のシステムないし思考様式とは切り離すことのできない伝統的な概念でもある。そして、その翻訳や移植ないし理解に紆余曲折があったのは、いうまでもなく例外ではなかった。

モリソンの『華英・英華辞典』からロプシャイトの『英華辞典』

漢字圏の漢字・言葉・辞典のレベルにおいて、最初に西洋的な知識の普及や転換点をもたらしたのは、何よりもまず、スコットランド出身の宣教師ロバート・モリソン（一七八二―一八三四、中国名「馬礼遜」）によって編訳された『華英・英華辞典』（以下、モリソン辞典、一八一五―一八二三）[299]が挙げられよう（ただし、和漢混合文や仮名混じりの漢字を入れて考慮すれば、本木英左衛門の英和辞典『諳《あん》厄《げ》利《り》亜《あ》語林大成《ごりんたいせい》』（一八一四）は、それよりも一年先に誕生したことになる。またエチェンヌ・フルモンの『中国官話』（一七四二）やジョゼフ・ド・ギーニュの『漢字西訳』（一八一三）もあるが、完成度の高さから見ていずれもモリソン辞典と比較にならない）。

モリソンが英国国教会の派遣により宣教師として広州に着いたのは一八〇七年である。一七二三年から布かれた「キリスト教布教禁止」が続いていた清朝だが、一八一二年、さらに勅命を発し、「キリスト教書物出版に関わった者は死刑に処する」と宣言された。そのため、モリソンの布教の任務はほとんど秘密裡に行わなければならなかった。危険を冒しながら隠れて中国語を勉強し、ひそかに漢字辞書の編纂と印刷をすすめ、さまざまな困難を乗り越えてついに出版したのが『華英・英華辞典』である。当時、辞典とはすでに単なる言葉の集合体ではなかった。近代知識の集約と啓蒙の基礎となるものであった。そして、東西文化の接触の歴史において、本格的に漢字と英語を互いに結びつけたという意味で、モリソン辞典は歴史的な一大転換点である。

この辞典は、当時、マカオで七五〇部しか印刷されなかったが、「江戸幕府の洋学研究機関だった蕃書取調所に数部備えられ、日本語訳を案出するのに利用され」[300]ていたという。ちなみに、モリソンの個人の書簡（一八二八年一一月・一八日、二八日、二九日）に登場するオランダ人の話によると、一八二八年の時点で『華英・英華辞典』が日本で翻訳者によって日本語に翻訳されており、長崎では、モリソン辞典の見出し項目が引用され、アルファベット順に漢字と英語が書かれた扇子が贈答品として送られていたという。そして、日本人の翻訳者に辞典を一部送ったといい、モリソン辞典は、長崎で人気があり、とりわけ英語アルファベット順に漢字が収録されたのが新鮮だった[301]と記される。その日本人は「Gonoski Kokizas」（吉雄権之助か小関英三、諸説ある）[302]といい、布教禁止の困難の中で編み出された辞典がこれほど日本で歓迎されていたことは、モリソンにとって望外の喜びだったのであろう。

この辞典は、当時江戸幕府の築造した長崎出島のオランダ貿易を通じて出版物として流通していたと考えられるが、ただし、一八二五年幕府の「異国船打払令」や、一八二八年のシーボルト事件などで鎖国の厳しさが増していくなか、モリソン辞典を持ち込んで流布するのは、日本においても危険を冒すことを意味していた。

編纂者のモリソンは五二歳の若さで亡くなるが、三冊六巻、四五九五頁、華英四万語の辞典を残したのである。広東発行の月報『中国リポジトリ』（一八三二―一八五一）の一八三四年八月号には長い追悼の辞が掲載されたが、昨今の辞典編纂者や文化的使節というよりも、優秀なキリスト教宣教師で、秀逸な聖書翻訳者として賞賛され、その業績のすべては神の思し召しだったという[303]。たしかに当時の歴史状況においてみれば、モリソン辞典とは、ひとりの若いプロテスタント系宣教師がほとんど独力で密かに東西の言葉を結びつけた初めての賜物で、それは日中両国政府の鎖国政策とキリスト教布教禁止という後退の時期に誕生したものだった。モリソン辞典の誕生によってこそ、初めて漢字圏において次から次へとさまざまな欧米言語とコミュニケートする辞典が生まれ、西洋近代知識が、まずこのモリソン辞典を通じて系統的に漢字圏の社会に普及していったのである。

ところが、このエポックを画した『華英・英華辞典』において、「想像力」（imagination）という概念は、どのように漢字に対訳され、移植されて解釈されていたのであろうか。事実、現在われわれが用いる「想像」（人偏のある「像」）という漢字が、英語辞典の対訳語として採用されたのは、モリソン辞書において初めてのことだった。それというもの、モリソン辞典の第二巻（『五車韻府』）[304]において、親字の「想」の下に、類語や派生語（「黙想、思想、想出、想起、想不来、想不起、想不出、想一想」）が収録され、その最後に収録されていたのが「想像」という言葉だった。しかも、この「想像」には「ある考えのイメージ、あるいは、ある着想」（The image of a thought; An idea.）というきわめて簡単な説明が加えられていた。もちろん、この「想像」という言葉が、のちの人々の思考にとってどれほど重要な意味を持っていたのか、当時のモリソンにして、あるいはモリソンをサポートしていた中国人の辞書編纂のインフォーマント、協力者にして、想像すらできなかったことにちがいない。

そして、モリソンは、さらにその辞書の第三巻「英華辞典」において、見出し語「IMAGE, statue」を収録している。そこには「イメージ」が「像」として示され、「彫像」と並んで見出し語として配置されている。古来、漢字の「像」は、もともと「象」と書き、孔子の『周易・繫辞上』から由来する字で、いわば「聖人は象を立てて、それを以って意味を尽くす」(「聖人立象以尽其意」)という語源と語義から成立されたと解釈してきた。つまり、「象」と「像」はいずれも「イメージ」であり、彫像でもある。そして、その用例としてモリソンは「A wooden image」と「An image」を挙げ、その語義には「木偶」、「一尊像」を例示している。この項目の最後に、例文として「The large hall is finished, and the three pure, and three precious ones are all molten in the most regular order.」を挙げ、その対訳の原文の「大殿已成連三清三宝的法像都塑的斉斉整整。」(大殿はすでに竣工し、三清三宝の法像までも整然と彫刻されていた)[305]を挙げている。この例文の原文は、清代の劇作家・小説家の李漁(一六一〇―一六八〇)の短編集『十二楼』(帰正楼の第三回)からの引用だが、具体的に彫像の「像」として用いられ、「影像」(イメージ)という意味が、ここでは省かれている。ちなみに、この第三巻は、ページ数が少ないものの、モリソンは十三年間も時間をかけてデータを収集して編纂したもので、その用例はほとんど『紅楼夢』や『水滸伝』などの名作をはじめ、広範にわたって口語体に近い明清小説から収録しているのである[306]。

実際、モリソン辞典第三巻は、英語が見出し語となっており、その例文はモリソンの手によって選ばれた中国の名作の文章があてられ、かつモリソンは右のようにその例文を英訳し、読者はモリソンの英訳文を通じて漢字を理解し習得するというユニークな辞書である。たしかにこれは、英語を通じて漢字を習うことにおいて、中国の名作の文脈を理解する便利な辞典で、かつ中国人が英語を習得するのにも便利なものである。しかし、もともと宣教と啓蒙を趣旨とされた辞典が、英国文化を表象するという本来の目的からかけ離れ、このモリソン辞典第三巻は、むしろ英語で漢字と中国文化を学習するのが主要な目的だといってもよい。

しかるに、モリソン辞典全体は、『康熙字典』を底本にしており、それもまたかつてサミュエル・ジョンソンの方法——辞典の用例は必ずや名作家の名作文から用例を引用するという編纂方法——をモデルにしていたことが明らかである。しかもジョンソンの有名な先例に習ったか、それともジェイムズ・ボズウェル（一七四〇—九五）の『サミュエル・ジョンソン伝』（一七九一）の影響か、モリソンも辞典編纂のかたわら、雑誌を編集して発行する。一八一五年から一八二一年まで月刊誌『察世俗毎月統記傳』（Chinese Monthly）を発行したのである。それはジョンソンがかつてのアディソンの『スペクテイター』発行を真似して『英語辞典』の編集のかたわら『ランブラー』を発行したが、今度、モリソンはジョンソンに習って中国語の雑誌を発行したのだ。しかし、それがくしくも中国史上初の中国語の近代雑誌[307]となり、中国の新聞雑誌史において記念碑的な出来事となったのである。アディソンにとって雑誌新聞の発行は英国人に批評精神を植え付ける啓蒙的な趣旨が込められ、かつ富をもたらしたものだったが、ジョンソンの雑誌はそれほどではなかった。しかし、モリソンの雑誌は、中国における布教活動の副産物だったが、それが中国にとって公的情報のコミュニケーションの手段の新しいモデルとなったのである。

そして、右のように、モリソン辞典第三巻には「image」が収録されたものの、しかし、なぜか、「imagination」（想像力）が敬遠されていたのである。実際、ちょうどその時、本国のウィリアム・ブレイクをはじめ、ヨーロッパ全体が想像力を寿ぐロマン主義文学の最盛期を迎え、「想像力」（imagination）は、未だかつてなく声高に謳歌されていた時期であった。モリソンにとってそれは、中国における布教の現実からあまりかけ離れすぎた概念なのか、それとも「想像力」（imagination）という厄介な概念を中国人に伝えるのは困難だったのか、あるいは中世以来のキリスト教の「想像力」（imagination）において付きまとわれてきた固有な偏見がいまだに払拭しきれていなかったのか、「imagination」（想像力）を回避する本当の意図は明らかではない。しかし、漢字圏から見ると、モリソンの取捨選択が結果として、当時の回避は正しかったかもしれない。というのは、後述で見るように、「Imagination」が漢字の「像」と「象」に移植するにあたって、未だに未決の懸案が残っているからである。

事実、モリソンの『華英・英華辞典』を皮切りに、宣教師の手になる辞典がその後相次いで登場する。その直接の影響下で編纂されたのは、ワルター・ヘンリー・メドハースト（一七九六—一八五七中国名「麦都司」）の『福建中国語辞典』（一八三七）[308]と『英華辞典』（一八四七）[309]である。日本において江戸幕府通詞の長崎生まれの堀達之助（一八二三—一八九四）は、西周（一八二九—一八九七）らと共に『諳厄利亜語林大成《あんげりあごりんたいせい》』（一八一四）を改善して新しい『英和対訳袖珍辞書』（一八六二）を編纂していたが、その漢字を導入するにあたって、モリソン辞典系列の『英華辞典』の漢字用語を大いに参考した[310]という。また、イライジャ・コールマン・ブリッジマン（一八〇一—一八六一、中国名「裨治文」）の『中国広東語語彙集』（一八四一）[311]や、サミュエル・ウェルス・ウィリアムズ（一八一二—一八八四、中国名「衛三畏」）の『英華韵府歴階』（一八四四）[312]と、『英華分韵府撮要』（一八五六）などが、次々に編纂され、それらの英華漢字の蓄積があって、ついに十九世紀、英華辞典における最高峰となる、ウェルヘルム・ロプシャイト（一八二二—一八九三、中国名「羅存徳」）の『英華辞典』（四巻、一八六六—一八六九）の登場を迎えることになる。この辞典は明治期の日本で大歓迎され、注文は七〇セット[313]にも達し、のちに井上哲次郎（一八五六—一九四四）の『増訂・英華辞典』（一八八四）の原本にもなる。

それでは、「imagination」「想像力」は、これらの辞典においてどのように対照され、対訳され、翻訳され、また解釈されてきたのか。

右に言及したように、一八一五年からモリソン辞典が出版されるが、それを継承したメドハーストの『福建中国語辞典』、『英華辞典』は、ブリッジマンの『中国広東語語彙集』に受け継がれ、またウィリアムズの『英華韵府歴階』によって伝承され、そして最終的に、ロプシャフトの『英語辞典』が出版される。しかし、そのなかで「imagination」という語は、どの辞典においても「想像」という漢字を用いて説明されたことはなかった。「想像」という漢字の代わりに、「浮泛」「思想之才」「幻想、空想、甕想」などさまざまな言葉があてられて、その意味を説明しようと工夫していたのだ。ただし、唯一、ロプシャイトの『英華辞典』の見出し語「Imagination」の用例のなか、「**conception, image in the mind**」の語義の説明にあたって、「想像」という漢字が初めて登場し、かつ「想頭」と「意思」と併記され、「幻想、空想、甕想」とともに、「Imagination」の語義が説明されている（ちなみに、見出し語の「Fancy」のもとにも「Imagination」が収録されているが、それはこの時期の英語辞典における両者の混用の表れであろう）。

従って、モリソン辞典からロプシャイトの『英華辞典』まで、約五〇年間の隔たりはあったが、「想像」という漢字は、とうとう『英華辞典』における「Imagination」の語義の説明においてかろうじて近づいてきたといえる。しかし、「imagination」は、本格的に「想像力」の概念として中国に受容されるのが、まだ時期尚早で、この後も長い道のりを辿らなければならない。ちなみに、漢字圏にとって、とくに忘れてはならないのは、ヘンリー・ホイートン（一七八五—一八四八）の『国際法原理』（一八三六）が、のちにウィリアム・マーティンによって——モリソン辞典を継いで——中国語に翻訳され、その結果、大量な新しい漢字を生み出した『万国公法』が誕生したことであろう。

本木床左衛門の『諳厄利亜語林大成《あんげりあごりんたいせい》』から津田真道の『明六雑誌』での定義

一方、漢字圏として仮名混じりの漢字をも考慮に入れるならば、最も早く成立された辞典や参考・参照可能なものとして『日葡辞書』（一六〇三—四）[314]、あるいは『波留麻和解』（ハルマ和解・蘭和辞典、一七九六）[315]があるが、精査したところ、「imagination」（想像力）や「想像」らしき用語は、まだ登場していなかった。そして、日本語において、英米の「Imagination」の語根が漢字で表象されたのは、前掲のモリソン辞典より一年早い、オランダ語通詞本木庄左衛門（正栄、一七六七—一八二二）によって編纂された、史上初の英和対訳辞典『諳厄利亜語林大成《あんげりあごりんたいせい》』（一八一四）においてのことである。この六千語しか収録されていない小さな辞典は、見出し語の英語と対訳の日本語がすべて手書きで、「Image」と「Imagine」が見出し語として収録され、その語義にはそれぞれ「肖像」と「思う」[316]という意味が与えられているが、ただし、「Imagination」(想像力)を取り組むところまではいかなかった。

ところで、モリソンより一年早く本木庄左衛門らによって独自の『諳厄利亜語林大成』の編纂が行われたのは、決して偶然なことではなかった。本木庄左衛門は、長崎の由緒ある蘭学者・通詞の家系の末裔で、祖父の本木良固が通詞だったが、父本木良永(一七三五―一七九四)も江戸時代中期の蘭学者だった。しかもラテン語、オランダ語に通じ、十数冊も訳書を上梓したが、とりわけ『太陽窮理了解説』における地動説の紹介が近代化にとって意味深い。幕命で本木庄左衛門も、オランダ商館長ズーフやヤン・コック・ブロンホフにフランス語、英語を学び、一八一一年、英語学書「諳厄利亜興学小筌《あんげりあこうがくしょうせん》」を編集していた。それは漢字圏において、英国のモリソンから始まった『華英・英華辞典』によって伝承されて展開されていった伝播のルートとは違って、それは、日本で早くも日葡、日蘭の文化的な交渉を通じて独自の別の伝播のルートにおいて西洋学を受容し、日本独自の受容の伝統が形成されていったことを物語っている。

そして、その伝統の延長上において、ついに一八五七年、漢字圏において、「Imagination」は、初めて和製漢語「想像力」として正式に医学書において創出されたのである。翻訳・訳出者は、福沢諭吉の師となる緒方洪庵(一八一〇―一八六三)である。ここにきて「imagination」が単に「想像」のみならず、それ自体が一種の「力」として把握され、かつ「能力」であると認知され、そして、和製漢語である「想像力」として移植されて表象されてきたのだ。ただし、「想像力」は、詩学・文学の用語ではなかった。それはまず、なんと「夢遊病」(夢遊症、夢中歩行症ともいう)の病因の症状の一つとして日本語に登場された[317]のだった。前掲のロバート・バートン『憂鬱の解剖』(一六二一)をはじめ、近代における精神の病についての医学書は、「Imagination」(想像力)を憂鬱や、恍惚などの病状として見なし、ネガティブな意味で捉えるのが一般的であったが、幕末の医学に大きな影響を与えたクリストフ・ウェルヘルム・フーフェラント(一七六二―一八三六)の『医学全書』(一八四二)もその例外ではなかった。緒方洪庵の訳した『扶氏経験遺訓』(一八五七)における「想像力」は、まさにその「症状」の一種として訳されたのである。

かくして「想像力」は医学書を経由して「夢遊病」の症状」として日本に導入されたのである。したがって、「想像力」という言葉に付きまとうネガティブなイメージは、日本語において未だに存在し、現代日本語から完全に払拭されたとは言えない。

『扶氏経験遺訓』出版から五年後、ついに「Imagination」（想像力）は、『英和対訳袖珍辞書』（一八六二）に収録され、蘭学系統の堀達之助を筆頭に、西周らによって編纂される。それはまさに、現在、日本語において用いる言葉の「想像」であり、そこで捉えられた意味も現在の「想像力」の概念とほぼ一致する。その対訳は次の通りである。

「Image 肖像、想像」、「Image-ed-ing 考定スル、予定スル、想像スル」、「Imagery 肖像、考思、言に顕シ、妄想ニテ脳中に現ズル像」、「Imaginable 考へベキ」、「Imaginary 想像シタル」、「Imagination 考思、想像」「Imaginative 想像ノ多キ」、「Imagine-ed-ing 思考スル、想像スル、・・・・ト心得ル」[318]

この「Image」を語根にした名詞・動詞・形容詞などは、いずれも「想像」という言葉を用いて対訳しており、日本語においてもっとも早く正確に「imagination」（想像力）の意味を把握した対訳の用例だと考えられる。通詞家系の堀達之助と、オランダ留学帰りの西周らは、東西文化を理解する上で当時、一流のスタッフだったが、しかし、いったいどこまで中国古典における「想象」と「想像」との違いを見分けて、その本来の意味を把握して訳したのか、あるいは殊のほか厄介な概念であった「imagination」をどこまで認知していたのか、正確には検証しかねるが、「Image」の同一語根をもつ言葉のすべてにわたって人偏の「想像」をあてたのは、実に意味深い。

その後、「想像力」は、桂川甫策（一八三九―一八九〇）の『英仏単語便覧』（一八六八）に登場するが、正式に社会一般に普及されたのは、一八七五年、啓蒙雑誌『明六雑誌』十三号に掲載された津田真道（一八二九―一九〇三）の評論「想像論」[319]においてのことである。一般読者にもわかるように書かれたこの評論で、津田は想像力について日常生活から説き始め、人が目を閉じて思い浮かんだイメージは、いわゆる想像されたものだといい、また「想像」は「オモヒヤリ」ではないし、それが「記憶」、「想起」とも違うと説く。その上で、文学、「和漢小説演劇」「詩人ノ作詩」は概してみんな想像によるものだといい、古今東西の偉人、釈迦、キリスト、達磨、孔子などの所為も想像によって達せされ、科学技術、経済学なども、まず想像から始めているのだと力説する。ただし、むやみに想像を放任して行き過ぎてはいけないとも論じ、「文明開化」を啓蒙しながらも「自由ノ理ヲ知ラズシテ自由ヲ想像」することは危ない、と例をもって忠告もする。「想像力」は『明六雑誌』で初めて定義され、かつ一般読者に普及されたという意味で、津田の「想像論」は、記念碑的な出来事である。

その翌年の一八七六年、さらに人文学一般、教育、とりわけ心理学において「想像力」に不動の地位を与えたのは、西周によって翻訳されたジョセフ・ヘブン（一八一六―一八七四）の『心理学』（一八五七）（「想像力ヲ論ス」を含む）である[320]。文部省によるこの『心理学』（一八七六）の刊行は、日本における心理学の嚆矢になっただけではなく、日本語学術用語の創出・統一をはかることにおいて役割を果たしていた。そして、ヘブンの『心理学』は、アメリカにおいても心理学のプレ実験時代の記念碑的な業績であり、その明晰な文体が従来の修辞学から自由を求めたものとして賞賛され、かつ十九世紀半ば、アメリカの高等教育において教科書として採用されたのも、心理学の普及において貢献が大きかったという[321]。ちなみに、井上哲次郎らによって編集された『哲学字彙』における「想像力」は、一八八一年に東京大学三学部の刊行によって公表されるが、西周の翻訳はすでに五年も先駆けて成立されていた。つまり、十九世紀七五～七六年は、想像力が日本において定着していたとみて取れる。

第三節　『美辞学』の詩的狂気の想像力と写実主義——日本

菊池大麓の「修辞及華文」から坪内逍遥の『小説神髄』

以上、複数の先駆的な用語の翻訳と定義を見てきたが、何といっても日本近代文学の理論的な概念整備において、一種の方向づけと普及の役割を果たしたのは、まず、イギリスのロバート・チェンバース兄弟編集の『百科全書』における「修辞及華文」（Rhetoric and Bells-letters）（一八七九）[322]の翻訳が挙げられよう。この『百科全書』の翻訳は、一八七二年から出版が始められた国家的なプロジェクトで、その「修辞及華文」の翻訳の担当はケンブリッジ大学留学帰りの菊池大麓（一八五五―一九一七）であった。そして、『百科全書』といっても、編集者のロバート・チェンバース兄弟が英国一般市民を啓蒙する目的で編集された「知恵蔵」のようなもので[323]、その趣旨と内容は西洋学の導入に懸命であった幕末・明治にとっても、うってつけの啓蒙書・教科書だったわけである。当然、その啓蒙書は初歩的でかつ総合的な性格のものだった。しかし、それにもかかわらず、文学や修辞学において「修辞及華文」は少なくとも明治初期の文学にとって知の水先案内であり、知の基準として十分に足り得たものであった。何においても、アリストテレスの『修辞学』（弁論術）とともに『詩学』が「修辞及華文」を通して初めて平易かつ簡潔な形で日本に移植されてきたからだ。後述でもわかるように、それは日本近代文学において写実性を過度に重んじる理論的な根拠を与えた先駆けだっただけでなく、ロマン主義文学が重んじる想像力の展開に齟齬をきたす先駆けともなっていたのである。

「修辞及華文」は、丸善本『百科全書』の第八五巻目にあたり、全体約四万六千字からなるものである。その内容は「一般文体ノ品格ヲ論ズ」（言葉の修辞技巧）、「通知」「行旅日記」「歴史文章」「証明記文」（文章形式・スタイル）、「説服」（弁論・説得術）と「詩文ノ術」（詩学・文学論）という、四つの部分から構成されており、それぞれ大凡一万字の分量で記されている。その中の「詩文ノ術」（詩学・文学論）の部分では、「楽詩《リリク》、即ち小曲《ポエートリー》」（抒情詩）、「史詩《エピック》」（叙事詩）、「戯曲《ドラマ》」（劇）、「禮度ノアル對言ノ術」（節度のある対話法）と「感動ノ放開」（感情の表出）という、五つのジャンルにわたって文学を紹介しているが、「抒情詩、叙事詩、劇」というアリストテレス詩学のジャンルに従ってわかりやすく一般読者に紹介したのは、日本で初めてのことである。そして、冒頭のところでは、コールリッジの言葉をもって「詩とは何か」について定義を施して、「其定義ニ據レハ詩ナルモノハ散文トハ反對セスシテ學術ノ反對ナリトセリ」という。言い換えれば、詩とは散文と相反するものではなく、科学と相反するものだという。さらにまた「殊ニ言語ニ籍テ表スヘキ思想形状等ヲ互ニ相調和シ又之ヲ言語ト調和スルコト是レ詩術ノ大主意トナス」といい、いわば、とくに言語をもって表象すべき思想やイメージを互いに調和させ、またそれを言葉とも調和させることが詩作において最も重要だと定義する。原典では、コールリッジの名こそ拝借したものの、その文学創作に関わる核心となる想像力の定義が避けられ、きわめて初歩的、自明的な文学と科学との相違についての言明をもって定義を施している。英国の一般大衆を啓蒙するという元来の目的はいうまでもなく、日本の文部省の目的にも適っていたことが明白だ。しかし、日本の近代文学理論の構築にとって、これは明らかに事足りるといえるものではなかった。ちなみに、「想像力」という用語は具体的には、「行旅日記」[324]の書き方の注意点についての説明のなかで用いられているが、想像力それ自体については言及していない。

　こうして、主としてアリストテレスの表象を基礎にした『詩学』と『修辞学』の文学理論が日本に上陸したのである。六年後、一八八五年末から翌年にかけて、坪内逍遥の『小説神髄』（一八八五―六）が刊行される。日本近代文学の基本方向を決定付けたともいうべき理論書だ。チェンバース兄弟の「修辞及華文」とアレクサンダー・ベイン（一八一八―一九〇三）の『英作文と修辞学』[325]（「修辞書」ともいう、一八六六）[326]と、ハーバード・スペンサー（一八二〇―一九〇三）の『文章哲学』[327]の直接的な影響のもとで構成され、あるいは『ブリタニカ』（一八五九）第十九巻の影響のもと[328]で附置されたとも言われている。当然、それらの材源はいずれもイギリスの経験主義哲学や心理学の強い影響下にあり、とりわけベインが連想心理学の中枢的人物だった。加えてイギリスでもアリストテレス系統のミメーシスの理論のもとで文学の定義が施された時代であったことからして、『小説神髄』には、プラトンを起源とする詩的狂気の想像力や、コールリッジとワーズワースのロマン主義文学への深い理解を介入する余地はほとんどなかったのだ。文学史に示された通り『小説神髄』は、その逆のミメーシスである写実主義を唱え、現実の模写を徹底する批評理論の開山となったのである。『小説神髄』は次のようにいう。

只傍観してありのままのに模写する心得にてあるべきなり。譬（へ）ば人間の心をもて象棋の碁子と見做す時には、其直きこと飛車の如き情を尠からざるべく、行く道常に横さまなる心の角も多かるべし。（中略）故に小説を綴るに当りて、よく人情の奥を穿ち、世態の真を得まくほりせば、宜しく他人の象棋を観て、其局面の成行をば人に語るが如くになすべし。若し一言一句たりとも傍観の助言を下すときには象棋は已に作者の象棋となりて他人の某々が圍したる象棋とはいふ可からず。（中略）只ありの儘（まま）に写してこそ、初めて小説ともいはるるなれ。[329]

つまり、作家は傍観者であり、観察者として人情・世態をそのままひたすら模写すればいい。しかも象棋を傍観して伝えることと同じように、決して口を出してはいけないのだという。

かくして、アリストテレス詩学のミメーシスを背景にした、ひたすらただありのままを写すという考えと修辞学との混合は、東京専門学校（早稲田大学の前身）で受容され、それが日本近代文学の文学観の方向づけにつながり、程なく日本の修辞学の発祥地ともなる。

高田早苗の『美辞学』

『小説神髄』の三年後、高田早苗（号は半峯、一八六〇―一九三八）による、古今東西の詩学・詩評などを融合した『美辞学』（一八八九）が上梓される。『小説神髄』と違って、高田の『美辞学』は、西洋の詩学、修辞学、美学などを統合し、さらに東洋の伝統文学をも融合して受容しようとする気宇壮大な文学論だった。東西を融合して総合して、文学全体を改めて考える場合、あるいは創作においてどうすればより効果的かを考える場合、高田はまず、新しいジャンルを開拓することに直面する。そして、そのジャンルにとっての鍵語である「美辞学」に苦心する。「美辞学」とは、当時も現在も「修辞学」か「レトリック」のことを指すが、高田早苗はもっと広い意味を持たせようと考えていた。『美辞学』の緒言で、次のように述べる。

著者は大に美辞学上術語の妥当なる訳字を看出す能わざるに窘みたり斯書の題名なる美辞学の文字と雖尚恐らくは全く非難を免るゝ能はざる可し況んや其他の術語をや世間或は斯学を以て修辞学と名くる者あり然れ共修辞の文字たる古来東洋に存在したる者にして「レトリック」なる学問の訳語にあらず故に古く修辞通と題したる如き小冊子ありと雖其説く所の範囲極めて狭隘にして決して著作談論批評を能くするを教ふる学問と全一の者に非ず故に著者は世の誤解を来たさん事を恐れ別に美辞学なる名称を用ひたり読者乞ふ故なくして強て新奇の語を用ひたりと罵る事勿れ[330]。

つまり、当時の西洋修辞学の範囲は、高田が表現しようとしたものを狭めてしまうのだという。その範囲を広げて、あえて「美辞学」と称して創出しようとしたのは、より総合的な修辞学で、かつまたより網羅的な詩学であった。その「前篇」の章立てを見ると、それは嗜好（Taste）、嗜好の快楽（Pleasure）、崇高（Sublime）、優美（The Beautiful）、可笑（Ludicrous）、詼諧（Wit）、滑稽（Humour）及ひ嘲譃（Ridicule）などによって組み立てているが、これらはいずれも西洋の美学に扱われる研究対象か、美学と修辞学両方に跨る領域である。その他の内容は、既存の修辞学か、中国の詞話詩話や詩賦詩品によく扱われてもいいぐらいのものである。しかしこのなかで、とりわけ崇高（Sublime）と嗜好（Taste）は、文学、芸術の作品にはよく表現されてきたものの、東洋全体においては未だかつてなかったジャンルだったである。

高田早苗が「美辞学」にこだわったのは、以上の諸々の点だったが、何よりもこだわったのは、「著作談論批評を能くするを教ふる学問」のことである。その「学問」とは、親友の坪内逍遥が、三年前すでに『小説神髄』において呈示した、人情や世態風俗をリアルに模写する文学観のことでもあった。しかし、こんどの『美辞学』は、西洋の詩学や美学ではなければ修辞学でもない。はたまた東洋の興趣を謳歌して自己賛美に溺れるものと対峙しようとしたものでもなかった。高田が示したかったのは新しい文学的な総合体で、言ってみれば『小説神髄』とは違うスタンスの日本近代文学の新たな方向づけになるべきものだったのだ。つまり、文学観の根本のところには高田と坪内逍遥は互いに相容れない二つの文学観だったのである。

ところが、まさにこの『美辞学』と『小説神髄』との文学観の鮮明な対峙において、また高田の呈示した「崇高」において、かつて、あの古代ギリシアから伝統として伝承されてきた「詩的狂気の想像力」と「海」を見ることができ、それが高田の重要な文学における美的感受性として移植されているのである。

『美辞学』「前篇」第四章の「崇高（Sublime）を論ず（第一）」において、人々の視覚に訴える「江海の汪洋たる」風景が想像力によってどのように崇高の念を覚えるか、それを以下のように呈示している。

廣大といふ事。崇高の最も簡明なる状態なりかの原野の渺漠たる。江海の汪洋たる。蒼天の茫々たるが如き是れなり夫れ際限なき事物は余輩の思念する能はず是を以て畏怖の心生じ崇敬の念起こる然れども如何に廣大なる物と雖其各部部各相異りて一部を目撃するとも他を想像する能ハざるが如き事あれば崇高の念想。勢ひ減少せざるを得ず蓋し此くの如き場合には心之が為に蕩然散佚して快楽大に減殺せらる可ければなり。然れども夫の蒼天の茫々たる。江海の汪洋たるが如きは之に異り其一部を観て以て全局を想像するを得るが故に崇敬の念極めて盛なるべし[331]

（行間の句点「。」は現在の読点「、」になる。引用者）

かつて、十七世紀末から十八世紀にかけて、イギリスでロンギヌスが再発見され、広大な海洋を目の前に人々が想像し畏敬の念を覚え、あるいはアディソンのように狂気、霊感によって想像力を羽ばたかせていたものだったが、高田はまさしくここでそれを追体験しているようだ。まるで古代ギリシアからロンギヌスの崇高を拝聴していたシャフツベリーやアディソン（前掲、第二部第一節、第二節を参照）のように、高田はいまやその巡り合いを再現させて、自ら追体験して熱狂的に語っているのである。そして、さらに日本と中国の古典の範仲淹、紫式部、韓退之、山部赤人、鴨長明、近松門左衛門と『大日本史』から七つの例文をとりあげて例示する。そこで東洋一般の「著作談論批評」の興趣や詩品とは違って、あえて恐怖や悲劇を美とみなして鑑賞するというそれまでの美的感受性を逆転させる。いわば、人間は広大な風景、無限に広がる時化の大洋を眼前にして、恐怖と畏敬を覚え、為す術もなく忘我の状態において、霊的、神的、あるいは狂気的な想像力が一人で羽ばたき、まさにその瞬間にはその恐怖、悲劇などが崇高たる美意識を引き起こすのだという。それは、かつてロンギヌスがイギリスを通してヨーロッパにもたらした美意識の逆転であったが、こんどは、高田によって移植されて、東洋でも展開するように力説されたのである。

高田は『美辞学』の「後篇」において、詩の定義を施す。そこで従来のものとは違った新たな文学の創作観を呈示する。後述するように、それは東洋ではあまり論究されていない文学の創作観であり、西洋においても経験主義やリアリズムが風靡する時代には敢えて声高に唱えられるような文学観ではなかった。

高田は「後篇」第六章「韻文を論ず（第一）」において、「詩歌とハ人の感情を本として定まりたる規則に従ひ主として想像を寫し出したる文辭を云ふ」といい、想像力の役割を創作の主要たる位置につける。そして、具体的に説明して、「詩歌は人の感情に基くものなり」、「詩歌は定まりたる規則に從ふ者なり」、「詩歌は主として想像を寫したる者なり」と、三つの点を挙げて、その三番目の定義において、ベインが言うような「詩歌は誇言の聯続したる者なり」というのではなく、高田はあえてそれは想像力によるものだということを強調する。そして、想像力の役割と、狂気につながる側面とその危険性を指摘して、真の詩歌はそれなしでは達成できないという。

詩歌は想像の言語とも云ひ事物を実際の儘に見なす事をせず常に想像を逞しくし或は妄想を馳せ以て少を大にし美に数層の美を重ね蓋し詩歌の基く所は感情なり情に動かされてたる者は事物を正視する能はず所謂幾分の狂なる者なり故に希臘の大聖プレトーは嘗て詩人を以て虚偽を事として人を欺く者なり天下後世を誤る事少なからずと云ひて詩人を貶斥したりし事ありと云ふ蓋し詩歌には事物をして哲学上に所謂理想的形状を有せしむる事を肝要とす是を以て能く天堂の如き無上幸福。黄金世界の形状をも描き或は極美最善。至賢の男女をも寫出し得るなり（中略）。凡そ人感情のために動かさるゝ時は幾分か狂なる者なりと雖間々或は事物に感動する事極めて深きも之れが為めに精神を錯乱せられず思想強固にして事物の観察を誤らざる人あり則ち一事物に聯合して起るべき想像千種万端なるべく雪と云ふ一物に就ても梢に積れるを花に擬し夜には月影かと疑ひ。山里の道絶ゆる心。雪折の聲など様々の想像を起す可けれど尚雪の本體を恐れざる人あり詳言すれば天の歌聖を生ずるには精確なる理解力に加ふるに雄渾なる想像と明晰なる感情とを共賦せざるべからず大哲学者の資格に加ふるに歌人の長所を兼ねしめざる可からず去れば歌聖は大哲学者に上る事実に一等なる可し是れ哲学者も自から許す所にしてベーコンもまた「詩歌は神聖なる性を具ふ」と云ひし所以なり是れ感じて而して狂せざる者にして絶て無くして稀に有る所なり詩宗ミルトンすら其詩興に乗じて思はず知らず雲雀は窓の上に啼く者と思ひし事ありと云ふ然れども詩人の標準として以て仰望すべき所正に茲にあるべし我国又支那何人か此撰に當るべき余は杜撰を恐れて暫く之を明言せず。[332]（下線は引用者による）

高田は、ここで堂々とプラトンを起源とする詩的狂気と想像力に言及し、かつ「詩人を貶斥」（「詩人追放」）ないし狂気の危険性などについても触れる。そして、「天の歌聖を生ずるには精確なる理解力に加ふるに雄渾なる想像と明晰なる感情とを共賦」せねばならないといい、想像力の重要性を強調して、文学にとっての詩的狂気の必然性と必要性を唱える。ここで退けられたのは、アリストテレス系統のミメーシスであり、いわば模擬・模写を重んじるミメーシスを原理としたリアリズムの文学観のことだ。言うまでもなく、それは真っ向から坪内逍遥が唱えた写実主義の文学観と対立し、いわゆる「只傍観してありのままに模写する心得にてあるべきなり」や「只ありの儘《まま》に写してこそ、初めて小説ともいはるるなれ」（前掲）といった創作論を退けているのである。そして、高田が主張したかったのは、その文学観に基づいた「著作談論批評を能くするを教ふる学問」で、かつ詩的狂気と想像力を「詩人の標準として仰望すべき」で、ロマン主義文学を中心に展開された想像力の「学問」で、それを基準にした詩学や批評のことだった。さらに、「幾分か狂なる者」の想像力による文学を通してこそ「哲学上に所謂理想的形状を有」し、「極美最善」「至賢男女」を表象できるのだという。この熱狂的な文学観を「文学上の妙趣」といい、その「妙趣」がわかれば、「高尚優美に趣き」、「古今東西の大家」に通じるのだと熱弁する。その趣旨を『美辞学』の「総論」で以下のように語る。

始めて文学上の妙趣を覚る事を得ん即ち文学上の妙趣を暁る事を得ば**其心自ら**高尚優美に赴き徳義も亦進歩すべし加ふるに古今東西大家の文章を読んで夫の俗輩の暁り得ざる所の愉快を享受するを得べし概言すれば美辞学は人をして開化に進ましめ塵世に在りながら清浄の快楽を得せしむる者なり。[333]

しかし、合理主義、科学の万能が唱えられ、リアリズムが風靡し始まりつつ中、さすがの高田ですら、この想像力を讃える詩的狂気の文学観を大々的に唱えるのに慎重な姿勢をとらざるを得なかった。そして、文の末尾で、自粛するかのように「余は杜撰を恐れて暫く之を明言せず」と控え目な態度を示し、それ以上言及せずに済ましている。

ところが、高田早苗が感得し、内面化し、かつ東洋の文脈のなかからも具体的な例を示して、熱狂的に説いたロンギヌスの崇高は、日本において受容されるのであろうか。古代ギリシアから伝承されてきた詩的狂気と想像力を重んじる文学観、あるいは創造的想像力を崇めるロマン主義の文学観は、はたして移植されて歓迎されるのであろうか。それとも、逆に坪内逍遥が唱える人情・世態を「只傍観してありのままの模写する」ことさえすればいい、といったような文学観が受容されたのであろうか。その行方はすでに日本近代文学史において自明な伝統となっているのであろう（むしろその受容の原因や受容体の風土に対して、文学史において一度は、解析せねばならない興味を注ぐ課題であろう）。

高田は、『美辞学』の緒言に「この書を編述するに際し著者の友人なる坪内雄蔵、饗庭篁村、三上参次、森貞二郎、中島幹事の諸氏著者の顧問に応じ著者を助けたること」と、謝辞を記していたが、実際、その内容においては、坪内逍遥と互いにどこまで認識を分かち合っていたのか、知る由もない。ただし、逍遥は、鴎外との間の「没理想論争」で苦しい経験をしたのち、一八九三年「美辞論稿」の緒言において『美辞学』について次のように言及する。「此の書はた纂訳を主とし、述作を客としたればにや、名目も証例も妥当ならぬが間々ありて、憚なく言へば、窮理弁析繁簡宜しきを得ざるところ少なからず。恐らく、著者が企図したりし程には作文家を益せざりしならん」[334]と述べ、高田の霊的、あるいは詩的狂気の想像力に対して理解するどころかネガティブな評語さえを与え、その「美辞論稿」全体において、高田とは逆の文学観を展開していったのである。

言ってみれば、坪内逍遥の写実的な文学の創作の背景にあるミメーシスの文学観と、高田早苗が唱えた文学の背景にある霊的、詩的狂気の文学観は、古代ギリシアからすでに二千年以上続いてきた深い因縁のある対立なのだ。二人の盟友は一方がそれを悟って力説するが、もう一方はまったく理解を示さなかったのである。

かくして、西洋の古代ギリシアを起源とする大いなる対峙は、奇しくも明治初期の受容において『小説神髄』と『美辞学』の対立の形で表象されたのである。そして、合理主義や理性が掲げられる時代において、当然、アリストテレスの詩学・修辞学を中心にしたミメーシスの文学観は受容されやすい。したがって単純な模倣性や写実性を唱える坪内逍遥の主張は、文学が大衆化されていくことにおいては、人情・世態風俗をありのまま写した方が詩的狂気の想像力より受け入れやすく、とりわけ売れ行きにとって有利だったのである。

『詩学』と『修辞学』の混交

一方、坪内逍遥は東京専門学校で『修辞学』というタイトルのもとで、実際、アリストテレスの『詩学』の枠組に基づいて講義をしていた。そして、講義の冒頭において、「文学・詩とは何か」という問いかけに、具体的に答えを与えようと努めている。その講義を聴講していた学生「白髭武三字」は次のような講義の記録を残している。

文学ノ定義、所謂ル文学ナル者ハ左ノ特質ヲ具ナルモノヲ云フ。
第一　単ニ特別ナル人若クハ社会ニ適応スル為メニ書レタルモノニアラザルコト
第二　詞ヲ用ユルニ事物ノ附貼タルニ止ラザルコト
第三　人間トシテ人間ヲ感動セシムルニ足ル題目ヲ取リ且思想ヲ傳へ并ニ之ヲ敷衍スル為メニ詞ヲ用ヒ以テ総体ノ人間ノ智力并ニ普通ノ人間ノ感情ニ訴フルコト是ナリ（此定義ハ「アリモン」氏ニ拠ル）[335]

この三カ条の定義からみてわかるように、文学とは、人と社会と物事一般を描くだけでなく、人を感動するためのモチーフや思想を描くことであるが、いずれも逍遥の『小説神髄』における「写実主義」の文学観と矛盾しないような形で定義されている。そして、続きの文学のジャンルにおいて、アリストテレスのジャンル分けに言及し、「(Epic) 史歌、(Drama) 院本、(Lyric) 述懐詩」（抒情詩、叙事詩・戯曲）に従って文学を分類して、「現在成立テル区別」には、十一種類に分けられ、つまり「史歌」、「院本」、「英雄」、「物語」、「奨誡」、「風刺及滑稽」、「記事及牧羊」、「謡曲」、「哀悼」、「書簡」、「雑」というように、それらを順番通りに例を挙げる。言い換えれば、この『修辞学』という講義は、文学の定義において「アリモン」のものを拝借して、ジャンルや文章の種類においてアリストテレスのジャンル分け及び修辞学の分類法をもって講義内容を組み立て、博引旁証にして手広く展開しているが、しかし、それがいったい『修辞学』なのか、それとも『詩学』なのか、明確に区別していない。そして、肝心なアリストテレスの『詩学』における文学の定義については一切言及していない。さらに逍遥はまた、「美辞論稿」の「緒言」においても、そのジャンルの混合や修辞学や美辞学の拡張性を主張して、「予が美辞論の区域は、いと広し。下は、国語法、国語学、論理法、論理学に密接し、上は、審美学に密接せり、此の故に立論の順序も従来の修辞学のと相背けるもの尠からず又強ち科学的精密を旨とせずして通俗ならんことを主とすれば用語も定義も或は稍々疎散なるものもあらん又典雅ならざるものもあるべし、是れ予が私言なるが為なり読者の咎めんをば厭わねど怪まざらん為にとてことはりおくのみ」[336]といい、美辞学、修辞学の範囲の広さを強調して、語彙や文法、修辞や文章、論理学や美学ないし詩学の厳密な枠すら超えて、「通俗ならんことを主と」していることを求めていた。

事実、東京専門学校を中心に展開された美学、修辞学、美辞学、文学批評などは、坪内逍遥と大西祝（一八六四―一九〇〇）、またその門下により展開していくようになるが、大西の海外留学などで早くから早稲田を離れ、実質、逍遥一人が学科を背負い、のちの早稲田修辞学と文学の展開には多大な影響を与えた結果となる。

逍遥と大西祝などをはじめ、とくに高田の『美辞学』と逍遥の「美辞論稿」の影響のもとで、東京専門学校の第二期生の島村抱月（本名、龍太郎、一八七一―一九一八）は、一九〇二年『新美辞学』を刊行する。それは逍遥の構想していた幅広い修辞学が一つの形で実ったと言える。その『新美辞学』の「序」において逍遥は以下のように絶賛する。

沈思精研の餘に成れる抱月君が新美辞学一篇は我が国に於ては空前の好修辞論たり、彼方の類著に比するも周到なる修辞法に兼ねるに創新なる美辞哲学を以てしたる、證例の東西雅俗にわたりて富贍なる、その例空し、斯学に志すの士は此の書にすがりて益する所いと多かるべし。[337]

事実、この『新美辞学』は、「辞」と、音声学・文字学・文法学・意味論・修辞学・論理学・文章などとの関係を考察しながら、「美辞学」の基盤を固め、東西の「美辞学」（レトリック）をも踏まえ、さらに美学、心理学、哲学との関係性を論じている。当時としては初めて、一大総合的な「創新」の学を試み、新しく創出したものであった。

しかし、前出の高田早苗が熱く唱えた文学観が『新美辞学』では見事に回避され、五三〇頁にものぼる著作の最後の

「第六章」「結論――理想説・假感説・天才説」において、たった八行をもってまとめて評されている。

就中理想説、假感説、天才説等は、上来の説が破し得べき最大題案なり。一言以て悉さば、理想の美とは美の快楽の絶対的なる事実を認めて、別なる解釈に入れるものなり。美感の假性とは絶対的なるが為に道徳を超し利害の打算を超せるの事実を認めて、別なる解釈に入れるものなり。天才の神秘とは情の力の強烈にして持続せられ易き習性を有するものあるの事実を認めて、別なる解釈に入れるものなり。此等の説畢竟把翫に適して学理の精確に欠けたり。事実の表面に触れて、事実の分解に逸せり。[338]

ここで言及される「理想説」、「假感説」、「天才説」は、いずれもリアリズム文学観とは対立するもので、「想像力」の文学と一線を画した島村にとって、あくまでも「畢竟把翫に適して学理の精確に欠けたり。事実の表面に触れて、事実の分解に逸せり」とし、事実を訴求する文学から離れたものだとして敬遠されている。

かくして、辞書から百科事典へ、そして修辞学から美辞学を通じて高田早苗によって受容された「想像力」と「詩的狂気」は、逍遥を中心とする写実主義文学の時勢において、その影響力が薄れていった。明治期、鴎外が抵抗したのを除き、とりわけ、近代日本文学の定義と批評において、詩的狂気や想像力は表舞台に出ることはほとんどなかったのである（実際、具体的にクリエイティブな作家や芸術家たちにとって、「詩的狂気」や「想像力」は欠かすことのできないもので、むしろ絶えることはなく多くの詩人や作家たちによって崇められてきた文学創作の原動力である。しかし文学批評・研究においては、ほとんど看過されてきたのである）。

一方、逍遥の早稲田（東京専門学校）門下から出た第三期生の五十嵐力（一八七四―一九四七）は、一九〇九年、近代日本修辞学史上の集大成となる『新文章講話』（一九〇九）を刊行する。これはアリストテレスの『弁論術』を始め、中国の『文心彫龍』、空海の『文鏡秘府論』など和漢洋の修辞論の歴史を踏まえ、森鴎外、二葉亭四迷、尾崎紅葉、国木田独歩、夏目漱石、島崎藤村などを含む様々な分野の人たちの文章の用例を網羅した、修辞学と文章論を兼ねた空前絶後の大著である。その「緒言」において五十嵐は「今迄の作文書といふものには組織が無い、深さが無い、力が無い、熱がない、光が無い、新しみがない、要するに命が無い」と批判し、さらに「序言」において「要するに吾等の理想とすべきは立派な名文」を求めたいという。それまでの美学・詩学批評よりも、具体的な修辞学と文章作法に力点を置き、口語・標準語・文章組立を強調し、学校教育と教育普及には最も適したものだと言っていい。五十嵐自身、早稲田大学の教育現場で修辞学を教え、その実践をも兼ねていた（早稲田大学の修辞学の講座は形を変えながらも近年まで継続している）。

しかし、五十嵐は一九二五年に『文章概論』において「実は私が文章の研究に関わり出してから十幾年、私の文章論に対する心は殆んど麻痺してしまいました。従って如何なる文章論も珍奇新鮮という感じを与えなくなり、同時に文章論を書くという事が私に取って非常に苦痛となってまいりました。でここでは甚だ勝手がましい仕方ではありますけれども、組織立った文章論はしばらく御免しを願って卑近な注意を一つ書き述べて見たいと思います」[339]という。一見、これは一個人的な心境を語ったようなことである（なぜ日本修辞学に対して悲観的になったのか、それについて改めて個人の処遇とそのその伝記研究を通じて明らかにすべき課題である）が、しかし、その心境と志向の転向は、あたかも『小説神髄』から「美辞論稿」によって発祥とされてきた日本修辞学の未来を予言したかのようなものであった。

実際、逍遥の『小説神髄』をはじめ、「美辞論稿」などに連なる一連の文学論、修辞学とは、いずれもアレクサンダー・ベインやハーバード・スペンサーの経験主義的な修辞心理学を基盤にしたものであった。しかも東京専門学校（早稲田）を中心に、十九世紀末から二〇世紀二〇年代までの欧米の修辞学を導入し、その上で古今東西の修辞法を融合するようにしたが、それが日本の詩学、修辞学、文章学、文学論などに方向づける役割を果たすことになる。また、言文一致の運動とともに、それらは現代日本語の形成と文章の規範化を促したのである。とりわけ、早稲田を中心とする修辞学は大正期まで輝かしい業績をあげ、一大体系が成就し、初等教育までに開花した。しかし、数多くの不朽の名著を生み出しながらも、その後、急速に衰微し、昭和期になっても一向に復興の気配はなかった。現在、数少ない専門家を除き、現代日本語教育、言語学研究の領域において、修辞学はほとんど言及されることはない（修辞学がなぜ日本において急激に衰微したかについて、別途に検討すべき課題であろう）。

想像力における経験主義の連想心理学への傾き

このように、写実主義を唱え、「詩的狂気」や「想像力」を敬遠して展開してきた近代日本文学について、心理学者の波多野完治（一九〇五―二〇〇一）がベインやスペンサーなどの連想心理学や修辞心理学から考察して、包括的に指摘したのが適切な診断かもしれない。

> 従来のレトリックは連想心理学との結びつきが密接であった。心理学者でレトリックの問題を最も包括的な仕方で取り扱った学者は言うまでもなく、アレクサンダー・ベインであるが、彼が連想心理学の中枢的人物であったことは言うまでもない。彼の修辞心理学二巻は英国人流の極めて面白い観察を連想心理学的原理の忠実な適用によって説明しようとしたもので、この点に多くの偏見が見出される。スペンサーの『文体の修辞学』は修辞学中の古典的著作と呼ばれて居る程すぐれた考案であるが、スペンサーを正統派の連想心理学のうちに数える事は不可能であるとしても、少なくとも彼を連想心理学派の一人と言う事は許されるに相違ない。（中略）かのように修辞心理学の全著作が連想心理学である上に修辞学者も、文の表現価値の心理学的説明をする場合には全てこれらの心理学者の下風に立ち、自ら独特の説明を考案する所がなかった。
>
> （前略）修辞技法の心理学的解明を志して居るものは、我国においては、
>
> 坪内逍遥「美辞論稿」（一八九三）
>
> 島村瀧太郎『新美辞学』（一九〇二）

夏目金之助『文学論』、『文学形式論』（一九〇三）

五十嵐力『新文章講話』（一九〇九）

の五種であると信ずる。

（中略）

ともかく我が国においても修辞学と連想心理学とのむすびつきは、きわめて密接であった。そうして現代においても、このむすびつきは、けっして解消されてはいないのである。[340]

波多野がいうように、「連想の法則というのは本来記述概念であって、説明の原理にはなりえないものである。ある事象とある事象とが接近なりまた類似なりの性質によって連想される、というだけのことならば、それは心的事象の記載にすぎないもので、なんら説明ではない」[341]。言い換えれば、坪内逍遥を始め、以上の文学論を展開した数々の試みは、ベインなどを起用した結果、それは記述して作品の心的事象を記載し、理解しただけであって、創作心理、創作原理についての解明には、限界があったのだ。とりわけ、「詩的狂気」や「想像力」については、逍遥らにとっての関心事ではなかったのだ。

したがって、総じていえば、アリストテレスの『詩学』や『弁論術』の山脈と、『魂について』（霊魂論）の山脈から発展してきた心理学（第一章第三節を参照）は、近代英国の経験心理学に継承されてきたが、それは作品を分析し、作品がどうであったかについて記述できて、作品を理解するのには役立ったのである。しかし、作品創作、あるいは創作という行為は何であったのかということにおいては、あまり役に立たなかったのだ。つまり、アリストテレスの『詩学』から始まったミメーシス理論は、最初から創作・創造・想像について、いわば「創作心理について、あまり興味を示さなかった」[342]のである。というのも、その師匠のプラトンとソクラテスによって呈示された神感説や霊感説、あるいは詩的狂気の想像力などに対して、アリストテレスはできる限り回避していたのだ。

想像力の現在の定義

それでは、現代日本語において「想像力」は、どのように定義されているのであろうか。

現行の言葉の辞典のなかで、言葉や専門用語についてもっとも網羅的に収録した『日本語大辞典』（小学館、一九七二―七六）を見てみると、見出し「想像」の項目では、まず「実際には経験のない事物、現象などを頭の中におもい描くこと。根拠のある推測や、現実からかけはなれた空想をもいうことがある。心理学では、現在の知覚にあたえられていない事象を心におもい描くことに言い、過去の経験を再生する再生想像と、過去の経験を材料にして新しい心像を創造する創作想像とに分ける」と、西洋の定義がひとまず踏まえられている。次に、藤原明衡（九八九―一〇六六）の『明衡往来』（年代不明）、『霞舟先生詩集』（江戸後期）、『続・三寄誌』（江戸）、織田純一郎（一八五一―一九一九）『花柳春話』（一九七八）、夏目漱石（一八六七―一九一六）の『吾輩は猫である』（一九〇五）というように、ほぼ年代順によってその用例を挙げている。

そして、見出しの「想像力」の項目では、その定義がさらにシンプルになる。すなわち、「想像する能力。想像する心のはたらき。」という二言のみだ。その用例として四つほどの原典が挙げられているが、最初の用例には「夢遊病の原因、近因は想像力と外識と睡中に発動するなり」とあり、前出の医学翻訳書『扶氏経験遺訓』の病症の箇所が忠実に抄録されている。次に「改訂増補哲学字彙『Imagination 想像力』」とあり、そして、末広鉄腸（一八四九―九六）の『花間鶯』（上・緒言）の用例「想像力（サウザウリョク）に富んだ世間万物の有様を脳中に画き出だし」（一八八八）と、夏目漱石の『吾輩は猫である』の用例「余程独創的な想像力がないと」が抄録されているだけである。

百科事典類の文学、哲学、美学、心理学、教育学などの項目を見てみると、おおよそ西洋のそれぞれその分野・領域に沿って定義され、新たな「和文脈」において「想像力」を精査し出して定義したものは、まずない。その中で、唯一、集英社『世界文学大辞典』（一九九七）の見出し「想像力」の項目は、比較的網羅的に文学と哲学から定義を施している（担当者、山内久明）。したがって、総じて言えば、現在、「想像力」という概念について、日本文学において定義を施すというよりも、むしろ欧米から移植して、それをどのように応用し、展開するか、その段階にいると言えよう。

以上、漢字圏において、おおよそ日本で展開されてきた「想像力」(imagination)の概念の翻訳、移植、導入という受容の過程と、その現在までの解釈と理解である。日本での受容は、西周を始め、津田真道や井上哲次郎など、心理学、哲学などの分野から導入されたため、比較的スムーズで、いわばニュートラルな「想像」という意味から「想像」の能力を表現する和製漢語「想像力」まで、さほど無理もなく移植された。また医学における病気の症状から心理学の概念や理解、解釈に至るまで、とくに滞りなく受容されてきた。ただし、それらは、いずれもアリストテレスを起源とする「表象」の定義が中心とされてきた傾向があり、第一章第三節においてみてきたように、日本の受容において「表象」や「表象のはたらき」などの用語に束縛されがちなところもある。従って、ある意味において、古代ギリシアを起源とされてきた文学・芸術・哲学に深く関わるインスピレーション・狂気・入魂・エクスタシーなどによる想像力、あるいは想像力によって美・真・善・イデアに接近しようとする能力を表象する「創造的想像力」などの詩学的な意味は、高田の『美辞学』や後に言及される鴎外を除き、社会的に影響力のある積極的な移植の動はほとんど見られなかった。言い換えれば、日本近代文学において、想像力にまつわるもう一つの探求――プラトンの源泉から継承されてきた伝統――が欠落しており、とくにロマン主義が受け継いだ、プラトンを起源にした詩的狂気や想像力に対しては、文学研究・批評の定義において、ほとんど興味が示されなかったと言っていい。

なお、江戸末期から明治初期までの間に「夢遊病」という症状の医学的な概念の定義は、文学的な想像力の受容においてどれほどネガティブな影響力を与えてきたのか(それは別の課題として考えるべきだが)測り知れないが、当面、いま現在、人文学一般において、想像力に関しての認識、解釈と探求は、アリストテレス系統――表象の意味に依存して展開されており、依然としてその範囲を超えていない傾向がある。

第四節　『新体詩抄』「小説論」『於母影』の詩的狂気の想像力と海

先鋒としての『新体詩抄』

西学東漸において、あるいは近代化・西洋化において、アジアでは突出して進んだのは日本だったが、人文学の諸々のジャンルや文学の諸モチーフ、感受性の受容ないし、諸概念の定義においても一歩進んでリードをしていた。従って、言うまでもなく、そのなかで、詩的狂気の想像力がもっとも早く感知され、海を謳歌する作品を内面化しようとした動きも早くから現れたのである。

最初に、文学作品において、意識的にかつ実験的に西洋の美的感受性を内面化しようと試みたのは翻訳詩集『新体詩抄』(一八八二)である。訳者の三人はそれぞれ詩の翻訳には適した資質と力量があった。訳者の外山正一(一八四八―一九〇〇)は、「ロンドンで、英人の理想とする『紳士』の教育を授けられ」[343]、英詩に通じた社会学教授で、矢田部良吉(一八五一―一八九九)は、アメリカのコーネル大学で植物学を勉強し、「本質的な意味で『詩人』に近いものがかすかに感じられ(中略)、抒情詩のコツをつかんでいる」[344]植物学教授であった。そして、二人の後輩でもある井上哲次郎(一八五五―一九四四)は「二人から相談相手にされたという形で、ほんの幹事役という格」[345]だったが、漢詩には造詣が深かった。こうした三人の協力と努力によって『新体詩抄』が刊行される。その翻訳詩には七五調の詩形に思想性を持ち込み、その新鮮さと大胆さは明治期に新しい息吹をもたらしたが、ただし、その創新の意味と影響が形となって文壇に現れるのには、その後一〇年ほどもかかったという。

『新体詩抄』は、十四篇の翻訳詩と五篇の創作詩からなる。そして、西洋近代における海洋の美的感受性は、初めて、矢田部良吉の訳詩――トーマス・キャンベル(一七七七―一八四四)の「カムプベル氏英海軍の詩」(一八〇〇)を通して受容される(『新体詩抄』の冒頭から二番目)。その原詩の創作時期はロマン主義文学の最盛期にあたり、かつ作者のキャンベルはワーズワースとコールリッジの足跡を辿ったかのようにドイツの旅に出かけ、旅のなか、ハンブルグのアルトナでフランス軍の侵攻を避けながら書いた「戦争詩」だったという。

詩全体はパトリオティックな海軍のヒロイズムを謳歌し、ロマン主義的な熱情に溢れているものの、ただちにそれがロマン主義の作品だとは言い難い。しかし、日本近代の海洋意識やパトリオティズムを顕揚する詩として、とりわけそれは、海を謳歌する詩として、かけがえのない幕開きの役割を果したものである。以下にそれを挙げてみる。

イギリス国の海岸を　固く守れる水兵よ
一千年のその間　汝が建つる大旗は
戦争のみか嵐をも　支へ得たれバ此後も
敵を受くともたゆみなく　勇気の限りひるがへせ
軍烈しくあらバあれ　嵐も強く吹かバ吹け

立ちくる海の浪間より　汝が祖先あらハれて
汝を援けたまふべし　蓋し祖先の軍艦の
其甲板ハてがらの場　大海原ハ其墓場
大ネルソンやブレーキの　死にし処ハ人しのぶ
軍烈しくあらばあれ　嵐も強く吹かバ吹け

四方海なるブリタニア　とりでも城も用はなし
山とたちくる波とても　千尋のそこの淵とても
慣れて我家に異ならず　いかづちなせる大砲を
船より放ち轟かし　波をわけつゝ進み行く

軍烈しくあらバあれ　嵐も強く吹かバ吹け
国の光とたてし旗　益光り輝きて
危難も都て解け去りて　太平の日にもどるらん
其時汝っハものゝ　いさほし誉て諸人が
歌に唱ひて悦びて　安楽限りなかるらん
烈しき軍すみし時　強き嵐のやみし時

詩全体は四スタンザから構成され、訳は和歌の七五のリズムをとっている。最初のスタンザは、パトリオティズムを高揚させる抒情的な呼びかけから歌い出し、イギリス海軍の長い伝統の栄光を賛美する。第二スタンザは、祖先たちの魂は波間にあらわれ、甲板は生きる場で、大海原は海兵たちの墓場だと歌い、代々にわたって勇ましく生き、美しく海に身を献げてきたことが称えられる。そして、その第三スタンザでは、ブリタニアは防塁、塔城すら要らない。海兵たちの進軍は山波のうねりへ、彼らのホームは深海にあるのだと、詩はますます昂揚する。第四スタンザでは、英国の旗が輝いて平和が戻ったとき、海兵たちの名と栄光が謳歌されるであろう。このように詩全体は、海洋と運命を共にする海兵の生死と栄光がパトリオティズムとともに謳われるのだ。一時代前までの、嵐や大時化によって襲い掛かってくる恐怖の海、あるいは怪物たちが出没する海は、今や変貌し、海軍を賞め讃える生死の栄光の場として生まれ変わったのだ。

そして、この詩は単に戦いや凱旋をモチーフにしたというよりも、海洋と生死を共にするという抒情性が込められており、そこには海と渾然一体化しようという情動や憧れが伴われ、そこにはかすかな憂いすら含有されているものだと読み取れよう。

確かに、キャンベルの作詩の六〇年前、すでにジェイムズ・トムソン（一七〇〇―一七四八）の有名な詩「統べよ、ブリタニア！」は曲が付けられ、英国で海軍の軍歌として、高らかに「大海原を統治せよ」と歌われていた（現在もよく歌われている）。しかし、単にもし、パトリオティズムの高揚や近代海軍軍歌の模範を考えれば、トムソンの詩を訳した方がより効果的だったに違いない。しかし、興味深いことに矢田部はあえてキャンベルの詩を選んで翻訳したことであろう。しかるに、このキャンベルの詩は、『新体詩抄』の他の詩と共に、五年後の一八八七年、『新体軍歌大全』（一八八七）[346]に収録され、さらに、五年後の一八九二年刊行の『新体・日本軍歌集』（一八九二）[347]再収録される。いずれも冒頭の「君が代」と二番目の「海ゆかば」などに次ぎ、順不同に『新体詩抄』の諸詩と共に収録される（ちなみに、『新体・日本軍歌集』には「蒙古来襲の歌」が収録され、なお「米国独立の歌」の次に、「仏蘭西革命の歌」までも収録されている）。従って、いささか偶然に選ばれたように思われるであろう「カムプベル氏英海軍の詩」は、日本の軍歌の形成に参与し、その海と生死を共にし、海と渾然一体化しようという抒情的な欲動をかき立てる内容が、かくして、日本の軍歌の形で受容されていったのである。

なお、『新体詩抄』刊行四年後、通常「チャイルド・ハロルドの告別」と訳されるバイロンの抒情詩が、大和田建樹（一八五七―一九一〇）によって「バイロン氏の青海原」[348]と訳されてきたことを忘れてはならない。ただし一八八六年、「唱歌」というジャンルにおいて移植されてきたことがインパクトは弱かったのか、その二年後、その詩は、鴎外らによる翻訳詩集『於母影』において「いねよかし」として訳されたことで、社会に与えた影響が大きかった。以来、近代文学において、多大な影響を与えたことによって、大和田の「バイロン氏の青海原」が、「後の軍歌に連なっていくような威勢のよいリズムはあるとしても、イメージの深さ豊かさでは遠く『いねよかし』に及ばない」[349]と評されるようになったのもやむをえないことであろう。ただし、海の抒情性を移植したことにおいて一翼を担ったことは間違いない。

一方、西学受容においては、必ずしもこういったロマン主義的な高揚感のあるものばかりではなかった。むしろ逆のミメーシスや模倣ともいうべきリアリズム・写実的な文学観が多くの読者を獲得し、むしろ坪内逍遥が主張する『小説神髄』における人情や世態風俗をリアルに模写し模倣するものが歓迎されるようになる。『当世書生気質』（一八八五〜一八八六）、あるいは二葉亭四迷（一八六四〜一九〇九）の『浮雲』（一八八七）のような小説が、当時の主たる新しい趣向・興趣を代表するようになっていた。

そういった写実主義的な文学観が広がりつつある中、四年間の留学を終えて帰国した森鴎外にとって、それが人々の心を一新する文学であるとはとても言えるものではなかった。ロマン主義文学の神髄ともいうべき諸要素を内面化した鴎外にとって、写実性を駆使して人情世態を客観的に描くことを提唱する『小説神髄』は、いささか滑稽に見えていたかもしれない。

鴎外の文学観の宣言と『於母影』の翻訳

早速、鴎外は一八八九年一月三日『読売新聞』に「小説論」を、同年五月『国民の友』に「『文学と自然』を読む」を掲載して、自分の文学観を宣言したのである。それも「鴎外は（中略）『小説神髄』を綿密に読んだ」[350]ことがあるからであり、人情世態を模倣してリアルに描写すれば文学が成立するのだというような見方に対抗するためだった。

「『文学と自然』を読む」において、鴎外は、『美』ハ『自然』ニ眠テ『精神』ニ醒ム『美』ノ『精神』中ニ渙発スル之ヲ『空想《ファンタジー》』ト謂フ『空想』ノ『美』ヲ得ルヤ『自然』ヨリス然レドモ『自然』ノ儘ニ『自然』ヲ『精神』中ニ写シタルモノニ非ズ（中略）彼ノ『自然』ヲ『模倣』スルノ徒ノ得テ知ル所ニ非ズルナリ」と[351]、美は「空想」（想像力）によって生み出されるもので、自然を模倣して得るものではないと、当時の文学の写実主義を唱える趨勢を批判する。そして、「小説論」において文学の創作源泉と原理について説き、「小説家は果して此の如き事実の範垣内を彷徨して満足すべきや」と問いかけ、文学の創作とは、「天来の奇想を」、「幻生の妙思」[352]ということによって成就されるものなのだと主張する。そこで、「獨り覚悟（「イントユイション」）」（直観・直感）[353]と「空想」（「生産的空想」produktive Phantasie)[354]・創造的想像力を賞賛して、写実主義や自然主義文学を批判し、対抗する文学観を打ち出す。

こういった鴎外の「天来の奇想」「創造的想像力」の天分などを崇めるルーツや背景、用語などについては、小堀桂一郎先生の先行研究があり、詳細にわたってそれらがドイツ詩人・劇作家・評論家のルドルフ・ヴァン・ドットシャル（一八二三〜一九〇九）とその『詩学』（一八五八）についての研究によって裏付けられているが、そのいずれもロマン主義文学を源泉にしているのが明らかである。しかも、その天分（天才）、あるいはその「天来の奇想」「幻生の妙思」、「獨り覚悟（「イントユイション」）」[355]（直観、直感）、「空想」（生産的空想）・創造的想像力とは、誰もが真似をし、習得して身につけられるものではないという。言ってみれば、鴎外の唱えるこれらの文学創作における「天来の奇想」とは、ロマン主義文学の時代に再発見され、尊崇された「霊感」や「天分」（天才）によるものであり、その「空想」（ファンタジー）の源泉をさらに遡って言えば、かつてプラトンが称した「軽い、羽の生えている、聖なるものであり」（前出、「イオン」534a-534c）、あるいは「ムッサ（ミューズ）の神々から授けられる神がかりと狂気」（前出、『パイドロス』245a-245b）によるものであり、ソクラテスによって定義され、ホメロスとヘシオドスから伝承されてきた三千年以上歴史を持つ霊感や神感の伝統のことであった。

かくして、一八八九年一月三日の『読売新聞』掲載された「小説論」とは、実質日本のロマン主義文学の創作理念の第一声をあげたことになり、それまでなかった文学観を初めて宣言したことになる。それは前述の高田早苗より四ヶ月も早かったのである。

鴎外は、「小説論」を世に宣言するかたわら、さっそく翻訳を通じて西洋文学の神髄を導入することに励む。それはまず、『於母影』（一八八九）からスタートした。『於母影』は複数の訳者が関わったものの、ゲーテやバイロン、ハイネなどの詩は、鴎外が中心となって選択されたもので、それもいずれも十八〜十九世紀西欧ロマン主義・疾風怒濤時代のものだった。題名の「於母影」は『万葉集』（4・602）の「おもかげ」に由来し、「目覚めているときに、実在するかのように眼前に出現する幻影」[356]のことを指し、いみじくも逍遥が唱えるありのまま人情世態を模写するという主張とは逆の意味を示していたのだ。のちに鴎外は「おもかげ。何の方鍼もなく取りて、何の次第もなく集めたるものなれど」（『水沫集』）と控え目に記したが、まさしくその趣味や趣向の赴くままに従ったところ、奇しくもリアリズムとは相容れない、いわゆるロマン主義文学の美的感受性に溢れた翻訳詩集になっていたのである。ある意味ではそれらの原詩は、いずれも「天来の奇想」や「創造的想像力」によって成就された詩だと見ていい。詩集全体は憧れ、夢想、懐旧、生死、メランコリーなどの抒情に溢れ、『新体詩抄』より一層西洋の魂に迫ったものだと見てとれる。

そういった『於母影』を訳した鴎外は、まるで十八世紀末、十九世紀初期を生きる詩人の感受性をもっていたようだった。その西欧の詩に対する興趣やセンス、あるいは神髄まで内面化していたことについて、平川祐弘先生は、次によういう。

（前略）小説は読みやすく誰にもはいりやすいジャンルだが、それに反して詩は（詩こそ西欧文芸の大道なのだが）そこにはヨーロッパ人の魂が歌われているだけに日本人には近づきにくい。鴎外がそうした西欧の詩歌を近代の日本人としてはじめて身にしみて理解し、味到し、日本語に移したということは、とりもなおさず鴎外が西欧の魂にふれたということである。そしてその魂にふれ、その魂の動きに共感することにより、鴎外の魂もまた変わったと見るべきであろう。[357]

つまり、『於母影』とは、通常の翻訳の意味における異国趣味（エキゾチズム）を楽しむというレベルのことではなかった。また現在でいう異文化体験を通じた内面世界の発見だということでもなかった。西欧の「その魂にふれ、魂の動きに共感することにより、鴎外の魂もまた変わった」のである。その次元において、翻訳が翻訳にとどまらず、「自己による自己自身の創造」[358]として動き始めたことをも意味していたのであろう。

『於面影』の冒頭をかざった詩「いねよかし」（一八一二）は、まさしく鴎外の魂を表象していると見受けられる。もともと海を愛するバイロンが「いねよかし」（「チャイルド・ハロルドの告別」）において、祖国を離れ、「ハロルド」

と共に精神的な、詩的な狂気の旅（現実の旅でもあるが）に出航する心情を描いたものだったが、それはまた反逆と孤独、憧憬と彷徨、メランコリーともいうべき旅の始まりを告げたものでもあった。しかし、鴎外はあえて当時、ドイツで彷徨っていたユダヤ人の末裔で、キリスト教に改宗するほど「ヨーロッパ文化への入場券」を入手したがった海洋詩人ハインリヒ・ハイネのドイツ語訳を手にし、それを選んで日本語に訳出したのだ。それは偶然の巡り会いだったかもしれないが、たとえそれが偶然だったとしても、その原詩作の海を愛するバイロンにしろ、英語からドイツ語に訳した海の詩人ハイネにしろ、鴎外にとっていずれも他人事ではなかったと思えてやまない。すなわち、英国を去るバイロンの精神的な孤独さと、キリスト教に改宗したハイネと、儒教的東洋を生きながら内に秘めた精神的な旅を生涯にわたって歩み続けようと決意した鴎外と、三人とも安定していた陸を離れて流離いするという意味で共通するところが見られる。言うなれば、バイロンの原作と、ハイネのドイツ語訳と、鴎外の「いねよかし」が表象したかったのは、いずれも海上に漂いながら、どこか（古代ギリシアの神々）に導かれていくというイメージだったのであろう。そこには同じような境遇におかれた精神的な海の旅立ちの表象が表示されたように見え、孤独な生涯を送るであろう自己予言を込めた感懐が表現されているのだとみて取れる。かつて、多くのロマン主義詩人にとって海洋がそのようなスペクタクルであったように、鴎外にとっても海とは、その憧れと孤独と、現実の不理解による失意、そして反逆をも含む、苛立ちのすべてを抱擁してくれる唯一の象徴的な存在だったのかもしれない。かくして、バイロンの境遇と、ハイネの孤独と、鴎外の「いねよかし」は、一つの共通項において一致して同じ味合いを表象していると考えられよう。

「いねよかし」は全部で十スタンザから構成されるが、「その一」、「その九」と「その十」のみを以下に示し、鴎外が託した海への思いを窺いたい。

（その一）

けさたちいでし故里は

青海原にかくれけり
夜嵐ふきて艫きしれば
おどろきてたつ村千どり
波にかくるゝ夕日影
逐ひつゝはしる舟のあし
のこる日影もわかれゆけ
わか故郷もいねよかし

（その九）
汐路にまよふ舟一葉
身の行末もさだまらず
わが為に人なげかねば
人のためにもわれなかず
あだし主人の飼ふ日まで
声かしましく吠ゆれども
むかしの主の音をせで
帰らば噛まんわが犬も

（その十）
舟よいましを頼みては

わが恐るべき波ぞなき
故里ならぬ国ならば
いつこもよしと極みなき
海に泛びぬ里遠み
陸に上らば木がくれし
むろにや入らん山深み
わが故里よいねよかし[359]

見てわかるように、タイトルの「いねよかし」はもちろんのこと、その翻訳には『万葉集』などの古典的教養が必須である。したがって、「いねよかし」は「平易な現代の日本語と隔絶した古典的語彙群によって支えられた美的な一世界だった」といわれ、それゆえ、主訳者は鴎外ではなく、古典的素養の深い落合直文（一八六一――一九〇三）だったのではないかという議論すらある[360]。確かに語彙や用語から考えれば、古典的な美に近づくという意図が込められていたものだと考えることができる。しかし、「いねよかし」が『於母影』の冒頭に据えられたのは、なによりも多くのことを物語っているに違いない。かつて島田謹二が指摘したように、『於母影』全体はまず、「十九世紀風なロマンチスムの風潮（中略）、『生』の神秘に対するあこがれや苦悶を歌うロマンチックな厭世観《ペシミズム》、即ち西欧文学史にいわゆる『世紀病《マル・デュ・シエクル》』(Mal du siècle) の悩み（中略）、一種の郷愁の新様式」[361]など、そういった新しい詩的感覚を日本に移植しようという目的のためのものだった。しかし、一方、『於母影』は、その出現当初こそ、依田学海のごとく、旧派の批評眼からその訳集の価値を一括的に否定（「国民之友」六十三号）しようとするものもあった」[362]という旧派からの否定的な見方が存在していたことを忘れてはならない。したがって、『於母影』は、古典的語彙群によって支えられる必要性もあり、内容意味よりも、むしろ装飾のような一種のジェスチャーだったのかもしれない。ただし、「いねよかし」は、新しい詩的感覚と、言葉の優雅雅趣という両者によって成就されたものなので、鴎外主導のもとで直文との共同作業だったと考えた方がより妥当かもしれない。

鴎外とハイネのドイツ語訳の「いねよかし」

他方、「いねよかし」のモチーフには、確かに通常の古典的な意味での故郷を離れて流離の旅に出るという美意識が込められており、よってそれが一種の郷愁の詩だとも読むことができる。しかも、ロマン主義詩人と海との関係について、熟知していた鴎外にとっては、バイロンの原詩と、海の詩人ハイネの訳詩は、さらに多くの思いや美意識や情念が込められていたのであろう。言うなれば、すなわち鴎外は、ワーズワースやコールリッジなどがバイロンとハイネと同じように海を謳っていたのを知っていたはずで、バイロンのように心身ともに海に夢中になり、「海の子」として知られ、実際、海で泳いだりしたことも有名で、かつハイネがバイロンに憧れていたことも知られていたはずで、読者は、誰もが彼らが海によって結ばれることが見て取れよう。

事実、一八一二年に『チャイルド・ハロルド』を発表するが、ほとんど脱出するかのように、バイロンは母国を離れ、その心情を表現して「いねよかし」を作ったのだが、その六年後の一八一八年、旅の続きにおいてさらに海の詩を作る。こんどは回顧のかたちで、海に取り憑かれた様子を表現したのである。そこで、(前出)「私はおまえを愛して……」、「私はおまえの子だった……」と、海を謳う。

大海よ！　私はおまえを愛してきた
若い日のよろこびは、おまえの胸に浮かび
水沫《みなわ》のようにただようことであった
少年の時から、私は大浪とたわむれ

浪こそ私の歓喜であった。たとえつのりくる嵐の
恐怖が迫ってこようとも、それはたのしい恐れであった。
私は、おまえの子だったといっていいのだ。
おまえの大浪に任せて、遠近に浮かび
いまもするように、わが掌を、おまえの鬣《たてがみ》に置いたのだ。

ここでバイロンは、純粋に海に心酔し、海との一体感を楽しんでおり、そこで何かのために海を謳っているのでもなければ、何かを託しているのでもなかった。自然は純粋に愛されるべきもので、海は自然の一部分として愛されるべきものだ。だが、バイロンにとって海はさらに心の一部分となって、身体的なものになっていた。故郷と別れて海上の旅が始まった瞬間から、海はまるでバイロンにとって心の源泉のようなものだったが、今やその海の旅が、彼を終末に誘なうかのような旅の始まりでもあった。

一方、バイロンに憧れ、その海の語句に陶酔していたハイネは、バイロンが亡くなった三年後の一八二七年、バイロンと同じく海に取り憑かれるようになる。『北海・随想』において、ハイネはその恍惚していた様子を次のように謳う。

私は自分の魂のやうに海を愛する。屡々私は、海こそはほんたうに自分の魂そのものであるかのように気持ちになる。さうして海の底には、花の開く瞬間だけ海の表面に浮び出し、花が萎む瞬間には再び沈んでゆく名も知れぬ水草があるやうに、時としてまた不思議な花の姿が私のこころの底から浮び上がって来て、馥郁と香り、輝き、さうして再び消えてゆく——、
（中略）
何故なら海は私の魂なのだから——

こうして、ハイネもバイロンと同じように海を愛し、海は彼の魂そのものになってしまうのだ。それまで海に出るということだけでも、それは危険を伴い、古から語られてきた神話の海や現に頻りに見舞われる海難がつねに恐怖と惨事を予兆し、未知なる轟音が迫ってくると、海はいつでも不吉なことを引き起こしかねない。しかし、バイロンとハイネにとって、それは違っていた。今や海は彼らの愛と魂となって変貌していったのである。

そして鴎外は、その七七年後、今度ハイネのドイツ語訳に基づいてバイロンの詩――「いねよかし」を日本語に移植する。海を魂とした英独の詩人たちの血統が、いま海に囲まれた日本に受け継がれ、彼らの詩的狂気によって表象されていた海が、こんどは鴎外の一部分として伝えられてきたのである。そして、海が東漸して、偶然にもあるいは必然的に海の家族の詩が初めて鴎外によって『於面影』の冒頭に飾られることになる。「いねよかし」はかくして、得も言われぬ表象として、とりわけ鴎外のさまざまな思いを象徴して日本文壇に登場してきたのだ。

「いねよかし」は、単に文体やリズムの翻訳上の美によって読者を魅了するようなものではなかったはずだ。また異国趣味を伝え、あるいは古典的な海の旅や郷愁で括られるような美意識を表示しようとしたものでもなかった。言ってみれば、鴎外にとって「いねよかし」とは、ハイネとバイロンによって二重に紡ぎ出されて、手繰り寄せてきた海の詩だけでなく、その終わりのない精神的な流離の始まりと文学の出発の記念碑だったのであろう。そして、その数々の象徴的な意味のなか、鴎外の終末を予言することも包含したのであろうか。数多くの詩のなか、「いねよかし」のみを選んで『於母影』の冒頭に据えた鴎外にとって、それはあまりにも多くのことが象徴されているのである。そこには古典の雅文によって伝えられた西洋のモダンがあり、生まれ育った国への抵抗と愛があり、寵児として囲まれながらも理解されない孤独があり、汪洋たる東西の海に導かれて流離の源泉への長い旅があったのではないだろうか。

比較文学におけるドイツ三部作

一八八九年とは、日本近代文学にとって、とりわけ詩的狂気と想像力にとって記念すべき一年で、新しい文学観が打ち出された、エポックを画す一年だった。つまり、鴎外は一月「小説論」、五月『文学と自然』を読む」、八月『於母影』というような順次で評論と翻訳を世に送り出し、鴎外の文学観、いわば非写実主義的、「天来の奇想」や「空想」を重んじる詩的想像力の文学観が表明された年で、さらに五月には高田早苗の『美辞学』が刊行され、それらは、ともに日本の詩的狂気の想像力と海にとって始まりを意味し、発端と出発になる一年だった。

そして、「とりもなおさず鴎外は、西欧の魂にふれた」ことで、「その魂の動きに共感することにより、鴎外の魂もまた変わった」のだ。その「西欧の魂」を内面化した天分が、つい鴎外を奮いたださせる。翌年、まず『舞姫』(一八九〇)と『うたかたの記』(一八九〇)が相次いで刊行される。さらにその翌年『文づかひ』(一八九一)が上梓される。

通常、ドイツ三部作と称され、鴎外のドイツ留学体験記か、自我覚醒の初期作として解されてきた。しかし、東西の比較文学の視点からみれば、それらは違う主題の小説として読み取れる。

つまり、この三部作とは、いずれも西洋ロマン主義的な諸モチーフに括られるような物語で、ドイツ留学を背景にし、東西文化的な価値観のギャップと相違による悲劇か、東西両文化を熟知した視野において、ヨーロッパ文学の真髄を東洋に伝え、啓蒙しようとした小説だったと読まれるべきであろう。事実、三作において、ギリシア・ローマの神話をはじめ、神々と神との拮抗や、ドイツにおけるユダヤ人の境遇ないし軍人・貴族サロンの生活ぶりなど、ヨーロッパ文学において敢えて明言しなくてもわかるような、さまざまな暗示やシンボル、アレゴリーや記号などがふんだんに用いられて描かれている。そのため、現在はどうであれ、明治期、単純に東洋側の美的感受性だけでは読み解き難いところが多々あり、むしろドイツ語か英語でヨーロッパ向きに発行した方が当時、より多くの読者の共感を得ていたかもしれない。その主人公の「豊太郎」や「巨勢」と「小林」は、西洋の神話や宗教、または芸術的ないし政治的な背景のシステムに取り囲まれながら、いずれもそれに溶け込んで熟知し、対象の異文化を我が身の一部分として振る舞い、異国の

「エリス」、「マリイ」、「イイダ姫」を抱擁できるような文化的な超越者ともいうべきか、いわば、いずれも東西両文化を凌駕できた越境者だったのだ。そして、物語の展開において踊りにせよ、あるいは絵画や軍人のサロンにせよ、それぞれ何らかの形で「神」や「エロス」や「ミューズ」や「ミネルヴァ」、または「ヘルメース」などへの深い感得か信仰が暗示され、それらが小説のプロットや語りの中で数多く描かれ、さりげなく自然に表象されているのだ。一方、三作の語り手や男主人公たちは、いずれもまたヨーロッパ側とは正反対の儒教的、あるいは和文脈的、漢文脈的な素養を身につけた人々で、かつ明治期の近代化を遂行するエリートや軍人の気質がそなえられ、使命や責務を貫徹する強い意志さえ持ち合わせた人々だった。そして、この相容れない二つの相反する価値観・世界観は、三部作において一貫して主題として表象されているが、その主題が主人公たちの内面世界か、その取り囲まれた世界において、東西両文化が縺れ合いながら、決して妥協できない相反する二つの世界として表象され、男主人公たちはその矛盾や乖離を抱えて生きなければならなかった運命として表象されているのである。言ってみれば、三作の男主人公は、単なる日常生活者や浅はかなエキゾチストとしてではなく、もはや古典ギリシア・ローマから近代までの西洋人の精神的な葛藤を内面化し、かつその文学・芸術の神髄に共感して我が魂に染み込ませた東洋人として、生きるような人々であった。言い換えれば、いずれも東西文化の越境者で、かつ境界人のような運命を持ち合わせて生きなければならなく、またいずれも両者を交通させようという啓蒙的な役割を果たす人々であった。

　そういった三部作について、詳細な分析は別途にすべきだが、何よりもそれを裏付けるのは、作者の生涯から見受けられるように、鴎外は、まさしく東西二つの相反する世界を一身にしてどっぷりと浸かり、両方を共に深く生き、その乖離を生涯にわたって耐えなければならなかった一生を過ごしたことであろう。従って、端的に言うなら、鴎外は、この三部作の男主人公とともに、ある意味ではいずれも明治期における西欧のルネサンス人であり、彼らは東西両方の文学や学問をわが身として内面化したせいで、皮相な合理主義ではなく、その詩的狂気や想像力の天分を持ち合わせた越境人となり、ミューズの女神に取り憑かれたかのように使者として西欧の真髄を伝えようとしながらも、その一方では、全く別の厳格な儒教的な掟によって拘束されて生きなければならなかった境界人だったと見受けれる。比喩的に言えば、神仏儒の価値観の保持とミューズの女神に取り憑かれた使者の使命、その両者を遂行しようとしたのだ。

鴎外の想像力の飛翔の挫折

そういった心的な複合性、文化的価値観や世界観ないし文学的な美意識上の対立を背景にして、その喜びと苦悩を描き、そのあまりにも大きなギャップを表現しようとしたのが、三部作である。そして、『舞姫』と『うたかたの記』が一八九〇年一月に刊行されるやいなや、翌月、文学評論家の石橋忍月（一八六五―一九二六）は、すぐにまったく不当な批判を浴びせる。

「舞姫」の意匠は恋愛と功名と両立せざる人生の境遇にして此境遇に処しむるに小心なる臆病なる慈悲心ある――勇気なく独立心に乏しき一個の人物を以ってし、以て此の地位と彼の境遇との関係を発揮したるものなり[303]

鴎外の「太田豊太郎」は、いわゆる恋愛と功名との拮抗といった、旧態依然の戯作文学や義理人情物の価値基準によって裁かれてしまう。そもそもロマン主義文学に表象される悲恋や、儒教的な倫理との対立を背景にした惨めさ、あるいは東西の価値観の対峙と文化の相違によって引き起こされた悲劇のモチーフのはずだったが、全く別の次元においてはぐらかされてしまったのだ。それればかりか、主人公の悲しげな嘆きや、それによって惹起されるメランコリーなどの美的感受性は、憎まれるべき優柔不断の性格として批評され、運命に翻弄されるロマン主義的な悲恋を描こうとしたであろう鴎外にとって、どれほど滑稽に見えていたのか、想像に難くない。

当時、石橋忍月にとって、西洋文学におけるメランコリー（憂鬱）というモチーフはどうであれ、そんなものは意に介する必要もなかった。若き鴎外に一撃のショックを与えさえできればよかったのであろうか。しかし、才気煥発で産声をあげて生まれた処女作に対しての不当な評語は、たちまち、「舞姫論争」を引き起こされる。鴎外は自己弁護したものの、恵まれた文学の天分が惜しくもスタートの時点で、自由に飛翔しようとした想像力の翼の羽毛の一本を、まず毟り取られる羽目になったと見て取れる。

しかし、石橋忍月の批評の主旨が間違っていたとは言えない。その「恋愛と功名心」、「勇気なく独立心に乏しき」という認知は、日本の現在国語教育の中でもよく見られる考え方だ。作品をどのように読もうと読者の自由だが、しかしズレが行き過ぎたら、せっかく「天来の奇想」によって出来上がった作品も台無しにしてしまう。もしも、前出の翻訳集『於母影』や、背景にある西欧文学の伝統、特にロマン主義文学によって受け継がれた「愛」や「エロス」、「ミューズの女神」への憧憬、あるいはそれに取り憑かれ、運命に翻弄される悲劇の伝統のモチーフを念頭において、鴎外の創作を評価したのであれば、あるいは鴎外がそういった諸々の美的感受性を物語に仕組むようにしたことを理解して批評していたならば、若き鴎外の天分は、さらにどれほどの素晴らしい作品を生み出していたか計り知れない。

『舞姫』において、例えば、ミューズの女神に司られるバレー芸術と、それに奉仕する精霊の踊子の役を演じるユダ人の娘「エリス」(明確にユダヤ人だと指示しなかったとしても)を登場させただけで、すでにヨーロッパ文化の二大源流(古代ギリシアとユダヤ教)を表象する象徴的な出来事になるのだ。もちろん、鴎外はそれを熟知していたからこそ、東洋的、儒教的な倫理観をもつエリートの「太田豊太郎」をして、エリスに一目惚れさせ、愛の女神に憑かれた二人を運命づけたように、東洋的、儒教的な倫理観との矛盾において展開させるのである。なお、豊太郎とエリスが出会った場所は、キリスト教会の正門の前だったが、エリスがもしユダヤ人だったなら二人はシナゴーグの前で出会わなければならなかったのであろう。しかし、「舞姫」ではそうではなく、あえてキリスト教会の前で出会わせるようにしたのは、鴎外その近くにシナゴーグがあったことを知らなかったことはない。いうなれば、ヨーロッパ文化の二大源流に、のちのキリスト教をも表象し、さらに忠義孝節を重んじる儒教と神仏文化、といったような背景において、エリスと豊太郎との関係をスタートさせたのだ。そういった複数の信仰と価値観を背景にして語られた『舞姫』は、その出会いが最初から多くの意味が縺れ合うようにしたのである。つまり、二人の間に育んだ愛の背景と基盤には、あまりにも複雑な文化的な齟齬、宗教や価値観の相違があり、まず、そのような相互の対立と交錯が布陣されていたのだ。

そのような設定において、二人の身に展開される恋愛が、悲劇的な運命にむかうのは避けられない。そして、その悲劇を誘発する起因は、ロマン主義文学によく見られるような運命的なもので、その運命を変える手立ては何一つ残していない。そこで豊太郎の性格が優柔不断だと言われる責めは避けられないが、しかし、何よりも一刀両断にして、白黒をつけることのできないのは、この複数の文化と価値観と世界観が二人の心にすでに深く染み込んでいたことであろう。従って、『舞姫』は、アンビバレンスとも、強いてはパラドックスとも言うべきで、その複数の文化の価値観が介在する限り、二人の愛が深くなればなるほど、その悲劇の度合いが深刻になり、その複数の価値観とエロスの愛が二人を奪い合った結果が二人を悲劇に導いてたのだというべきであろう。そういった狭間における無力な豊太郎は、メランコリー的な運命を受け入れざるをえない。また耐えなければならない。また憧れなければならない。

実際、『舞姫』は、そのように理解すべき小説ではないか。つまり、多くの読みの中で、比較文学から読み解くと、『舞姫』はまず、そういったロマン主義文学の悲劇として理解すべき、一個人が東西両文化の矛盾とギャップを埋めることに無力さを感じ、その狭間に生きる人間の物語だと考えるべきであろう。おそらく『舞姫』の「豊太郎」がその運命を自ずから引き受け、メランコリーに生きることを決めたところ、あるいはその後、ずっと悔恨しながらも憧れ、懐旧しながらも耐えなければならないという内面世界には、文学にとって永遠のモーチフがやどっているのではないかと思われる。もちろん作者自身の身に起こったことを忘れてはならない。鴎外はそういった実際の心的体験に基づいて、美的感受性とモチーフを盛り込んで生み出したものだと受け取るべきであろう。『舞姫』は、明治期の小説だとはいえ、解釈と読みによって、グローバル化時代の今こそより多くの共鳴者が得るのではないかと思われる。

同年、鴎外はさらに『うたかたの記』を発表する。石橋忍月は早速、小説の背景にある「ミューズの女神」や「ミネルヴァ」、「狂気」、「天才」などのモチーフを看過して、「三種の狂を書き別けしものなり（…）曰く偽狂、曰く眞狂、曰く学問狂是なり」[364]と裁断を下す。しかし実際、鴎外は、この小説においてとくに「巨勢」という「モンゴリア形の狭き目を光る」「色黒き小男」の主人公に特殊な能力をもたせ、西洋の文学的芸術的な狂気と詩的狂気の想像力と天才を一身にした画家として仕立てているのだ。そして、その「巨勢」を「カッフェエ・ミネルワ」（古代ローマの知恵・学芸・工芸などの女神の館の意でもある）で少女の「マリイ」に巡り合わせるが、そこで、いわば芸術の女神に取り憑かれた人々の物語がまずこのカフェから始まるのだ、というプロットによって設定されているのである。現在からみると、それはほとんどステレオタイプに近いが、「巨勢」は、そこでいみじくも「マリイ」に一目惚れして別れてしまう。のちに「マリイ」を絵に描こうと努力するあまり、憧れや思い出を想い起こすが、まさにその狂おしい想起のなかで、ロマン主義文学に重宝される「想像力」が登場してくるのである。画家の「巨勢」は、実際のモデルを前にして「マリイ」を模倣して再現しようとしなかった。「巨勢」は、そこでただ単にひたすら想像力を羽ばたかせて「マリイ」を描いていくのである。

さはあれどわが見し花うりの目、春潮を眺むる喜びの色あるにあらず、暮雲を送る夢見心あるにあらず、イタリア古跡の間に立たせて、あたりに一群れの白鳩飛ばせんこと、ふさわしからず。わが空想はかの少女をラインの岸の巌根におらせて、手に一張の琴をとらせ、嗚咽の声を出させんとおもい定めにき。下なる流れにはわれ一葉の舟をうかべて、かなたへむきてもろ手高く挙げ、面にかぎりなき愛を見せたり。舟のめぐりには数知られぬ『ニックセン』、『ニュムフェン』などの形波間よりいでて揶揄する。[365]（下線は引用者による）

鴎外は、ここで「巨勢」を通して「マリイ」を想像し、想像力によってライン川の岸の巌根に座らせて、その手に琴をもたせ、嗚咽の声を出させようと描く。鴎外は、一年前の「小説論」「文学と自然」の創作論を実演しているかのように、ミメーシスやリアリズムには及ぼすことのできない心象風景を展開して、「創造的想像力」によって、「マリイ」

を想像する中で描くのである。しかも、神話上の海の妖精ニンフがたわむれてくることまで想像して、「マリイ」を創造する。ここで鴎外は、意識的に、事実や実際がどうであったかといったような写実主義文学を前提にした、事実のみを模写しようとする坪内逍遥一派の文学観と違った、想像力によって文学と絵が想像され、創作され、成就されるのだということを示していたのだ。

「巨勢」は、のちに別れた「マリイ」に再び会うが、自分の目を疑って、「こも例の空想のしわざなりや否や」と、かつて想像力によって想像された「少女」がこんなに「マリイ」に似ていると、今や目の前にいることを疑い、かつて想像して創り出した目の前にいる「マリイ」を見て、これこそ想像力の力だと感心する。

実際、「うたかたの記」全篇にわたる物語は、想像力によって構成されたようなものである。つまり、そのモチーフは、いずれも愛や文学・芸術を司るビーナスやミューズの女神に取り憑かれた人々の狂気についてのことであり、実際、ドイツのルードヴィッヒ二世が湖水で溺れ、一八八六年六月十三日に死んだ事件までも、その遠因が芸術の女神にとりつかれた狂気によるものだとされている。

かくして、『うたかたの記』は、すでに唱えられていた写実主義や「ありのままを模写する」文学と違って、想像力によって創作する文学を日本で提唱しようとした作品である。

そして、一八九〇年、鴎外は『舞姫』と『うたかたの記』を執筆したほぼ同じ時期、さらにインスピレーションと想像力によって文学が成就されることを改めて明確に主張する。

小説を作るもの若事実を得て満足せば、いづれの処にか天来の妙想を着けむ。事実は良材なり。されどこれを役することは、空想の力によりて做し得べきのみ[366]。

すなわち、小説創作にあたって、事実についての写実や模写だけに満足するのであれば、いつかインスピレーションや神的な霊感が降りてきたらどうするのか。たしかに事実は小説にとってよい材源になる。しかし真の作品を創作するには、想像力によってこそ成就されるのではないだろうかという。

そして、「文学と自然と」という議論においても、さらに同じく想像力の役割について力説する。

夫れ有意識の想は精神なり。無意識の想は自然なり。美は自然に眠りて精神に醒む。美の精神中に喚発する處を空想とす。空想の美を成すや、美は我軀を還せと叫ぶなり。これに軀を得せしむるは美術なり。されば美術は手を触れて春をなし、石を駆りて羊をなす。彫工の斧斤、畫師の丹青これなり。唯詩人は文を藉りて空想より空想に寫すものなり。[367]

鴎外にとって作品とは、ひたすら対象を模写して虚しく模倣することではなかった。美やイメージは、自らひとりでに浮かんでくる「天来の奇想」（霊感、直観）や「無意識」によって「喚発」される、いわば「空想より空想に寫す」想像力によって創作され、文学は言葉を借りて想像力によって創造されたものだという。

かくして、「天来の奇想」といったような霊感・詩的狂気を身につけた鴎外は、「無意識」や想像力を創作原理として主張し、実際、作品においても表象されるようにしていた。しかし、鴎外のこのような想像力、「天来の奇想」や霊感による文学観は、ミメーシスを背景にした近代リアリズムの文学観に対峙していくが、それは奇しくも西欧文学の起源において対峙してきた二つの相反する文学観の表れでもある。

想像力否認の「没理想論争」

そして、今度、東洋においても、二つの相反する文学観が対峙すべくして対峙してきたのだ。石橋忍月との「舞姫論争」のつぎに、ついに鴎外はまた逍遥と「没理想論争」において対立する。

「没理想論争」については、しばしば鴎外がいったい「ハルトマン」をどこまで読み込んだのか、あるいは単に自家薬籠中の物を持ち出して坪内逍遥を論破しただけではないか、といったような疑問が挟まれていた。

しかし、鴎外と逍遥との対立には、文学創作原理においてもっとも根源的な問題をはらんでおり、本書で繰り返し言及してきた大いなる二つの文学観の対立の表れでもあった。それは、ハルトマンの理論どころか、たとえその起源のプラトンを持ち出してきても、鴎外が宣言した小説論や作品において表象した詩的な狂気と想像力、あるいはその「天来の奇想」「無意識」について、容易く説明することができない伝統的な事象である。というのは、そもそもソクラテス・プラトンから始まった神感説・霊感説・詩的狂気などの文学観は、同じく彼らの対話から生み出したミメーシス・芸術的な模写・模倣という文学観と相反して生まれてきたもので、その対立は、最初から一種のパラドックスを呈していたと言える。のちにアリストテレスによって後者の文学観のミメーシスが、人間の自然の本能的な学習の模倣行為として解釈されて受け継がれてきた（第一章第三節、第四節に言及したように）。そして前者は一時期、影が薄れたが、ルネサンス期に甦られ、とりわけロマン主義文学や文学の創作原理、創作心理に触れさえすれば、必ずやこの二つの対立する文学観に遭遇することになるわけである。

従って、鴎外と逍遥との「没理想論争」はまさに古代ギリシアから受け継がれた二つの文学観の対立の表われだ。

「没理想論争」の終息にあたって逍遥は、最終的に二点をあげて、両者の違いを現実模写において、そのすべてを明示している。

（第一）先生は、先天の想といふもの宇宙にみちみちたり、と信じ、われはこれを断ずること能はず。

（第二）先生は、戯曲家の理想は結象して無意識の辺より躍りいづる個想なり、と信じ、われはこれを解する能はず。

つまるところ、第一点において、文学とは、プラトンが呈示した神的、霊的、天才的な詩想や想像力によって創作されるのだということを信じるかどうかということである。鴎外はそれを信じており、逍遥は判断できないという。第二点において、文学には、永遠の美（イデー）が存在しており、その詩想や想像力が降って湧いてくるか、もしくは内面や無意識から湧いてくるものであるが、鴎外はそれを信じており、逍遥はそれを理解できないという。

繰り返すことになるが、これは、まさしく本書第一章において呈示したプラトンの「イオン」『パイドロス』『国家』において呈示された文学観と、アリストテレスの『詩学』『魂について』において呈示された文学観との対立であろう。そして、奇しくも鴎外と逍遥は、そういった二つの古典から対峙する文学観の代弁者となっており、明治時代においてその対立が再現し、それを反復しているのである。

この大いなる対峙は、その起源から解決をみることは不可能なことであった。それと同じように、鴎外と逍遥との「没理想論争」も解決が見られなかったのである。軍配は一見、鴎外の方に上がったものの、それは当面、論理や弁論術や修辞学上における軍配であって、究極的には相反する二つの思考様式には勝敗がなく、それは解決不可能な一種のパラドックスで、あるいはアンチノミーかアンビバレンスだと理解した方がよかろう。ただし、この二つの思考様式、文学観は、どちらが人間に対してより多くの利益や幸福感をもたらすか、創作者や読者のそれぞれの優劣の判定に任せるべきであろう。

第五節　『即興詩人』の詩的狂気の想像力と海と「妄想」

ロマン主義文学神髄の移植

一八九一年十二月から始まった「没理想論争」は一八九二年六月に終わるが、鴎外は九月十日に稿を起こし、一九〇一年一月十五日に完成する翻訳作、ハンス・クリスチャン・アンデルセン（一八〇五～一八七五）の『即興詩人』（一八三五）に着手する。あしかけ九年間、心血を注いで訳出した作品だけに、その訳は美文として絶賛される。明治時代に多大な影響を与えたものの、一般の読者よりもむしろ詩人や作家たちに刺激を与え、新たしい感性や美的感受性をもたらした方が大きかった。それ故か、『即興詩人』は外国の作品でありながら、未だに岩波文庫の外国翻訳文学の赤帯に分類されず、日本文学の緑帯に属され、翻訳を超えた再創作の傑作として特別に扱われている。「我座右を離れざる書」といって鴎外は、この作品を格別に大事にしていた。そして、それまで鴎外が文学の創作において繰り返してきた「天来の奇想」（妙想）、霊感、詩的狂気、想像力と海への賞賛は、この『即興詩人』において、そのすべて鮮明にかつ美しく語られてきたのである。

ところで、なぜ翻訳作品の『即興詩人』が日本文学のオリジナルな傑作として愛読されてきたのか。そもそもそれがヨーロッパでもトップの文学作品として評価されて読まれなかったのに、どうして明治日本で生まれ変わったのか。それについてさまざまな回答が考えられようが、以下の三点が最も重要な前提になっていると考えることができる。つまり、まず、何よりも鴎外の訳は原典のデンマーク語からではなく、ドイツ語の翻訳版から日本語に再翻訳したもので、それによって、原典に対して距離が置かれたことで、訳者の鴎外と日本の読者は、ともにより自由に想像力を羽ばたかせて訳して読むことができ、いわゆる自由に鑑賞できるように再訳された物語だからであろう。次に、原作者のアンデルセンと訳者の鴎外は、ともにロマン主義文学者としての視点をもち、南欧や古代ギリシア・ローマへの憧憬において二人は共に共通して異邦人だったことである。つまり、異邦人として思い描いたイタリアや古典時代は、二人にとって等しく、少なくとも西洋文学の精髄をわがものにした鴎外にとって、そこにはアンデルセンとは主客的な、あるいは従属的な関係が薄かったのであろう。その次に、物語の内容において主人公が様々な悩みを抱え、イタリアの各地の旅を通して成長していくように描かれたものだが、それはデンマークのアンデルセンと日本の鴎外がそれぞれ内面の悩みを抱えながら、共にイタリアを旅し、共に古代ギリシア・ローマへの精神的な巡礼をし、二人にとって共通する心の旅の物語でもあるからであろう。したがって、鴎外の『即興詩人』は、ドイツ語翻訳版によって原典の『即興詩人』で示された諸々な実際の出来事や全知的な原作者のアンデルセンの束縛から解放され、比較的な自由に鑑賞できるような視点を獲得した物語で、そして、日本の読者は、鴎外とアンデルセンと共に、より自由に想像力を羽ばたかせ、現実のイタリアのみならず、古代ギリシア・ローマへの旅ができるような物語である。言って見れば、この作品において、読者は鴎外のドイツ語から訳された日本語の美文の案内で、デンマーク人と共にイタリアと古代ギリシア・ローマに憧れる世界に旅たち、鴎外の感性と美的感受性を通して、異邦人と共に異郷ないし西洋古典時代を旅することができるのだ。しかも、読者は鴎外と共にその世界を自由に想像し、鴎外と共に容易く物語に自己を投影し、また自己感傷に浸ることができるのである。『即興詩人』は、そのようにして原作よりも美しく伝わり、日本の読者にとって原作には果たせなかった物語の役割を果たした物語なのだ。

それでは、『即興詩人』は、どういう物語だったのであろうか。それはまず、主として主人公アントニオの幼少時から一人前の即興詩人になるまで、その成長の過程のストーリーを描いた小説だ。その「即興詩人」とは、もともと古代ギリシアから継承されてきた「吟遊詩人」（ラプソディー）のことで、ルネサンス期のイタリアにおいて即興詩的なパフォーマンスを行う者として広く社会的に知られ、その天分（天才）・神感・霊感（インスピレーション）が尊ばれ、とくに十八世紀から十九世紀にわたってイタリアにおいて、さまざまな劇場・サロン・専門のステージ・街道・市場などで即興詩・即興芸術が披露されていたという。当時、イタリアの各地において即興詩・即興芸術のコンテスト・競演などが催され、それらの興行で、入神・霊感に取り憑かれる詩人がよく見られたという。そして、そういったイタリアの即興詩人らの天才的な想像力によって表象された詩は、ヨーロッパ中の文学者や芸術家、文人たちを魅了していた[368]。

アントニオは、そのような時代における一人前の吟遊詩人・即興詩人を目指す少年だった。それ故、アントニオは、古来のホメロスやイオンのような吟遊詩人になるため、あるいは現代の即興詩人になるため、それなりの神的、霊的な体験や経験をしなければならなかったのだ。

アントニオはローマの町で生まれたが、幼いころから「天使」といわれ、声も美しく、「空想」、「妄想」や想像力に浸るのが好きな子だった。「この始めて僧房をたづねし時の事は、久しき間わが空想に好き材料を與へき」といい、初めて霊的な想像力を働かせたのは、教会を訪れたことがきっかけだった。そういった幻想と想像の体験を繰り返しているうちに、「萬聖祭」(十一月一日万聖節)という神の感謝祭で人々が膝を屈めて拝み、祈り始めたとき、突然、また幻想をみるようになる。

髑髏の色白みたる、髑髏と我との間に我身の周圍の物、皆獨樂の如くに回り出しつ。物を見るに、すべて大なる虹を隔てて望むが如し。耳には寺の鐘百がかりも、一時に鳴るらむやうなる音聞ゆ。我心は早き流を舟にて下る如くにて、譬へむやうなく目出たかりき。それより後の事は知らず。我は気を喪ひき。人あまた集ひて、鬱陶しくなりたるに、我空想の燃え上りたるや、この眩暈のもとなりけむ。醒めたるときは、寺の園なる檸檬の木の下にて、フラア・マルチノが膝に抱かれ居たり。わが夢の裡に見きといふ、首尾整はざることを、フラア・マルチノを始めとして、僧ども皆神の業なりといひき。(中略)これによりて、我を神のおん子なりとする、人々の惑は、日にけに深くなりまさりぬ[369]。

アントニオは、頭蓋骨で作られた香炉に囲まれ、その匂いと人々の祈りと鐘の音のなか、「心は早き流を舟似て下る如く」高ぶったせいか気を失ってしまったが、目が覚めると、「神の啓示」、「神の申し子」だといわれる。アントニオにとって、それは初めての神がかりか霊的な入神の体験だったのであろう。
その後、アントニオは身辺の事物を詩に謳う。そして噂が広がって向かい側の「女房聞きて、げに珍らしき詩なるかな、ダンテの神曲とはかかるものか、とぞ称へける。これを手始に、物として我詩に入らねなきやうになりぬ。我世は夢の世、空想の世となりぬ」という。こうして、アントニオは、いわゆる身心ともに、徐々に神的、霊的、詩的狂気を受け入れる吟遊詩人、即興詩人の道を歩み始めるのである。

この詩的狂気と想像力は、憧れの歌手アヌンチャタと知り合ってからさらに高揚し、ある機会にアヌンチャタと一緒に歌を披露するが、即興詩を吟じてくれと求められたところ、アヌンチャタから「不死不滅」という題が与えられる。アントニオは、初めて大勢の前で即興詩を披露するのだが、それが古代の吟遊詩人を思い起こす詩だった。

詩神は蒼茫たる地中海を渡り、希臘の緑なる山谷の間にいたりぬ。雅典は荒草断碑の中にあり。ここに野生の無花果樹の摧け残りたる石柱を掩へるあり。この間には鬼の欷歔するを聞く。昔ペリクレエスの世には、この石柱の負へる穹窿の下に、笑ひさざめく希臘の民往来したりき。そは美の祭を執り行へるなり。（中略）詩人は善と美との不死不滅なるを歌ひぬ。（中略）詩神は瓦礫の中に立ちて泣くほどに、人ありて美しき石像を土中より掘り出せり。（中略）詩神はこれを見て、さきの希臘の美人の俤を認めき。（中略）詩神は又波を踏みて伊太利に渡り、古の帝王の住みつる城跡に踞して、羅馬の市を見おろしたり。（中略）あはれ羅馬よ。汝が不死不滅はいづれの處にか在る。鷲の眼は忽ち耀きて、その光は全欧羅巴を射たり。（中略）羅馬は猶その古き諸神の像と共に、その無窮なる美術と共に、世界の民に崇められん。東よりも西よりも、また天寒き北よりも、美を敬ふ人はここに来て、羅馬よ、汝が威力は不死不滅なりといはん[370]。

アントニオは詩神と共に、まず想像力によって地中海へ羽ばたき、ギリシアの山や谷に行き、古代の祭を見て、その善と美は永遠だという。また詩神と共にギリシアの美人の面影を見たりして、さらにローマにもどって「汝が不死不滅」、その威力は永遠だ、と歌って賛美する。

ところが、このくだりを読んで、ソクラテスとイオンとの対話を想起しない者はいるのであろうか。これは、まるでプラトンが綴ったように、ソクラテスがイオンに対して――詩人とは霊感や狂気によって飛び立つもので、彼らが「軽い、羽の生えている、聖なるもの」で、「蜜蜂」のように空を飛び、そしてミューズの女神の庭や谷の泉から「詩歌をつみとり、われわれのもとにはこんでくるものだ」――というのを反復しているようで、アンデルセンはアントニオをして即興詩を歌わせ、今や吟遊詩人の伝統を蘇らせているのである。そして、アントニオは、吟遊詩人の末裔として一人前の即興詩人に近づいて成長していくのだ。

アントニオは、こうして霊的、神的、詩的狂気と想像力を身に付けた現代の吟遊詩人であるところの即興詩人として、一座を感動させた。しかしアヌンチャタへの愛情をめぐって、彼を誤解した親友に決闘を強いられ、突きつけられたピストルをはねのけようとしたはずみに親友を撃ってしまう。そのため、ローマを逃れることになったアントニオは、波乱に富んだ人生を歩みはじめ、紆余曲折して、ついに海――地中海に出会うのだ。その場面は、いわばアントニオがはじめて自分の心象風景に出会ったような感動的場面のひとつである。

我心は景色に撲たれて夢みる如くなりぬ。忽ち海の我前に横はるに逢ひぬ。われは始て海を見つるなり、始て地中海を見つるなり。水は天に連りて一色の瑠璃をなせり。島嶼の碁布したるは、空に漂ふ雲に似たり。地平線に近きところに、一條の烟立ちのぼれるは、ヱズヰオの山（モンテ、ヱズヰオ）なるべし。沖の方は平なること鏡の如きに、岸邊には青く透きとほりたる波寄せたり。その岩に觸るゝや、鼓の如き音立てゝぞ砕くる。われは覺えず歩を駐々めたり。わが満身の鮮血は蕩け散りて気となり、この天この水と同化し去らんと欲す。われは小児の如く啼きて、涙は両頰に垂れたり。市に大なる白堊の屋ありて、波はその礎を打てり。[371]

主人公は地中海に面して夢心地になり、海と空と雲に陶酔するが、「わが満身の鮮血は蕩け散りて気となり、この天この水と同化し去らんと欲す」というように、海や自然に感動し、あるいは即興で詩を歌ったときと同じように詩神に取り憑かれ、恍惚として心が奪われる。アントニオは、このような海に取り憑かれた経験を何回も繰り返す。そして、徐々に生まれ変わり、一人前の即興詩人として成長していくのだが、その海への陶酔は、まさしくかつてアディソンの海への謳歌、ヘルダーがフランス行きの船で経験した海への陶酔の伝統を甦らせたようなものでもあった。

『即興詩人』移植の意味と影響

ところが、アントニオと共に表象され、海に魅了され、陶酔し、入神した心象風景、あるいは海という内面のスペクタクルは、まさにこの瞬間をもって、ロマン主義文学の情緒と共に、鴎外の翻訳を通じて初めて日本に上陸したことになる。つまり、鴎外を通して日本は、初めて生き生きとした言葉でそれまでになかった海における美的感受性・恍惚・夢心地を受容することになる。したがって、それまで東洋には表象されることがなかった海の心象風景の開闢が導かれたのだ。

かくして、詩と小説その両方を兼ねた形で『即興詩人』は、西欧文学の真髄、あるいはプラトンによって表象された詩的な狂気の想像力と海の美的感受性を日本に導入し、それによって西洋文学の受容は、新たな段階に入ったといっていい。

島田謹二（一九〇一―一九九三）の詳細な検証によると、『即興詩人』の刊行当時、雑誌『帝国文学』『明星』『文庫』、また「朝日」「読売」「東京日日」「時事」「報知」新聞など、それぞれ「文章優雅」、「深厳雅醇」、「訳文老熟」というように、こぞって賞賛していたという。

明治三十年代中期までは、ホメロスにしろ、ダンテにしろ、シェイクスピアにしろ、ゲーテにしろ、西洋第一流の古典については、これという好翻訳が出ていなかった。かりにそういう大古典が和訳されても物には順序がある。すぐに成功するとは限らない。やっぱり時人の要望するものと相そぐうものでなくては真に民族魂に浸透することはできぬ。ところが明治の初期以来漸く数を増し加えた知識階級の成立はまず以って浪漫主義思潮の吸収と摂取を要望していた。そこへこの『即興詩人』という西欧浪漫主義文学の全面的移植が本格的に成功したのであるから、この好訳書を獲て、新しい時代の人々ははじめて「西洋的近代情操」――ロマンチシズムの真髄にふれることができた。これが『即興詩人』の一代の名著と仰がれる所以である。[372]

実際、『即興詩人』は、単に一般の読者を魅了させただけではなかった。むしろ一八九二年十一月、刊行し始めたときから、主として多くの詩人、作家に魅了されていた。文学作品が世に出ると、とりあえず売れているかどうかが一つの目安となるが、それはときの読者の興味・感心の表れであって、時が過ぎたら多くの読者は興味を失い、作品は単なる記憶か記録として残るのが一般的である。しかし、しばしば読者の興味というより想像力や創作の源泉という意味で多くの詩人や作家に霊的なものを示し、刺激を与え、目覚めさせ、まったく別の世界を呈示してくれるような作品がある。『即興詩人』は、そういう類の作品だった。つまり、作品の読み手よりも、むしろ作品の書き手たちや創作者に最大の利益をもたらしたのだ。それと時期がほぼ重なるが、当時『金色夜叉』も読者に人気があり、長期にわたって連載され、多くの人を楽しませた。しかし、『即興詩人』とは人気のポイントが違っていた。島田謹二の検証したところによれば、『即興詩人』は、泉鏡花をはじめ、樋口一葉、島崎藤村、薄田泣菫、上田敏、平田禿木、正岡子規、尾崎紅葉、小栗風葉、田山花袋、蒲原有明、永井荷風、正宗白鳥、与謝野鉄幹、与謝野晶子、平野萬里、石川啄木、吉井勇、北原白秋、長田幹彦、木下杢太郎、そして、小山内薫、武林無想庵、生田長江、森田草平、阿部次郎、安倍能成、小牧暮潮、吹田蘆風、石田幹之助、芥川龍之介、浜田青陵、小泉信三、沢木四方吉、水上滝太郎、久保田万太郎、小島政二郎、日夏耿之介、佐藤春夫、石川淳などに影響を与えた[373]という。つまり、これらの詩人、作家、随筆家らに刺激と影響を与え、新しい文学の美的感受性や理解の仕方と可能性を示し、新たな創作の源や糧やモチーフをもたらし、生き生きとした新しい世界を示したのである。そしてこれらの作家たちは、その影響を受けて自分の作品を展開するが、『即興詩人』がいったい具体的にどれほど広い範囲にわたって大きな影響と刺激を与えていたか計り知れない。それよりもむしろ、逆に仮に、これらの作家や詩人たちの美的感受性から『即興詩人』の影響を差し引いてみたら、どんな文学風景が見えてくるのであろうか。そして、近代化、西洋化を進めていた過程のなかで、これらの文学者たちはさまざまなルートで、西洋文学を鑑賞し、自分なりに理解し、自分なりに我がものにして吸収して創作していた。しかし、ヨーロッパの詩人や作家たちが憧れてやまなかった心的な原風景、あるいは「『西洋的近代情操』――ロマンチシズムの真髄」は、いったい何だったのであろうか、その諸エッセンスについて、まず、鴎外の『即興詩人』の刊行を待たねばならなかった。いわば、ヨーロッパ文学者の心の深奥に共通して吟遊詩人・ホメロスへの憧れとその源泉から繰り広げられた美的感受性の体系を、ダイレクトに生き生きと呈示してくれたのは、『即興詩人』が初めてのことである。しかも、紀行探検を兼ねたこの詩人の成長小説は、鴎外こそが書けたもので、鴎外こそ移植できた心的スペクタクルなのだと、島田謹二は次のように強調する。

『即興詩人』が西洋文物の直接把握を可能にさせたという点で、福沢諭吉らの実践してきた文明開化の精神を、文芸の世界にまでみちびき入れたということである。すなわち、ローマ、ナポリ、ヴェネチアなどの風物と景観と、レオナルドやミケランジェロやラファエロやティティヤノなどの美術や音楽と、ヴィルギリウスやダンテやペトラルカやタッソーなどの文学と演劇と、それから考古学と自然学と、すべてそれらの西洋学芸の本道は完全に体験できるように、ここにはじめて、展望の道がひらかれたことである。いまや「西洋」は、明治初年のように、また『花柳春話』などのように、たんに知識だけのものではなく、情意にひびき、いな、全人格の反応をともなって受容され、同感される存在になった。このことが、いわば一種の学芸派ともいうべき好学の青年たちに働きかけた深度は、ちょっと測定ができない。それはどんなに強調しておいても足りることはあるまいと思う。[374]

『即興詩人』は多くの意味で、明治中期以降の日本の詩人や作家たちにとって、まるでかつて英国の裕福な人々が一七世紀から一八世紀の間、イタリアなどへの長期のグランドツアーに匹敵するものであった。それは、日本の詩人や作家に限ったことではない。『即興詩人』で展開された詩的な想像力による幻想のようなイタリアの風景とその古典への巡礼は、当時、あのゲーテまでも憧れてやまなかったことであった。四〇過ぎてからやっと長期休暇をもらって、二年間もイタリアに滞在したが、それが彼にとって作風までも変えるほどの巡礼の旅だったのである。いうなれば、一九世紀から二〇世紀初頭の日本の作家たちは、ゲーテに及ばないが、日本にいながらにして、鴎外の『即興詩人』を通して、かつてゲーテがイタリア巡礼後に生み出された「ミニヨン」の南欧の情緒を追体験して、内面化していたのだった（ゲーテの『イタリア紀行』（一八二九）は、アンデルセンの『即興詩人』（一八三五）とほぼ同時代の作品で、ゲーテの『イタリア紀行』が相良守峯によって和訳されたのは、鴎外の『即興詩人』より五〇年も遅れていた）。

繰り返すことになるが、海への賛美、海洋に対する陶酔・幻想・想像力は、こういった『即興詩人』に内包する詩的狂気の想像力と鴎外の心的なスペクタクルと共に、日本の詩人や作家たちに受容されていくのだが、旧来の人々の海に対する感情と美意識が塗り替えられ、新しい海の感性や情緒が移植されはじめたのである。

『即興詩人』によって感化され、その美的感受性によって育まれたであろう自然主義小説家正宗白鳥（一八七九〜一九六二）は、若き文学青年の自分を回顧して次のように語る。

「即興詩人」のような翻訳以上の翻訳が現われた（中略）。「エリスが生ける屍を抱きて千行の涙を濺いだ豊太郎」（「舞姫」）の心を作者の心としていた鴎外は、アヌンチャタとアントニオの薄倖な恋物語にも心を捉えられたに違いなかった。「涙は読むに従い流れ、わが心の限りの涙と化して融け去るを覚えたり」とは、アヌンチャタの最後の手紙を読んだ時の、アントニオの心を叙したばかりではなく、訳者や読者の心も述べられているように思われる。若い男女の恋を描いて、情景兼具わった小説は、明治以来「即興詩人」に及ぶものはなかった。私は三たびこの物語を読んだ。最初は「しがらみ草紙」「めざまし草」などに断続的に掲げられたのを上野の図書館に保存された古雑誌の綴込みを捜して止切れ切れに読み、その後、春陽堂出版の四号活字の二冊本によって、首尾を通じて読んだ。私は二十代に読んだ翻訳文学で、最も忘れ難い印象を留めているものは、この「即興詩人」と、小金井きみ子女史の「浴泉記」とである[375]。

ここで追想された『即興詩人』は、正宗白鳥にとって原作者のアンデルセンよりも、むしろ鴎外に自分の青春の夢を託している。つまり、鴎外によって移植された、それまでかつてなかったロマン主義的な意識・美的感受性は、白鳥のような明治期から出発した文学者たちにとって、かけがえのない創作源泉であり、そして、当時の詩人や作家たちは、もはや無条件に、みずから積極的にそれを受容していったのである。

白鳥と同じように、原作とは殆ど無縁で『即興詩人』を受容し、鑑賞し、さらに人生観の価値判断の基準として絶賛する読者もいた。

鴎外の作品としては、私はやはり第一に「即興詩人」を挙げたい。青年時代に隅々「即興詩人」を読み得たことは自分の幸福であった。その青年時代を「即興詩人」をしらずにすごした人があるとすれば、それは大きな損をしたものだと私は言いたい。多くの読者と同じく、私もその幾つかの章節をそらんじ得るまでに繰り返して読んだ。イタリヤを旅行するときその一巻を携えたことも又人々と同じであった。（中略）この物語は勿論アンデルセンの作である。しかしそれがかくもわれわれを動かすのは鴎外の文章によること争うべくもない。即興詩人のドイツ文は私もかつて一読した。しかしそれから受ける感動の訳文からのそれに比すべくもないのは、自分のドイツ語学力の不足のためとは考えない。鴎外は、原文の文意は勿論、一字のニュアンスをもおろそかにすることなしに、しかもそれの無尽蔵なる和漢雅俗一切の語彙を傾けて全く自己の即興詩人を書いたといって好い。それは無論翻訳で、しかも忠実なる翻訳であるが、訳者は日本の読者のために原文の読者のかつて味わい知らぬ異常の美しさを加えたのである。(中略)しかも欧文をかくまで解し味わい、和漢の文字をかくまでに駆使するということは、今後果して誰が出て為し得るか。鴎外の前に鴎外なく、鴎外の後に鴎外なし。「即興詩人」は和漢洋文字の珠玉をおさめた、日本文というものの到り得る極所を示したものとして傳へらるべきである。[376]

経済学者の小泉信三は熱狂的な読者だっただけに、『即興詩人』をドイツ語版までに照らし合わせながら、鴎外の訳を鑑賞して絶賛しているのだ。ここで『即興詩人』は原作者不在の、訳文のみがもっぱら読者の手に委ねられたものへと変貌し、原作と関わりなく訳者と読者の解釈によって、共同で新たに作品が創出された例がみられたのであろう。言い換えれば、『即興詩人』は、ついに原作者の手から解き放たれ、ドイツ語によって変容され、さらに日本語によって再び変貌が遂げられた挙句、今や日本の受容者によって別のコンテクストにおいて鑑賞され、新たな美文のカノンや基準として位置づけられたのである。

実際、そういった日本語の美文として『即興詩人』を推奨する読者は、明治当初から現代まで後を絶たない。例えば、画家の安野光雅(一九二六〜)は原作よりも鴎外の『即興詩人』を美文の模範として推奨し、イタリアの実地踏査を熱心に薦める『絵本・即興詩人』[377]をも刊行している。

一方、確かに、二〇世紀、西欧での『即興詩人』は「センチメンタルな大衆小説、そういう二、三流の作品の域を出ないであろう」[378]とも言われる。デンマーク王立図書館司書クヌート・ベア(一九二一〜)によると、『即興詩人』とは一八三四年九月、二三歳の青年アンデルセンがシンプロン峠を越えイタリアの土を踏んで、そこを舞台にして誕生した

「仮面の自伝」[379]であるという。登場する人物は「どれも実在の人物をモデルにしている。作り出した人間は一人もなく、みんな私が知っている、あるいは知っていた人たちである」とアンデルセンが主張したものの、それは必ずしもイタリアの人ではなく、戯画化した人物もいるという。

しかし、アンデルセン自身が、「私がこの目でイタリアの最も興味深いところ、ローマとナポリで見、また体験し、感じ、夢見たことをお読みになるでしょう。ただしあえて言うなら、ウォルター・スコットがハイランドやそこの人々を描いたような筆致でヘスペリアの自然とそこの人々を描きました」[380]と、友人に宛てた手紙から見ると、スコットランドのロマン派作家ウォルター・スコット（一七七一―一八三二）の影響が大きかったのは確認できるが、しかし、旅行記のジャンルにおいては、かつてセンチメンタリズムをもたらしたローレンス・スターン（一七一三―一七六八）の「フランスとイタリアにおけるセンチメンタルな旅」（一七六八）を思い起こせば、『即興詩人』は小説の出来事によって旅をさせられた要素が大きく、純粋に旅よりもアントニオの感情の成長小説としてみた方がより的確かも知れない。

小説全体のモチーフやプロットの運びや細部の描写などは、ヨーロッパの文脈ではどうであれ、実際、ロマン主義文学の諸要素、いわゆる内省・感情の高揚・想像力の飛翔などは、異国・未知・神秘・古代への憧憬に伴われ、夢と現実、憂鬱・苦悩・歓喜、恋愛と自然愛などが絡み合って、全体にわたって散りばめられて、満遍なく表象されているのは、日本受容にとって成功の鍵になったかもしれない。そして、それらが、物語においてがんじがらめに筋立てられたのではなく、要所要所で抒情的な紀行文として語られ、加えて鴎外の手によって移植されたところ、名文美文として、西欧近代の典型的な感情・感性の「バイブル」か、明治日本の作者や読者にとって、願ってもない新しい美的感受性の「百科事典」になったといっても過言ではないであろう。

海と『妄想』

そして、晩年に近づいた鴎外は、さらに海の風景を内面化した自伝的短篇小説『妄想』（一九一一）を世に送り出す。

一九一〇年、「親友の賀古鶴所氏が千葉県（上総国）夷隅郡長者町の海岸に別荘をつくる」といって、鴎外も誘われ、その「長者町に隣接した東海村字日在の海岸で松林に被はれた丘約三百坪ほどを買って小別荘を建てた」のだ。「この家が父の作『妄想』の家で白髪の翁となった父がその海に近く突き出た八畳の一室に座し、利那の間に長い過去の経験と思索とを見渡す事が記してある」[381]と、鴎外の長男森於菟は、懐述する。

作品『妄想』は、冒頭一番「目前には廣々と海が横はってゐる」と、海の風景から始まる。目前に広がっている海は、かつて訳出したバイロンの「いねよかし」の海と違って、またアンデルセンのアントニオが眺めていた、「わが満身の鮮血は蕩け散りて気となり、この天この水と同化し去らんと欲す。われは小児の如く啼きて、涙は両頬に垂れたり」というような、心身ともに感動した、あの陶酔するような海ではなかった。

目前には廣々と海が横はってゐる。

その海から打ち上げられた砂が、小山のやうに盛り上がって、自然の堤防を形づくっている。アイルランドとスコットランドとから起こって、ヨオロッパ一般に行はれるやうになった dun といふ言葉は、かういふ處を斥して言ふのである。（中略）

海を眺めている白髪の主人は、この松の幾本かを切って、松林の中へ嵌め込んだやうに立てた小家の一間に据わっている。（中略）

今据わっているのは、東の方一面に海を見晴らした、六畳の居間である。

据わっていて見れば、砂山の岨が松の根に縦横に縫われた、殆ど鉛直な、所々中窪に崩れた断面になっているので、只果もない波だけが見えているが、この山と海との間には、一筋の河水と一帯の中洲がある。河は迂回して海に灌いでいるので、岨の下では甘い水と塩い水とが出会っているのである[382]。

海辺の風景と「主人の翁」が眺める海、またその周辺の描写は、すべてが穏やかで、その周到な写実的なタッチがあたかも激しい感情の起伏を回避しようとしているようだ。むしろ鴎外が熟知していたドイツの代表的なロマン派画家のダビッド・フリードリヒ・カスパー（一七七四〜一八四〇）の「海と僧侶」（一八〇八〜一八一〇）という、人生を回顧しながら思索にふけるような、深遠なる海の風景に近いというべきであろうか。

（前略）海は太平洋である。（中略）
あたりはひつそりしてゐて、人の物を言ふ声も、犬の鳴く声も聞えない。只朝凪の浦の静かな、鈍い、重くろしい波の音が、天地の脈搏のやうに聞えてゐるばかりである。[383]

そして、海を眺望して、白髪の主人は、水平線に日がずんずん昇っていくのを眺め、「時間といふことを考へる。生といふことを考へる。死といふことを考へる」。自分の若い頃留学した諸々のことを回顧し、哲学的な問いかけをしたりする。ハルトマン、ショウペンハウエル、ニーチェなどを引き出して思索にふけたり、さらにまた、将来の医学が寿命延長の貢献について言及したりする。小説の終わりには、次のように記す。

かくして最早幾何もなくなつてゐる生涯の残余を、見果てぬ夢の心持で、死を怖れず、死にあこがれずに、主人の翁は送つてゐる。その翁の過去の記憶が、稀に長い鎖のやうに、刹那の間に何十年かの跡を見渡させることがある。さう云ふ時は翁の炯々たる目が大きく睜られて、遠い遠い海と空とに注がれてゐる。[384]

ここで思索者である主人公の内面世界が海の風景に包まれ、もしくはその思想的な遍歴が海によって宥められているとも読みとれよう。主人公は、海を眺望したあげくに、焦らず、怖れず、憧れずに、あたかも自然の源泉に戻ったようで、あるいは自然に回帰することを待っていたかのようで、そこから永遠なる海に自分のすべての思索を託したとも、あるいはそこで諦めの人生観、もしくは超越した心情を呈示したとも見て取れる。

海の文学の展開

一九〇二年、『即興詩人』出版後、一九〇五年、鴎外に激励されつつ、上田敏は、ついに翻訳詩集『海潮音』（一九〇五）を出版する。それは上田敏が一九〇二年から翻訳して発表し続けてきた、プレ・ロマン主義から象徴主義までのイギリス、フランス、ドイツなど、二十九名の作者による五七篇のアンソロジーである。ボードレールの「人と海」やオーバネルの「海のあなたの」をはじめ、多くの詩において海が謳われ、詩集全体の主調音の一つは「海」だと言ってもいい。書名「海潮音」という言葉は、もともと仏教において「菩薩の説法の声」という意味で用いられていたのだが、西洋文学の自然や海をモチーフにした詩集のタイトルにしたことによって、その「海潮音」は仏教の説法の声の上に、さらに西洋の海の声が加えられ、より豊かになったのであろう。

『即興詩人』によって展開された海の美意識や美的感受性を継承して『海潮音』は、さらに多様な海のモチーフ、イメージをもたらしたが、実際日本において、海はすでに他人事ではなくなってきた。すなわち、『即興詩人』がもたらした抒情的な海の心象風景は、徐々に広がり、内面化され、『海潮音』を経由して、海は頻繁に表象されるようになったのである。それ以降、海の受容というよりも、近代作家や詩人たちにとって、海をいかに豊かに表現できるか、あるいは海の表象をいかに変容できるかが課題となってきたのだ。

二〇世紀一〇年ごろから、日本はヨーロッパと同じように、すでに海を眺望し、海辺を歩き、海辺で恋愛をし、海岸を散策してビーチ・海水浴を楽しむようになったが、その変化につれて、海にまつわる感性、美意識と文化も徐々にかつ大幅に変容していく。かくして、海は日本上陸を果たし、とうとう精神世界、心象風景に入り込んで内面化されていき、日常生活までに浸透していったのだ。

ロマン主義文学の自然観は、さまざまな様相を呈示してきたことと同じように、その海洋観もさまざまな形で展開され、海における美意識ないし美的感受性も、必然的にさまざまに変貌して、変容していく。

しかし、海の受容においては、鴎外と違って、ロマン主義の海洋を意識しながらも、故意にはぐらかして海のスペクタクルを展開しようとした近代の代表的な作家もいた。それは、つまり大陸にではなく海に囲まれたイギリスに留学した夏目漱石だ。漱石は、もはや海を警戒し、抵抗して、さらに海に対して新たに認識的、感性的な布陣さえ施そうとしたのである。

海において漱石の美意識は、どういう形で初期の鴎外と相反して展開されたのか、後のケース・スタディーにおいて見ていく。その前に、まず想像力は、どのように中国に受容されていたかを検証する。

第六節　想象・想像・想像力――中国

伝統的な思考様式の刷新

一九世紀末から二〇世紀初期の間、いわば明治以降、中国においてどのような状況の中で「想像力」が受容されたのか。それに触れるには、まず中国の西洋学の受容の背景を見なければならないが、しかしそこで日本を抜きにして考えることはできない。

中国の西洋学全般の受容が日本よりほぼ半世紀ほど遅れ、本格的にスタートをしたのは、一九一七年の「新文学運動」あるいは「文学革命」以降だというのが大方の見方である。その運動にかかわり、あるいはその前後、西洋学の受容において重要な役割を果たしたのは、主として日本、アメリカ、ヨーロッパに留学か、亡命の体験をもつ人々によるものであった。

その時代を画す出来事として、まず指摘せねばならないのは、三回にわたって日本留学を果たし、早稲田大学などで学んだ陳独秀（一八七九―一九四二）を筆頭に口語の雑誌『新青年』を発行したことである。それが導火線になり、その雑誌に載せた一連の呼びかけや起爆剤になるエッセイや小説が「文学革命」のきっかけになったことである。

次に、重要な出来事としては、「新文学運動」以前に、フランス留学帰りの馬建忠（一八四五―一九〇〇）は、フランス語とラテン語の文法に基づいて一八九八年『文通』（通称『馬氏文通』）を著したことである。いわゆる三千年もの間使用されてきた中国の「文言文」（古典文語）には、史上初めてラテン語に基づいた文法・規範が与えられ、それによって、中国語には文法が形成されたことである。それまで「中体西用」と掲げられていたが、その意に反して、西洋人文学のリベラル・アーツは、漢字圏に忍び込んで、まず最も基礎となる文法から漢字にメスを入れ、中国語には規則と文法を与えたのである。それは、のちの現代中国語文法の創出の基礎を築くことにつながるが、中国語の言語・思考システムは、まずこの基礎的な部分から変容させられていったのだ。

そういった言語・思考システムが改変されつつあるなかで、例えば、梁啓超（一八七三―一九二九）や、王国維（一八七七―一九二七）、魯迅（一八八一―一九三六）、胡適（一八九一―一九六二）、陳望道（一八九一―一九七七）など、それぞれフランス、日本、アメリカ留学か亡命の体験後、西洋をモデルにして中国伝統の再発見をはかり、それぞれ伝統文化の改革のプロジェクトに取り組んで、西洋と同じような人文学、リベラル・アーツを再構築しようとしたのである。一見、これらの先駆者たちはそれぞれ自分の都合で、ランダムに革新を施していたように見えるが、しかし、それはいやしくも必然的にそれぞれ違う分野から一体系としての西洋人文学システムに取り絡められていったのだ。

その次の出来事は、一八九八年、政治的な改革運動「戊戌の変法」（一八九八）が失敗したことである。その失敗は、中国の知識人の伝統への懐疑と批判を促し、ついに言語・概念・思考様式・世界観ないし文化体系までに問題と障害があることが自覚させられる。梁啓超はその失敗で日本に亡命し、一九〇四年、横浜で発刊した雑誌『新民叢報』に「子墨子学説」[385]を発表する。それは西洋の枠組に基づいて中国の論理学を体系的に再発見と再構築しようとしたものだった。いみじくも西洋リベラル・アーツのもう一つの基礎となる論理学（ロジック）が中国の思考システムに介入しはじめたことを意味した。

そして、文学と文学批評において、王国維（一八七七―一九二七）と魯迅（一八八一―一九三六）は、重要な役割を果たす。王は上海の日本語翻訳者育成のための学校「東文学堂」[386]で日本語を学び、そこで哲学専攻の日本人教員であった田岡嶺雲（佐代治）（一八七〇―一九一二）の本に、「汗徳」（カント）、「叔本華」（ショーペンハウアー）があるのを目撃した。その偶然のことから観念論のイマヌエル・カントと、アルトゥル・ショーペンハウエル（一七八八―一八六〇）の知識に出会うこととなる。それがきっかけでドイツ系統の哲学・美学に傾倒し、フリードリヒ・フォン・シラー（一七五九―一八〇五）とフリードリヒ・ニーチェ（一八四四―一九〇〇）などの著作を読み、彼らの美学や文学観から触発され、悲劇理論を含む近代文学評論を構築し、『紅楼夢評論』（一九〇四）『人間詞話』（一九〇八）を世に送り出すことになる。同じ一九〇八年、魯迅も「摩羅詩力説」（一九〇八）を発表する。これが、近代文学の理論、いわば詩学と評論のスタートとなったのである。

魯迅は日本留学を終えたのち、一連の小説やエッセイを書いたが、中国の国民性を容赦なく批判する一方、古典の再発見をはかって、『中国小説史略』（一九二四）をも上梓する。それは中国古典の再構築において意味が深い出来事であった。他方、魯迅の啓蒙と批判を施した文筆活動は、政治的な意味が大きく、儒教の伝統的な価値観を根底から批判を促した点において、当時の中国のマルクス主義にも通底していた。特にその小説は、坪内逍遥が日本文学を写実主義文学へ方向付けたのと同じように、魯迅は中国近現代文学においてリアリズム文学をリードしたのである。

現代語において、日本の「言文一致」運動と同様、中国で抜本的な「文字改革」「文学改革」を促したのは、コロンビア大学でジョン・デューイ（一八五九―一九五二）に師事し、プラグマティズムを仕込まれた胡適（一八九一―一九六二）である。そのエッセイ「文学改良趨議」（一九一七）は、従来の思考様式、修辞法、叙述方法を変え、難解な文語文を廃して、口語に基づく西洋的な思考様式の受容を唱え、「白話運動」（口語運動）を推奨した。とりわけ、従来の文言文を廃止し、文章と思考様式にメスを入れるという点では、中国文化の基礎から揺さぶりをかけたことに匹敵する大きな衝撃的な出来事であった。

かたや、胡適はコロンビア大学の博士論文[387]に手を加え、中国語で『中国哲学史大綱』（一九一九）を出版する。史上、初めて西洋の学問の枠組と方法論に基づいて分析され、構築された中国哲学史である。それは西洋哲学の枠組において再発見され、再構築されて再創出された哲学史だが、中国哲学分野にとって「創出の濫觴（源）」と見なされ、近代史において「哲学史専門分野の成立」、「歴史の実証主義の確立」と「思想の啓蒙」[388]という三つの功績があると評価されている。ちなみに、「哲学」とは、西周による造語だったが、一八七七年東京大学文学部にはすでに哲学学科が設立され、一八八三年「東洋哲学史」の科目が新設されるようになり、従来の中国の「訓詁学」や「経学」[389]、「三学」[390]などの方法論がのちの井上哲次郎を始めとする「東洋哲学」や「支那哲学」研究などによってとってかわられ、新しい西洋的な方法論によって刷新されていた。それが清朝末期、あるいはのちの近代中国に対して大きな影響を与えたのはいうまでもないことで、西洋リベラル・アーツの中心に位置される哲学が構築されたことになる。

なお、日本の早稲田大学などに留学した陳望道は、日本の美辞学・修辞学の碩学高田早苗、島村抱月の著作に触れ、五十嵐力（一八七四―一九四七）の講義と指導のもと、修辞学の基礎を叩き込まれる[391]。そして帰国後、十年間にわたって中国語の教育実践を通じて模索し、一九三二年『修辞学発凡』を上梓する。その修辞学は、分類から枠組、理論から方法ないし概念やタームまで、日本の修辞学の影響のもとで構成されたものであった。「白話運動」によって生まれた現代中国語の形成とその基礎教育において、『修辞学発凡』は、初めて標準的な解釈、基準のある表現方法を与える役割を果たしたのである。初版の序言において、詩人で文筆家である復旦大学教授の劉大白（一八八〇―一九三二）は、賛嘆のあまり次のように言う。

> 中国人は言葉を喋って何百万年を経ち、言葉を修め、また何千年も作文を作って辞を修めてきただろうが、しかし、いわゆるシステマティックな修辞学がかつてあったとはまったく知らなかった。一九三二年、陳望道先生の『修辞学発凡』が誕生したからこそ、中国は初めてやっと古文と現代口語を兼ねた、システマティックな修辞学を有するようになったのだ[392]。 392

実際、『修辞学発凡』の誕生によって、それまでの中国語の言語改革において、口語派・古典派・西洋派など各流派の間で行われていた論争が収まるようになる。とりわけ陳望道の手によるマルクスの『共産党宣言』の翻訳の成功が手助けとなり、その後の中国共産党系の文章・書類・著作ないしマスコミの口語化や文章表現法において、陳望道をはじめとする修辞学は、現代中国語の普及には、新しい解釈の基準と表現方法の規範の根拠と与え、また現代中国語の基礎を築くことには少なからず貢献をしたのである。

以上、西欧人文学の移植において、きわめて限られた分野の代表的重要な人物が、どのような活動をして、どのような歴史的な重要な役割を果たしてきたかを見てきた。

しかし、実際、このような西欧人文学移植の起源と創出のプロセスについては、しばしば忘れられがちで、しかも、あたかも東洋古代から西欧人文学体系に対応する同じ体系がすでに存在していたかのように認識される傾向がある。あるいはその逆に、もっぱらその起源などを無視し、政治体制のため都合のいいように解釈をすることもあり、あるいはいっそう、西欧人文学のこれらの分野の受容は、漢字圏にとって強制させられてきた西洋中心主義の文化的な政策の結果だとか、中国にとって約一世紀にわたって無秩序な状態をもたらしたのだとか批判的に捉えることもある。

しかし、一方、それとは逆に、まさにその百年間のあいだは、漢字圏あるいは日中とも、西欧人文学の体系を基礎にしてそれに倣い、その批判的精神に基づいて改めて伝統を再解釈し、再発見し、再構築ができて、維新・刷新を成し遂げてきたと考えることができよう。

事実、その移植と受容において、まず辞典や法典のかたちで宣教師ロバート・モリソンやウィリアムズ・マーティンらの努力によって実るようになるが、とりわけ十九世紀末から二〇世紀初頭にかけ、西欧人文学の導入、受容と移植において、仲介としての日本の役割は、格別に大きかったのだ。というのも、西欧人文学体系、いわゆる哲学を中心の座にしたリベラル・アーツと称される文法、修辞学、詩学（文学）、論理学ないし音楽、数学などは、この百年間のあいだまず、日本が積極的にそれらを受容したが、それからそのほとんどが日本を経由して系統的、体系的に中国に伝播され、受容され、その中で、とりわけ人文学の学術的なジャンル、制度、枠組、方法ないし概念やタームなどは、ほとんどそのまま中国に移植されたのである。

日中関係史と中国清朝末期の研究者である中山大学教授桑兵は、西洋と日本と中国との概念や思想の受容と移植の関係を以下のように言う。

清末の親政と憲政時期における中国が全面的に日本を学ぶ、あるいは日本を通して西洋を学ぶということを引き起こしただけではない。清朝政府の政策決定層も、日本の学問でなければ注目しないという状況にまで至った時期さえあった。さらに、それは近代以降の中国人の精神世界に一貫して影響を続けた。これ以後の中国人は実際には漢音を発音しながらも、日本語を話し、西洋思想を用いていたのである。後にはアメリカ留学生の影響が日増しに拡大し、ヨーロッパ留学した学生の学術思想の深さは一段勝っていたように見えるが、日本の中国知識界・思想界への放射作用は長期間に持続した。日本の大正時代に相当する中華民国北京政府時期において、北京大学教授を含む国内の中国知識人が日本語の著作を参照・参考、さらには模倣することは、依然としてかなりよく見られる状況であった[393]。

いわば、二十世紀最初の一〇年間、中国は全面的に日本を学び、明治日本で作り出した学問システムや翻訳された大量な和製漢語の概念をそのまま移植し、その和製漢語を中国人が漢音で読みながら理解し、それを通じて西洋の思想を受容し、解釈して、移植したのである。しかも、その受容の仕方は慣習となり、過去に限らず、学問において現在でも変わらなく機能しているということである。

そういった日中ともに西欧文明に応答する背景のなかで、和製漢語の概念が流通し、西欧人文学が日本に移植されてくるが、かつてイタリアでフィチーノによって再発見された「自由学芸」の「詩学」の背景には「詩的狂気」(前掲フィチーノ、第一章第四節)が含まれ、ヨーロッパにおいて「後の時代に総合され、芸術家の創造活動にとって役割を果たす想像力の原理として形成され」(前掲、第一章第四節)てきた重要な原理と概念も、まず日本の和製漢語によって難なく受容されていた。しかし、こんど、その詩的狂気の想像力の系譜が中国にも受容されていくが、「想像力」とは、もともと西洋の哲学、文学、美学、修辞学ないし心理学に深くかかわる複雑な概念だっただけに、また、既存の「想象」と「想像」という漢字があるがため、和製漢語の「想像力」と共に、中国で移植と受容は、いったいどのように展開していくのか、おおよそ見当がつくであろう。それは、一段と複雑さをましていくのが明らかである。

『文心彫龍』における想像力

「想像力」（Imagination）は、中国において主として大まかに二つの文化的な企ての展開に伴って受容され、解釈されてきたと考えられる。

ひとつは、西欧人文学に基づいて、中国の古典を再発見し、再解釈するという文化的な企てのなかで、アリストテレスの『詩学』に対比可能な文学の理論書、いわゆる劉勰（四六五―五三二）の『文心彫龍』（四九〇？）が再発見されたことである。古典の再発見の中で、『文心彫龍』に対する再理解、再解釈を行ない、さらに英訳のなかで、文学創作に関する概念、用語と定義において、いかに西洋の「想像力」に対応して、解釈されて、認知できるか、という再構築・再解釈のプロジェクトのことである。具体的には、それは『文心彫龍』の第二六節「神思」にまつわる解釈と理解のことである。

もうひとつは、「想像」という漢字自体の起源の再発見、再解釈と、現代中国語の辞典、基礎教材における意味と解釈において、その統一をはかる実践と応用に関するプロジェクトのことである。

前者は、二十世紀初頭、西洋文学の系統的な理論の衝撃に触発され、新たに発見された（王国維や魯迅などにも言及され、当時の知識人は誰もが知っている）五世紀末の貴重な文学理論書のことだが、それは一〇巻五〇節から構成された本で、前半の二五篇は文学趣旨・目的・原理について、後半は創作・修辞・文学の環境や作者論などを論じたものである。大きくジャンルで分けると、「総論」、「文体論」、「創作論」、「批評」という四つの部分からなり、それまでの文章、詩文に批評を施したものだ。そして、その「創作論」において、「神思」というタイトルのもとで述べた内容は、文学・詩はどのように創作されているのか、という問いに答えを与えようとした内容だ。すなわち、詩や文章を構想する時、「文之思也、其神遠矣」（文章を練る時の思いは、心が遠くに行くものだ）、「思理為妙、神与物遊」（構想の絶妙な時、精神は外物と交遊するのだ）という。ただし、時空を超えて文章を構想するには、まず静かでかつ冷静であるべきで、雑念を排除し、蓄積した知識を文章の規則に従って創作すればよいという。そして過去の名文章の書き手の例を挙げ、それも文章によって、また才能によって違うが、「博学精錬」せねばならないという。ここで鍵となる概念のキー・ワードは、創作における「神思」という言葉である。

西欧人文学と日本維新の衝撃のもとで、中国でも大学が設立されるようになる。『文心彫龍』が初めて近代的な方法で解読され、『文心雕龍講疏』（一九二五）を上梓したのは、北京大学出身の範文蘭（一八九三―一九六九）である。以来、この中国史上突如として現われた、きわめてユニークな書物は、西洋文学理論の受容の中で、ますます注目が集まり、数多くの注釈書や研究書が出版するようになる。その注釈と再解釈の中で問題になるのは、「神思」というタイトルの言葉をどう解釈するべきかということだ。実際、大陸と台湾の両方が、ともに『文心彫龍』について本格的な研究を行うようになったのは、一九五〇年代に入ってからのことだ。ただし、文化大革命の停滞期によって、大陸の再出発は遅かった。その代表的な研究者、注釈者周振甫（一九一一～二〇〇〇年）の『文心彫龍注釈』（一九八一）[394]をはじめ、古典研究者、教育者の王運熙、周鋒らによる『文心彫龍訳注』（一九九八）[395]などを見る限り、「神思」の解釈において、時代が遅れてきたせいで、いずれもマルクス主義の唯物論に真っ向から対立することを避ける傾向があり、主として創作の「構思」（構想）、「意匠」の営みを強調して、陸機（二六〇～三〇三）より前進したと評価する程度で、西洋の「想像力」の考えを取り込んで応答するような移植をするまでには至らなかった。「神思」における創作構想について、周振甫は原典に従って解釈を施しているが、それを簡単にまとめていうと、次のようになる。

文学の創作とは「思―意―言」という関係によって運営されるが、その「思」とは「神思」のことで、いわゆる精神的な活動であり、「意」とは「意象」のことであり、いわゆる「文思」（文によって思いをはせる）である。「言」とは言葉で、「文辞」（文章）のことである。この三つが一致すれば、「文思」が「文辞」になり、いわゆる「文」の文章になり、「言」の言説になるという。その「意」は、「文思」のことを指すが、「文思」は内面と外面によって構成され、内面とは「神思」のことを指し、外面とは外の「物」を指す。そこで、「神思」から「文思」、「文思」から「文辞」へ展開して作品になるが、その「神思」の内面は、あくまでも「未確定の情意」であって、そして外面の「物」を観察して、創作の構想が「文思」（意象）へと展開し、さらに「文辞」（作品）に発展せねばならないという。また、良い作品を創作するには、「志気」（意志）と「辞令」（言葉遣い）の関係にも配慮せねばならないという[396]。

次の世代の王運熙、顧易生らによって編集された『中国文学批評史』[397]にも同じ趣旨の解釈が見られるが、いずれも、きわめて明確な基礎的な作文、作品の創作活動に関わるプロセスについての解釈である。ここで、「想像力」、あるいは内面世界の自由を表象する「想像」という考えの導入は、ほとんど見られなかった。

しかし、二〇〇一年になると、解釈の状況に変化が見られるようになる。文学批評と修辞学においての大家となる郭紹虞を筆頭に、王文生が編集した『中国歴代文論選』において、文学創作の「想像」が重要な概念として用いられ、「神思」は「一篇の完璧な中国芸術想像論」[398]だと断定され、「神思」は想像論として理解され、方向転換される。これは「改革開放」後の方向転換のあらわれでもあろうか。

それに対して、台湾や香港においてはイデオロギーの束縛がなく、一九五〇年代から先駆的な研究の蓄積があり、比較的に自由に展開していた。その研究のなかで、中国本土以外の地域にとって、とりわけ、一九五九年、アメリカで出版された英訳『文心雕龍』は、「想像力」の受容と再解釈の事情を一変させるきっかけになった。

すなわち、北京大学出身でアメリカ在住の施友忠（一九〇二―二〇〇一）[399]による『文心雕龍』の英訳である。『文心雕龍』の第二六章「神思」の翻訳において、「The Spiritual Thought or Imagination」（霊的な詩想、あるいは想像力）と英訳が与えられ、その内容も「imagination」によって意訳されたことである[400]。

もともと欧米の文学創作におけるアリストテレス系統の「ファンタジアー」、のちに英米を中心に「imagination」（想像力）とされた重要な概念は、ここでついに、施友忠の翻訳を通して、中国古典文学理論が再発見され、再創出されたことになる。英語の文脈において、「神思」は自然に「Imagination」と翻訳され、西洋の「想像力」に匹敵する概念が、自動的に六世紀の中国古典文学理論書にすでに存在していたことが証明されたことになる。以後、『文心彫龍』の「神思」は、「想像」、「想像力」として理解、解釈され、中国古典文学の創作理論の記念碑的な著作として確定される。そして、「想像」「想像力」の概念が中国文学において初めて定義されたのは、『文心彫龍』においてのことであったと一般的に認知されるようになる。

その他、のちの一九九九年、黄兆杰（Suki-Wong）ほか三人による共同翻訳『文心彫龍』[401]はさらに前進し、その内容の解釈から意訳の「Magic Imagination」（マジック・イマジネーション）へと発展する。それより前一九六二年、中国本土「外文出版社」の翻訳家楊憲益（一九一五―二〇〇九）と戴乃迭（Gladys B.Tayler, 一九一九―一九九九）夫妻によって「神思」が「On Fancy」（空想・幻想）[402]と訳され、そこでより自由な、幻想的な意味が与えられ、その後、本土の楊国斌によって二〇〇三年、「Shensi, or Imagination」（想像力）[403]と訳される。一方、一九九二年、ハーバード大学の宇文所安（Stephen Owen）によって「Spirit Thought」（霊的詩想）[404]とも訳された。

以上、それぞれの翻訳には、訳者の理解と解釈ないしその個人の強い主張が込められているのは避けられないことだが、しかし、いずれもその文学的想像力、霊的な詩想が基本となり、想像力に従って解釈され、翻訳されていることに変わりはない。つまり、かつての原典の文字通りの意味、あるいは少なくとも周振甫らの施した作文、創作の作法の解釈の意味を超えて、英文学の概念用語である「imagination」に変貌することによって、その「神思」における「未確定の情意」という側面が、「imagination」として理解されるようになる。そして、もともとの「神思」は英語訳を経由して再理解され、再解釈され、そこで、「想像論」や「想像力論」として生まれ変わってきたのである。

かくして英訳によって再発見され、再解釈された「神思」は、台湾をはじめ、香港、中国本土に影響を及ぼし、多くの研究において、「神思」は今や文学の「想像力」として、自明な前提としてみなされる[405]ように変容してきた。それにとどまらず、さらに『文心彫龍』の想像力は、インドの詩学やアリストテレスの詩学よりも系統的で、コールリッジよりも早く想像力の概念を吟味し、世界で初めて想像力の問題を取り上げた論述だと主張するようにもなってきた[406]。

現在、「神思」は『文心彫龍』と共に、台湾の高校・大学の中国語・文学教育において作文の指針として利用され、国語教育現場の報告とデータ分析の博士論文も提出されている。[407]なお、中国本土において、とりわけ一九八〇年代から台湾と海外の研究を収録し、中国国語、文学教育には欠かすことのできない一科目として確立するようになってきた。そして、「想像力」は、中国国内の研究者のみならず、日本の研究者もその影響を受け、例えば、戸田浩暁はその『文心彫龍』の翻訳において、「施友忠氏は『神思』の語に Spiritual Thought or Imagination という訳語を与え、一九六四年、郭晋稀は「構思と想像」を論じたものとした。爾来、この説を採る者が多い」と確認した上で、「神思篇」の訳文には、「第一段、創作活動における想像力の重要性」という見出し文をつけ、当該の文章の「通釈」において、「文学的想像力は、これと同じように神妙不可思議なものだ。静かに思慮を集中すれば、思考は千年の遠い過去にも及び、また静かに肉体を動かせば、観察は万里の先にも達する。(中略)この微妙な想像力は、作家の精神と外物との接触から生ずる」[408]というように、「神思」は「想像力」として日本語に翻訳され、再解釈されるようになる。また、興膳宏訳の『文心彫龍』の「神思」も同じく、「想像力のはたらき」という文言が与えられ、本文訳においても「文学の構想において、想像力の働きは無際限である」[409]と、英訳用語の援用が見られる。

ところで、かつて、緒方洪庵によって訳出された和製漢語の「想像力」(imagination)が、堀達之助、西周の『英和対訳袖珍辞書』(一八六二)を経由し、津田真道が『明六雑誌』で定義して明治時代に起用されていたが、施友忠の英訳の「imagination」によって、とうとう日本と中国は、ともに英訳用語においてその概念に一致を見ることになる。したがって、漢字圏において、「神思」はイコール「想像」「想像力」であり、かつそれが英文学における「imagination」として認知される。そして、それらはいずれも同一概念として、英訳用語によって統一され、承認されたわけである。『文心彫龍』において、もともと「神思」「意象」「意匠」「境物」「文思」「志気」「文辞」「構思」「構想」などは、それぞれ固有の意味、形態をもち、バラバラに運用されていたが、しかし、英訳された「imagination」から和製漢語の「想像力」によって訳されて表象された途端、それらの意味が統一され、確固とした英文脈の新しい

「想像力」という概念のもとで生まれ変わり、整序され、認知されるようになったのである。いわば、今まで中国語において定義できなかった多くの類語、用語が翻訳を通じて、英文学における「Imagination」（想像力）という概念によって、再発見され、新たに明確な意味が与えられ、新しい創作理論の体系の秩序の中で、解釈され、認知されるようになってきたのだ。

そして、現在、『文心彫龍』は、中国内外においてすでに「顕学」（有名な学問）とも、「龍学」とも言われ、広く研究されている。その古典の「神思」が再解釈されて、意味が拡張され、「想像力」（imagination）という和製漢語は、その概念に幅広い解釈の可能性を与え、中国古典全般の解釈において、自由無碍に展開されているようになってきた。ただし、それらの解釈には、アリストテレス系統の「表象」――「想像力」のカテゴリーを超えたものはまだ見られず、いわば、ソクラテスを起源としてきた詩的狂気の想像力としての解釈はまだ見られていない。

「想象」と「想像」の起源

もうひとつの「想像力」（Imagination）にまつわって行われてきたプロジェクトとは、漢字、言葉、辞典、基礎教材において「想象」、「想像」の意味と解釈の統一をはかろうとする現代中国語の実践と応用における企てのことである。そこで、和製漢語の「想像力」はさておき、施友忠の「神思」を英訳して「imagination」から獲得した「想像」という漢字概念は、もともと確固とした起源をもつものではなく、その「想像」は、起源からまた別の困惑の多い問題が抱えており、ある意味では、それは漢字それ自体に潜んでいた問題だとも考えられる。

すなわち、『文心彫龍』の「神思」の翻訳を通して（Imagination）から獲得された「想像」という漢字は、その漢字概念の起源に遡及していくと、陸機（二六一―三〇三）の『文賦』に辿り着き、そして最終的には多くの研究、あるいは辞典がこぞって、そのオリジナリティを韓非子（BC.?-二三三）の「解老篇」の文言において「想象」という文言に行き着き、その「想象」がさらに『老子』の文言につながり、それをもって起源として確認しようとする。[410]

しかし、『韓非子』の「想象」は、人偏の「想像」ではなく、動物の「象」だった。その「想象」についての言及は、以下の「解老篇」の箇所に見られる。

人希見生象也，而得死象之骨，案其図以想其生也，故諸人之所以意想者皆謂之象也。今道虽不可得聞見，圣人執其見功以処見其形。故曰，无状之状，无物之象。

（大意）人間は生きた象（道）を稀にしか見ない。固定した象（道）をもって、生きた象（道）を想い浮かべる。それゆえ、人々は（意想）空想したものを象（道）という。現在、道は見聞できないけれども、聖人はその見たものを形で見せ、それゆえ、「形のない形、物のない象」という（『老子』第十四章の解釈）[411]。

これは、もともと『老子』第十四章「玄賛」における「道」とは何か、それについて韓非子が施した解釈である。つまり、「道」とは、老子が言うには、そもそも人間の五感では捉えられぬ隠れた存在だという。それは「形のない形」であり、「物のない象」（原典では「象のない象」であると指摘もあるが、その一字による解釈は、結果が全く違ってくる）[412]である。そして、その「象」（道）とは、感覚では捉えられない何かである。言い換えれば、その「象」（道）とは、有か、無かにかかわるものだった。しかし、それに対して、韓非子は、ここで、生きた象（道）か、死んだ象（道）か、という生死の比喩をもって「道」を解釈しようとしているのだ。本来、五感では捉えられない「道」が、生きている生命体か、それとも死んだ死体かという、視覚のイメージで捉えることができるように解釈されているのだ。つまり、韓非子にとっては、死んだものから生きていたものを意想するということだという。よって、老子がいう、五感では捉えられない「道」への認知的行為には、韓非子によって視覚の認知的行為が加えられ、そこで「象」が一種のイメージとして捉えられるようになる。そして、「道」とは、普通の人々には見えない「象」（イメージ）であるが、聖人には見えて、それがいわゆる「形のない形、物のない象」だという。そして、多くの場合、人々はその「象」（道）

をただ思い描いているのみなのだという。

かくして、中国の「想象」「想像」(imagination)の最も古い起源的な用例を「解老篇」において再発見できたことになる。そして、その用例としてよく引き合いに出されるのは、老子から韓非子、あるいは有名な詩人たちの詩文である。例えば、屈原(BC.三四三—二七七)の『楚辞』の「遠游」における「思故旧以想象兮、長太息以掩泣」や、曹植(一九二—二三二)の『洛神賦』に見られる「足往神留、遺情想象」、また謝霊運(三八五—四三三)の『登江山孤嶋』の「想象昆山姿、緬邈区中縁」と、杜甫(七一二—七七〇)の『一百五日夜対月』の「仳离放紅蕊、簸想象嚬青蛾」といったような詩である。これらの古典作品は、見てわかるように、その「想象」という用語の漢字は人偏の「像」ではなかった。つまり、八世紀前後までは、「像」の使用例がほとんどなかったのだ。

そして、時代が下って、十八世紀初頭の『康熙字典』(一七一六)において、それまでの「想象」の用例をまとめて解釈が施される。それによると、「象」の発音については、発音辞典の『唐韻』(七三二)から『集韻』(一〇三七)、『韻会』(一二九二)『正韻』(一三七五)まで、ほぼ「XIANG」に近い。その意味は「形象」、「肖」という意味で、かつ、『易書』の「繋辞」の「象」を模倣したものだという。なお、荀子(BC.二九八—二三八)の『荀子』「議兵篇」の「像上之」における「像」の意味は、「象」に通じるものだという。つまり、『康熙字典』が遡及して呈示した最も古い用例は『易書』であり、その次は『荀子』の例になる。ただし、『荀子』は唐憲宗(七七八—八二〇)時代、楊倞によって再編纂されたものなので、必ずしも古い用例だとはいえないという。

しかし、段玉裁(一七三五—一八一五)の『説文解字注』(一八〇七)は、それとは反対の解釈を施す。それを簡潔に訳すと、「假像」は「像」であり、人偏は「似ている」という意味で「像」になる。つまり、すべての形が似ているものを「像」といい、その「像」が省略されて「象」になったのだという。しかし、学者の間では通用していない。また『易経』の「象」は「像」であり、いわゆる「像」の「仮借」である。段玉裁が主張したのは、韓非子が「人希見生象。而案其図以想其生。故諸人之所以意想者皆謂之象」(前出)といったが、しかし、「像」の字が造られる前に、「想像」の意味がすでに発生しており、それゆえ『易経』は「象」をもって「像」の意味を付け、それは音声で意味づけられたもので、字形によって意味づけしたものではなったという。韓非子の「象」は方言と同様であって、元々その字はなく、その音声によるものだ[413]という。

こうしてみると、「想象」と「想像」とは、ほぼ漢字それ自体固有の形から意味を左右する問題があり、その起源から曖昧で、混乱が付きまといがちで、のちの『康熙字典』と『説文解字注』の解釈は、さらにその混乱を助長させてきたということになる。つまり、現代における「想像力」という意味の漢字の起源は極めて曖昧だということである。

したがって、近代以降、現代中国語における「想象」と「想像」は、どのように捉えればよいのか、それにまつわる係争は、さらに継承されているが、しかし、その古典から引き起こされた曖昧さと混乱を、現代語においてどのように歩んできたか、あるいはさらに西洋の「想像力」との対応関係においてどのように運用されているか、それらを明らかにすることは容易なことではない。ただし、中国において、明確な言語政策を立てて、イデオロギーや言論の統一を図る体制が継続していることを考えれば、中国官製の『中国大百科全書』[414]は、現時点で一つのスタンダードな情報源と見做して参照可能であろう。

『中国大百科全書』第二版は、「国際慣例に適した総合的百科全書」(修訂版)と称し、その学術用語のデータ・バンクとしてデジタル・オンライン版『中国大百科』[415]も同時に刊行されている。以下、それを参照して、「想象」と「想像」について、どのような係争が行なわれているか、見てみたい。

「想象」と「想像」の係争

その『中国大百科』オンライン版において、「想象」と「想像」について比較的詳細な総合的な解説が施されている。それによると、二〇世紀初頭、新文学運動によって文字改革や白話運動が促され、現代中国語の実践と統一において「想象」よりも、「想像」の方が多くの作家に好まれるようになったという。しかし、一九五二年、中華人民共和国政府公表の「常用漢字簡化表草案」によって「想象」が基準とされてから、「想像」は押され気味だったが、基本的に並行して使われていた。そして一九八六年中国政府による「簡化字総表」が発表されるが、こんどは「想像」が復活する。辞典、辞書類はそれに従って両方を収録するようになる。こうして両者混合の問題がますます際立つようになり、従って、これは「一個の未決の歴史的な公的懸案」だとされる。人民教育出版編集の提案では、「想象」を第一の性質のものとして、「想像」を第二の性質のものとして使い分け、物事の形や様子を指す場合は、一律的に「象」を使い、何かものによって創造したり製造したりする場合は、それを一律的に「像」を使うという。しかし、その反対の議論もあり、結局、結論はなく、今後の課題となっている。ちなみに、『中国大百科』オンライン版の「想象」の項目の見出し語が大きなアイコンとなっており、その傍らには英文「Imagination」が掲げられ、いわば「想象」はイコール「Imagination」だと示しているのだ。そして、その「想象」の項目全体において、「想象」が九節にわたって約八千字の分量で解説が施されている。

そこで、係争になっているのは動物の「象」か、それともイメージの「像」か、思考者の心によぎるものはいったい何であろうか、という問題だ。詩や文学、芸術はどちらかというと、習慣に従って、イメージとしての「像」を使ってしまう傾向があるという。

しかし、根本のところには、西洋の「Imagination」（想像力）の概念に触発され、それを受容するにあたって、どのように対応すべきかが問題となっているのだ。つまり、「Imagination」（想像力）とは、イメージを基礎にしており、それを受容・移植する際、イメージを表象する漢字が必要となるが、しかし、肝心の漢字の「象」は、ほぼ起源から揺れが付きまとわれ、そこには比喩としての「象」か、それとも自由奔放なイメージとしての「像」か、使う人によってまちまちとなってきた。従って、その不安定さが解消しない限り、いつまでたっても係争のままで、未解決の懸案として残る。つまるところ、人々が思い浮かべるさまざまなイメージや内容、あるいは比喩など、その全てを一概念のもとに概括されて表象しようとするとき、その概念自体が定まっていない（想象と想像との両者に分かれたりする）と、用語自体もぐらつき、確固たる概括可能な概念が築くことができないでいる。

それに対して、台湾ではもはや「想象」は現在使われていない。例えば中華民国教育部「重編国語辞典修訂本」をはじめ、ほとんどの辞典、辞書には「想象」が収録されておらず、「想像」に統一されている。

「想像力」という和製漢語

かたや、「想像力」という和製漢語の方はどのように取り入れているのであろうか。

『中国大百科』オンライン版の「想像力」の項目を見ると、「想像力」は「想象」と同様、約八千字の分量で九節に分けて解説を施している。つまり、「①起源」、「②英文の意味」、「③主な特徴」、「④必要条件」、「⑤想像力を豊かにする方法」、「⑥習得・訓練の方法」、「⑦培う方法」、「⑧想象との区別」、「⑨関連の用語」という九節に分けられているが、その「①起源」には、想像力の起源が「火」となっており、概念用語の初出（和製漢語）については一切触れていない。そして「②英文の意味」には、英文「1.fancy; 2.imaginatio; 3.vision; 4.ideality」が挙げられ、英文との意味対応が強調されている。残りの諸節は心理学や教育学で言及される想像力の意味範囲内で例をあげながら記述されている。そして、懸案の「想像」と「想象」の係争については、「⑧想象との区別」において、「想象」とは、「配置や組み合わせによって新しいイメージをつくりだす心理的な過程」だと定義され、「想象力」とは、人間が過去の認識に基づいて、かつて経験したことのない物事やイメージを構成する能力のことを指すという。そして「想像」とは、「設想」（予想、想定）のことであり、「想像力」とは、芸術や知識の創造を目的にした意識的な観念や心理的なイメージの能力を指すという。

そして、「⑨関連の用語」において、「想像力」の効用と役割について、欧米の哲学者や文学者、科学者、心理学者、社会学者など、あるいは近現代の中国の著述家などの「想像力」について賞賛した三六点ほどの引用を例に挙げている。

いわば、「想像力」の項目は、「⑧想象との区別」の一節を除き、すべてが西洋の「想像力」を移植し、擁護したものである。

こうして、現代中国語において、「想象」と「想像」は、未解決のままで、係争を継続しているが、一方、「想像力」に対して肯定的で、西洋の「想像力」を積極的に受容していることがわかる。ただし、「想象」につきまとう解釈やその多様な変容を経由してきた結果、現代の「想像力」の概念との対応において、それが確固とした概念というより、むしろその場その場において応用できるように解釈される概念用語となっており、認知言語学上、それが一種の把握し難い曖昧な概念だと、いうしかない。おそらくそれは、比較的ラフに解釈可能な漢字それ自体の特徴に起因とされる長所であり、その致命的な欠点でもあろう。そして、「想像力」は、今や中国において、推奨される思考の一様式として賞賛される傾向にある。

かくして、近現代の文学理論の分野において、『文心彫龍』を擁護して中国のオリジナルな「想像力」を創出しようという傾向がある一方、中国と西洋文学の「想像力」における落差を認めようとする傾向もある。中国比較文学会副会長の高旭東は、率直に、想像力の根源は神話にあり、神話において貧困な中国と、豊かな神話を持つ西洋と比較して、「中国文学は想像力に欠けており、西洋文学は高度に発達した想像力がある。中国文学の想像力は現世に留まっているが、西洋文学の想像力は現世を超越しようとする傾向がある。中国文学の想像力は凡人的で人間味を有するが、西洋文学の想像力は現世を超え、崇高さを求めている。中国の詩学はほとんどバラバラに感想や格言、語録のようなものだが、西洋は体系的なものを構築したがるのだ」[416]と述べ、中国と西洋との差異を明確にし、想像力を推奨している。

第四章　変　容

第一節　夏目漱石の海

漱石は、鷗外と違って、海を描くことには抵抗があり、とりわけ海岸やビーチ、海水浴には好感をもてず、かつ海については、限られた作品でしか描いていない。その背景には、イギリス文学にはロマン主義を中心に盛んに海洋が描かれる作品が多かったが、漱石はむしろその感性と美的感受性には、心理的か身体的に抵抗があったのか、海洋文学には一定の距離を保ち、冷めた態度で観察し、静かに応答する局面が多かった。具体的にどのような文学的な語りや身振りで態度を表明していたか、以下の諸作品の考察を通じて見ていきたい。

『吾輩は猫である』と『坊っちゃん』

海への賛美、海洋への陶酔は、二十世紀初頭、ヨーロッパにおいてすでに一種の伝統となっていた。そして、西学東漸と共に、その海の波は日本の文壇にも押し寄せてきたが、もっとも衝撃的かつリアルに移植したのは鷗外の『即興詩人』を通してのことであろう。『即興詩人』を先頭に、旧来の海に対する感性と美的感受性が急激に刷新されていくなか、上田敏の『海潮音』のような海の詩の合唱の時代を迎えて来るのは、ただ単に時間の問題だった。海という新しい文学的なスペクタクルは、ついに日本では日常生活にまで浸透していくのである。

実際、西洋風に海と海辺を日常的に利用できるようにしたのは、『新体詩抄』刊行の二年後のことだった。オランダ留学帰りの長与専斎（一八三八―一九〇二）は、鎌倉の海辺を「海水浴の最適地」だと指定したのが一八八四年のことで、一七五〇年世界初のイギリスのブライトン・ビーチが開設されてから、ちょうど百三十四年後のことになる。以来、鎌倉で海水浴場が開設されてから、毎年夏人々は、ヨーロッパ式の海水浴に繰り出すようになる。夏の海と海水浴とは、人々の生活に活気づける一大フェスティバルのことであり、近代化・西洋化において、文明度や健康を寿ぐ祭りのようなモダンなイベントの場所でもあった。

しかし、そういった海における現代的な流行を逆手にとって、その海の変容ぶりを綴った夏目漱石は、海について批評し、風刺し、かつまた海をそれまでとは違ったように描いて、自分の精神世界を表象しようとしたのである。漱石は、英国に二年間留学を終えて帰国後、イギリス文学の導入において早くも大学講義の形でその成果を上げる。その一方で、西欧の文化あるいは日本の文明開化に対して批判的に考え、それはまず、『吾輩は猫である』（一九〇六）において表明される。この作品の第七節において、主人公猫の「吾輩」は、当時すでにブームになっていた西洋式の海水浴や人々が突然海辺へ繰り出す時好の滑稽さを嘲笑して、それを真似する日本について「猫」の語りで風刺的に描いている。これはアラン・コルバンの歴史的分析の批判的暴露より八十年も早かった。

運動をしろの、牛乳を飲めの冷水を浴びろの、海の中へ飛び込めの（中略）とくだらぬ注文を連発するようになったのは、西洋から神国への伝染した輓近の病気で、やはりペスト、肺病、神経衰弱の一族と心得ていいくらいだ。（中略）人間は昔から野呂間である。であるから近頃に至って漸々《ようよう》運動の功能を吹聴《ふいちょう》したり、海水浴の利益を喋々《ちょうちょう》して大発明のように考えるのである。[417]

このように、西欧の海辺へ繰り出す時好の滑稽さを笑った「猫」は、その一方で、古来日本の伝統的な民間海水治療法をも心得ていたようだ。「猫」はさらに、まるで漁民のような立場からその時好やブームを揶揄する。

吾輩などは生れない前からそのくらいな事はちゃんと心得ている。第一海水がなぜ薬になるかと云えばちょっと海岸へ行けばすぐ分る事じゃないか。あんな広い所に魚が何疋《びき》おるか分らないが、あの魚が一疋も病気をして医者にかかった試しがない。みんな健全に泳いでいる。病気をすれば、からだが利かなくなる。死ねば必ず浮く。（中略）洋行をして印度洋を横断した人に君、魚の死ぬところを見た事がありますかと聞いて見るがいい、誰でもいいえと答えるに極っている。それはそう答える訳だ。いくら往復したって一匹も波の上に今呼吸《いき》を引き取った――呼吸《いき》ではいかん、魚の事だから潮を引き取ったと云わなければならん――潮を引き取って浮いているのを見た者はないからだ。あの渺々《びょうびょう》たる、あの漫々《まんまん》たる、大海《たいかい》を日となく夜となく続けざまに石炭を焚いて探がしてあるいても古往今来《こんらい》一匹も魚が上がっておらんところをもって推論すれば、魚はよほど丈夫なものに違ないと云う断案はすぐに下す事が出来る。それならなぜ魚がそんなに丈夫なのかと云えばこれまた人間を待ってしかる後に知らざるなりで、訳はない。すぐ分る。全く潮水を呑んで始終海水浴をやっているからだ。海水浴の功能はしかく魚に取って顕著である。魚に取って顕著である以上は人間に取っても顕著でなくてはならん。[418]

それだけにとどまらず、海水浴の健康効能の再発見と、それによって繰り広げられた海と海辺にまつわる巨大スペクタクルの「元祖」であるリチャード・ラッセル[419]を「吾輩」は嘲笑し、明治時代の西洋追随を揶揄する。

一七五〇年にドクトル・リチャード・ラッセルがブライトンの海水に飛込めば四百四病即席全快と大袈裟な広告を出したのは遅い遅いと笑ってもよろしい。猫といえども相当の時機が到着すれば、みんな鎌倉あたりへ出掛けるつもりでいる。但し今はいけない。物には時機がある。御維新前の日本人が海水浴の功能を味わう事が出来ずに死んだごとく、今日の猫はいまだ裸体で海の中へ飛び込むべき機会に遭遇しておらん。せいては事を仕損んずる、今日のように築地へ打っちゃられに行った猫が無事に帰宅せん間は無暗に飛び込む訳には行かん。進化の法則で吾等猫輩の機能が狂瀾怒涛に対して適当の抵抗力を生ずるに至るまでは――換言すれば猫が死んだと云う代りに猫が上がったと云う語が一般に使用せらるるまでは――容易に海水浴は出来ん。[420]

リチャード・ラッセルの『腺病に対する海水利用について、とくに壊血病、黄疸、瘰癧、癩病、腺状消耗をめぐって』[421]そのものを漱石は実際どこまで読み込んだか不明だが、西欧人の海にまつわる見方の変貌について、一七五〇年、ラッセルの『実験と考究の成果』の刊行を起源とするアラン・コルバンの指摘と一致し、漱石が「猫」を通じてそれを嘲笑したのが意味深い。

漱石は『吾輩は猫である』で、西欧のスペクタクルとしての海・海辺と、それを模倣する日本について風刺したが、その後の作品『坊ちゃん』（一九〇七）においても、海を意識的に日常化させ、決して西欧のような癒しや感情の高揚や喜ばしい幻想の場としては描かなかった。

例えば、『坊ちゃん』の第五節において主人公の「坊ちゃん」は、「赤シャツ」と「野だ」に誘われて船で海に釣りに行く。そこで海と海辺、島の景色が描かれ、ウィリアム・ターナーの風景画にまでも言及したが、それらいずれも「坊ちゃん」の目には淡々と映り、その海と海辺は、決してかつて西欧で盛んにもてはやされるロマン主義のスペクタクルのような風景ではなかった。

> ひろびろとした海の上で、潮風に吹かれるのは薬だと思った。いやに腹が減る。「あの松を見たまえ、幹が真直で、上が傘のように開いてターナーの画にありそうだね」と赤シャツが野だに云うと、野だは「全くターナーですね。どうもあの曲り具合ったらありませんね。ターナーそっくりですよ」と心得顔である。ターナーとは何の事だか知らないが、聞かないでも困らない事だから黙っていた。舟は島を右に見てぐるりと廻った。波は全くない。これで海だとは受け取りにくいほど平だ。[422]

ここで、表向きでは「赤シャツ」、「野だ」のいうことを黙って聞くようにしている「坊ちゃん」は、実は二人を多少見下しているところがある。一緒に眺める海の風景は、ロマン派の詩人のように高揚するどころか、平凡そのものなのだ。「赤シャツ」と「野だ」にとっては現代絵画の美の基準になる位の風景らしいが、あの陸地や海洋の空気の変化の描出にすぐれたロマン派画家の「ターナー」は、「坊ちゃん」にとっては無視してもいいという具合だ。つまり、西欧でもてはやされ、日本でも新しい風流として受容された海辺の楽しみや、幻想を見る巨大なスペクタクルは、ここでは格下げされ、あえて淡々と描かれているのである。海は故意に凡庸化され、風景画としての海の画趣も軽く扱われている。「赤シャツ」と「野だ」をやや見下ろしているものの、世にも騒がれてきたロマン主義の自然風景が、所詮その程度か、という揶揄の声がその情景から同時に聞こえなくもない。

ホイットマンの海と漱石の『夢十夜』の「第七夜」

以上の二作品の主人公を通じて、漱石が海と海辺について自分の見識・見解を表現したとするならば、今度は『夢十夜』(一九〇八)の「第七夜」[423]において、漱石は海の夢をみ、そこで夢主は潜在能力を働かせて海洋を航海し、乗船したところの夢の物語を語り出す。これまでとは違った意味の海を登場させたのである。

通常、夢とは、無意識の世界の表象であり、象徴でもある。そして、海もまた象徴であって、古来四大元素の一つでもある。それだけに夢と海は、両方とも深淵でかつ神秘性に富み、謎が多く、多岐にわたての解釈が許容されてきた。

事実、この「第七夜」に先立つこと十六年前の一八九二年、ホイットマンが亡くなった年に、帝国大学文科大学三年生だった二五歳の漱石は、『哲学雑誌』に「文壇に於ける平等主義の代表者『ウォルト・ホイットマン』Walt Whitman の詩について」を発表する。それはイギリス文学の教育を受けながら、アメリカ詩人のホイットマンを論じるという「非凡な才能」[424]を発揮した論文だった。しかも、日本で初めて論文の形でホイットマンが紹介されたことになる。漱石は、この論文では、主にエドワード・ダウデン(一八四三〜一九一三)の論文を参考にしながら、冒頭からポジティブな視点を据えて、ホイットマンの詩人たることを論じる。

然る処天茲に一偉人を下した大に合衆聯邦の為に気焔を吐かんとにや此偉人に命じて雄大奔放の詩を作らしめ

勢は高原を横行する「バッファロー」の如く声は洪濤を掠めて遠く大西洋の彼岸に達し説く所の平等主義は「シエレー」「バイロン」をも圧倒せんとしたるは実に近来の一快事と云はざるべからず。

此詩人名を「ウォルト、ホイットマン」と云ひ百姓の子なり[425]。

称賛の口調だともいうべき論考の最初の部分からは、若き漱石がどれほどホイットマンを読み込み、心を込めて書いたかが窺われ、シェリーやバイロンのような「厭世主義」的な詩人より、むしろ超越主義的なホイットマンの方により肩入れしていることが明白だ。漱石は、この論文において、とりわけホイットマンの「平等主義」、「愛」と「霊魂」を順次叙述し、理解と賛同を示していながら、その一方、「製造所の煙突より石炭の煙が黒々と立ち登る抔と我朝の思想にては俗気鼻を衝く程のことを事もなげに言ひ放つは奇と云ふの外なし」[426]と、ホイットマンが詩の雅俗に弁別なしに謳ったのを酷評するところも見られる。あるいは男女平等を主張した考えに関して「是れ蓋し『ホイットマン』が理想上の国ならん。此条件中には一千年来儒教の空気を呼吸して生活したる我々より見れば少しも感心し難き点もあり殊に女子の行列云々に至つては聞くも可笑しき」[427]と表明したりして、必ずしもホイットマンの考えを全面的に擁護しているわけではない。そして、ホイットマンの詩を、「蓋し其文学史上に占むべき地位に至つては百世の後自ら定論あり。余の如き外国人が入らざる品評を試むるの要なきなり」と、自他を弁えて控え目に評価しながらも、「今仮に『スチーヴン』的の読詩眼を以て *Leaves of Grass* を通読するときは作者は是宛然たる一個の好詩人なるべし」[428]と、評価する。若き漱石の複雑な面が見て取れる。

しかし、ホイットマンなら、だれもが力を入れて通読であろう詩集「*Leaves of Grass*」『草の葉』のことだが、その冒頭から三番目には「海に浮かぶ客船のなかで」（一八七一）という詩が収録されている。それは、くしくも十六年後の漱石の「第七夜」の夢とは、見事に対局するパロディだというべきもののような詩だった。その「海に浮かぶ客船のなかで」全篇は、以下のとおりである。

海に浮かぶ客船のなかで、
風がひゅうひゅう唸り、波が、尊大な大波が高鳴り、
限りない青海原が四方に広がる、
そんな海に浮かぶ客船のなかで、
それとも濃紺の海原にわびしく浮かび、
それでいて自信に満ち、歓喜に溢れ、白い帆を広げて、
白昼の泡立ち輝く波のさなか、あるいは夜空にかかるあまたの星の下で、
精妙な大気を分けて進む一艘の帆船のなかで、
老いも若きもすべての船乗りたちに、わたしはすっかり打ちとけて、
陸地を思うよすがとして、おそらく読まれることだろう。

「これぞわしらの思い、航海者の思い、
これぞ陸地の、堅い陸地の歌のみならず」、あとで彼らは言うかもしれぬ、
「ここでは空がアーチを描き、足の下には甲板のゆるやかなうねり、
長い鼓動、引いては満ちる終わりない動揺、
目には見えぬ神秘の声調、海の国を偲ばせる茫漠広大な暗示、潮流さながらに流れゆく言葉、
潮の香り、索具類のかすかな軋み、もの憂いリズム、
果てしない眺望と遠くに霞む水平線、これらもすべてここにはある、
これぞまさしく大海原の詩」

だから挫けてはならぬ、おおわたしの本よ、お前の定めを果たすのだ、
お前はただ陸地ばかりを偲ぶよすがにあらず、
精妙な大気を分ける孤独な帆船のように、お前もまた、めざす港は分からぬが、それでも自信に溢れ、
帆走するすべての船の僚友となって進みつづけよ、
わたしの愛を包みこんで彼らのところへ届けてくれ、（親愛なる船乗り諸君、君らのためにわたしはこれらすべての歌草に愛を包みこんでおく）、
船足を早めよ、わたしの本よ、尊大な波浪に逆らってわたしの小舟よお前の白い帆を広げよ、
歌いつづけよ、走りつづけよ、限りない青海原を越え、わたしからすべての海へ、
この歌を、船乗りたちと彼らのすべての船たちのために届けてくれ[429]。

これは五十代に入ったホイットマンが上梓した作品だが、果てしない海洋を航海する詩人の夢の旅の詩で、あとから『草の葉』の三番目に編入されただけに詩集全体にとって重要な意味を成すのが明白だ。この詩は現実的な航海をしていながら、精神的な航海をしているものでもある。「自信に満ち、歓喜に溢れ」理想に燃えるホイットマンは、船乗りたちと打ち解け、まるで運命の共同体のように、自分の詩集と共に青海原と大気を分けて前進し、昼は輝く波に、夜はあまたの星の下で進んでいる模様だ。そして、それは一冊の詩集が無数の読者の海を航海しているのか、それとも読者たちが詩の海を航海しているのか、もしくは現実の海を航海しているのか、判然としない喩えで謳われる。たとえ辿り着く港が分からなくても、また「長い鼓動、引いては満ちる終わりない動揺」があっても、幻想のように行き先のところどころには、「目には見えぬ神秘の声調、海の国を偲ばせる茫漠広大な暗示、潮流さながらに流されてゆく言葉」があり、「香り」「軋み」、「もの憂いリズム」「果てしない眺望」と「遠くに霞む水平線」があるのだ、という。いわば、「孤独な帆船」に乗った老若者とも海にわびしく浮かんで「めざす港」が分からなくても、「わたし」の本によって示

唆された神秘的な世界へ、乗船者と読者ともに鼓舞されて前進していくのだという。そして海は、危険だと警戒される対象というよりも、「終わりない動揺」であり、「大波の高鳴り」がむしろ神秘的な世界へとわたしたちを運んでくれる広大なことばの青海原なのだ。詩全体は「自信に満ち、歓喜に溢れ」た、希望の海を航海していることを表現しているが、同時にそれは詩の海を航海していることをも表象しているのだ。そして、ホイットマンはいう。「これぞまさしく大海原の詩」なのだと。

「第七夜」と海

かたや、この詩を二十一年後、二十五歳で読んだであろう漱石の心に深く刻印されたのか、さらに十六年後の四一歳の時、『夢十夜』の「第七夜」の夢では、それとは逆の海の心象風景をまざまざと思い描いたのである。この十六年間、漱石の心には何が起こったか、ホイットマンの詩とは真逆な夢を見てしまうのである。

たしかに、二十五歳の若さで、男女平等においてすでに、「是れ蓋し『ホイットマン』が理想上の国ならん。此条件中には一千年来儒教の空気を呼吸して生活したる我々より見れば少しも感心し難き点もあり殊に女子の行列云々に至つては聞くも可笑しき」と見抜いて、保守的なスタンスをとって、ポジティブにホイットマンを受け入れることができなかった面もあった。また、二十五歳に徴兵を避けて北海道後志岩内郡に移籍したり、二十六歳に就職が不調だったり、二十七歳に神経衰弱になったりして、順風満帆とは無縁な道を歩んでいた。その後、就職・結婚・子供の誕生が滞りなく進んだように見えても、三十三歳からの英国留学では、イングランドを正面から受け入れるよりも、アンチのスコットランドに肩入れをしがちで、神経衰弱に陥る。帰国後、東大でラフカディオ・ハーンの後任に苦しんで、ついに、『吾輩は猫である』を発表したが、それがカタルシスの効果があったか、長年の鬱積したものを書き出したといわれる。二年後、とうとう朝日新聞社に入社して、本来の創作家の天才を発揮でき、文豪の道を始めたのだ。その翌年、胃病に苦しみながら『夢十夜』を執筆する。

文学それ自体の自律性や自主性を重んじて考察するならば、『吾輩は猫である』をもって出発した漱石は、語り手においても、自己省察においても、処女作から徐々に成長していく作家と違って、出発の『吾輩は猫である』において、すでに極致に至り、完璧に完成していたのである。

そして、その三年後の『夢十夜』の「第七夜」において、海を航行する船を描く。漱石はいったい何を語ろうとしていたのか。それは作家自身の心状なのか、それとも省察や批判精神的な表出なのか、あるいは無意識の世界の徴なのか、もしくは日本文明・文化の船が航行する海洋・カオスを予言していたのか、未だに謎に包まれ、海が夢として表象されただけに、その意味は深刻で多義的で、かつ象徴的である。

その「第七夜」の夢のあらすじを簡潔に呈示すれば、以下のようになる。

大きな船が「焼火箸」のような太陽を追って西へ航行するが、決して追いつかない。船の行き先がわからないので、「落ちてゆく日を追かける」のかと「自分」が船の男に聞くと、嘲笑われた。行き先がわからずに波を切って行く船に乗るのが「自分は大変心細かった」ので、「身を投げて死んでしまおうかと思った」。乗り合いはほとんど「異人」のようだったが、洋服の一人の女性が泣いていて、「自分」と同じように悲しい人がいた。ある晩甲板に出て星を見ていると、「一人の異人」が近寄って天文学から宗教信仰まで説教してくる。サロンに入ったら、派手な衣装の女のピアノに合わせ、立派な男が「唱歌」を歌う。二人は船に乗っていることさえ忘れるほど夢中だった。「自分はますますつまらなくなった。とうとう死ぬ事に決心し」、「思い切って海の中へ飛び込んだ」が、「船と縁が切れたその刹那に」後悔しはじめた。海の色は黒かった。船は通り過ぎ、「自分」は「無限の後悔と恐怖とを抱いて黒い波の方へ静かに落ちて行った」。

このように、きわめてシンプルに表象された夢だが、しかし、まさにホイットマンの詩とは相反して対照的になっており、一種のパロディか、アイロニーといった体をなす。ホイットマンの詩が漱石の夢に、どれほど影響を与えたのか、両者はどこまで類似しているのか、それは別途に分析すべきだが、かつての若き漱石が「通読した」ホイットマンの海の詩が、後日、改めて海の夢の形で対峙して表象され、それが何を意味しているのかは興味深い。

同じ海洋ではあるが、一方は、大波が高鳴って輝く青海原で、希望に満ちて歓喜に溢れており、乗船者らと打ち解けたホイットマンは、幻想にも近い詩想を語って前進を呼びかける。他方は、黒い色の海で微かな「焼火箸」のような太陽を追う船で、「悲しい人」や「異人」や「異人」のような人々と共に、行先もわからずに心細く乗船し、前進するというよりも「思い切って海の中へ飛び込んだ」という夢の語りである。海と詩と夢は、いずれも深淵な象徴の役割を果たすが、いずれもまた神秘に満ちた無意識として作者の内面世界を表象しているのである。

ところで、ロマン主義文学において重宝されてきた海洋が、漱石においては、夢によって黒い海として、あるいは死を意味する恐怖の終点として変容してしまったのである。

前述で見たように、漱石はかつて『吾輩は猫である』において、西欧の海と海辺へ繰り出す時好と元祖リチャード・ラッセルを指摘し、その真似をする日本人の振る舞いを嘲笑っていた。その翌年、作品『坊ちゃん』では本来ロマン派的な海と海辺のスペクタクルを登場させるはずだったが、「坊ちゃん」の視点と語りによって、「ターナー」に描かれた幻想的な海ですら、もはや意識的に凡庸化させ、日常化させて語られてしまう。言ってみれば、十八世紀半ばから西欧で流行り出し、十九世紀末から徐々に日本においても通念となってきた海と海辺の風景は、漱石によって意識的に見下され、回避され、変容させられたのである。

しかし、この「第七夜」の夢では、それまでとは違って、海を避けたり、見下したりするというよりも、逆に海にどっぷり浸かって海の夢をみ、夢主が自ら航海に出かけ、海に飛び込んで、海を帰結として語ったのだ。帰結=死を意味していた海は、ある意味、神話に回帰したともいうべきだが、これらはいったい何を暗示しているのであろうか。そして、海に飛び込んで、それが単なる死や終焉を意味しているか、それともその終焉は逆に始まりを意味しているのか、漱石の全作品や生涯において考察する必要があろうが、さしずめ、今まで「第七夜」についての夢の研究・評論を見て、漱石の海の受容と変容をみてみたい。

事実、漱石と漱石文学を理解・解釈するうえで『夢十夜』は、きわめて重要な作品として看做され、戦前からすでに多くの研究が積み重ねられてきた。とりわけ戦後からより重要視され、漱石文学にとって核心的、存在論的な意味を担う作品として看做されるようになる。一九九五年、研究文献資料集の『夏目漱石「夢十夜」作品論集成』[430]に取り上げられた主要な研究論文・評論は、二三〇篇を超える[431]が、「第一夜」から「第十夜」の順番に論及されたもののなかで、「第七夜」についての分析・考究は、他の九つの夢と比較して案外篇数が少ない。

その中から戦前の論文二点をあげてみると、雑誌『ホトトギス』において一九一四年、赤木桁平は『夢十夜』をロマンチシズム的な作品として捉えた上で、「第七夜」について、「我々はかかる氏の企図に全然謳歌する術は知らない」[432]と、あえて結論の回避を明言する。その四十年後、山本捨三の論文では、同じく浪漫主義文学の枠内に限定して考察したが、「漱石初期の浪漫主義と『夢十夜』の解釈」において、浪漫主義的な「夢」の解釈に視点を据えた上で、「第七夜」を自殺と後悔、生と死の夢として解釈する。

これは人生の退屈感にとらわれながらも、人間は生の執着を絶ち切れない。倦怠の生にとって死は一面魅力であるが、いざ死に直面するとやはり無限の後悔を感ずるという生死の生理的かつ哲学的心理を表現したものである。[433]

いわば、漱石=ロマン主義、ロマン主義=『夢十夜』といった解釈は作品刊行当時から戦後まで一つの流れをなしていた。その一方で、戦後、評論家の伊藤整が初めて精神分析的な視点から『夢十夜』を特殊な作品だと言及し始める。

(『夢十夜』は〈引用者〉漱石文学の中で量的に言うと小さなものであるが質的には特殊な意味を持っている作品

である。（中略）現実のすぐ隣にある夢や幻想の与える怖ろしさ、一種の人間存在の原罪的な不安が捉えられている。この試作的な作品によって彼はその内的な不安な精神にはっきりした現実感を与えたのである。[434]

伊藤整のこの「画期的な評価」[435]をきっかけに、『夢十夜』は「原罪的な不安」の表象や象徴として読まれるようになり、以来、夏目金之助を含め、作家の漱石と漱石文学全体にとって『夢十夜』は一種の象徴的作品として読み取るようになり、ますます特殊かつ重要な作品として看做されるようになる。その後、評論家江藤淳は「第七夜」の象徴性についてさらに、以下のように強調する。

この船は、漱石の眼に映じていた人生の象徴であり、『黒い』水は、死の象徴であるより先に、彼を飲み込もうとしている例の『深淵』の象徴であるように思われる。[436]

この「原罪的な不安」、「人生の象徴」と『深淵』の象徴」のような批評に加え、一九七〇年、駒尺喜美によって解読がさらに具体化されていく。駒尺は「人生航路において、目標（理想）を見失った漱石の不安感が、そっくりそのまま、この話には托されているということなのである」と指摘し、漱石個人の「人生態度と、彼の精神の微妙な均衡」[437]が夢として表現されたのだという。

かくして、「第七夜」の解読は、浪漫主義的鑑賞か精神的な分析か、あるいは作者個人の生い立ちや内的な不安に還元するか、複数の読みの形で多様化していく。そういった読みに対して、さらに広い視野のもとで解読されるようになっていくが、初めて東西文明・文化という視野において言及したのは、一九七一年の「公開研究会――『夢十夜』をめぐって」での駒尺喜美の「研究会報告」においてのことであった。

つまり、あそこの西へ西へと進む船は、西洋文明へと向って進む明治日本という船に乗っている漱石の不安を直接に語っているもので、それぞれの登場人物もはっきり、人生の縮図になっていると、私は考えます[438]。

同じ時期、評論家柄谷行人も「第七夜」の海を航行する船は「明治日本の漂流」と、「漱石の自己存在の無根拠性」の象徴だと読み取る。ただし、柄谷は大洋の向こうの大英帝国で東西文明を俯瞰する視点を獲得した、日本を憂愁する「文明批評家」[439]としての漱石像には懐疑的であった。

爾来、「第七夜」に関する解読は、ほぼ以上の主流となる諸視点から展開されつつ様々なアプローチが試みられてきたが、夢という象徴的言説だっただけに、「第七夜」は多様な解釈をもたらす。

しかし、その船と航海の行先、時代ないし海への飛び込み、及びその飛び込んでからの後悔などは、一体何を意味しているのであろうか。かつて西欧伝来の「海」というスペクタクルを熟知し嘲笑ってもいた漱石は、「海」の夢において何を表象しようとしたのであろうか。前述の「第七夜」のあらすじを踏まえながら、以下「文明批評家」としての漱石を念頭に入れつつ改めて解釈を施してみたい。

「第七夜」は冒頭から、まず夢主の居場所と進行中の出来事について言及する。つまり「何でも大きな船に乗っている。この船が毎日毎夜すこしの絶間なく黒い煙を吐いて浪を切って進んでゆく。凄じい音である。けれどもどこへ行くんだか分からない。ただ浪の底から焼火箸のような太陽が出る。それが高い帆柱の真上まで来てしばらく掛っているかと思うと、いつの間にか大きな船を追い越して、先へ行ってしまう。(中略) 船は凄じい音を立ててその跡を追かけて行く。けれども決して追つかない」。

この冒頭からの語りは「第七夜」夢全体にとってきわめて重要だ。つまりその突如として登場してきた「大きな船」とは、何を象徴しているのか、海を漂流してあるいは航行してどこへ向かおうとしているのか、読者によってさまざまに読み当てられよう。つまり、夢主自身の人生そのものの表徴なのか、あるいは夢主金之助がかつて養子に出された体験を淵源とする心理的な彷徨の象徴なのか、それとも夢主の個人的、心理的な諸出来事とは関係の薄い、日本・東洋文明を憂愁する「文明批評家」としての心象なのか。とりあえず「文明批評家」の漱石を想定して、そのような視点から解読してみると、たしかに別な様相を示してくれる。

つまり、二十世紀初頭の海洋航行の発達を成し遂げつつある日本にとって、文明の大きな変化の潮流は、すでに他人事ではなかった。西欧ロマン主義文学の海の比喩的表現も日本に浸透し、敏感な感受性をもつ知識人にとって、「大きな船」＝「文明・文化を載せた船」だということは決してとっぴな発想ではなかったはずだ。言い換えれば、時間という歴史の暗闇を航行する「文明船」だという比喩の意味は、容易く想像できる。だとするならば、この「大きな船」は昼夜なく凄まじい音を立てて波を切って太陽の沈む西の方向へ航行するということは、明治日本が西欧を追いかけていることの比喩だと理解しても妥当だ。そして、夢主がこの船＝「明治日本文明船」がどこへ向かうかはわからないので、「船の男を捕まえて（中略）この船は西へ行くんですか」と聞いたりするが、逆に笑われる。時代の潮流に逆らって疑問を呈する人はいつの時代、どこの国でも笑われるものだ。

夢主は、船首で大勢の「水夫」が帆綱を手繰って「西へ行く日の、果ては東か。それは本真か。東出る日の、御里は西か。それも本真か」と囃しているのを傍観するが、当時、闇の歴史という時間を航行する明治文明船の文化人（知識人）が、「西洋哲学の究極は東洋において尽きる」とか、「東洋発祥の文明が西洋の没落によって終息する」とか、「それは本真か」といった具合に、東西文明の行方を講釈したりしていたのが、「水夫」たちがその口調を真似してもおかしくないであろう。そして、この行先不明の明治文明船に対して、「自分は大変心細くなった。いつ陸へ上がれることか分からない。そうしてどこへ行くのだか知れない。（中略）こんな船にいるよりいっそ身を投げて死んでしまおうかと思った」と、夢主は死をもってこの明治文明船から離れようとする。しかし乗客はたくさんいて、「大抵は異人のようであった」。ただし、ここで注意すべきなのは、乗客は「異人のよう」だったが、「異人」ではなかったことだ。むしろ「邦人」ばかりだったのであろう。

　事実、今まで多くの評論・研究は、この「大抵は異人のようであった」という記述に関して、そのまま「異人」だと鵜呑みにし、しかもかつて漱石の英国留学への旅船での体験と結びつけて、「大きな船」とは留学の際に乗った「異人」船だったと解読してきた。そして、また一方で西洋を追いかける「明治日本文明船」だということを認める。従って「明治日本文明船」は、いわゆる「異人」船だという矛盾をきたす。そのような誤読は、今までに多々ある[440]。

　「空が曇って船が揺れた時」夢主は「一人の女が（中略）しきりに泣いていた」のをみる。その「更紗のような洋服を着ていた」女性が「異人」のような身なりだが、「異人」ではなく「邦人」だった。このくだりは、時代が下り坂になって国が揺れ動くと、犠牲になるのはまず女性だということが示唆されているのであろう。そして、「サローンに這入ったら派手な衣裳を着た若い女が向かう向きになって、洋琴《ピアノ》を弾いていた。その傍に背の高い立派な男が立って、唱歌を歌っている。その口が大変大きく見えた。けれども二人は二人以外のことにはまるで頓着していない様子であった」と、夢主は船のサロンの光景をみる。

　実際、この二人も「明治日本文明船」に乗った「異人」ではなく、「邦人」なのだ。というのも、「唱歌」は日本人が歌って、伴奏も日本人で、「明治日本文明船」のサロンに「異人」が「異人に向かって」、「唱歌」を歌うはずはなかったからだ。

　そもそも「唱歌」とは、かつて明治五年（一八七二）学制発布の際、十五の教科のなか「唱歌」という教科が制定されたことから始まった基礎音楽教育の科目のことで、明治時代から小学校の音楽の時間に教わる歌を指す。ちなみに「唱歌」は正式に明治十四年（一八八一）日本初の音楽教科書『小学唱歌集初編』[441]という形で文部省から発行され、学校の音楽教育時間に使用され、その教科書は、初め唄いやすい諸外国の民謡を多く採用し（一部分の賛美歌の曲も含む）、のち全国小学校に普及するにつれ、日本人によって作曲作詞の唱歌が増える。例えば教科書『小学唱歌集初編』の一つはスコットランド民謡「蛍の光」で、現在でもよく聞き、小中学校の卒業式の歌、あるいはデパートやスーパーマーケットの営業終了の合図となっている。

したがって、「異人」が「異人」に向かって「邦人」の小学校の「唱歌」を歌うという光景は、あまりにも滑稽であろう（もちろん、夢としては成立するが）。

というのは、夢主がいう「大抵は異人のようであった」とは、むしろ字義通りの意味で、つまり、「大抵は異人のよう」な真似をしていた「邦人」を指していることにほかならない。そしてその「サローン」とは、「鹿鳴館」を代表とする急進的な「欧化主義の館」のことで、その風潮に流されてきた明治日本一部分を指しているのではないだろうか。もちろん、「明治日本文明船」には、確かに「異人」も乗っていた。それは「江戸日本文明船」の時代からすでに乗船していた（明治時代、宣教師はいうまでもなく、信心深い敬虔なクリスチャンとしてのお雇い外国人教師も「日本文明船」に数多くいたはずである。そして彼らが天文学を教え、星・海などが神によって創られたのだとするのも当然のことであろう）。

このような「明治日本文明船」に、運命づけられて乗船した夢主は最後に、「ますますつまらなくなった。とうとう死ぬ事を決心した」という。そしてある晩海の中へ飛び込んだ。しかし、「船と縁が切れたその刹那に、急に命が惜しくなった」と、後悔しはじめたのだ。海の色は黒かった。船は通り過ぎ、夢主は「無限の後悔と恐怖とを抱いて黒い波の方へ静かに落ちて行った」。「明治日本文明船」は目の前を通り過ぎた。漱石は夢の中で、その歴史の時間を航行する船から飛び降りて取り残されることを選んだのだ。しかし、西洋に向かう「明治日本文明船」に乗るのも苦しいが、飛び降りるのも苦しいのだ。これがまさしく「文明批評家」であった漱石の苦悩で、東洋文明の悲哀でもあるのではないであろうか。

かつてウォルト・ホイットマンは、大波の高鳴って輝く青海原で、希望に満ち歓喜に溢れた乗船者らとともに夢の詩想を語って前進を呼びかけ、神秘主義の大航海をしていたが、しかし、漱石の「第七夜」の夢では、それらをわざとはぐらかし、アイロニー化しているのであろう。同じ夢だが、両者は全く違うことを象徴したのである。

しかし、「第七夜」の夢について、どのような解釈を施そうと、そこに常に「海」が介在しており、「海」がスペクタクルとして語られたのが変わりのない事実だ。そして、海が語られたということが事実である以上、たとえ海を風刺し、抵抗し、それを憂鬱とし、あるいは恐怖とし、死の場所として表象しても、海は、すでに確実に意識か無意識（夢）的に漱石の内面の世界に入り込んできており、あるいは漱石が海に飲み込まれ包まれているのだということができよう。言い換えれば、漱石は、たとえホイットマンの謳歌したような理想的な海に抵抗があったとしても、海を描いたというそれ自体の行為によって、否応なしに近代の「海」という西洋のロマン主義以来のスペクタクルに巻き込まれてしまうのである。

従って、「海」という象徴に対して、抵抗しようとも、讃えようとも、「海」は根源的な象徴である以上、人間が海について思い描いたすべてのことを受け入れ、吸収してしまうのだ。そして、「海」についての「第七夜」の夢とは、ある意味において、漱石がコールリッジの「古老の船乗り」（前掲）のような夢幻的な不気味な海の世界を呈示したかったとも言えるかもしれない。確かに、「古老の船乗り」の航海はおぞましく、不気味で、死を予兆した形で表象されていたが、漱石の船は、それに劣らず「自分はますますつまらなくなった。とうとう死ぬ事に決心」させるほど嫌な船だったのだ。コールリッジの幻想詩において、海は腐って甲板に「屍体が転がっていた」としても、また魂が天に昇っていったとしても、海に一人も捨てなかった。逆に海の美しい「海蛇」を讃えると呪いが解かれ、ついに故郷に戻れたのだ。それに対して、漱石の夢にはそういった救いが見られず、おのずから「思い切って海の中へ飛び込んだ」のだった。コールリッジの祈り一つで天地が変わるのに対して、漱石は、暗黒の海に飛び込むことしかなかったのである。コールリッジは上の天の方に救いを求めたが、漱石は船から下へ海に飛び込むことを決意したのだ。ある意味で、人の世に嫌気がさして、回帰しようと思うとき、海に帰るとは、日本の神話を彷彿させる一下りとも解釈できるかもしれない。

いずれにせよ、「第七夜」の夢は紛れもなく、ホイットマンのような明るく、理想的に謳歌した海とは対立したもので、その謳歌された青海原を変容させたことに成功したと見て取れよう。

『草枕』と海

しかし、漱石は、そういった海の風景や海のスペクタクルに気がついて、一概にそれをはぐらかすだけではなかった。あえて西洋の海洋風景とは、違った別のスペクタクルを呈示しようともする。オリジナルなスペクタクルは、『草枕』（一九〇六年）において呈示していた。

漱石は『草枕』について、畔柳芥舟宛の書簡に「小生が芸術観及人生観の一局部を代表したるあらはるべく」[442]もので、それは「天地開闢以来類のない」[443]小説だと表明して、その起源性・創始性を強調する。いわば驚嘆すべき成功を収めた『吾輩は猫である』を世に送ってから、さらに新しい芸術観や美意識の宣言に匹敵する思い入れたっぷりの企てだったのである。

『草枕』のストーリーは、西洋画を熟知した画工の「余」が、近代化していく「文明」の世の住みにくさに倦み果てて「非人情」の画・詩・美を追い求めて旅に出るという語りから構成されている。通常の物語とは違って、当時はいうまでもなく、現在の小説一般にとってもユニークで、文字通り「天地開闢以来類のない」ものである。『草枕』のユニークの点は、まず、小説そのもののジャンルの規範を侵犯するように語られたところにあり、さらに小説・詩・芸術それ自体が物語のなかで批評・批判・裁断や鑑賞の対象となって、一種の自己批評、自己言及的な小説として展開されたところにある。

「山路を登りながら、こう考えた」と語り始めた有名なところだが、小説は、ここで時間・場所・プロット・ストーリーいずれをも故意に不明確にして、語りは現実世界と詩想・幻想の間を往来するかのように進められる。写実主義や自然主義を標榜していた文壇が、克明にいつ・どこで・誰が何を、というように写実性を求めていたのに対して、漱石は、あえて自分を明かさない「余」という語り手が「こう考えた」ことから始まったのである。

そして、その旅の見聞・情趣・詩・美的判断と批判は、「余」の観察や思索や感覚や心情は、足が赴くままに向かってあちらこちらに巡っていく。「余」は様々な風景・イメージ・美の遍歴を辿ってゆくが、徐々にその詩趣・美が「那美さん」という、女神「イザナミ」の名を仄めかす美しい女性に焦点を合わせるようになっていく。そして「那美さん」にまつわる諸々の景色・風景ないしエピソードが漸次活写されていくなか、小説の末尾で「那美さん」の顔に「憐れ」が浮かんできたと認められた瞬間、「余」は「それだ！それだ！」という。ついに「余」の求めていた究極の「非人情」の画のイメージ・境地を獲得することができて、小説もその境地が成就されたことをもって完結する。

「低徊趣味に立脚し、禅味・俳味に通じる『余裕』の文学について説いたが、『草枕』はそうした芸術観を具体化した作品と目されている。粋を凝らした文体で、漂緲・夢幻の詩趣を伝える桃源郷の文学」[444]だというのが、『草枕』の標準的な解説である。また「文明批評小説」[445]として積極的な評価を与えたり、多様な批評と研究があり、枚挙に暇がない。ただ単に、小説に表出した王維・陶淵明の境地を示した漢詩文の部分を取り上げただけで中国と台湾でも高く評価され、賞賛の言葉を惜しまない[446]。

それではこの小説において、漱石は西洋文学にどう対峙して、東洋的な美意識を呈示し、とりわけ「海」をどのようなスペクタクルとして描いたのであろうか。

『草枕』では、二箇所「海」が風景として描かれている。その一つ目は小説の十一節においてである。主人公の「余」は用も目的もなく、ある「朧夜」に「偶然と宿を出でて足の向く所に任せてぶらぶらするうち」、つい「随縁放曠」にして「観海寺」の石段を登ることになる。登りながら句を考え、「仰数春星一二三の句を得て、石磴を登りつくしたる時、朧にひかる春の海が帯の如くに見えた」という。そして「余」が「観海寺」に入り「和尚」と以下のような会話をしながら眺めた春の月夜の海は、西洋文学作品に登場してくる海どころか、日本の浪漫主義や自然主義文学に謳歌されるような風景ですらなかった。

「あまり月がいいから、ぶらぶらきました」
「いい月じゃな」と障子をあける。**飛び石が二つ、松一本の外には何もない、平庭の向うは、すぐ懸崖と見えて、**

眼の下に朧夜の海が忽ちに開ける。急に気が大きくなった様な心持である。漁火がここ、かしこに、ちらついて、遥かの末は空に入って、星に化ける積もりだろう。

「これはいい景色。和尚さん、障子をしめているは勿体ないじゃありませんか」

「そうよ。しかし毎晩みているからな」

「**何晩見てもいいですよ、この景色は。私なら寝ずに見ています**」[447]（引用文の太字は引用者による。以下同）。


ここで、朧月夜の海と、ちらちら見える漁火が空の星と渾然一体となって、その全体の風景は、仏教的な無辺・深遠の境地を表わしているようだが、一般的にいう東洋に尊ばれる静寂な海の風景だとも見て取れよう。実際、ここで描かれた「海」は「観海寺」という仏教寺院から、「和尚さん」の導きによって眺めているので、それ自体はすでに仏教的な美意識のフィルタを通して眺められたスペクタクルだと言わざるを得ない。つまり、その風景は、読者のわたしたちに、東洋的・仏教的・深遠で静寂な海の風景とは、これだぞと示しているようなものであろうか。しかし、まさにこういった形で漱石の筆先は、近代以降の西洋文学の海の風景とは一線を画し、別の美的感性に基づいて描写しているのが明らかである。漱石は、さらにそういった仏教的な静寂な海の風景を背景にして、「和尚さん」と「余」との会話を設定して、『草枕』の画の核心となる、肝心な「那美さん」を登場させるように仕向ける。


「ハ…。それ御覧。あの、あなたの泊っておる、志保田の御**那美さん**も、お嫁に入って帰ってきてから、どうも色々な事が気になってならん、ならんと云うて仕舞いにとうとう、わしの所へ法を問いに来たじゃて。ところが近頃は大分出来てきて、そら、ご覧。あの様な訳のわかった女になったじゃて」

「へええ、どうも只の女じゃないと思いました」

「いや中々機鋒の鋭どい女で――わしの所へ修行に来ていた泰安と云う若僧も、あの女の為に、ふとした事から大事を窮明せんならん因縁に逢着して――今によい智識になるようじゃ」

静かな庭に、松の影が落ちる。遠くの海は、空の光りに応うるが如く、応えざるが如く、有耶無耶のうちに微かなる、耀きを放つ。漁火は明滅す。

「あの松の影を御覧」
「綺麗ですな」
「只綺麗かな」
「ええ」
「綺麗な上に、風が吹いても苦にしない」[448]

漱石はこの十一節において、観海寺、朧夜、月、星、海、漁火、松、静かな庭、微風などのイメージを描いたが、結局それらを以って「那美さん」を引き立て、そこで東洋的・仏教的な海に抱擁され、修行を積んだ美しい女を登場させたかったことであろうか。しかし、ここで描き出された海のスペクタクルは、たしかに西洋文学のそれとは違っているのだ。「有耶無耶のうちに」「漁火が明滅す」広大無碍の海は、仏寺から眺められるが、その静けさの中で、西洋文学に見られる嵐の海と対峙した静寂という海の美が表象されていると見受けられる。

もう一つは、小説の十二節においてである。漱石は「余」を通してキリスト、観海寺の和尚、ミケランジェロ、ラファエルなどをとりあげ、その芸術の境地を語り、「余」の画に対する考えを仄めかす。そこで、画は色にあり、しかし「色は刹那に移る」のだと述べてから、次から次へと画になる瞬間に巡り会うようにストーリーが展開される。まず「襖をあけて、縁側へ出ると、向う二階の障子に身をもたして、那美さんが立っている」瞬間に出合う。つぎに「左り手には九寸五分の白鞘がある」という瞬間をみてしまうが、「あの女は、今まで見た女のうちで尤もうつくしい所作をする」と絶賛する。それから、その美しい瞬間を見た気分のまま、さらに山に登るが、風景が徐々に広々と展開してゆくにつれ、またもや再び海が登場してくるのである。

三丁ほど上ると、向うに白壁の一構が見える。蜜柑のなかの住居だなと思う。道は間もなく二筋に切れる。白壁を横に見て左りへ折れる時、振り返ったら、下から赤い腰巻をした娘が上ってくる。腰巻がしだいに尽きて、下から茶色の脛が出る。脛が出切ったら、藁草履になって、その藁草履がだんだん動いて来る。頭の上に山桜が落ちかかる。**背中には光る海を負っている。**

岨道を登り切ると、山の出鼻の平な所へ出た。北側は翠りを畳む春の峰で、今朝椽から仰いだあたりかも知れない。南側には焼野とも云うべき地勢が幅半丁ほど広がって、末は崩れた崖となる。崖の下は今過ぎた蜜柑山で、村を跨いで向を見れば、**眼に入るものは言わずも知れた青海である。**

（中略）

海は足の下に光る。遮ぎる雲の一片さえ持たぬ春の日影は、普ねく水の上を照らして、いつの間にかほとぼりは波の底まで浸み渡ったと思わるるほど暖かに見える。色は一刷毛の紺青を平らに流したる所々に、しろかねの細鱗を畳んで濃やかに動いている。春の日は限り無き天が下を照らして、天が下は限りなき水を湛えたる間には、白き帆が小指の爪ほどに見えるのみである。しかもその帆は全く動かない。往昔入貢の高麗船が遠くから渡ってくるときには、あんなに見えたであろう。そのほかは大千世界を極めて、照らす日の世、照らさるる海の世のみである。

ごろりと寝る。帽子が額をすべって、やけに阿弥陀となる。[449]

漱石がここで描いた「海」は、静かで春の長閑な所に広がっており、その風景は「余」の心が和むような、のんびりとした気持の良いものだった。この長閑で穏やかな海の風景を目の前にして、「余」は「木瓜」を「見詰めていると次第に気が遠くなって、いい心持ちになる」。そして「又詩興が浮ぶ。寐ながら考える。一句を得る毎に写生帳に記して行く。しばらくして出来上がった様だ。始めから読み直して見る」といって、「海」の風景は、ここで詩興をそそる特殊な場所として変貌するのだ。

事実、ここで「出来上がった」詩とは、『草枕』執筆より八年前の一八九九年、三十一歳の漱石の漢詩作品「春興」のことで、それをもって、この海の風景に挿入したのである。漢詩「春興」自体はまぎれもなく陶淵明の詩の境地を表現したものだったが、長閑な海の風景を背景にしてそれを思い起こしてかけ離れた両者を漱石が連合させたのが興味深い。そして「余」は、長閑な春の穏やかな日に、静かな海を背景にして、この陶淵明の詩の境地に達した漢詩を完成させて、「ああ出来た、出来た。これで出来た」と、満足げにもらすが、しかし今一つ物足りなさそうで、その語りはさらに「海」を背景にして続く。

寐返りをして、声の響いた方を見ると、山の出鼻を回って、雑木の間から、一人の男があらわれた。

（中略）

余はこの物騒な男から、ついに吾眼をはなす事ができなかった。（中略）右から左、左から右と、男に添うて、眼を働かせているうちに、男ははたと留った。留ると共に、またひとりの人物が、余が視界に点出された。

二人は双方で互に認識したように、しだいに双方から近づいて来る。余が視界はだんだん縮まって、原の真中で一点の狭き間に畳まれてしまう。**二人は春の山を背に、春の海を前に、ぴたりと向き合った。**

男は無論例の野武士である。相手は？相手は女である。那美さんである。

余は那美さんの姿を見た時、すぐ今朝の短刀を連想した。もしや懐に呑んでおりはせぬかと思ったら、さすが非人情の余もただ、ひやりとした。

男女は向き合うたまま、しばらくは、同じ態度で立っている。動く景色は見えぬ。口は動かしているかも知れんが、言葉はまるで聞えぬ。男はやがて首を垂れた。女は山の方を向く。顔は余の眼に入らぬ。

山では鶯が啼く。女は鶯に耳を借して、いるとも見える。しばらくすると、男は屹と、垂れた首を挙げて、半ば踵を回らしかける。尋常の様ではない。**女は颯と体を開いて、海の方へ向き直る。**

（中略）

二人の姿勢がかくのごとく美妙な調和を保っていると同時に、両者の顔と、衣服にはあくまで、対照が認められるから、画として見ると一層の興味が深い。

背のずんぐりした、色黒の、髯づらと、くっきり締った細面に、襟の長い、撫肩の、華奢姿。ぶっきらぼうに身をひねった下駄がけの野武士と、不断着の銘仙さえしなやかに着こなした上、腰から上を、おとなしく反り身に控えたる痩形。はげた茶の帽子に、藍縞の尻切り出立ちと、陽炎さえ燃やすべき櫛目の通った鬢の色に、黒繻子のひかる奥から、ちらりと見せた帯上の、なまめかしさ。**すべてが好画題である。**[450]

漱石の「余」が求める「好画題」は、とうとうこのような形で展開を示してくるとは、読者は想像だにできなかったことであろう。『草枕』という旅の絵の核になる人物「那美さん」は、ここでついに「野武士」と「美妙な調和」・極端なコントラストをなすかのように「**二人は春の山を背に、春の海を前に、ぴたりと向き合った**」のである。「海」はここで漢詩の「境地」を作り上げるのに、またそこに「那美さん」を引き立てるのに、役目を果たしたとはいえ、「余」が追い求める画は単に「海」と漢詩と「那美さん」ではなかった。さらにそこで「野武士」を登場させずにはいられなかったのであろう。言い換えれば、ここで「野武士」を登場させることによってこそ、海と漢詩を背景にした美しい女性の意味が真意に達し、それによってこそその風景の意味がさらに増幅し、変容し、そして漢詩の境地すら逸脱され、漱石独特の一幅の絵がここで描きあげられたのである。しかも、読者の目に映った風景は西洋の絵画の題材や構図などを模倣したものではなければ、はたまた漢詩の世界を再現したものでもない。「海」と「美女」と「武士」との組み合わせによって、日本的な独特な美的要素が濃厚に表象されたものだと見てとれよう。つまり「**背のずんぐりした、色黒の、髯づらと、くっきり締った細面に、襟の長い、撫肩の、華奢姿。ぶっきらぼうに身をひねった下駄がけの野武士**」と「那美さん」が一つの画面に融合されたからこそ、「すべてが好画題」になるのであり、漱石の美の成就のためには「野武士」が欠くことのできない存在だったのだ。

かくして、漱石と「余」の追い求める美の頂点は、この十一、十二節で達せられたが、小説の最後に、「余」は「非人情」の境地の瞬間を獲得して「それだ！　それだ！」と大声で叫んで小説はクライマックスを迎える。その瞬間とは、まさに「死んで御出《おい》で」と「那美さん」が戦場＝死へ向かう汽車と「久一さん」を見送る際、「野武士」もその汽車に乗っていたのだ。それを見た彼女は茫然としていたが、「その茫然のうちには不思議にも今までかつて見た事のない『憐れ』が一面に浮いている」という瞬間だった。「余」の完璧な美の境地がこの瞬間をもって成就されるのだという。すなわち、「『それだ！それだ！それが出れば画になりますよ』と余は那美さんの肩を叩きながら小声に伝った。余が胸中の画面はこの咄嗟の際に成就したのである」。言い換えれば、「余」の想像の世界において、心象風景が咄嗟に出来上がったのだという。

たしかに漱石によって「海」や「海辺」は、『吾輩は猫である』において風刺され、『坊ちゃん』において日常化されてきたが、この『草枕』においては、仏教寺院から眺めた「朧月夜」の「海」にしても、長閑な春の日に眺められた海にしても、いずれも静かな美しい風景として描かれている。しかも、この美しい「海」の風景は西洋近代の「海」のスペクタクルとは趣を異にするだけでなく、西洋文学の、真似をする同時代の諸流派[451]の美意識、詩境、風景とも一線を画していた。さらに言えば、中国漢詩の世界とも違うものを主張しているとも読み取れる。というのも、あの「海」を背景にして「野武士」の身形や顔を特筆したこと（引用の黒字の箇所）は決して偶然の筆致ではない。そういった「野武士」と「海」と「那美さん」との逢瀬という独特な設定は、「余」の言う通り「美妙な調和」と「対照」をなしている。とりわけ小説の結末で、戦場・死へ向かう汽車と共に去る「野武士」を見送る、あの「那美さん」の顔に浮かんだ

「憐れ」の表情によって構成された心象風景は、むしろ美と死、花と武士という「対照」的な詩境が成就されたことを意味していると言える。ところが、それが、いみじくもその四十年後、ルース・ベネディクトによって著した『菊と刀』[452]において再発見された――日本の独特な美学――あの「対照」に合致したのである。まさにそういった「菊と刀」のような「美妙な調和」とコントラストの瞬間が『草枕』において成就されたのだといえる。日本的、漱石的な海と海辺のスペクタクルがこのような絶妙な形で呈示され、主張されたと読み取れる。

十九世紀末から二十世紀初頭、日本の美意識に表象された西洋的風景の海と海辺について、漱石は「猫」を通じて揶揄したり、嘲笑ったりしていた。また『夢十夜』において「海」をはぐらかし、抵抗し、『草枕』においては、西洋から海と海辺の風景を受容したものの、こんど日本的な、オリジナルな風景を呈示して、日本的なこころの感応・美意識をもって文壇に訴えたのだ。それらはいわば、一種の美意識による抵抗や変容だというべき出来事であろう。

かくして漱石は、海というスペクタクルを意識し、風刺し、抵抗して、一線を画してきたが、とりわけロマン主義文学作品に見られるような海こそ描かなかったものの、しかし、日本自体が西洋化と近代化の衝撃に晒された以上、近代文学の渦巻きにいる漱石は、結局、否応なしに近代の「海」というスペクタクルに巻き込まれるような運命をたどらざるをえなくなる。

『こころ』と海

西学東漸してきた近代という衝撃は、どのようにして日本と、日本人の「こころ」を変えていったのか。晩年の漱石の作品『こころ』（一九一四）は、一種のメタフィクションか比喩の形でそれに答えを与えようと試みたのだと、読むのはあながち的外れではないであろう。第一「こころ」とは、他言語に訳せない特殊な心的状況、気持ち、感覚、感性、美的感受性ないし倫理までも含む多くのことを表象する言葉である。それゆえ、英語訳は「Kokoro」と、そのままに音訳したのは賢明な選択だ。そして中国語訳においても『こころ』をそのまま漢字で置き換えているが、小説内容が中国語の「心」を表象できたと読む読者が、いったい何人いるのであろうか。

漱石は、そういった多くの意味を含有するメタ用語の「こころ」をタイトルにした『心』の冒頭において、海水浴場の風景を設定し、それを主人公たちが出会うような場所として描いている。海水浴場は、大正時代にしては、決して珍しいことではない。しかし、それが一種の時代の心象風景としての海なのだと読むと、それが決して偶然に海水浴場にして描いたこととは思えない。

実際、『こころ』の冒頭の海水浴場の海は、西欧のロマン主義の風景とも、また日本に受容されてきた海とも違っている。言ってみれば、その海は、西洋文化がいかに日本の日常生活ないし日本の「こころ」の一部分となって、そのなかに浸蝕してきたか、それを表象しているかのように描かれているのである。

事実、『こころ』において海と海辺は、ほぼ小説の一節から三節に集中して描写され、主人公が登場する場面として最初のところに描かれている。たしかに、大学の先生と学生が出会うには、大学のキャンパス内でも十分だったはずだが、それがわざわざ海と海辺で出会わなければならなかったのだ。しかし、文学において、海と海辺、今まで見てきたように、人々の心象風景であったり、神秘的な眺めであったりするが、海水浴場は、まさにそういった時代のスペクタクルとなっていた。

『こころ』の冒頭の海の風景の描写だが、その複数の段落を略して引用すると、次のようになる。

　私が先生と知り合いになったのは鎌倉である。その時私はまだ若々しい書生であった。暑中休暇を利用して海水浴に行った友達からぜひ来いという端書を受け取ったので、私は多少の金を工面して、出掛ける事にした。

（中略）

　宿は鎌倉でも辺鄙な方角にあった。玉突きだのアイスクリームだのというハイカラなものには長い暇を一つ越さなければ手が届かなかった。

（中略）

私は毎日海へはいりに出掛けた。（中略）**この辺にこれほどの都会人種が住んでいるかと思うほど、避暑に来た男や女で砂の上が動いていた。ある時は海の中が銭湯のように黒い頭でごちゃごちゃしている事もあった。**その中に知った人を一人ももたない**私も、こういう賑やかな景色の中に裹まれて、砂の上に寝そべってみたり、膝頭を波に打たしてそこいらを跳ね廻るのは愉快であった。**

　私は実に先生をこの雑踏の間に見付け出したのである。

（中略）

　それほど浜辺が混雑し、それほど私の頭が放漫であったにもかかわらず、私がすぐ先生を見付け出したのは、**先生が一人の西洋人を伴れていたからである。**

（中略）

　それで翌日もまた先生に会った時刻を見計らって、わざわざ掛茶屋まで出かけてみた。すると西洋人は来ないで先生一人麦藁帽を被ってやって来た。

（中略）

　次の日私は先生の後につづいて海へ飛び込んだ。そうして先生と　いっしょの方角に泳いで行った。二丁ほど沖へ出ると、先生は後ろを　振り返って私に話し掛けた。**広い蒼い海の表面に浮いているものは、その近所に私ら二人より外になかった。そうして強い太陽の光が、眼の届く限り水と山とを照らしていた。私は自由と歓喜に充ちた筋肉を動かして海の中で躍り狂った。**先生はまたぱたりと手足の運動を已めて仰向けになったまま浪の上に寝た。私もその真似をした。**青空の色がぎらぎらと眼を射るように痛烈な色を私の顔に投げ付けた。「愉快ですね」と私は大きな声を出した。**

（中略）

私はこれから先生と懇意になった。[453]

ここで「私」がみんなと同様、海辺の海水浴場にくるのは、ごく自然なことで、近代化、西洋化が進んだ地域にとって、それは近代における健康と癒し、新しい娯楽と遊戯を代表する場所である。もちろん、「先生」にとってもそうであって、しかも「先生」は西洋人と共に海水浴をする。それは率先して西洋に接近したエリートを表象しているが、海水浴場それ自体が、日本伝統文化とは無縁なところだということをも意味しているのであろう。かつて作者の九年前『吾輩は猫である』でビーチ文化を諷刺したこと、あるいは「文明批評家」として社会的な講演が増え、日本と西洋文明との接触についてネガティブな言及が多くなってきていたことなどを考え合わせてみると、小説の主人公たちの出会う最初の場所をわざわざ海水浴場——大衆が西洋的な新しい生活様式になれつつあるところ——に設定したのは、むしろ必然的な選択かもしれない。実際、そこには一種の自嘲ともいうべき批判的な視点が潜まれていると言える。すなわち、「西洋人」も「先生」と「私」も、そして海と海水浴を楽しむすべての人々もみんな、今やかつてあの「猫」に嘲笑された、あの海水浴場にいるのではないのか。東洋も西洋もそれまで海は怪獣が住むところで、それを怖れていたのではなかったのか。ビーチ文化とは、一種の近代のファッションで、海のスペクタクルとは、所詮恣意的に作り上げられた一種の幻想ではなかったのか。それのみならず、物語の始めに登場してきた西洋人は、何ゆえ「純粋の日本の浴衣」に「猿股」の格好で、西洋式の海水浴のしきたりに従って日本人と一緒に日本の海水浴を楽しむのであろうか。といったような一連の自嘲的な言説が展開される可能性は十分あるのだ。そういった背景の中で、人々が熱心に西洋スタイルで海水浴に繰り出し、その巨大なスペクタクルを憧れて楽しんでいるように描かれているのだ。初期作品の漱石の「猫」は、この東西混じり合った異様な風景を刺刺しく風刺したが、しかし、晩年の漱石は、このような場面を、まさしく「起源が忘れ去られ」た、変容された風景として、こういった東西の混じりあった異様な風景から小説を始めなければならなかったのであろう。あるいは、このような海の心象風景——西洋と混交した日本のこころの風景——から語らざるを得なかったのだ。漱石の生きた大正期の日本の「こころ」に写っていた風景は、まずこのような西洋の海のスペクタクルの中に溶け込んだ日本の心象風景で、それはかつて漱石が理想として描いた『草枕』の風景とはまるで違っていた。『草枕』の海は「静かな庭に、松の影が落ちる。遠くの海は、空の光りに応うるが如く、応えざるが如く、有耶無耶のうちに微かなる、耀きを放つ。漁火は明滅す」（前出）というような静寂として表象していたが、今や目の前に展開されている海は、仏寺から眺めて、それはむしろ呪われるべき大衆の海水浴場の風景だったのであろうか。時代が変わったら、「こころ」に映る海も海水浴場も風景も変わらなければならなかった。つまり、心象風景が変わったのである。

たしかに、『こころ』の冒頭での鎌倉の大型大衆海水浴場の風景は、単にストーリーの発端であって、小説世界の入り口の役割しか果たしていないのだ、と言ってもいい。あるいはたまたま鎌倉の海水浴場に設定されたと言っても差し支えはない。しかし、かつて「猫」を通じて、辛辣に言い放っていた言葉は、漱石ばかりか、読者にとってもまだ記憶に新しかったことであるならば、その風景と今の『こころ』の風景とのコントラストが必要とされよう。

一七五〇年にドクトル・リチャード・ラッセルがブライトンの**海水に飛込めば四百四病即席全快と大袈裟な広告を出したのは遅い遅いと笑ってもよろしい**。猫といえども相当の時機が到着すれば、**みんな鎌倉あたりへ出掛けるつもりでいる**。但し今はいけない。物には時機がある。**御維新前の日本人が海水浴の功能を味わう事が出来ずに死んだごとく、今日の猫はいまだ裸体で海の中へ飛び込むべき機会に遭遇しておらん**。（中略）吾等猫輩の機能が狂瀾怒涛に対して適当の抵抗力を生ずるに至るまでは（中略）**容易に海水浴は出来ん**。

「猫」は、人々がこぞって海水浴場に繰り出したのを揶揄し、その滑稽さを笑っていた。その「猫」が笑っていた時、海の風景はまだ未熟で、心象風景として、あるいは海のスペクタクルとして、まだ移植されている途中で、完全に受容されていなかった。しかし、大正時代になると、『こころ』における「私」と「先生」にとって、海の風景が定着され、人々が海水浴に行くのは当然なこととなってきていたのである。

ここで重要な点は、何よりもそこには「近代の風景」がすでに成立されていること、『こころ』の物語は、すべてがその西洋化した近代の海の風景から始まっているということである。つまり元来の、伝統的な心象風景ではなく、『こころ』の物語のすべてがその西洋化の風景の中で発生し、その起源がすでに忘れ去られたところ、新たな西洋化された海辺と海水浴場という心象風景から語りはじめられているということである。

柄谷行人の言葉で言い換えれば、その風景は次のようになる。つまり、西洋の海のスペクタクル、風景が移植され、受容されてゆくにつれ、いつの間にか、その「風景がいったん成立すると、その起源は忘れさられる」のだと。「それははじめから外的に存在する客観物のようにみえる。ところが、客観物なるものは、むしろ風景のなかで成立したのである。主観あるいは自己もまた同様である。主観（主体）・客観（客体）という認識論的な場は、『風景』において成立したのである。つまりはじめからあるのではなく、『風景』のなかで派生してきたのだ」[454]と、いうことになろうか。漱石の『こころ』は、そういう既存の変容された海の心象風景から語り始めなければならなかったのだ。

したがって、近代化、西洋化された現在（大正時代）、「私」はいまやその海辺において存分に「強い太陽の光が目の届く限り水と山とを照らしていた」のを感じることができ、西洋の感受性に従ってその情緒に浸かり、「私は自由と歓喜に充ちた筋肉を動かして海の中で躍り狂った」ように、楽しむことができるのである。海辺は、「私」にとってすでに他人事ではなくなったのだ。

そして、海は、あの『夢十夜』の「第七夜」に描かれたような「恐怖」で、飛び込む黒い海ではなく、時代が移り変わって、『こころ』での風景は今や人々の休養・沐浴・幻夢・憧憬・隠棲・恋愛・観光・治癒の場所ないし人間自身のスペクタクルを楽しむ行楽地、欲望を満たす場として変容していったのである。

かくして、漱石は海を批判し、抵抗し、変容させて理想化したが、しかし、結局やむをえず近代化と西洋化の心象風景になった海と海辺に包まれ、そのスペクタクルに巻き込まれていき、おのずからそれを表象していかざるをえなかったのである。

ある意味において、「海」無しではついに近・現代が語れなくなり、近・現代人が「海」無しでは自分の心象風景も語れなくなったのである。近・現代人のこころはついに変容・変質してしまったのだ。

第二節　王国維、魯迅と郁達夫の詩的狂気と海——中国

十九世紀半ばから二十世紀初頭、西洋列強の侵略にさらされて、在来の中華秩序は切り崩しが始まる。それに相まって西洋宣教師（前掲、第三章第二節、第六節）を先頭に展開されてきた辞典や漢訳洋書による西洋情報の流布は、既存の知のシステムを揺るがすようになる。中国の知識層は西洋の啓蒙、理性、科学を唱える一方、西洋の知のシステムには脅威をも感じていた。西洋学の実利的な面のみ受け入れ、そのエッセンスを拒否するといったような「中体西用」などのさまざまな展開があったが、日清戰争を境に、日本は西洋受容の成功の模範と看做され、かつ西洋情報の主要な窓口か中継地としての役割を果たすようになる。西洋学の多くの分野ないし精神的なエッセンスは、まず日本を通じてキャッチし、多くの有志が日本に留学し、日本のレンズを通して観察し、西欧の近代化を理解しようと努めていた。とりわけ、欧米諸国の人文知識の全般を受容する上で、日本はハブのような効率的で便利な欧米情報の集配地となっていた。そして、文学においても同様、日本文学あるいは日本で翻訳された欧米諸国の作品を通じて、欧米全体の文芸思潮や各国の作品の喜怒哀楽などの趣まで読み取って吸収していた。当時、「同文同種」という考えから文系志向の中国の若者が欧米よりも日本留学を選択していた。

そういった背景のなかで日本留学を果たし、日本を通じて世界を理解し、中国近現代文学において主要な旗手としてリードして活躍したのは王国維、魯迅、郁達夫である。

王国維と「意境論」（境界論）

中国における西欧の詩学、文学観の受容において、王国維（一八七七—一九二七）はきわめて特殊な存在である。先述したように、彼は上海で日本語を学び、哲学専攻をしていた田岡嶺雲の手元の書籍[455]を通じてカントを知り、ショーペンハウアーを始め、シラーやニーチェなどの著作を読むようになり、そこからドイツの美学やロマン主義の文学観に

触発され啓蒙された。一九〇一年から日本留学を果たし、東京物理学校（東京理科大学の前身）で勉強したが、病のため翌年帰国する。以来、日本は彼の近代知識の情報供給源、中継地となり、最も早く中国文学の再発見と再編成に目覚めた一人となった。そしてさっそく『〈紅楼夢〉評論』（一九〇四）、『人間詞話』（一九〇八）を世に送り出す。この二つの批評において、東西の文学観を有機的に融合して、「意境論」[456]（意境説・境界論）を打ち出す。その境界論とは、いわゆる「有有我之境、有無我之境。（中略）有我之境、以我観物、故物皆著我之色彩。無我之境、以物観物、故不知何者為我、何者為物」[457]（意訳すれば、「境界には、有我の境界があり、無我の境界がある。有我の境界とは、われを以って対象物をみるが、故にすべての対象物はわたしの色彩がついてしまう。無我の境界とは、ものがものをみるゆえ、何がわたしかがわからず、何が対象物かもわからない」）とのことで、詩人の主観の不在の、状態において詩が成就されることが唱えられる。これは限りなくロマン主義文学の創作のカテゴリーに近づき、そこにはプラトンの言う「霊感」（神感）を受け入れ、無我の境地である狂気あるいは理性の不在の想像力、いわば「詩的狂気の想像力」による詩作や表象の面影が見受けられる。それは中国の文学批評史において、それまで稀にしかなかった文学観（中国の伝統的な正統文学にとって最も異質なもの）であった。かつ、それは同じ時期の魯迅の批評と、のちにロンドン大学留学帰りの朱光潜（一八九七―一九八六）の『詩論』（一九四三）が一九四三年に上梓されるまでは、こういった「詩的狂気の想像力」の理解と受容はほとんど見ることのなかった文学観、創作論である。

　王国維の『〈紅楼夢〉評論』によって切り開かれた領域は、のちの「紅楼夢研究」という専門研究分野の創出につながり、その『人間詞話』は、西洋の文学観に触発された、近代史において初めて中国的な近代文学評論を展開したもので、そのいずれも文学研究において近代を築いた「古典」である。かくして、プラトンを起源とする「霊感」、「狂気」と「想像力」の伝統は、ドイツのロマン主義文学とその思想によって継承されたが、二〇世紀初頭、日本を媒介にして、中国に理解され、受容されることになる。しかも、それがまず、中国古典作品の再発見と再解釈に応用することから受容されていったのである。

魯迅と「狂気」、「想像の翼」

一方、魯迅は、一九〇二年、東京弘文学院で日本語を勉強しはじめる。そこから紆余曲折を経て帰国するまで、あしかけ八年間も日本に滞在した。一九〇四年から仙台医学専門学校（東北大学医学部の前身）で医学を勉強するが、一九〇六年に中退する。そして一旦帰国するが、再び東京に戻って文学活動を続け、一九〇八年、夏目漱石の旧宅に移り住んで筆を奮っていたという。その頃の魯迅は、日本語を通してニーチェ、バイロンなどに傾倒し、ロマン主義文学に多くの情熱を注いでいた。王国維が『人間詞話』発行された一九〇八年、魯迅も、「令飛」というペンネームで、清国留学生によって発行された文芸雑誌『河南』において「摩羅詩力説」[458]という評論を発表する。この評論においてロマン主義文学者を取り上げたが、主として熱狂的かつ反抗的な精神をもつ戦闘的な詩人たちだった。当時、凋落し、沈滞していた中国には、これらの戦闘的、反抗的な詩人たちを紹介して、文学革命、社会的改革の意識を植え付け、啓蒙しようとしたのだ。バイロン、シェリーをはじめ、プーシキン、レールモントフなどを讃え、その詩人らの精神的、社会的な自由と戦闘的なナショナリズムを唱えるにとどまらず、、またプラトンの狂気や想像力についても言及する。しかし、文学・詩それ自体よりも、むしろ中国社会・政治体制に変革をもたらそうという意図が濃厚だった。とりわけ、シェリーについて解説したところをみると、そこには「想像力」、「自然流出」と「創造力」などについて触れ、ロマン主義文学のエッセンスについて述べている。

しかしながら、ただ一つ、詩人の心を慰めるものに自然があった。人生知るべからず、社会は恃むべからず、かくてシェリーは、虚偽のない天然自然に限りなき思いを寄せたのである。人の心とは、みなこうなのではあるまいか。（中略）その潔らけき想像の翼は、遥かに常人と異なった。かくて、あまねく自然を観ずれば、おのずとその神秘を感得し、目前にあらわるる一切の森羅万象は、みな有情のものの如く、まことに慕わしいものとなった。故に、その心玄が響けば、おのずと天籟と共鳴し、抒情の詩となった。その詩は、ことごとく神業のなせるもの、他

に比ぶべくもない[459]。（傍線は引用者による）

魯迅はここで、シェリーの文学の創作を紹介して、伝えるという意識はあるものの、「想像の翼」や「神秘」「天籟」「神業」などの言葉に表象されているように、熱い吐息が抒情となって放たれ、ロマン主義をおのれのものにし、熱狂に溢れていることが見て取れる。しかしながら、その「摩羅詩力説」評論の全体は、詩学・文学創作それ自体に興味を注ぐというよりも、むしろ革命と社会変革を鼓舞する檄文のようなものとして語られた傾向がみられ、人々を奮い立たせようという情熱が込められていたものである。しかし刊行当初、魯迅を意図に反して、さしたる影響を与えることができなかったので、魯迅を失望させたという。以来、魯迅は失意のあまり、十年間も沈黙を続けた。その後、一九一八年、『狂人日記』をもって文学活動の復活を果たすが、しかし、その作品は、「想像の翼」や「神秘」や「神業」にまかせるロマン主義的な作品ではなく、というよりもむしろ諷刺や批判に富む社会的、戦闘的なリアリズム文学として生まれ変わり、文学の社会的な実践を重んじるようになる。

魯迅の「摩羅詩力説」における文学の解釈と理解は、王国維のそれよりもっと簡潔明快で、いうなれば西欧ロマン主義文学を直接わがものとして受容した生き生きとしたものであった。二人とも同じく一九〇八年に、同じ文学観を打ち出すとは、偶然なことではあるが、ほぼ十九年前、森鴎外と高田早苗が同じ年に、同じ文学観を宣言していたことと類似していたことが興味深い。

再出発後の魯迅は、社会的な批判、諷刺に富んだ文学作品を発表していくが、しかし、シェリーのように「想像の翼」を羽ばたかせ、狂気にゆだねて「神業」のような創作をすることはなかった。あるいは鴎外のようにおのずから進んで、新しい美的感受性を生かして創作しようとはしなかった。また漱石のように舶来品を冷めた目で見て、東西を共に風刺の対象にして楽しく笑わせる作品で出発しなかった。魯迅の西洋受容は、もっと社会的な変革をもたらそうとするもので、中国人を啓蒙し、中国の伝統への批判に力を入れながら、かつまた「持ってこい主義」（拿来主義）を主張していた[460]。したがって、その全生涯の作品には、ロマン主義の諸要素はあったものの、社会現実を超越して「想像の翼」を伸ばして、自由に羽ばたこうとする作品はほとんど見られなかった。とりわけもっぱら海を取り上げ、海を内面化したスペクタクルを表現した作品は、ついに書かなかったのである。

ただし、唯一、一九二一年『故郷』という短編小説を発表し、そこで「海」と「海辺」が描かれる。中国近現代文学において小説として、「海辺」を描き、それを心象風景として、またスペクタクルとして、あるいは情緒・感情の表象として登場したのは、初めてのことである。

魯迅と『故郷』の海

短篇小説『故郷』[461]において、魯迅は海辺の風景を「記憶において想像された故郷」として描いている。そのストーリーはシンプルで、あらすじは次のようになる。

四十過ぎた主人公の「私」は、冬、海辺の故郷に戻る。故郷はみるに堪えがたく貧しくて遅れており、懐かしい思い出になるところはあまりなかったという。そこで唯一、「私」は「閏土《ルントー》」という幼少の友を思いだすと、一枚の不思議なイメージが記憶によってよみがえって想起されてくる。それは、次のような一くだりの風景だった。

> このとき突然、私の脳裏に**不思議な画面がくりひろげられた——紺碧の空に金色の丸い月がかかっている。その下は海辺の砂地で、見わたす限り緑の西瓜がうわっている。**そのまん中に十一、二歳の少年が、銀の首輪をつるし、鉄の刺叉を手にして立っている。そして一匹の「猹《チャー》」を目がけて、ヤッとばかり突く。すると「猹」は、ひらりと身をかわして、かれの股をくぐって逃げてしまう[462]。

つまり、青空に一輪の黄金色の満月が漂い、その下には海辺と砂浜、見渡す限り緑一面の西瓜畑で、銀の首輪をつけた「閏土」が走り回って、「猹《チャー》」（魯迅の造語、不明の動物の名）という架空ともいうべき動物を追いかけて一緒に海辺で遊んでいた懐かしいシーンだったという。この幼少の記憶が「**電光のように一挙によみがえり、まるで私の美しい故郷を見たような気がした**」という。いわば、想像された架空の動物を追いかけるという、想像された故郷だが、それが記憶に想起された故郷のイメージだったのである。

しかし、実際に「閏土」に会うと、彼は世の辛酸を嘗め尽くしたような顔をし、みすぼらしい五人子供の親だった。現実の故郷とはそういう、貧乏で苦難の境遇にあるという。そして故郷から離れる時に、「私」はまるで目に見えない高い壁に囲まれたように、幼少時代のイメージは消えていく。「私」は悲しくなったが、船に乗っている間、「希望」について考えた。そこで心象風景として「**まどろみかけた私の眼に、海辺の広い緑の砂地がうかんできて、上の紺碧の空には、金色の丸い月がかかっている。**」そして、「思うに希望とは、もともとあるものともいえぬし、ないものともいえない。それは地上の道のようなものである。もともと地上には道はない。歩く人が多くなれば、それが道になるのだ」、という結びで小説が終わる。

小説は、記憶によって想起された海辺の風景を背景に古里を語り、無垢な少年時代のノスタルジアを描出したが、その微かなメランコリーさえ漂わせるような静かな海辺と黄色い月の風景は、抒情性を彷彿させ、それが一種の懐旧の情を表象した、いち心象風景として見受けられる。しかし実際、『故郷』は、その心象風景よりも、もはや廃退した現実社会を背景にした「悲涼」（寂寥感）や寂しさを表象しようとしたものだ。それは現実社会に対する憂愁であって、どちらかというと、悲惨な中国現実社会と少年時の記憶との対比によって浮き彫りにされた現実社会の風景である。いうなれば、濃厚なリアリズムの雰囲気の中で、幼少期の記憶とのコントラストによって浮上させたのは、過去の憧憬よりも現実の悲惨な社会のことである。

そして、小説の末尾において「思うに希望とは、もともとあるものともいえぬし、ないものともいえない。それは地上の道のようなものである。もともと地上には道はない。歩く人が多くなれば、それが道になるのだ」[463]という有名なセリフ（この最後の文言は魯迅の夢と希望についてよく引き合いに出される有名なセリフ）で小説を終わらせているが、それは明らかに、『故郷』は郷愁というよりも社会的現実問題がモチーフとされていることを物語っているのである。従って、そこで、もしもいったん、「故郷」において経済的改善が施され、社会的現実の問題が解決されたとしたのであるならば、「悲涼」（寂寥感）や、「憂愁」やメランコリーに至らず、それらはむしろ余計な抒情的なものとなってしまうであろう。言い換えれば、ここで微かなメランコリーを漂わせ、少年の時代へのノスタルジアを仄めかしていながらも、つまるところ、夢や「希望とは、もともとあるものともいえぬし、ないものともいえない」と言い、夢や希望それ自体の問いを逸らしてしまい、「歩く人が多くなると道が出来上がるものだ」と断定を下す。つまりみんなで一緒に歩めば、夢や希望が生まれるのだということが仄めかされ、そこで示唆されたのは、きわめて現実的な「道」＝夢・「希望」のことであろう。従って、ここでは、元来のロマン主義文学の心象風景というよりも、むしろ没落して色あせた故郷の悲惨な現実をいかに救済できるか、その方途がないのかと憂慮する趣向がより色濃く表象されているのだ。そして、小説の結末では、実際現実において、多くの人々が一緒になって歩むさえすれば、希望がそこから生まれるのだという、きわめて現実に根付いた夢や希望である。ある意味において、ここではいわゆる人々が集まって統計学的、社会学的にアクションを起こし、実行さえすれば成就できる「希望」が語られているのだ。それは人混みに居ながらにして、運命的な孤独や終末を憂うロマン主義文学のモチーフや、それを背景にした「海」の風景とは縁遠いものだと言わざるをえない。

もちろん、『故郷』において海が表象されたのは、本来のロマン主義文学における想像力を羽ばたかせて恍惚や陶酔を希求すること、あるいは過去の栄光や起源に憧れて永遠を求めること、そういったような心象風景を、この小説において故意にはぐらかしたのだ、というふうに読み取れなくもない。しかし、魯迅の全作品の諸モチーフから見てわかるように、ロマン主義文学の諸モチーフを意識するよりも、明らかに現実における悲惨な故郷のことのほうがより大きな課題として描いているのである。

ただし、「閏士」にまつわる記憶が、すべて社会的、現実的なことに結びつけられて語られているとは言い切れない。そこには、きわめて示唆的なエピソードが含有している。つまり、魯迅は現実に存在もしないさまざまな架空の鳥を創り出し、記憶の中で「稲鳥」「角鳥」「藍背」（西瓜畑の「猹《チャー》」と同様）と命名して、「高潮の時分になると『跳ね魚』がいっぱい跳ねるよ。みんな蛙みたいな足が二本あって……」と回顧をしたりする。また「閏士の心は神秘の宝庫」だと示唆し、閏士が「貝がらをひと包みと、美しい鳥の羽を何本か届けてくれた」というエピソードを懐かしく語る。それらは、いずれも海辺の子供の世界にとってきわめて日常的な出来事のように見えるが、しかし一方、しいて連想して考えれば、まるでギリシア神話を示唆するビーナスの出生の「貝がら」や、想像力を示唆する「羽」などがさりげなく点描されているのだとも言えなくもない。たしかに、そこに微かではあるが、ギリシア神話の余韻を漂わせ、海にまつわる思い出の語りには神秘的な面影を紡ぎ出そうとしているのだ、と読み取れなくもない。しかし、それとは相反して、「私」の暮らしている世界は、海辺と違って、「私の友だちは何も知っていない。閏士が海辺にいるとき、かれらは私と同様、高い塀に囲まれた中庭から四角な空を眺めているだけなのだ」といい、海辺どころか、自然から隔離された、まったく別の世界が呈示され、それに対しての批判や風刺も込められているのである。

一貫して社会性を重んじ、批判的リアリズムに徹してきた魯迅は、『故郷』において意外に想像された「記憶」に興味を示し、想像された架空ともいうべきさまざまな鳥や動物によって想像上の海辺の童話の世界を展開し、失われた世界を暗示していると言えよう。しかし、その一方、海辺育ちの「閏士」の童話のような世界は、大人になるにつれ、貧困で苦難の境遇に苛まされることがリアルに活写されているのである。それに対して、海辺や自然を知らずに「高い塀に囲まれた中庭から四角な空を眺めて」育った、いわば、四書五経を読み、中国の儒教伝統の中で育った書生は、「閏士」の童話に懐かしさを感じながらも、「閏士」のみすぼらしい現状に対して同情もするのだ。言い換えれば、「閏士」と「私」と共有していた童話の世界は、いずれも現実によって砕かれ、踏み躙られるもので、所詮、子供の頃の空想で、それ以上何ものでもない。それゆえ、現実において、夢や希望とは、童話や神話、あるいは自然の海辺から生まれてくるものではない。魯迅にとって、夢や「希望とは、もともとあるものともいえぬし、ないものともいえない」といい、「歩く人が多くなると道が出来上がるものだ」という、現実においてしか見ることができないものだと、示唆しているようだ。いわば人が集まれば、夢や希望が生まれるのだという。ある意味では、それは自然が不在し、かつ無神論に徹した、人間社会のみを中心に考える社会的リアリズムの表れだとも言えよう。

しかし、海辺の童話の世界と貧困な現実の世界、壁に囲まれた四書五経の儒教の世界と海辺の童話の世界といったような対比は、いったい何を意味し、そして、ロマン主義文学との関係において、どのように考えるべきか、魯迅文学全体から俯瞰してさらに具体的に分析する必要があろう。

事実、魯迅は漱石の作品を愛読し、その影響を受けていた。しかし、それにもかかわらず、その描いた「海」は、漱石のように懐疑的だったのでもなければ、『夢十夜』のように、飛び降りるような「海」でもなかった。あるいは『吾輩は猫である』における「海」や、『坊ちゃん』における「海」のように、海の風景を嘲笑して、風刺し、さらに『こころ』の冒頭において描かれた——西洋から導入してきた生活様式——風景でもなかった。いうまでもなく、鴎外のように、海の風景を眺望しながら、自分の思想的な遍歴を回憶し、思索にふけって心酔するような「海」でもなかった。言ってみれば、魯迅の自然風景となる「海」とは、実際に目の前にある廃退した社会を浮き彫りにするための、コントラストとしての役割を果すもので、海それ自体というよりも、愁いか寂寥的な心情を映し出すための、いわば伝統的な「借景」という手法に基づいて応用された一例だといえよう。

しかし、先述したように、魯迅は西洋文学の「想像の翼」や「神秘」「天籟」「神業」などを紹介し、バイロンやシェリーに心酔していた時期もあった。したがって、「詩的狂気の想像力」と「海」の系譜を十分に心得て感得していたに違いない。しかし、その文学の伝統は、二〇世紀中国の現実において、ほとんど無意味に等しいということを魯迅が身をもって知らされ、あえて言えば、中国儒教の価値観や社会革命の価値観を重視する文学にとって、「詩的狂気の想像力」と「海」の文学観の伝統は、全く考える余地のないものだったのである。「摩羅詩力説」において、すでに「想像の翼」や「神秘」「天籟」「神業」など感得したにもかかわらず、伝統文学の陳腐さに失望感を味わわされた魯迅は、失意のあまり、十年間も沈黙を続けたのであろうか。言ってみれば、中国において、ギリシア神話をはじめ、「詩的狂気の想像力」と「海」の文学を受容する基盤がなく、それを移植するには時期尚早で、魯迅ばかりか、当時の中国の読者もそれを受け入れる余裕もなかったと言える。なお、本書第三章第六節で見てきたように、中国は、儒教の伝統的な価値観に基づいて、西洋人文学を受容するには、困難があまりにも多く、日本を経由して受容した方がよりスムーズで、その状況は、十九世紀から二十世紀にわたって一向に変わっていない。そういった文化移植の状況において、日本においてすら「詩的狂気の想像力」の文学観や、ロマン主義文学の伝統の移植において、鴎外の挫折に見られたように、前進はきわめて困難だったのである。想像力やインスピレーションを重んじる文学流派は、東洋において常に現実模倣の写実主義文学に押されてきた傾向がある。したがって、中国において、むしろミメーシスを背景にしたリアリズムのほうがより現実的でだったのである。

ただし、中国においてマルクス主義が受容されてから、革命文学において「革命的ロマン主義」というジャンルが展開され、中国文学の伝統とは違った文脈において戦闘的なロマン主義文学が受容され、革命的インスピレーションや革命的想像力が唱えられ、その中で「海」が大々的に謳歌されるようになってきた。そういった革命的な高揚の中での「海」の文学は、すでに本来の海の文学の伝統からはみ出しており、それらをイデオロギーに偏った政治文学として看做されるべきで、それゆえ、全く別個の課題として考えたい。

郁達夫の『沈淪』

ところで、魯迅と同じく日本に留学した中国近現代文学の先駆者の一人である郁達夫（一八九一―一九四五）は、魯迅よりさらに一歩立ち入って、「海」を作品に取り入れる。それも偶然に一九二一年魯迅の『故郷』発表の同じ年、『沈淪』[464]という短篇小説においてのことであった。しかし実際は、批判的な風刺作家として知られていた魯迅の「故郷」

（一月発表）は、当初その影が薄く、それに対して、新進の郁達夫の『沈淪』（一〇月発表）の方が、逆に世に衝撃を与え、多くの文学者を興奮させた。実際、中国近代文学におけるロマン主義文学の諸モチーフの受容という点では、魯迅よりも郁達夫の方が中国近現代文学において、むしろ先駆けだったというべきであろう。偶然なことだが、『沈淪』が発表された一九二一年、中国共産党が成立し、十二月から魯迅の『阿Q正伝』の連載が始まる。さまざまな欲動が同時に始まった不思議な巡り合わせの年である。

郁達夫は一九一三年一〇月から日本に留学を始める。第一高等学校、第八高等学校、東京帝国大学などを転々とし、一時帰国を含め、一九二二年まで、あしかけ九年間日本で生活をしたことになる。十代の終わりごろから二〇代半ばまで、青春時代を日本で過ごし、日本文学や欧米文学を読みふけ、しかも、複数の言語を通じて文学作品を読み漁る日々を送ったという。そして『沈淪』の刊行をきっかけに、ほぼ三〇年代まで、魯迅などと肩を並べ、中国文壇の中心的な作家として活躍する。その初期の作品は、とくに田山花袋（一八七二―一九三〇）や志賀直哉（一八八三―一九七一）の影響を受けており、またオスカー・ワイルドを偏愛していたという[465]。

とりわけ『沈淪』については、『蒲団』と同様、告白小説に属し、「大胆な自己暴露」と「自意識」において共通するところがあり、いずれも「実現されることのない恋愛や性欲の抑圧において、〈自意識〉が検出されていく」[466]と論評されてきた。つまり、両作品は、性欲の抑圧と葛藤を描き、その内面世界を暴露して自己批評をしているところに「自意識」が獲得されたという。

しかし、『沈淪』に表象されたロマン主義文学の諸要素について考察してみれば、それは中国において、単に先駆けとして告白文学や自然主義文学を切り開いた小説だったと言い切れることはできなくなる。というのも、『沈淪』が出版された、五四新文化運動後の一九二一年から二二年にかけては、中国で新文学が勃興し、ジャンルとしての文芸批評が誕生し、文学の定義が変更され、その価値を定める座標軸が根本から刷新された時期に当たる」という時代背景を十分に考慮して、また「新文学が自らを定義し、価値を発見し、存在の意味を確立していく、文学の自己同一化の時代を象徴するテクストの一つが、この『沈論』である」[467]ことをパースペクティヴにおいてみるならば、『沈論』は中国近現文学史においてきわめて独特な役割を果たした作品だったことがわかる。とりわけ、欧米ロマン主義文学との濃厚な関係において、現実を凝視し、そこから生成された作品として考察するとき、『沈論』は決して日中間の文学的な影響だけで読み解けるような作品ではないことが明らかである。

こういった欧米ロマン主義文学と日中との影響関係については、別途に考察する必要があるが、当面、ここで『沈論』は、どのようにロマン主義文学系譜における「海」を表象したのかを検証し、西から東へ「海」がどのように伝播されていったのか、その系譜の一環のみに光を当てて検討してみたい。

『沈論』と海

小説『沈論』[468]は、約二万二千字、八節から構成されている。その文体には中国白話文・口語体としてまだ未熟な段階の表現が多く、ところどころ日本語の言い回しや用語の影響もみられる。全体の粗筋をおってみると、次のようになる。

小説の主人公は二人称の「彼」である。「彼」は、いつも「**孤独**」で、「早熟」かつ「人と相容れないところ」がある。秋のある日、学校をサボって田舎の曲がりくねる平野の道を歩きながら青空を眺め、片手に**ワーズワース**の詩集をもって、**夢か現か、恍惚と**しながら、「**Oh, you serene gossamer! You beautiful gossamer!**」(おお、静かなかげろう!美しいかげろう!)と呟いて、ゆえ知らず涙をこぼす。**透明な青空をエーテル**(中国語「以太」Ether)といい、「**陶酔**」のなかで「**桃源郷**」を夢見たらしく、かつまた**南ヨーロッパの海岸**で恋人の膝枕に昼寝をしていたような居心地でもあるという。そして周囲の「**大自然**」ですら頷いていたようで、**天空には弓矢をかけた天使**が飛び回っていたようにも見え、「ここは君らのくるところだ」と言って、「彼」は泣きながらまたワーズワースの詩「**麦刈り娘の歌**」を気の向くままに読んだりする。その気が向くままに書物を読むのが習慣となったせいか、ラルフ・ワルド・エマソン(一八〇三―一八八二、アメリカのロマン主義思想と直感を唱える詩人・思想家）の『自然論』（一八三六）からヘンリー・デェヴィッド・ソロー（一八一七―一八六二、エマソンの思想に賛同する詩人・思想家）の『遠足』（一八六三）まで、さまざまな作家と作品を読んでいるという。そして、ワーズワースの「麦刈りの娘」を中国語に訳したり、訳した文を自嘲したりしていたところ、ある農夫の咳払いの声で目が覚める。

これが『沈淪』の第一節のあらすじだ。時は九月二十二日、場所は田圃が広がる平野で、主人公の「彼」はロマン主義文学の作品を読んで、幻想か陶酔にふけって天使とも対話したり、その代表の詩人ワーズワースの詩を訳したりする。リアリズムや自然主義文学とはまったく無縁の出だしである。もしこの冒頭が小説の全体を方向付けているとするならば、明からにここで『沈淪』は、ロマン主義文学からの出立だということになろう。少なくとも、「彼」は、ワーズワースに熱中し、エマソンなどを重要な背景とし、その詩を感動の源泉とされているからだ。しかし、小説の冒頭からなぜワーズワースに陶酔し、泣き、感動していたのか、あるいは一体どういう詩的なパースペクティヴにおいて郁達夫が物語を展開しようとしたのか、その背景や意図などは、作者の伝記やその取り組んでいた詩文などからさらなる詳細な分析が必要である。

そして、第二節の冒頭では、憂鬱症（**メランコリー**）がますます深刻になってきたことが告白される。学校から離れた静かなところで、**水・空・雲**を眺め、「彼」は自分が**ツァラトストラ**（ニーチェの哲学的エッセイ『ツァラトストラ』の主人公の名前、世紀末の象徴ともいう）になったようで、そのメランコリーはちょうど、自分のヒポコンドリア（**hypochondria**、心気症）に比例して深刻になってきたという。それは同級生との隔たりや女子学生に対するコンプレックスや、周りに対しての疑心暗鬼などによって表示されているが、その一端を日記にこうも記す。二十一歳になった僕がいまだに日本に留学しているのは、中国が弱いからだ。僕は、知識、名誉、金銭ではなく、慰めてくれる心と同情と、そこから生成される異性の愛情に飢えているのだ。エデンの園でのエヴァのように霊と肉、両方を得れば、僕は満足するのだという。ここで、ロマン主義文学の核心となるメランコリーが、ヒポコンドリア（心気症）として置き換えられ、メランコリーが徐々に心気症・ヒポコンドリアとして、つまり私的な性欲、異性への欲求、あるいは肉体的な欲望として変貌していく。

第三節においては、故郷の中国のことや自分の生い立ちを振り返ってどうやって、現在のN市の高等学校（実際、名古屋市第八高等学校のこと）に辿り着いたのかが語られる。そして続く第四節において、一年前、東京から名古屋にどのように移動してきたかが回顧されるが、その汽車に乗っていたあいだ、友人に詩を書いたり、またハイネの詩集を取り出して読んだりする。名古屋に着いたものの、学校がまだ始まっていないので、旅館に泊まり、夜、一人ぼっちの「彼」が孤独によって強い郷愁（ノスタルジア）を感じたという。そしてそれから半年もたたないうちに、「彼」は「大自然の寵児」となり、「Idyllic Wandering」いわば、田園的、牧歌的な徘徊を楽しむようになる。しかし、徐々に「先祖から受け継いだ苦悶」が日に日に増して、ついに「蒲団の中で自慰をする」ようになる。ロシアの小説家『死せる魂』の作者のニコライ・ゴーゴリ（一八〇九―一八五二）も自慰していたので、ひと安心はしたものの、フランス自然派小説や中国の猥褻小説を暗記するほど読みふけ、週末か、月末は必ずやまた自慰にする。

つづいて第五節において、季節はまた秋になり、ワーズワースを読んだりするが、循環性の憂鬱症はいまだに「彼」を悩ましているという。それに赤面症もひどくなり、仲間の中国の留学生からも精神病だと言われ、彼らと距離が生じ、その孤独がさらに「彼」を死に追い込むかのようになってきた。だが、下宿の十七歳の可愛い娘がいたのでまだしも耐えられるという。そしてある晩、下宿の学生たちがみんな出かけた間、ジョージ・ギッシング（一八五七―一九〇三、娼婦に惚れたあげく、払う金がないため、窃盗事件を起こし、大学から除名され人生を棒に振った、四十六歳で亡くなった英国小説家）を読んでいたが、その小説があたかも奈落の底へ滑り落ち始めたことを予兆しているかのようで、その晩、「彼」は偶然風呂場を通りがかって入浴していた当の下宿の娘の体を覗いてしまう。「彼」はその美線と太ももと豊乳に釘づけになり、「顔面の筋肉まで痙攣して」いたところ、「だれかいる?」と声をかけられ、急いで逃げたが、そのショックで一晩中眠れず、翌朝下宿の娘の顔を避けるため早く出かけ、遠くかけ離れた人影の少ない「A神宮」の山の上に引っ越すことを決める。

そして第六節の冒頭において、「彼」の「忧郁症」（メランコリー）が英文「(hypochondria)」と併記され、その憂鬱症の変貌ぶりが表示される。つまり中国語の「忧郁症」、いわゆるメランコリーのことが、ここでヒポコンドリア心気症として記され、メランコリーの憂鬱が心気症によって取って代わったことが示されているのだ。そして以降の語りは、ヒポコンドリアの心気症に傾いていき、「彼」を取り囲む環境も徐々に悪くなっていく。すなわち、北京の兄貴とも仲違いとなり、山の小屋での生活が一ヶ月過ぎたが、僧侶のごとく一人になり、読む詩人も不幸な生涯を過ごした黄仲則（一七四九―一七八三、四歳から孤児になり、貧しく育ち、才能があったものの、チャンスに恵まれず、三十五歳で病気で異郷で亡くなった清朝の詩人）に変わる。そしてある朝、早く起きて詩を朗読したり、周りの風景をミレー（一八一四―一八七五）の絵画に喩えたりして、また自分が「原始キリスト教徒」のように「自然の黙示」を得たような気になって、「みんなを赦す、和解しよう」と独り言をいいながら、いつの間にか涙を流す。そうしているところ、男女二人が隠れて密かに密会して会話したのを耳にする。「彼」はその会話に魅せられ、さらにそのキスする音や、徐々にエキサイティングして鳴き呻いた声を盗み聴いてしまう。そのあげくに、犬猫ごとく狼狽えて部屋に戻り、「蒲団を取り出して中に潜って寝た」という。

第七節。「彼」は起きてからそのまま山を下りて、南行きの電車で終点までいく。下車したら、そこは港で、一面の海が広がっていた。そして渡し船で、東岸につく。大きな屋敷から「どうぞ」という女のかけ声に少し躊躇したが、結局、入って「海辺側」の部屋をとって、酒を飲み始める。女中との会話には、自分が「シナ人」という屈辱的な言葉を聞かされ、また女中は「中国ね、中国、どうして強くなってくれないかな！」と言われて殆ど泣きそうに震える。何杯も飲むと、熱くなって窓を開けて眺めると、そこに海の風景が見えて、「霧が漂って、海と空が混じり合い、この混沌たる薄いベールの影には、西日が沈みかかって、まるでお別れを告げているようだった」という。「彼」は熱い涙を拭きながら、「酔った、酔った！」と呟く。

最後の第八節で、目が覚めて気がついたら、部屋が変わり、「蒲団には不思議な香りが漂っていた」。そして、女中との間におこったことを徐々に思い出して、手元の金を使い果たした「彼」は夜八時四十五分頃、かろうじて勘定を済ませて、外に出る。「寒い夜に満ち欠けた月が東にかかり、薄青空にはちらほらと星が散らばっていた」。そして、「彼は、暫く海辺を歩いて、遠いところの漁師の灯を眺めたが、それがまるで狐火（鬼火）が招いているかのようだった。さざ波に銀色の月が映って、恰も山鬼の目つきのようにぱちぱちしているようで、どうしたのかわからないが、突然、彼は海に身を投げて死にたくなった」。「彼」は、自分と女中との事を悔やんで、どうしてそんなところに入ったのか、もう最低の人間になってしまったのだと後悔する。この世に愛を求めたが、得られない。退屈な人生だ。そして「彼」は泣きながら自分の影を眺め、「可哀想に、お前、この貧相な影よ、俺について二十一年、今や海がお前を葬るところだ。俺の体は人に辱められても、お前をやせ細くなるまですることはない。俺の影よ、影。許してくれ」といって、西へ向かってみたら、灯台の光線によって「海面には淡青い道が広がってきた。さらに西の空を見たら、西の方には蒼蒼とした空の下に、星が一つまたたいていた。そのまたたいている星の下は俺の故国だ。俺の生まれたところだ。俺はその星の下で十八年の月日を過ごしてきた。俺の郷土よ、これからもはや君に二度と会うことはなかろう」と。そして、涙を拭き、立ち止まって、さらに自分を憐れみ、死を意味するようなことを次のようにいう。

「祖国よ、祖国！　君が俺をここまで追い込んだぞ！」
「お前ははやく豊かになれ、強くなれ！」
「お前のたくさんの子供たちがまだ苦しんでいるのよ！」（完）。

（引用者訳）。

『沈淪』の衝撃と海

以上、長々と『沈淪』のあらすじと、その主要なプロットを節ごとに追ってきた。主としてそのロマン主義文学によって重用され、あるいはモチーフとされてきた諸要素と、スペクタクルとしての「海」がどのように表象されているのかを見てきた。そこでとりわけ、太字にした言葉に注目してもらいたい。つまりそれらは、いずれもロマン主義文学の重要な美的感受性にかかわるモチーフや用語などである。そのなかでも第一節において、イギリス・ロマン派詩人ワーズワースが引き合いに出され、主人公の「彼」の感動の源泉とされ、第四節にはハイネの詩が一プロットとして挿入され、第五節までロマン派詩人の抒情的な興趣を主人公の「彼」に彩を添えるようにしている。いわば、ロマン主義文学のモチーフが、小説の前半において基底を為していると言える。つまり主人公は大自然に感動し、メランコリックな自分に陶酔して、田園的なノスタルジアを讃えるという、まさしく満たされない美しい悩みと憂鬱に浸る性格が付与されている。しかし、「彼」は第五節半ばから第七節まで、下宿の娘の裸体を覗き見したことがきっかけでおかしくなり、次に、見知らぬ男女の情事の現場を盗聴したことでさらに拍車がかかり、そして、とうとう「女中」と寝たことで「彼」が狂ってしまうのだ。このように徐々に落ち込んでいくなかで、「彼」が手元に置いて読む作品も、冒頭のワーズワースからジョージ・ギッシングに移る。そして、ギッシングからさらに黄仲則へと変貌するが、後者はいずれも才気があったものの女と金のために苦しんで若死にした作家である。そして最後に、「彼」は、ロマン主義文学のスペクタクルとして海を選んで、月夜の海に身を投げて死ぬことを決意する。その死の最大の理由は、「祖国」が弱かったから異国にきており、異国にいるから「孤独」になり、そしてその孤独さに耐えられないから、とうとう死に至ったのだということになる。そして、「彼」のロマン主義的な憂鬱も同じく、最初は人間の存在それ自体に対する美的なメランコリーだったが、そのメランコリーが心気症（ヒポコンドリア）に変容し、最後にとうとうその心気症によって「彼」が死に追い込まれていくのである。

小説全体において、初め、「彼」はロマン主義の美的感受性に満たされていたか、メランコリーとヒポコンドリアが比例し、バランスが取れていたように見えたが、第三節で都会から田舎にきたことが「彼」の孤独を助長し、それがノスタルジアに浸らせ、それに相まって徐々にバランスが崩れ、自慰にふけっていく。そして中盤から心気症に傾いていくが、それに相まって性的な欲望がエスカレートしていく。いわば、自慰から覗き見へ、覗き見から盗み聴きへ、盗み聴きから「女中」と寝、「女中」と寝た罪悪感から海へ、といった具合に展開していくのだ。しかもその心気症に始終付きまとっていたのは「蒲団」のことだった。つまりヒポコンドリアがひどくなるたびに「蒲団」に戻るが、「蒲団」にさえ戻れば、一応、その発作が凌げるようになる。そして「蒲団」(当然、この「蒲団」は田山花袋の『蒲団』の影響からきたものだが)は「彼」の私的、性的な行為を守護する記号と場所になる。しかし、メランコリーがヒポコンドリアに変質していくにつれて、追い込まれた「彼」は、最後に「蒲団」のなかでも収まりきれなくなり、いわばいく場所がなくなったあげくに「蒲団」から出て、「海」に飛び込もうとする。言い換えれば、「蒲団」というメタファーがいつの間にか、物語内容を表象できなくなり、ついに「海」という象徴に飛躍し、「海」という象徴が物語内容のすべてを請け負うことになる。

『沈倫』は最後に「海」によって止揚されているが、奇しくもそれは文学一般においてそうであったように、物語のクライマックスにおいて、たとえその結末が善にしろ、悪にしろ、また美にしろ、醜にしろ、はたまた不合理で矛盾であろうと、「海」という象徴さえ登場させれば、そのすべてが受け入れられ、吸収され、収束するのだ。なぜなら、「海」は象徴に属し、あらゆる形態のメタファーを吸収し、解消し、そのような機能を果たすことができるものであるからだ。『沈倫』の結末で、海を登場させたのは興味深く、その象徴的な役割については、さらに分析が必要がある。

一方、『沈倫』は、ロマン主義文学のモチーフに沿いながらも、最後に「祖国」の困窮のせいにして自決しようとする。それがいったいパトリオティズムによって動かされた死の衝動なのか、それとも伝統的な「文以載道」(文章は道徳を述べるべき)の原理によってそうさせざるを得なかったのか、判別しがたい。ただし、ロマン主義文学の美的感受性によって導かれた死生観から見れば、死はしばしば「イロニー」か「狂気」などのように、非現実的な目的性を伴うことが多いが、しかし、『沈淪』の死のジェスチャーは、はたしてそれを充たしているのであろうか。というのも、オーソドックスなロマン主義文学において、海に溶け込もうとする死の衝動にかき立てられ、美しい死をなしとげようとしたりしてきたのは、しばしば形而上学的な美学か神秘性を伴わなければならなかったが、『沈淪』における死の衝動はあくまでも私的なヒポコンドリアによって追い込まれたことだったのであろう。あるいは、せいぜいその死の背後には、「為民請命」（民のために救済を求める）という儒教的道徳が機能していたのであろうか。たとえその自死の衝動を一種のパトリオティズムの美談として読んだとしても、私的ヒポコンドリア症状をもつ「彼」が「為民請命」という大義名分で自死を果たしたことは、当時の儒教の「士大夫」のみならず、後の共産党の革命的人格や道徳倫理を唱える者からして、必ずや批判され、糾弾されて、許されることではなかったに違いない。

実際、『沈淪』刊行直後は、中国文人から罵倒の声が多かった。例えば画家の徐志摩はこの作品を罵倒し、哲学者の胡適も攻撃したという[469]。罵声は、主に自慰という淫らな私生活と売春宿にいったのを告白したことに集中し、中国の文学者としては失格だという道徳からの批判が多かった。事実、郁達夫ものちに自伝のなかで、売春宿に行ったことを後悔して、「これで、僕は僕の童貞を失った！（中略）全く損だった！　許しがたいことをやってしまった！　僕の理想は？　僕の大志は？　僕の国家に対する情熱的な抱負は？　今どこにあるの？　現在、何が残っているの？」と、一人で悔しい涙を流していたという[470]。郁達夫はこの回顧の時点でまるで儒教の「士大夫」か、新しい道徳家か、あるいは標準的な革命家になったようなつもりだが、ロマン主義文学の本来の死の意味から考えれば、『沈淪』は結局、せいぜい抑圧的な厳しい儒教社会においてかろうじて私生活の告白が達成できたことになろう。しかも実際、現実において郁達夫は、この告白・暴露小説が中国においてネガティブに捉えられ、道徳の問題として見なされて大学教授職につくのに困難をきたしていたという[471]。

ひるがえって、小説の末尾における「彼」の死の意図と背景についてだが、次のような問いかけも可能であろう。もしも「彼」の「祖国」が豊かだったのであるならば、「彼」のヒポコンドリアが治っていたのであろうか、あるいは、その自死を免れたのであろうか。また、もしも「彼」の「祖国」が豊かであったならば、より自由になり、孤独から解放されたのであろうか。この問いかけへの答えから明らかだが、小説全体は、伝記的な出来事に基づいて書かれたとは言え、偏狭なナショナリズムか、儒教的道徳観による性的な抑圧によって引き起こされた結果で、その海への投身自殺はロマン主義文学が掲げるモチーフ（もちろんロマン主義文学のモチーフはがんじがらめな一枚岩ではないが）からかけ離れているのだ。というのも、「彼」の抱えていた悩みの諸因縁は、ロマン主義文学の諸モチーフというよりも、社会的な問題によって引き起こされた悩みで、もしも、経済や政治の改善によって解決されれば、それは解消できる悩みだったからである。

しかしながら、小説それ自体に視点をおかずに、一九二〇年代中国の読者を中心にすえて考えるなら、『沈淪』は、それまで中国儒教の正統派の「士大夫」の文学史にとって、未だかつてなかった衝撃的でかつ革命的な出来事であった。新文化運動と五四運動が象徴していたように、すべての悪の根源は儒教とされ、若者や新しい知識人の思考と行動が儒教によって束縛されてきたのだと、儒教を批判する時代、『沈淪』のようなラディカルな性的な暴露が必要だったのである。したがって、当時の新しい知識人たちが、もしも一人前の文人としてのアイデンティティを獲得していたなら、そこでまず『沈淪』の主人公の「彼」と同じように、「性」という儒教社会の超えがたいタブー、そういった肉体的、心理的な障害を乗り越えなければならない。そして、文学の自律性や自立性から考えれば、『沈淪』こそ、何よりも旧道徳を破壊するという意味でまさしく急先鋒となって、その禁断を破るという役目を果したのである。つまり、伝統的な儒教の士大夫や文人にとってみれば、郁達夫の「彼」はすでに死に値する罪を犯した人だったが、しかし、新しい西洋学を受容した知識人にとって、あるいは新しい時代の若者にとって「彼」は旗手で代弁者であるにちがいない。

とはいうものの、『沈淪』によって付置されたロマン主義文学の諸モチーフは、文学的な価値がどうであれ、それまでの文学作品（外国翻訳作品は別として）には見られなかったものだった。たとえそれが単なる「自意識」や「自己表現」、あるいは「告白」や「生命の文学」や「青年の煩悶」だったとしても、いずれも中国ではそれまで表現しえなかったことであり、かつ日本を経由して初めて中国文学に植え付けられたロマン主義文学である。そして、その情動システムの移植のなかで、自然の再発見という表現の一環として、「海」というスペクタクルが、まず、自殺の場所という衝撃をもって中国現代文学に導入されたのである。

いうなれば『沈淪』における海とは、神秘さや情熱、崇高や運命といったようなロマン主義文学の象徴的なモチーフというよりも、むしろ狭いナショナリズムに関連付けられた死を引き受ける場所として描かれたもので、それはネガティブなスペクタクルとして表象されたのだといった方が適切かもしれない。

郁達夫と憧憬の海

『沈淪』を出版してから十五年後、郁達夫は自伝のシリーズを刊行する。そのシリーズ「海上――自伝の八」という文章の中で、「海」とは、一体何なのか、自分の諸々の体験を回顧するかたちで語っている。それによると、日本に留学するため若き郁達夫は中国から日本へ長い海上の旅を経験した。中国を後にし、西から東へ移動していくなかで、最初はどのように日本の海洋の風景に出会い、次にどのように日本の海辺に感動したか、その心の動きが次のように生きと記されている。

海上の生活が始まって、私は終日船の甲板に立つ。何日も**広々とした海と空の自由な空気を満喫した**。夕方になると、**偉大な海に沈んでいく落日を眺め、夜なか起きてまたデッキに出て天幕の秋の星を仰いだ**。船は黄海を出て、いったん**明るい青々とした透明な日本海に入っていくと、海と空が一体となって、鴎とともに私は解放された情趣を浸り、それをしみじみと感じた。私は海が好きで、高いところに立って遠方を眺めるのが好きだ。そして世を捨てた孤独が好きで、大自然が恋しい。私のこの人嫌いの傾向は、半分が天性によるが、半分はちょうど青春盛りの時期に四面が海に囲まれた日本島に何年間も生活したので、きっとそこで忘れられないほど絶大的な影響を得たに**

違いない。

船は長崎の港についた。西日本の山と水は碧かった。錯綜した小さな島の海岸で、私は初めて日本文化に触れ、日本人の生活風習に接した。のちにフランスのロティ[472]が書いたこの海港の美文を読んで、海洋作家の彼には十二分の敬意を払いたくなる思いをした。その後、帰国時、**長崎を通るたびに、心が感動し、まるで初恋の人に再会したようで、あるいは何十年前に書いたラブレターを取り出して読んだような気がする**（中略）。

半日停泊して、船はまた出発したが、夕方になると、**絵のような美しい瀬戸内海**に入っていった。日本の芸術は淡白で趣があり、日本人は勤勉で、その沿途ところどころ見てきた風景及び海を囲んだ果樹園からでも大凡察せられる。**蓬莱仙人の島とは、このあたりを指しているかどうかともかく、もし中国から東へ赴き、瀬戸内海を通るなら、その両岸の山水の景色や海岸の漁師村の眺めは、たとえ秦朝の徐福でなくても納得できよう**。言ってみれば、日本とは神仙の住処だと幻想をみてしまうのだ。まして私がちょうど多情多感の数え年で十八歳という青春期の真っ只中にいたのだ！[473]（訳と太字は引用者による）

これは一見、郁達夫が中国の黄海から日本海、日本海から長崎の港、そして瀬戸内海を経由して、西から東の奥へ行けば行くほど海と海辺の風景の美しさが増していくことに感動したのを記し、一種の風景画のように展開されているのだといえる。しかし、仔細にその思い出や回顧が漸次に活写されているところを見ると、それは、決して単なる風景として感動したことにとどまるものではなかった。

広々とした海の風景や、また空と鳥は郁達夫にとって、「**自由な空気**」をもたらし、それが精神世界の束縛から解放されたことを意味し、海の風景がここで内面化されていることが読み取れる。とりわけ瀬戸内海の風景に触れ、その海辺には「蓬莱仙人」が住んでいるのではないかと想像しているところ、海が作者の胸にしみじみとこたえ、感嘆し、絶賛している。しかしそれは決して誰もがその海の風景に触れさえすればできることではない。その「蓬莱」とは司馬遷の『史記』に記され、かつて秦始皇帝に命じられた徐福が不老不死の長寿薬を探し求めて辿り着いた「三神山」の一つで、この世にない、憧れの仙境として伝えられてきた伝説の山である。また明治期、北村透谷の詩『蓬莱曲』において浪漫派文学の幕明けを告げた夢幻的仙境のことでもある。もちろん、郁達夫は、この留学のための移動の時点においてまだ透谷の『蓬莱曲』を読んでいないはずだが、しかし、十五年の時を過ごし、日本文学にどっぷりと浸かった彼にしては、当時の風景に感動した心情を表象するのには、浪漫派文学の「蓬莱曲」を意識しないわけにはいかないであろう。実際、夢幻の仙境をロマン主義文学のモチーフとして、あるいは懐古や憧憬の一境地として表現するのには、それがもってこいのモチーフであり、また自然なことでもあろう。いずれにせよ、多感な年に異郷の地に赴いた郁達夫にとって、日本の海と海辺の風景は並々ならぬ内的な感動をもたらし、それは単なる美しい風景としてだけではなく、ロマン主義的な感受性と混じり合った、それまでなかった豊かな感性を表現として表示されたと察せられる。

事実、郁達夫の「海上」において描かれた日本の海への思い出は、あまりにも抒情的でかつ内容が通常の風景画より豊かだったことから、中国では美文として扱われ、現に二〇一二年、中国全国大学国語試験のモデル文の解読文として取り上げられていたほどである[474]。

しかし、前述でみてきたように、『沈淪』における「海」は、これとは真逆な心象風景となっている。いわばまったく違った意味で登場され、長生きの「蓬莱の仙境」のような憧れの海と海辺ではなかった。もちろん『沈淪』の海は、その主人公の「彼」の悩みを和ませ、苦悩から救済する場所だったとも読むことができるが、しかし、中国の死生観からみると、むしろ「彼」を引き受ける墓場を意味していたとする方がより適切な解釈になるかもしれない。

それにしても、同一作者によって「海」が、こうも矛盾して描き出されたとは珍しいケースではないが、とりわけ、ロマン主義文学において見ると、それは自然なことで、まさしく海という象徴が機能を果たすところであろう。すなわち、海という象徴は善と悪、ポジティブとネガティブ、いずれ側をも受け入れ、また自由に駆使され、かつ読まれるような対象であることなのだ。つまり、海こそがどんな結末でも受け入れることができるのである。

かくして、海は、文学の一スペクタクルとして認知され、海というヨーロッパ発祥のシー・スケープが、日本を経由して中国近現代文学に上陸したのである。

第三節　サイチンガの詩的狂気と海――モンゴル

モンゴルに受容された海

ここまで見てきたように、鴎外、漱石、魯迅と郁達夫など、いずれも研ぎ澄まされた美的感受性の持ち主で、国民作家としてだれよりも先に「海」の心象風景を感得し、受容し、表象してきた。またいずれも、まず留学を通じて異国の感性をわがものにし、その美的感性の受容を果たしたといえる。そして、モンゴル人作家もその例外ではなかった。近現代化による社会的な不安と苦悩、民族と個人の運命への憂慮、また過去の栄光への憧景など諸々の内面の心象風景を海・海辺を通じて表象しようとしたのである。鴎外よりほぼ五〇年も遅れて、一人彷徨う内モンゴルの若者は、海に縁のない内陸で育ったもかかわらず、日本留学中、鴎外と同様、太平洋に思いを馳せる。その散文詩「わが哀れなこころ」は次のように綴られている。

――わが哀れなこころ――

とどまることなく浮き流れゆく白き薄雲の隙間から、
朗らかに注ぐ陽の光があたりを穏やかに照らす。
そよそよ吹く秋の涼しき風に揺れて、
さらさらと枯れ木の葉が不思議な音で囁きかける。
これは美しい自然に潜まれた静かな秘義の霊感のあらわれなのであろうか。
八十一歳の老いた祖母を置いてきた私の心を何と悲しませることか。
顧みて考えれば生まれし故郷と父と決別した私はどこへ向かおうとしているのか。
今や永遠に輝きながら波動する太平洋の岸の東京に佇む。

泣いていた母を残してきたことをふと思い出すたびに、
言葉にできない胸のつかえに目が眩み帰って会いたくても、
古来の栄光と現在の危機に目覚めるにつれて、
先祖のために命かけてつとめようと催促される、
この身に通い流れる先祖からの熱き血潮のためなのであろうか。[475]（引用者訳）。

これは一九四〇年一〇月、詩人サイチンガ（漢字当て字は「賽春嘎」、別名「ナ・サインチョクト」漢字当て字は「納・賽音朝克図」）[476]が留学の地である東京で記したものだ。題名の「わが哀れなこころ」の「哀れ」とは、モンゴル語の「horohii」（ホールヒー）という言葉の直訳だが、モンゴル語において、これは単なる「哀れ」という意味だけにとどまらず、「可愛い」「可憐な」「いじらしい」「可愛らしい」「可哀想な」「惨めな」「憐憫」「慰めるべき」「同情すべき」「ねぎらうべき」「いたわるべき」「思い遣るべき」「可愛がるべき」といったような、一言では表現できない多様な意味を含んだ言葉である。[477]サイチンガは、そういった多様な意味を担う言葉をもってタイトルにして、自分のこころを恰も他者のもののように観察し、それを「哀れな」気持ちで「可愛がって」、あるいは「いじらし」く、「いたわろう」と、省察して表現しようとしたのだ。たしかにこの詩は、草原を離れて近代都会の東京への雄飛が果たされ、かつ近代文明の衝撃と洗礼を受けた一遊牧民の青年の内面世界の記録である。しかし当初、この散文詩ほどモンゴル人と近代文明との関係を的確に表現したものはなかったのだ。とりわけ自然への信仰、先祖の栄光と現代の苦難などは、この詩において出来事や行動としてではなく、こころや内面世界の動きとして観察され、抒情的に謳われたのだ。しかも、それは仏教的な内省の仕方とは違った憂鬱（メンランコリー）を表象し、そのこころという表現は、近代日本文学のこころの表象の影響を受けたことが明らかで、モンゴル文学史において初めて中心モチーフとして表現されたのである。そして、この「わが哀れなこころ」を読んで、その思いを馳せる「こころ」の表象に触れさえすれば、草原に住むモンゴル人ならば、誰もが心が打たれることであろう。

当初、モンゴル語印刷機がなかった状況のなか、出版とは縁遠いことで、この散文詩が辛うじてガリ版刷りで書き残され、のちに活字になった経緯を考え合わせれば、この「こころ」の記録は、モンゴル近現文学の出発点にとって、どれほど貴重なものだったのか、想像できる。

事実、この散文詩はそれまでのモンゴル伝統文学には見られなかった美的感受性やパースペクティヴによって表象されたものである。かつ中国の政治的な検閲の下で出版された詩集のなかで、この散文詩は、一回だけひっそりと、あまり目立たない形で詩集の冒頭に飾られたことがある（厳しい検閲を敢えてパスさせた編集者の強い意志が込められているのであろう）[478]。

短い詩ではあるが、内モンゴル近現代文学の創始者としてのサイチンガの詩集の冒頭には堂々と掲載されるべき散文詩だ。この詩で「熱き血潮」が通い流れているというものの、詩人が瞑想して、静かな枯れ木の葉の囁きの中で自然から「秘義の霊感」を授けられたのだともいうべきであろう。

翻って、イギリスのロマン主義文学に詳しい読者なら、だれもがこの散文詩から自然に連想し、そこから知覚されるのは、ロマン派詩人のウィリアム・ワーズワースが吐露したあの有名なことだ。すなわち前出の「私がいつもはっきりした目的をきちんと考えてから詩を書き始めた、というのではない。私には瞑想の習慣があるために、それが私の情感に影響を与え、その情感を強く喚起させるような事物を描写するとき、その描写には、おのずから「目的」が伴うことになるのだ、と私は信じている。（中略）なぜならすぐれた詩はすべて激しい力強い情感がおのずから溢れ出るものだからである」という、あの静寂のなかで「秘儀の霊感」を授けられて詩を綴ることを想起するのであろう。あるいは、ドイツのロマン派詩人ハインリヒ・ハイネの詩「問い」（Fragen）を即座に連想するに違いない。事実、サイチンガは日本留学中、東洋大学の英文講読の必修科目の授業でこの二人の作品をも読んでいたのだ。ワーズワースとハイネ、二人の作品にはいずれも海に思いを馳せながら瞑想や激しい情感の間を行き来するこころの動きが表れ、それらが詩に表現されていた。
ハイネの「問い」は次のように謳う。

寂しい夜の海岸に、
若者が一人立っている。
胸には愁いが充ちており、頭が懐疑で一杯だ。
若者は憂鬱な声で波に問う。

「人生の謎を解いてくれ。
一番古いむつかしい謎を、
エジプトの僧の頭巾を冠った頭、
ターバンを巻いた頭や、黒の縁無し帽子をかぶった頭、
さては鬘をつけた碩学の頭や、その他無数の人間の
哀れな汗ばんだ頭が考えあぐねたあの謎を。
いったい、人間の意義とは何だ？
人間はどこから来て、どこへ行くのだ？
あの天上の、金に光る星々には、何者が住んでいるのだ？」

波は果てしない呟きをくり返し、

風が吹き、雲が飛び、
星々は光る、無関心に冷たく。
そして一人の愚者が返事を待っている。[479]（太字は引用者による）

これは、若いハイネが北欧の海岸に立って海・空・雲・星を眺め、人間はどこからきて、どこへいくのか、人生にはどういう意味があるのか、と波打つ海や遥かなる空を内面化した世界に問いかけている詩である。時はまさに産業革命とフランス革命がもたらした社会的不安のさなかであった。十八世紀末から十九世紀半ば、ヨーロッパ全体は自然の再発見とともに、詩的な狂気や省察の迷宮ともいうべき神秘さなどに魅了され、それらを尊び、過剰なほどロマン主義文学が高揚した時代でもあった。この詩は自然と運命に問いかけ、自然との共鳴を醸し出そうとする激しい感情を表現しているが、自然や海に向かって運命を問いかけることそれ自体が、一種のロマン主義文学的な「狂気」であり、日常的な、尋常なことではなかったのだ。

ところで、内陸モンゴルの草原で育ったサイチンガにとって、「海」に問いかけるのは何を意味していたのか。実際、具体的にサイチンガの「わが哀れなこころ」を考察してみると、ロマン主義文学の諸モチーフがくっきりと浮かんでくるのがわかる。

大雑把に一通り見ても、この散文詩から十のモチーフか、あるいは詩的なイメージが読み取れる。まず、なんといっても、①自然の神秘的な囁きに耳を澄まし、静寂のなかで啓示を聞き取り、一種の霊的な心象風景に浸っていることが示唆され、あるいは何かに取り憑かれているようにも見受けられる。そこで②詩人はあたかも自然とコミュニケートして自然の秘儀を受け取ったことが暗示される。そして、③郷愁によるメランコリーと、④望郷というノスタルジアに思いを馳せ、また⑤海という心象風景・スペクタクルに相まって、気高い血統を受け継いだ⑥自分の天分に自覚する。さらには⑦先祖の栄光への憧憬によって抑えがたい⑧熱狂やパッションが募られ、かつ問いかけられるのである。そして、詩全体から見受けられるのは、詩人が⑨自分の「こころ」を省察し、その内的省察を通じて、詩人自身の⑩天分と使命を示唆しているのである。

ところが、これらのモチーフやイメージは、いずれも典型的なロマン主義文学において頻出するもので、たった数行の散文詩のなかに、これほど凝縮されて表象できたのは、モンゴル文学史においても初めてのことだ。

言い換えれば、この散文詩において、自然からの啓示と秘儀が授かった詩人は、現実にうちひしがれて悲しむよりも、むしろ静寂のなか、今や現実を超越したかのようにこころを省察し、先祖から気高い血統を受け継いだことが自覚される。そして熱狂ともいうべき祖先への憧憬や望郷・起源への思いに駆られ、海に想像力を羽ばたかせて、海の心象風景に思索に耽っていくが、それはまさしくロマン主義文学の核心的なモチーフだが、詩人の心象風景には生まれし故郷と英雄時代への郷愁が募り、パッションが漲って血が騒ぐが、それは気がふれたことによるものなのか、と問いかけもするのである。

こうして、サイチンガは、ロマン派詩人のように詩的狂気に取り憑かれたようなことを表象しているが、しかし、それはまた意外にもモンゴルの英雄叙事詩の詩吟においてよく見られる伝統的な語り部の入神した情景でもある。

そして、その心象風景に表象された思いがハイネが波打つ海に問いかける情景に通じ合い、また先述したところの鴎外が「妄想」で生と死に思いを馳せて感慨深く海を眺めていた情景とも重なるのである。ところで、偶然にして互いに違う海を眺望していたが、その問いかけたところから募ってきた気高い心象風景が類似してきたのは、偶然な一致だったのであろうか。

モンゴル文学の伝統において、このような渾身のパッションが漲って血が騒ぎ、狂気にとり憑かれたような詩境は、叙事詩（トゥーリ）の語り部（トゥーリチ）や、英雄叙事詩『ジャンガル』の語り部（ジャンガルチ）などには、よく見られることで、いわば古代ギリシアの吟遊詩人において認知されてきた詩的狂気は、モンゴルの叙事詩人にもよく受けられ、それをモンゴル語で、「オンゴ・デ・オロシフ」（入神・入魂、あるいは神がかり）といい、「神々に取り憑かれた」状態を指す。つまり、伝統的な「トゥーリチ」や「ジャンガルチ」は、シャーマンと同じように、神に取り憑かれなければならなかったのであった[480]。

「さらさらと枯れ木の葉が不思議な音で囁きかける。これは美しい自然に潜まれた静かな秘義の霊感のあらわれなのであろうか」といったところにおいて、詩人は静寂のなかで、自分のこころの躍動か自然の囁きかけかを聴き、まるで詩的狂気に取り憑かれていたように見うけられるが、伝統においてそれは非常に尊ばれる聖なる神秘的な情景で、たとえ現代モンゴルの合理的な知的環境のなかであっても、宴や祭りや詩歌会においては憚かれるどころか、一座を感動させ、しいては恍惚させるのがよくあることだ。

日本とサイチンガ

西学東漸は、北アジアの遊牧文化圏にも波及し、遊牧地域の若者も外国への留学が促された。モンゴル国（元モンゴル人民共和国）のD・ナツォグドルジ（一九〇六～一九三七）（ソ連留学）やB・リンチン（一九〇五～一九七七）（ドイツ留学）、またTS・ダムディンスレン（一九〇八～一九八六）（ソ連留学）らは、いずれもウラル山脈を越えて留学していったが、中華民国から独立を果たそうとした内モンゴルの若者は、日本に留学したのである。その第一期生には、サイチンガがいた。

サイチンガは一九一四に生まれ、清国体制の名残のモンゴルで幼少期を過ごし、青年期には日本に留学し、帰国後モンゴル独立自治政府に奉仕し、日本の敗戦後ソ連連邦衛星国のモンゴル人民共和国に留学し、後に内モンゴル自治区で社会主義中国のために尽力する。文化大革命時に弾圧され、癌を患い、五十九歳で亡くなる。いわば、近現代史において三つの地域と五つの体制を生きた内モンゴル近現代史の象徴的な人物だ。

いうまでもなく、複数の体制と国を生きてきた彼の作品は、多様に富み、時代によって作品同士が互いに矛盾することすらある。中国では、一九四五年以前の前期作品（一九三七年四月～一九四五年八月）を民族分裂、封建主義、日本帝国主義と資本主義の思想を漂わせるものとして批判され、一九四五年以降の後期作品（一九四五年八月〜一九七三年五月）をマルクス主義、社会主義、民族団結を謳歌したものとして評価されている。しかし、その作品がイデオロギーによって引き裂かれてレッテルを貼られても人々に愛読され、内モンゴルの文学史において、唯一の近現代文学の先駆者で礎を築いた者として高く評価されてきた。そして、サイチンガは内モンゴルの近現代文学の先駆者だけでなく、中国の少数民族文学史においても先覚者として扱われ、現時点で内モンゴルの文学史上、政府によって刊行された唯一全集[481]をもつ作家である。こうして、公的な評語において前期作品が批判され、後期作品が評価されて、公的に知名度が高くなればなるほど、それとはうらはらにその前期の作品がますます多くの読者を魅了し、読者はむしろその矛盾した重層性や複合性のままで抱擁し、歓迎していると見受けられる。

サイチンガ（幼名ツェンプルブ、二月二十三日生まれ）は、モンゴルのチャハル（察哈爾）部族に属し、内モンゴル、シリンゴル（錫林郭勒）盟グリフフ（正藍）旗のジャガスタイ・ソムで、遊牧民の父ナスンデルゲルと母ドンジマの次男として生まれる。十五歳になってから学校に入り、のちにデムチグドンルブ（徳王、一八九？〜一九六八年、内モンゴル史上、はじめて内モンゴル近代独立国家の創立を案じた旗王）の独立を目指す人材育成プログラムの選抜試験に合格して、一九三七年日本留学に派遣される。東京善隣高等商業学校特設予科を経て、東洋大学（専門部倫理学教育科）に入学し、一九四一年に卒業する。あしかけ五年間弱の留学生活のなか、日本語を通じて初めてモンゴル史に触れ、日本語でトルストイをはじめ、プーシキン、バイロン、ハイネ、ホイットマンなどの作品を読み漁り[482]、英語購読を通じて世界文学にも触れる。とりわけ萩原朔太郎（一八八六―一九四二）の影響を受け、中原中也（一九〇七―一九三七）[483]や北原白秋（一八八五―一九四二）武者小路実篤（一八八五―一九五三）の作品を翻訳している[484]。

一九四一年十二月に帰国するが、早速、徳王の秘書を担当し、自治・独立・文化振興・啓蒙教育など多方面にわたって精力的に活躍する。一九四五年、日本敗戦がきっかけでモンゴル人民共和国に留学、一九四七年七月卒業後、新たに創立された内モンゴル自治区政府に参加して、マルクス主義を信奉する作家となる。一九四九年、中華人民共和国成立以降、社会主義を称えた詩を数多く発表し、一九五六年中国作家協会の理事になり、また内モンゴル文芸連盟副主席、内モンゴル人民代表、全国文芸連盟委員など、政治的にも重要なポストにつく。しかしのちに、中国において再三にわたって繰り広げられる革命運動の災禍に見舞われ、「四清運動」[485]に免れられず、その後「文化大革命」においても日本のスパイやモンゴル人民共和国の工作員などの無実を被る。とくに「新内蒙古人民党粛清運動」[486]において民族独立派として弾圧され、工場で強制労働を強いられる。その度重なる運動の弾圧と迫害が、精神的、肉体的な深い傷創となり、ついに胃癌で一九七三年五月十三日に亡くなる。

現在、サイチンガは、「二十世紀中国モンゴル民族の著名な文化人、近・現代モンゴル文学の基礎を定めた人、偉大な詩人」[487]と公式に評価され、また、国家認定の革命作家マラチンフ（瑪拉沁夫）[488]によって「遊牧民の詩人、詩人の遊牧民」[489]だとも讃えられる。サイチンガの生誕七〇周年、政府と関わりなく、遊牧民たちが自発的に詩人の故郷のジャガスタイ・ソム（町）で記念碑を建て、また同ソムのシレート・ガチャ（村）によって『記念』[490]と『懐念』（思い出）[491]という詩集と記念集が刊行される。イデオロギーの体制のもとで、異例ともいえる現象だった。また、中華人民共和国建国五十周年を記念するため、内モンゴル自治区共産党委員会と内モンゴル自治区政府は一大プロジェクトを立ち上げ、彼の全集（八巻）[492]を刊行する。このようにサイチンガは名実とも、内モンゴル自治区で唯一官民ともに認めた国民的な詩人である。

言ってみれば、彼の作品は唯一、近現代の内モンゴル人の伝統と現代、独立と分裂、回帰と離散、構築と解体、自己確認と喪失、反抗と迎合、期待と失望などの相反する両極端の心象を表象したもので、内モンゴル人自身の一連の自己矛盾を抱えながら歴史を歩んできた軌跡を文学的に凝視した集大成である。

サイチンガと詩的狂気の想像力

サイチンガの前期の作品で、最初に著わされた詩集が『こころの友』[493]で、次に日本の紀行文の影響で初めての日記紀行文『沙原・我が故郷』[494]がある。また日本の新聞、雑誌、単行本から選んで翻訳した東西名言集の『こころの光』[495]と、『フロント』雑誌の翻訳[496]などがある。日本留学から戻って、教科書『家政興隆書』[497]、書簡体散文集『我がモンゴルに栄光あれ』[498]、未発表詩『徳王の賛歌』や、その他の散佚した作品（例えば、教科書『教育方法』）などを著わしている。後期の作品は一変して、『迷信に迷わされない』（独幕劇）[499]、『われわれの勇壮な声』、『春の太陽が北京から昇る』[500]、『春の太陽がウジムチン草原を照らす』[501]、『合作社が誕生した』[502]、『喜びの讃歌』[503]などの作品を著し、その題名からもわかるように、一転して中国社会主義への賛美と濃厚な政治的傾向が認められる。従って、文学史において社会主義文学を切り開いた旗手[504]として称えられているが、実際、多くの作家や詩人が彼の全作品によって触発され、その感性によって育ってきた[505]といえる。

実際、サイチンガ文学は前期において、すでに完成されていた。彼の文学の原型・エッセンス、あるいは多くのモチーフは、前期においてほぼ集約され、そしてその前期の諸エッセンスや要素が後期の文学作品の重要な枠組を形作り、のちの作品はそれらよって生成され、構築され、たとえのちに時代的、イデオロギー的変化によって形を変えられても、その文学的エッセンスは、ほとんど変わらなかったといえる。

その文学的エッセンスは、先述したところからもわかるように、伝統的なシャーマニズムを背景にした、叙事詩や英雄叙事詩によって語り継がれ、かつ文学創作において欠かすことのできない詩的狂気のことである。

その詩的狂気とは、語り部のトゥーリチとジャンガルチが叙事詩を語るにおいて、それは聴衆に向けて語るのみならず、しばしば同時に神々に聞かせ、神々をも喜ばせる意味が込められていた[506]という伝統のことであった。すなわち、詩を語るとは聴衆を喜ばせるにとどまらず、語り部と聴衆とともに、共同で行われる神々を敬う儀式で、神々とコミュニケートをする神聖なひとときで、詩を通じて神を喜ばせる聖なる信仰の表れでもある。

サイチンガは、、少なからずそういった叙事詩の伝統を受け継ぎ、かつ近代日本文学とロマン主義文学に触発され、それを内面化して初期の『こころの友』など数々の作品において、「わが哀れなこころ」と同じように、自分の「こころ」に目覚め、その「詩的狂気」と葛藤し、自然や海の神秘的な秘儀を表象しようとしたのだ。彼は、自分の「こころ」や心象風景に対して、ときには見惚れたかのように内省に浸り、ときには自分の哀れなこころの動きをどう理解すべきか、戸惑って問いかけたりする。

そういった「詩的狂気」によって、豊富かつ多彩な心象風景を表象した作品には、例えば「自然の歓喜」、「夏の花」、「花の姫」などがあり、いずれも読者を狂おしく、得も言われぬ境地に導いていく力がある。そして、その日記体で記されたリアルな紀行文ですら読者を引きつけてやまない。

そのような「詩的狂気」について、サイチンガは、「ああ！　わたしのこころよ！」という詩において、はばかりなく明確に表明する。この詩において、自分のこころとその不可思議さと不安定を描くが、「わが哀れなこころ」より、さらに思弁的、省察的な思索を進め、「詩的狂気」をはっきりと自覚し、かつ認知しているように見て取れる。詩「ああ！わたしのこころよ！」は、九スタンザによって構成され、訳すれば以下のようになる。

寝返りを打っても抑えられない、
起きて考えても止められない、
立って歩いても鎮められない、
揺れ動いてやまないわたしのこころよ！
寝床に横にしても眠れない、
山に登っても宥められない、
飲み食いする気もしない、
憂鬱で揺れ動くわたしのこころよ！

用も過ちもなかったのに、
煩わしいこともなかったのに、
罪も罰当たりもなかったのに、
穏やかになれないわたしのこころよ！

吹かれて靡かれる草の葉のごとく
羽ばたいて飛ぶ鳥の翼のごとく
荒波に揺れ漂う船のごとく
揺れ彷徨うわたしのこころよ！

名誉、爵位でみたされず、
貴金、財宝で充ち足らず、
妖艶、華麗に誘惑されず、
踊りはねてやまないわたしのこころよ！

権威、法廷にも恐れず、
誉れ、讃えられるにも喜ばず、
利益の誘惑には動ぜず、
手に負えないわたしのこころよ！

お前の憂愁をどうすれば慰められるか？
お前の興趣を惹き付けるのが何だろうか？

お前の精神の張り詰めをほぐすのが何だろう?
お前の喜びはどこから来ているのだろうか?
お前の彷徨いに光を当てるのが何だろう?
お前の種族を喜ばせるのが何だろう?
お前の息を寛がせるのが何だろう?
お前の命を活力に溢れさせるのが何だろう?

探し求めようとも稀にしかない人間の種族よ、
攫もうとも攫みがたいお前のような躍動するこころ、
青春は矢の如し短く、
せめてお前はとり憑かれたこころを養うのを急げ!
(引用者訳)[507]

この詩の第一から第三スタンザまでは、一人称の「わたし」が語り、「わたし」の揺れ動いてやまない「こころ」と、その精神的な高揚の激しさが表現される。第四スタンザにおいては、さらにその「こころ」の動きを風に靡く「草の葉」と、自由に飛ぶ鳥の「翼」と、海に浮く「船」をもって喩え、「こころ」が詩人にとって思う通りにいかず、手なずけられないものだという。とくにそのなかの「翼」という比喩は、前述からすでに言及されてきた伝統的な比喩で、想像力を喩える象徴的な記号として、あるいは詩人の想像力が当の本人から解き放たれ、自由奔放に飛翔するものとして考えられてきた伝統がある。そして、この詩において「こころ」や想像力は、詩人にとってもはや制御が効かないものとなっている。もちろん、「翼」は、モンゴル文学の伝統に頻繁に見られる比喩だとは言えない。ただし、北アジアにおいて、シャーマン世界では「鷹」や「鳥」の飛翔をもって異界への想像を比喩することはみられなくもない[508]。そして第五スタンザと第六スタンザにおいて、自由な飛翔を得た詩人の想像力は、現実や世俗の名誉、金銭、華麗な装飾などには決して惑わされないことが表現され、さらに権力や権威にも屈せず、自己充足とこころの自由が一段と高く謳歌される。そして、第一スタンザから第六スタンザまでは、いずれも詩人が直接「わたし」の心象風景を描出して、そのスタンザごとに、末尾には「わたしのこころよ！」と、感嘆符をつけた慨嘆の一行をもって繰り返してきたが、伝統的なモンゴル詩の三拍子は、ここでリズミカルに六回も反復されていることがわかる。そして、同じリズムがややくどく感じさせたところ、第七スタンザと第八スタンザでは、語り手がうって代わって「わたし」から第二人称の「お前」に切り替わる。こんど、詩人は自分の「こころ」を一人の独立した人格の他者として呼びかけ、語り手の詩人は「お前」と対話するように内容が変化していく。ロマン派詩人には、ミューズの女神に声をかけ（かつてのホメロスか、ヘシオドスのように）、古代の吟遊詩人になったつもりで詩神を呼びかけることがしばしばあったが、サイチンガはまさしくここで、まるで自分の詩の魂・源泉――「こころ」に呼びかけ、問いかけているかのようである。そして、ここで表象された「お前」の「憂愁」と「歓喜」、「彷徨い」と「命」などは、いずれもロマン主義文学の中心的なモチーフだったが、詩人の「わたし」は、「こころ」に繰り返して問いかけをして、一体どうすればいいだろうかと、途方に暮れ、哀願しているかのようでもある。

そして、最後の第九スタンザにおいて、詩人は、さらに自分自身だった「わたし」と、「お前」――「こころ」をも突き放して謳う。詩人はこんど、人間という種族をあたかも第三者から眺めているかのように語りかける。「探し求めようとも稀にしかない人間の種族よ」、人間の生とは短いので、早く入神した「こころ」を養え、とでもいうかのように、ここで詩の語り手は、自分の「こころ」を客観化して、対象化する。それればかりか、さらに詩人は自分をも対象化して、自分からも離脱して、第三者のパースペクティヴから省察しながら、詩人の「わたし」と「こころ」の両者に語りかけて助言をするのだ。言ってみれば、「狂気」の語り手の詩人は詩神か、詩神を司る祭司になったかのようなパースペクティヴに立って、詩人と「こころ」に語りかけ、人間という種族であるサイチンガに忠告でもしてくれているかのようである。

詩人はこの第九スタンザにおいて、詩神とともに「わたし」と「こころ」についてすべてを見通しており、いわば一種の省察的な思考を巡らせて語っているのであろう。ところで、詩人は一体、詩的狂気をどこまで認知し、自覚していたのであろうか。また、サイチンガは、ロマン派詩人が崇拝していた女神や神々に取り憑かれていたのであろうか、それとも、モンゴル伝統的な英雄叙事詩の語り手、いわばシャーマンの「オンゴ・デ・オロシフ」と同じように取り憑かれて、「神がかり」の境地に達したのであろうか。それについては、ここでは分別が付けられない。ただし、現実に目撃することのできない霊的な何かに取り憑かれていたという点において、あるいは自分自身から離脱して、特殊な人間として詩人を司る域に達したという点において、この詩は、サイチンガの詩的狂気を認知することにおいて、決定的な臨界点やスペクトルになるかもしれない。

そして、こういった詩的狂気の源泉から、あるいは詩人サイチンガの「こころ」から、詩が次から次へと湧き出でてとまらず、モンゴル古来の「トゥーリチ」か「ジャンガルチ」のように、その心象風景が詩として延々と流れ出たのであろう。サイチンガの『こころの友』を始め、その前期の多くの作品は、そういった詩的狂気を源泉にして紡ぎ出されたものだが、実際、後期の社会主義を謳歌した作品までも、そういったインスピレーションのもとにおいて生成されたものが多い。そして、その前期と後期の間には、互いに政治的に矛盾したところがあったとしても、詩的狂気によって生み出された具体的な詩句、心象風景には政治や時代の差がなく、その時代その時代の読者を感動させてきたのである。

サイチンガの詩の感動の源泉を探るため、実験として中国人民大学主催の「サイチンガ誕生一〇〇周年シンポジウム」(二〇一四)の会場において、筆者はサイチンガの詩「ガンディーと握手して」を朗読した。会場の誰もが賛嘆していた。のちにそれは、サイチンガが一九五二年毛沢東に会って、その場で吟じた「毛沢東と握手して」という有名な即興詩だったと、ネタを明かしたら、会場には不愉快な表情を隠せない者もいた。というのは、この即興詩は、個人崇拝の政治的な賛美詩だ、と批判されてきたからである。しかし、タイトルの固有名詞だけを置き換えた結果、みんなが喜び、そしてそのタイトルを「ダライ・ラマと握手して」と書き換えても賛美詩としての内容には変わりがない。その詩全体は、リズミカルで、豊かな抒情に満ち溢れ、タイトルだけを除き、そこにはモンゴル現代即興詩としての賛美詩や祝詞の模範となる形のすべてがそろっているのだ。しかし、何よりも見逃してはならないのは、その詩には、「詩的狂気」もどきの何かが見え隠れていることであろう。

かくして、こういったようなサイチンガの「詩的狂気の想像力」によって成就された作品は、時代と政治において矛盾しながらも、作家たちをインスパアし、賛否両論を抱えながらも読者を感動させ、楽しませている。そして、冒頭の「わが哀れなこころ」で見たように、「海」は、仏教のルートとは違った、ロマン主義文学の諸モチーフとともに初めて日本を経由して、モンゴル近代文学にも受容されたのである。

第四節　遠藤周作の海

『海と毒薬』という問い

一九五七年六月、八月、十月、三回にわたって雑誌『文学界』に『海と毒薬』が連載される。社会的にすぐに大きな反響を呼んだ。翌年四月、文芸春秋新社より単行本として刊行され、十二月、第五回「新潮社文学賞」、第十二回「毎日出版文化賞」という二つの賞を受賞する。「ひとつの作品にふたつの賞が受賞されるということも異例である」[509]と評論家平野謙はいう。そして一九六〇年代から現在まで、各大手の出版社は様々な出版形態で『海と毒薬』を世に送り続けてきた。そのなかで、とくに一九六〇年七月、新潮社と角川書店二社より同時に文庫本として刊行され、さらに一九七一年七月、講談社からも文庫化される。角川文庫と講談社文庫は二〇〇〇年までそれぞれ七十刷と五九刷で、新潮社文庫は二〇〇一年まで八六刷も増刷してきたのである。こういった出版の勢いに相まって、熊井啓の脚本と監督により『海と毒薬』は一九八六年に映画化[510]され、第十三回ベルリン国際映画祭で審査員特別賞銀熊賞を受賞する。その結果、『海と毒薬』の受容の形は文字から映像まで拡大し、普及していった。小説が発表されてから僅か四〇年で、これほどの大量出版と映像化された作品は、戦後文学においてほとんど見ない。しかも現在も重版を続けている事情からみて、世代を超えて数多くの読者を獲得していることも明らかだ。そして外国語に翻訳された言語をみて、その受容の幅の広さがわかる。モロダイア・ガヴァリディアによる一九六四年のロシア語翻訳をはじめ、一九六五年エストニア語、一九六七年アルメニア語、一九六九年ポーランド語、一九七〇年グルジア語というように、なぜか旧ソビエト連邦を中心とする社会主義陣営においていち早く翻訳されていたのが興味深い。それから一九七二年英語、一九七九年フランス語とポルトガル語、一九八〇年ブルガリア語、一九八二年ドイツ語[511]というように、徐々にヨーロッパ全域と英米圏に翻訳されて読まれるようになる。それから台湾において一九八七年に翻訳され[512]、中国大陸の読者にも読まれている。そして一九九九年、海外において初めて、英国リーズ大学のマーク・B・ウィリアムズによる遠藤周作研究の専門書が世に送られる。遠藤周作研究史において記念すべきできごとだ[513]。

このように第二次世界大戦後、日本文学のみならず世界文学のなかでも『海と毒薬』は華やかに受容されていたのだ。しかし、なぜこれほどまで衰えなく、世代を超え、国を超え、幅広く多くの読者に受容されたのか。

宗教と文学との関係において、カトリック信者の遠藤周作がどこかまで小説の自律性を尊重できたかを言及するマイケル・ギャラガー（『海と毒薬』英訳の第一人者[514]）は、カトリック教に改宗したイギリスの小説家グレアム・グリーン[515]の言葉を引用して、遠藤周作の創作の立場を次のように説明する。

小説を書くことと宗教のパンフレットを書くことは、まったく別のものです。小説を書くとき私が考えるのは、できるだけおもしろくしようということだけです。わたしはカトリック作家としてより、たまたまカトリック教徒だった作家として知られたいと思います。しかしカトリック教徒であるかぎり、その人のなすことすべてにカトリシズムの影響がおよぶものです[516]。

すなわち、遠藤がカトリック教信者である前にまずは小説家であることを重要視すべきだ、ということである。言い換えれば、われわれ読者あるいは研究者、批評者が遠藤小説について宗教的、倫理的な価値判断の局面から読み解くことを暗に牽制し、『海と毒薬』を、まず一作家の遠藤周作の作品として、あるいは芸術品として扱うべきで、各国に受容された理由も宗教や道徳にあるのではないことを示唆しているのだ。

そして、現代の世界文学の視野において、遠藤の作品をカトリック教作家のものよりも、まずその文学的・技巧的な面に注目してきたJ・トマス・ライマーは、遠藤文学の成功の「秘密」について次のように指摘する。

戦後の世界文学のなかで遠藤がそれほど高い評価を得る秘密はどこにあるのでしょうか。第一にあげたいのは、あまりにも明白なために言及されることが少ないのですが、遠藤が物書きとして卓越した技巧の持ち主であるという点です。調子の変化も自由自在、ユーモアのなかにペーソスをまじえたり、あるテーマをこっけいな茶番劇に仕立てておいて、いきなり焦点をしぼって冷ややかなアイロニーに変えるなど、思いのままにどんな効果でもだすことができるのです。そのような言葉の才能、文筆の才能は、時代を問わずまれにしか見られない貴重なものです[517]。

遠藤文学の「秘密」は、まさしくその「卓越した技巧」と「文筆の才能」や「効果」にあり、それらによって高い評価を獲得したという。

ところが、この「卓越した技巧」と「文筆の才能」や「効果」は、どのように作品において表象されているのか。とりわけ小説において自然風景の「海」は、善と悪、人間と戰争、罪と罰などの人倫の営みとは直接に関係しないものの、しきりに登場しているが、それがいったいどのような「技巧」、「才能」や「効果」の元で挿入され、設定されて描出されていたのか、明らかにする必要があろう。

事実、今まで大方の研究・批評は、ほとんど人間と戰争、罪と罰、善と悪について注意を向け[518]、小説それ自体に目を向け、小説の文学的・技巧的な面に注目して読みといたのは三、四点の研究[519]しかなかった。

以下、物語論の諸方法を参照して、『海と毒薬』をもっぱら物語言説として扱い、その物語における「技巧」、「才能」や「効果」に注意を払い、とりわけ「海」はどのような機能を果たしているのかについて考察し、その言説の寓話・象徴の自律性・意味作用と効果及びその解釈の可能性を検討し、その小説の「秘密」に迫りたい。

『海と毒薬』の構造

『海と毒薬』[520]は三章から構成される。語り手と視点は、小説全体にわたって頻繁に変わり、一貫した語り手と視点が設定されていない。しかも出来事とストーリーが細やかに単位化され、語り手とそれらの視点が変換するに従って出来事とストーリーが展開されていく。そしてその展開がきわめて操作的に語られたにもかかわらず、まるで物語単位として自然に分節化されたかのように読者に読ませていくのである。そういった語り手・視点の変化や「卓越した技巧」は、章・節立てやプロットの設定からも窺われる。

例えば、この小説は章ごとに小見出しが設けられ、第一章は「海と毒薬」というタイトルの下に、「導入部」[521]、Ⅰ、Ⅱ、Ⅲ、Ⅳ、Ⅴといったように、六つの部分に分節化されている。その「導入部」は、さらに「行空き」によって七つのプロット[522]にわけて構成される。そして、小説全体は第一章と同じように、すべての出来事とストーリーが細かく「行空き」によってプロット化され、分節されている。小説全体の各章と各節の単位化されたプロットに数字を付けて、そのプロット数を例示すると、次のようになる。

第一章「海と毒薬」：

導入部	7プロット
Ⅰ	2プロット
Ⅱ	2プロット
Ⅲ	7プロット
Ⅳ	2プロット
Ⅴ	3プロット

第二章「裁かれる人々」：

Ⅰ「看護婦」	7プロット
Ⅱ「医学生」	5プロット
Ⅲ「午後三時」	6プロット

第三章「夜のあけるまで」：

Ⅰ　3プロット

Ⅱ　7プロット

このように小説全体が三章、十一節、五十一プロットによって組み立てられて、構成されていることがわかる。

まず、第一章の「導入部」からみていく。「導入部」は、しばしば「序」や「冒頭部」「前書き」とも称され、交響曲・ソナタや劇などの冒頭におかれる。「イントロダクション」、あるいは「プロローグ」と同じような役割を果たす。実際、物語において統辞論的に考えれば、この「導入部」は、プロローグとして物語全体の主調を決定している。後述の考察で示されたように、それは物語全体の意味づけ・方向付けや案内役となっている。しかも小説全体からみて「導入部」は七つのプロットによって構成され、小説全体の約八分の一の分量で織り成されているので、決して短いとはいえない。「導入部」において、作者・語り手はまず「私小説」の語りを模擬したように、「等質物語世界的語り手」[523](**homodiegetic narrator**)として、語りには「信頼性」の高い、「自己物語世界」的な物語を語る姿勢を与えて、自分の体験を語ることから始まる。「導入部」全体にわたって語り手の「釘の問屋に勤め」る「私」の視点は、一貫しており、変化しない。つまり、この「導入部」において「等質物語世界的語り手」が、信頼性の高い「自己物語世界」的な物語を語ったのだ。

そして「導入部」の物語の内容を辿ってみると、次のようになる。

語り手である「私」は、まず物語の時間を夏季の八月とし、「新宿から電車で一時間」の距離の「西松原住宅地に引っ越した」ところから始まる。それもまた何の変哲もない日常生活の進行のなかで、語り手の「私」は私事の諸々のことから報告していくのだ。「若い人夫」の歌った流行歌の挿入、ガソリン・スタンドの主人、洋服屋さんとその洋服屋のショーウィンドーに置かれていた碧い目の白人男子の人形、妊娠した妻との会話、風呂屋、「私」の肺病と気胸療法、勝呂二郎とその医院……。そして「私」はその日常生活のなかで「病気さえ良くなれば幸せなんだ」、「何もないこと、何も起こらないこと、平凡であることが人間にとって一番、幸福なのだ」と考えたりする。しかしその一方、人工気胸を施してもらう「勝呂医師のことだけが妙に私の好奇心を唆《そそ》った」という。そしてわざと勝呂医師について「一寸した知識を仕入れ」て、勝呂の「F医大の卒業名簿」を見つけて、近所の人々と勝呂医師の噂話をしたりする。その上、親の代わりに義妹の結婚式に九州F市に行き、同じく偶然に披露宴で新夫のF医大卒の従兄と同席となり、ついまた勝呂のことを探ってしまう。そして「私」は「例の事件」を知り、勝呂医師の「蒼黒くむくんだ顔と、あの毛のはえた芋虫のような指がチラついた。あの指でさわられた冷たい感触がふたたび胸の皮膚の上に蘇って来る」というように想像したりもする。かくして「私」はこの名状しがたい「好奇心」と詮索癖に駆られ、偶然に偶然が重なるにつれ、「私」はさらに時間をつくって、ついにわざわざ「F市の新聞社」の資料室まで足をはこび、古い新聞記事を丹念に調べる。そこで、かつて戦争中F医大で残酷な生体解剖事件が起こったこと、戦後の裁判ですでに断罪されたこと、裁きを受けた人たちの名には、勝呂の名があったことを確認してしまうのである。

このように「導入部」を辿って考察してみると、「私」によって語られた何の変哲もない戦後の日常生活の風景が、「私」が詮索癖を憚らずに隣人のプライベートに「好奇心」を募らせた結果、偶然に偶然を重なって、一連の出来事、ストーリーが探偵小説のプロットのように細心に設定され、フィクション化されたのがわかる。その挙句に、勝呂と生体解剖事件があたかも必然的な出来事のように導き出され、そのように読み取らせるのだ。ここでは、読者がショッキングな「事件小説」やルポルタージュはもとより、現実の日常生活に対するリアルな描写すら期待できない。というより、そこにはもはやあまりにも技巧的な操作が看取され、「卓越した技巧」の効果が読み取られてしまうのではないだろうか。実際、この「自然的」というより、創作的・操作的な「導入部」において、作者の天才的ともいうべき詩的なフィクション・イメージが布置されているのである。それというのは、あの有名な要のイメージ——「ショオウィンドオの人形」、「エジプト砂漠のスフィンクス」（そのスフィンクスは同時に小説の登場した視点人物「勝呂」をも凝視したイメージ）――と、「生体解剖事件」の新聞記事を読んだ後、「私」がF医大の屋上から眺めた海――「眼下にはF市の街が灰色の大きな獣のように蹲っている。その街のむこうに海が見えた。海の色は非常に碧く、遠く、眼にしみるようだった」――である。小説全体からみて、まさにこれらの具象化されたイメージ・記号こそが、『海と毒薬』の寓意性・象徴性の要であり、小説の中核に結びついた文学的技巧・美学的な仕掛けや装置だといってよい。評論家佐伯彰一氏はいち早くその技巧的、美学的な装置の重要性について、『海と毒薬』発表後の三年目、新潮文庫刊行の「解説」において、次のように述べる。

（前略）取上げられた事件は、センセーショナルな残酷物語だが、これはじつは、一つの倫理的、さらには宗教的な寓話の試みなのである。
（前略）とくに効果的なのは、冒頭からさり気なく描きこまれた洋服屋のショオウィンドオの「白人の男子人形」である。「謎のような微笑」をうかべて、店先に立っているこの人形は、くり返し現われて、不吉な予兆のような役割を果たす。動かぬ空ろな微笑は、「**スフィンクス**」のように、その度に、微笑な陰影を深めてゆく。四たび、この人形が姿を現わすや、ぼくらは忽ちあの不気味なドラマの中核へと、じかに連れこまれるのである。[524]（太字は引用者による。以下同様）

さらに「海」についても氏は見事に次のように捉える。

（前略）「海」とは、神なき風土の――人間を倫理的、宗教的な責任でしばると同時に、自由をあたえてくれる「神」不在の、異教的な風土の集約的な象徴だと、作者はいいたかったのである。[525]

「スフィンクス」は、神話を起源として寓話で語られてきたものだが、「導入部」の語り手の「私」は、「スフィンクス」を「思い出した」り、「勝呂」に「スフィンクス」を凝視させたりして、さまざまな形で「スフィンクス」を「導入部」の語りに挿入していくのが意味深い。つまり、そこで「スフィンクス」固有の寓意的な記号・イメージが、「不吉な予兆のような役割を果た」しただけでなく、読者までもがその「不気味なドラマの中核へと、じかに連れこまれ」たのであろう。一方、「海」は、「責任でしばると同時に、自由をあたえてくれる『神』不在の、異教的な風土の集約な象徴だ」と指摘された通り、その「海」は、文学的、詩的な言説においてこそ、象徴として根源的、起源的、かつ超越的な機能を果たすのである。

そして、読者が文学・芸術における寓意と象徴の本来の意味の広さと深さを想起し、作品全体において果たした機能と役割を視野に入れ、さらに作者によって紡ぎだされた語りの技巧を合わせて考えるならば、「スフィンクス」と「海」は、技巧的な寓話・象徴的な記号とそのイメージをなしただけに『海と毒薬』において中核をなしていることが知覚されよう。つまり、その「スフィンクス」の寓意と、「海」の象徴によってこそ、『海と毒薬』は単なる悲劇を取り上げた事件小説ではなく、多様な問いを投げかけ、多様な意味を含意する作品に変貌させられ、それによって悲劇の観賞におけるカタルシス的な効果が果たされていると考えられなくもない。あるいはその逆に、『海と毒薬』という小説によって寓意と象徴の本来の豊饒な意味世界が生かされたのだともいえる。しかし、実際、これまで『海と毒薬』の研究・評論は、寓意と象徴について過小評価してきたとはいえないものの、この文学的・美学的に最も重要な装置が、しばしば単なる文学の彩・装飾とみなされてきた傾向がある。その重要さを指摘した佐伯彰一ですら、小説全体にとって寓意と象徴の文学における固有の機能的な面への言及は手薄で、寓意と象徴によって小説をさらに豊饒なものとさせた評価が不足している印象は否めない。以下、「スフィンクス」の寓意と「海」の象徴が小説全体にとって如何なる文学的・美学的な重要な役割を果たしているか、「導入部」以降の各節・章を検討して、それを明らかにしていきたい。

海とスフィンクス

「おやじの回診は何時に変ったんや」
「三時半やろ」
「また会議か」
「うん」
「あさましい世の中や、そんなにみんな、医学部長になりたいものかな」

一月の風が破れた窓をならしていた。窓硝子にはりつけた爆風よけの紙がその風に少し剥がれて、カサ、カサと音をたてている。第三研究室はこの病棟の北側にあったから、まだ午後二時半すぎたばかりだというのに夕暮のように暗く冷え冷えとしていた。

机の上に新聞紙をひろげて戸田は薬用葡萄糖をふるいメスで削っていた。少し削り終わるたびに、彼は掌にその白い粉をつけて如何にも惜しそうに舐めるのである。病棟は静まりかえっている。

一階の大部屋患者も二階の個室患者も三時までは絶対安静なのだ。

黄色い痰の塊を白金線でガラス板に引き伸ばしていた勝呂はそれを青いガス火の上で乾かしていた。痰の焼けるイヤな臭いが鼻についた。

「ちえっ、ガベット液が足りん」
「なに？」
「ガベット液が足りんのや」

勝呂は同じ研究生の戸田と話をする時は何時も片言の関西弁を使う。学生時代からいつの間にか二人の間ではそういう習慣が作られていた。昔はそれも彼等が自分たちの友情を暗黙のうちに証明する符牒だったのだ。

「だれの痰や、それは？」

「おばはん――の」と答えて勝呂は顔をあからめた。戸田が葡萄糖の白い粉のついた唇の周りに皮肉な嗤いを浮かべてこちらを見詰めているのに気がついたからである。（二八～二九頁）

これは小説の第一章「導入部」につづく第Ⅰ節の冒頭部分である。物語は、ここで時間・場所・語り手・視点・出来事・登場人物（「勝呂」を除き）など、「導入部」とはすべてが別の物語として展開されている。この第Ⅰ節において、物語時間は「導入部」の戦後から戦争中にジャンプし、季節は冬の一月。場所はのちの語りから九州F市大学病院ということが判明できる。そして登場人物は「勝呂」に「戸田」が加わり、その二人の会話から「おやじ（橋本）」、「おばはん」などの人物の登場が予告される。しかも「勝呂」と「戸田」が二人とも「研究生」で、かつ二人の間では「関西弁」を使う「学生時代」からの間柄だった、といった諸々の事情と性格までもが明らかにされてくる。

しかし、「導入部」の語り手とこの第Ⅰ節の語り手は、明らかに別人で違っているのだ。従って、そこから一連の疑問が生じなくもない。つまり、小説の「導入部」で、「等質物語世界」的語り手として、「信頼性」の高い、「自己物語世界」的な物語を語りはじめた、あの語り手、いわば、あの「釘の問屋に勤め」ていた「私」は、今どこに消えたのか？　気胸療法のために「勝呂医院」に通い、「好奇心」に駆られ、偶然に偶然を重ねて口実をつくって「勝呂」を詮索し、F市の新聞社資料室まで足を運んで調査した「私」は、いったい何のためなのか？　そして第Ⅰ節の冒頭で語り出したのが誰なのか？　それは主人公の「勝呂」か？　それとも作家の遠藤周作か？

物語言説と物語内容いずれからみても、「導入部」とその後の物語との間に明らかに断絶と飛躍が起こっているのである。この断絶と飛躍について、物語の叙述法から考察した影山恒男は、「導入部」を「外側の物語」、その後の物語を「内側の物語」[526]と分けるように図式化して解釈し、ストーリーよりも構造化して読み取ろうとし、その工夫したところが興味深い。しかし物語分析論やテクストの戯れを楽しむロラン・バルトの立場から考えると、おそらくそれに対して、もっとラディカルに、次のように反応していたに違いない。

（前略）それを知ることは永久に不可能であろう。というのも、まさにエクリチュールは、あらゆる声、あらゆる起源を破壊するからである。エクリチュールとは、われわれの主体が逃げ去ってしまう、あの中性的なもの、混成的なもの、間接的なものであり、書いている肉体の自己同一性そのものをはじめとして、あらゆる自己同一性がそこでは失われることになる、黒くて白いものなのである。

おそらく常にそうだったのだ。ある事実が、もはや現実に直接働きかけるためにではなく、自動的な目的のために物語られるやいなや、つまり要するに、象徴の行使そのものを除き、すべての機能が停止するやいなや、ただちにこうした断絶が生じ、声がその起源を失い、作者が自分自身の死を迎え、エクリチュールが始まるのである。[527]

いうまでもなく、ここで「作者の死」を宣言したのは、実際の作家を指しているのではない。それはテクスト、エクリチュールに君臨してきた「権威・父」である作者（遠藤周作）のことだ。したがってエクリチュール・テクストの解釈は作者（遠藤周作）の独占から解放されて、読者側に移り、ここで読者が誕生し、テクストを書く「私」は、単なる紙の上の「私」以外の何者でもない。テクストは読者の無尽蔵な生産の記号の場となりかわったのだ。したがって『海と毒薬』の「導入部」の「私」にしろ、第Ⅰ節の物語の報告者である語り手にしろ、いずれも単なる紙の上の語り手であって、すべてがテクスト内に起こった出来事である以上、そこには「断絶」がありながら、厳密な断絶は存在しない、ということになる。もし「断絶」が生じたとすれば、単に作者遠藤周作とテクストとの間に生じただけのことだ。「作者の死」とはロラン・バルトの理論の最も重要な宣言だが、以上の引用のもう一つの重要なところは、つまるところ、象徴のみが如何なる場合でもテクストの味方だという主張であろう。象徴についてバルトが主張したところによると、「作品は（最良の場合にも）どうにか象徴的である（その象徴法は息が短い。つまり、停止する）。『テクスト』は徹底して象徴的である。つまり、あますところなく象徴的な性質が、想像され、認められ、引き出せる作品は、テクストでている「象徴」と同様、常にわれわれに向かって開かれ作品、テクストは閉じられた世界ではなく、「象徴」と同様、常にわれわれに向かって開かれていなければならないのだ。

実際、こういった物語論の原理に従い、テクストとして『海と毒薬』を考える場合、小説全体の「導入部」とそれ以降のストーリーの「語り手」は、いずれも紙の上の「語り手」に変貌したと看做されざるをえないのだ。つまり、小説として組織された以上、語り手はテクストの語り手であり、テクストと有機的な統一体として考えられる。したがって「導入部」が「等質物語世界」的なものであろうと、また第Ⅰ節から語られる物語が「異質物語世界」的なものであろうと、紙の上の語り手としては変わりがない。そして、語り手は「私」であろうとなかろうと、いずれもテクストとして生まれ変わり、一種の象徴的な出来事として看做されるべきだ。したがって、テクストそのものでさえ象徴的であるならば、「導入部」において象徴である「海」と寓意である「スフィンクス」が挿入された以上、言うまでもなく、それはおのずとその小説の象徴性を物語っていることになるであろう。そういう意味で、『海と毒薬』はまさにその「導入部」においてすでに、一篇の象徴と寓話のもとで紡ぎだされた寓話的、象徴的な物語なのだ、ということを自ずから主張しているのだとみてもよかろう。

「無惨」な海と夢の海

『海と毒薬』の第Ⅰ節の二つのプロットにおいて、小説全体の主要な登場人物や主な出来事は、ほとんど予兆されているといえる。例えば、語り手が視点人物として登場させた優柔不断な性格の「勝呂」や、その対照的な人物、冷静で慈悲には程遠い性格の持ち主である「戸田」。また洋行帰りの「おやじの橋本教授」と、その妻である「白人の女性」。医学部長をめぐる権力闘争に明け暮れていた「橋本教授」と縄張りにいる人々――「柴田助教授」、「大場看護婦長」、橋本の姪の噂の婚約者「浅井助手」ら――と、彼らとの反対勢力、すなわち「小堀軍医」の連絡で西部軍部と結託した「権藤教授」らの登場。そのストーリーのなかで、権力闘争と業績かせぎが余念なく進行していくが、権威的な医者と死んでいく患者（阿部ミツ、おばはんら）との生死を決定する絶対的な立場は、まず患者の「おばはん」の実験解剖の予定から看取される。そして優柔不断な「勝呂」は不本意に実験の手術助手として決められたが、「（みんな死んでいく時代やぜ。病院で死なん奴は毎晩、空襲で死ぬんや）」と「戸田」の言葉を思い出して、ほとんど責めがなく、致し方がないことのように受け止める。

ところで、「海」のイメージがこの第Ⅰ節では二回挿入されているが、いずれも薄暗い空の下に広がった「**黒い海**」か、「**黒い土埃**」を吹き上げるものである。「**不気味な深淵**」、無惨、悲劇などが「海」によって象徴され、表象されているのである。

しかし「海」というイメージ・記号が象徴である以上、決して単に無惨・悲しみというネガティブな意味を表象するだけにとどまらない。象徴は、自律した記号としての機能を果たし、象徴である「海」もまたその正反対の意味を表象しているのだ。例えば第Ⅱ節に入ると、「海」は逆に理想と夢をも表象するのである。

> 医学部の西には海がみえる。屋上にでるたびに彼は**時にはくるしいほど碧く光り、時には陰鬱に黝ずんだ海を眺める**。すると勝呂は戦争のことも、あの大部屋のことも、毎日の空腹感も少しは忘れられるような気がする。**海のさまざまな色はなぜか、彼に色々な空想を与えた**。たとえば戦争が終り、自分がおやじのように**あの海を渡って独逸に留学し、向うの娘と恋愛をすることである**。そんな出来そうもない夢の代りに、平凡でもいい、何処かの、小さな町でささやかな医院に住み、町の病人たちを往診することである。町の有力者の娘と結婚できれば、なお良い。そうしたら、自分は糸島郡にいる父親と母親との面倒をみることもできるだろう。平凡が一番、幸福なのだと勝呂は考える。
>
> 学生時代から戸田とちがって勝呂は小説や、詩はさっぱり、わからなかった。たった一つ戸田に教えてもらって覚えている詩があった。**海が碧く光っている日にはふしぎにその詩が心に浮んでくるのである**。

羊の雲の過ぎるとき
蒸気の雲が飛ぶ毎に
空よ　おまえの散らすのは
白い　しいろい　綿の列
（空よ　おまえの散らすのは　白い　しいろい　綿の列）

その一節を口ずさむと勝呂はなぜか涙ぐみそうな気分に誘われてくる。特にこの頃、おばはんの手術予備検査を始めてから、彼は屋上にのぼり**海を見つめて**この詩を噛みしめることが多くなった。（四二～四三頁）

このように象徴的に表象された「海」は、それまでのような暗い悲しみの表象ではなく、今や「空想を与え」、理想・夢・愛・ロマンを表象するようになったのだ。同時に平凡で日常的な生の営みをも象徴しているといえる。そればかりか、「海」は明治以来日本の手本として学んできた彼方の西洋・ドイツ（橋本教授の留学先で、白人妻を娶った国でもある）をも想起させる象徴的な表象ともなっている。ここで、「海」は憧れと夢の象徴となり、夢や憧れを想像させ、イメージさせ、また同時にそれらの夢と憧れを包含し、それらはまた「海」に収斂されるのだ。しかも海のイメージの連鎖により、さらに詩的な、甘い雲のイメージが連想され、その詩的イメージが主人公の心を高揚させ、「海」は理想・夢の象徴になってしまうのである。

まさにここで、語り手の文学的、美学的な仕掛けや、象徴の意味を心得た技巧の冴えが読み取れよう。つまりここで、「海」は明と暗の両極端の情緒と思いを矛盾なく象徴・表象し、その互いに相容れない感情を収斂してしまうのだ。語り手にとって象徴としてのイメージ、記号とは、まさにそういった両極端の情緒・感情を余すところなく表象でき、物語を生成できるようなものでなければならなかった。つまりそれは、根源的な象徴の類のイメージでなければならず、必然的に「海」でなければならなかったのだ。例えば、それが「F市」の「山」や「丘」、あるいは「島」や「町」であってはならない。

「海」の象徴性を詩的イメージとして分析したのが、ガストン・バシュラールである。彼は、「海」＝「水」を物質的想像力の四元素の一つであると想定したが、その「水」を根源とする詩的イメージとしてこの「海」を説明するならば、おそらくその象徴性がより的確に理解されよう。

あの種の超詩学（メタ・ポエチック）にとっては、水は、もはや単に、気まぐれな瞑想や一連の夢想にあらわれて瞬時にして散り散りになってしまうイメージ群ではない。水はイメージの支柱であり、やがてイメージの出資者となり、イメージの基礎となる原理になってゆく。かくて水は、深まりゆく瞑想のなかで、徐々に物質的想像力のエレメントになってゆくのである。[529]

実際、『海と毒薬』において「海」というイメージが表象されたのは、単なる暗闇や悲劇からではない。先に言及したように、それはまた夢や憧憬をもたらしたのだ。バシュラールの言葉を借りれば、「海」は悲しみと憧れ、苦しみと楽しみの両方の「支柱」であり、対極の両者の「出資者」であり、「イメージの基礎となる原理」になるのだ。また同時に両者を吸収し、受容し、飲み込むのである。

このように考察してみると、『海と毒薬』の第一章第Ⅱ節において「海」を呈示し、それによって多義性、象徴性を表象したそれ自体は、自ずからこの小説が寓話的・象徴的な小説だということを表明しているのだといえよう。

憧れの象徴として表象された「海」に続いて、「勝呂」は、現実に引き戻される。つまり「米国人捕虜」が運ばれてきたり、権力をめぐる「人事関係や学閥」の動きが繰り広げられたりする。そのようななかで、「おばはん」は柴田助教授の実験のために犠牲になりかねないこと、「田部夫人」の手術は橋本教授の出世のための手段となったこと、そしてすべてが科学の進歩のためだという口実。それらを思い巡らしているうちに、今や「勝呂」にとって、「海」（第Ⅱ節の末尾）はまたもや「ひどく黝ずんでいた」ように見えてくるのだ。それだけではない。「黄いろい埃がまたF市の街からまいのぼり、古綿色の雲や太陽をうす汚くよごしている」（五一頁）のだった。無惨な出来事が徐々に差し迫ってくることが、ここで「海」によって予兆されているのである。

実際、この「ひどく黝ずんでいた」海のイメージに続くストーリーには、「橋本教授」による「田部夫人」の手術死と、「おばはん」の病死が物語られる。それらの生はいずれも「ひどく黝ずんでいた」暗闇に消えてゆくこと（死）が避けられず、「何をしたって同じことやからなあ。みんな死んでいく時代なんや」と勝呂がいったように、「海」がまたそれを表象していた。

そして物語が展開していき、「アメリカの捕虜を生体解剖すること」まで進行していくが、勝呂が助手としてそれに加わるのを承諾した途端、「海」はすでに医学部屋上で眺められたあの夢と憧れの「海」ではなく、「勝呂」の夜の夢までに現れ、恐怖を表象して、悪として押し寄せてくるのである。

> 闇の中で眼をあけていると、**海鳴りの音が遠く聞えてくる**。その**海は黒くうねりながら浜に押し寄せ**、また**黒くうねりながら退いていく**ようだ。（七七頁）
>
> （前略）眠っては眼があき、眼があくとまたうとうとと勝呂は眠った。**夢の中で彼は黒い海に破片のように押し流される**自分の姿を見た。（七八頁）

たしかに、勝呂はその黒い海——人間にはどうしようもない「象徴的な存在」——に押し流され、捕虜の生体解剖に参加したのである。「海」はここで悪と、悪のパワー及び犯罪の象徴となったのだ。「勝呂」はその「悪」の象徴となった「海」、その「黒い海に破片のように押し流され」、仕方なく巻き込まれてしまうのである。「海」は、ここで個々人の運命を押し流すような、巨大な、超人間的、超歴史的なものとして象徴され、人間はその根源的なイメージに包含され、それに服従するしかないものとして表象されたのである。

多様な海

以上、『海と毒薬』の第一章の語りにおける出来事と「海」との関係を巡って考察してきたが、次に第二章「裁かれる人々」をみていく。

まず第二章「裁かれる人々」第Ⅰ節「看護婦」において、語り手が報告するという視点を変えて、今度は「上田ノブ」の「手記」を挿入する形で出来事が展開される。手記は「わたし」という語り手を設定し、告白的な文体をとり、叙述される内容は語り手である「わたし」の「自己物語」の範囲に限定されている。しかもその叙述には、「そうしたくどい経過を書くのは、この手記を長くするだけですから省くことにします」と手記自体について言及するが、それは手記一般の、いわゆる自然に自分の行動を記録するといった語り口と違って、ややもするとやむを得ず告白しているような傾向を示し、その口調は供述録的なものだと言えなくもない。

その第Ⅰ節「看護婦」のストーリーを要約すれば、次のようになる。

「わたし」は二五歳の夏、F市の医大病院で看護婦として働いていたとき、「上田」という患者である満鉄の社員と知り合い、本能的に子供が欲しかったため上田と結婚した。そして上田について「みどり丸」に乗り、「東支那海の黒い海面」（八五頁）を眺めながら、植民地満州まで渡った。最初、満州大連での生活は「満足」していたが、妊娠と死産、そして「女の生理を根こそぎにえぐりとられた」「石女」になったこと、その上、夫が「料亭の女中の所に通っていた」ことなどが重なり、ついに離婚して、三年前と同じ「みどり丸」で日本に戻ってきた。戻って大学病院に勤めた「わたし」は、孤独のあまり犬を飼ったが、それでも「夜なんかふと眼のさめる時、アパートから**海が遠くないので波のざわめきが聞え、闇の中でその海鳴りをじっと耳にしていると、わたしは言いようのない寂しさにおそわれました**」

（九一頁）。そのようななかで、産む能力を失って子供に特別な思いをかける「わたし」は、「橋本部長」とドイツ人の「ヒルダ」の間に生まれた子供を可愛がってやろうと手を差し伸べた瞬間、「触れないで下さい」とヒルダに怒られたことから、本能的に「ヒルダ」を憎むようになる。さらにある日病院で、患者の「前橋」が「自然気胸をおこした」が、「浅井助手」の「どうせ助からん患者だろ。麻酔薬をうって……」と指示された通りに注射しようとしたところ、「ヒルダ」に咎められ、「死ぬことができまっても、殺す権利はだれもありませんよ。神さまがこわくないのですか。あなたは神さまの罰を信じないのですか」と激怒される。それが原因で「わたし」は病院の仕事をやめさせられたが、まもなくまた「浅井助手」に頼まれて、「米国の捕虜を手術する」ため「手伝う看護婦」を承諾し、病院の仕事に復帰した。実際、「わたし」にとって、「日本が勝とうが、負けようが、わたしにはどうでもいいことでした。医学が進歩しようがしまいが、どうでもいいことでした」（一〇四頁）。しかし「わたしはもし、自分があの大連で赤ん坊を生んでいたならば、上田とも別れなかったろうし、自分の人生もこれとはちがったことになっただろう（中略）」（一〇五頁）といったように、「わたし」は自分を一種のどうしようもない運命ともいうべきものに翻弄されているのだという。

これは第Ⅰ節「看護婦」の大まかな荒筋である。手記として挿入されたものなので、小説冒頭の「導入部」と同様、「等質物語世界的語り手」によって、「**自己物語世界**」的なタイプの物語の形で語られている。ただし、「導入部」と同様な語り、視点をとったとはいえ、第一章第Ⅰ節「勝呂」の物語とは違っており、ある意味で、この「看護婦」の手記の挿入によって小説全体の叙述法における美学的、文学的な一貫性が損なわれたのではないか、という誹りが免れない。もし、単なる「生体解剖事件」小説ならば、あるいは物語内容だけを考慮するならば、一貫性のなさと綻びに関してほとんど心配無用であろう。しかし「導入部」に挿入された「スフィンクス」の寓話と象徴的な「海」を想起して、かつ事件小説とは異なる小説であることを合わせて考えるならば、「看護婦」の「手記」が、「勝呂」の語りと、どのような物語の統辞的な関係をなしているのかが理解される。つまり、「看護婦」の「手記」が有機的に小説全体に結びつけられたのは、ほかではなく、まさに象徴として「海」が役割を果たしたのだ。事実、「海」はこの第Ⅰ節「看護婦」において六回も表象されたのである。
たとえば、最初は、「東支那海の黒い海面」が描かれ、「わたし」の結婚生活の象徴的な表象だが、次に、満州から戻ってきてから「わたし」が「寂しさにおそわれ」たが、それもあの象徴としての「波のざわめきが聞え、闇の中でその海鳴りをじっと耳にして」いたからである。さらに、「戦争はだんだん、ひどくなり」、時代、戦争、空襲、悲劇、また「独りぼっちの女のわたし」が巻き込まれていくが、そこで、一個人の存在と運命を象徴して表象されたのも「海」であった。つまり、海は「私」の運命をも決定しているようである。

（前略）夜、眼を覚ました時に聞える**海の音**がこの頃、なんだか、大きくなっていくような気がします。闇の中で耳をすましていると一昨夜よりも昨夜の方が、昨夜よりも今夜の方がその波のざわめきが強く思われます。わたしが戦争というものを感じるのはその時だけでした。あの**太鼓のような暗い音**が少しずつ大きくなり高くなるにつれ、日本も敗け、わたしたちもどこかに引きずりこまれていくかもしれないと思いました。
（前略）どうせ何をしたってあの**暗い海のなかに誰もがひきずりこまれる時代**だという諦めがわたしの心を支配していたのかもしれません。（九七頁）（太字は引用者による。以下同）

ここでいう「暗い海」とは、みんなが「引きずりこまれていくかもしれません」場所か、「誰もがひきずりこまれる」ところである。そして、「海」は「わたし」にとって、単に時代、戦争、悲劇、運命の象徴的な存在のみならず、「海」はまた逆に、人間を救済する神でもあり、あるいは慈悲深く人間を憐れみ、罰する声——「神さまがこわくないのですか。あなたは神さまの罰を信じないのですか」——を象徴しているのである。

最初はおかしかったがそれ（ヒルダの詰問＜引用者による＞）を聞いているうちに面倒臭くなりはじめました。**暗**

い太鼓のような夜の海鳴りの音がわたしの心に拡がってきました。（一〇〇頁）

同じ「太鼓のような海鳴り」だが、人間の不幸を予兆していると同時に、人間を救済する慈悲の神の声を象徴し、さらに神罰までもが「海」によって象徴されている。「海」は多様なことを象徴しているのである。

そして、この第Ⅰ節「看護婦」の末尾で登場してきた「海」は、さらに「米国捕虜生体解剖」の現場が共感覚とも情景の交錯ともいうべき手法によって描かれる。つまり、「米国捕虜生体解剖」という現場を想像して、「うぶ毛のはえた西洋人の女の肌、あれと同じ白人の肌にやがてメスを入れるのだなとわたしは考え」ていた「わたし」は、性的行為の最中で、「浅井さんにだかれながら、わたしは眼をあけて太鼓の音のような暗い海鳴りを聞いて」（一〇五頁）いたのであった。「わたし」の想像において「米国人捕虜生体解剖」の現場の「メスを入れる」ことが「視覚」によって目撃しながら、同時に「聴覚」によって「太鼓の音のような暗い海鳴り」を聞いていたが、しかしそれはまた「浅井さんにだかれ」て、肉体的な「触覚」を知覚させられる瞬間だった。ここで「海」は象徴として、「視覚」「聴覚」「触覚」の諸感覚を共感させ、その多元的、多義的、多様な機能・役割を果たしていることがわかる。

スフィンクスの機能

次に、第二章「裁かれる人々」の第Ⅱ節「医学生」は、もう一つの手記を挿入した形で構成されている。この手記は「戸田」によって書かれたものとなっているが、第Ⅰ節「看護婦」の「わたし」という語り手と同じように、「ぼく」という一人称が設定され、全体の語りはほぼ告白的な文体となっている。叙述内容も第Ⅰ節「看護婦」と同じく「自己物語」の範囲に限定される。しかも手記とはいえ、その語り口は読者のためにわざと書かせられた身上調書か、身上調書の補遺のようなもので、それもまた自己言及の形で、語るべきものとそうでないものにまでコメントしたりして、その告白・供述の行間には、いく箇所読者に対する機嫌取り・弁解の口調も見られ、もはや「手記」とはいえない文体となったところもある。

こんな経験はいくら列記しても仕方があるまい。程度の差こそあれ、これと同じような本質をもった行為はぼくの幼年時代から少年時代をほじくれば幾つでも並べることができるのだ。ぼくはただ、その中から目だったものの一つ、二つ思いだしたにすぎぬ。（一二〇頁）

このような語り口は、自分の体験を書き記すという「手記」を目的とするよりも、読者に読ませようとする動機に基づいた供述・身上調書に近いものだといえよう。さらに、

もう、これ以上、書くのはよそう。断わっておくが、ぼくはこれらの経験を決して今だって苛責を感じて書いているのではないのだ（一二六頁）。

語り手の「戸田」である「ぼく」は、ここでは「手記」それ自体を書くよりも、今や書く範囲だの告白に伴う心情だのにまで言及しているのだ。特定の読者に向かって、「ぼく」は自己弁護しながら供述しているようだが、そういった語り口で語られたのは明らかに「手記」から逸脱しているのであろう。さらに、読み手の共鳴・賛同・対話をも強く求めているかのようで、そういった語り・視点も随所に読み取れる。ある意味において、この「手記」はすでにジャンルを超え、読者のわれわれに直接問いかけをし、対話を仕向けてきたものだともいえる。

こんな少年時代の思い出はぼくだけではあるまい。形こそ変れ、**あなた達**だっておそらく持っているものだろう。だがそれに続く次のような思い出は一体ぼくだけのものなのだろうか。それとも**あなた達**もこれと似た経験を心の

どこかにしまっているのか。（一一六頁）

（前略）ぼくは**あなた達**にもききたい。**あなた達**もやはり、ぼくと同じように一皮むけば、他人の死、他人の苦しみに無感動なのだろうか。多少の悪ならば社会から罰せられない以上はそれほどの後ろめたさ、恥ずかしさもなく今日まで通してきたのだろうか。そしてある日、そんな自分がふしぎだと感じたことがあるだろうか（一二六〜一二七頁）。

このように「手記」は、不特定の読者に向かって「あなた達」と名指してここまで問いかけてくると、「手記」は、もはやわれわれ読み手に向けた「書簡」、あるいは「読者への置手紙」となり、読み手に質問を投げかけ、理解を求めようとした手紙ともいうべきものなのであろう。というのは、「戸田」＝「ぼく」がありのまま記録をするというより、むしろ手紙を読む人に向かって事情の説明、あるいは心情を訴えるという思いが濃厚で、強い意志が現れているからだ。したがって、この「手記」は、ありのままに記録を小説に挿入したという形をとりながら、実際、物語内容において「ぼく」は読者のわれわれに内緒の手紙を読ませて釈明しており、訴えているのだと読み取れる。

実際、この手記において「戸田」は、自分の小学校から医学生までの生い立ち、性格、家庭事情など、さらに「生体解剖事件」にかかわるまでの経緯を語ったのだ。簡単に要約すると、「ぼく」は医者の息子で、「百姓の子」とは違って利口だった。少年時代から大人たちに褒められるコツを身につけていた。大人たちに褒められるために、偽善を行うことをも辞さないが、大人になってから、「他人の眼、社会の罰」に恐れる一方、秘密にさえできるなら、自分の「姦通」行為にすら「罪悪感」を感じないという。しかも、「ぼくは他人の苦痛やその死にたいしても平気なのだ」。そして「ぼくの世話をしてくれた女中」と肉体関係をもち、死なせていたかもしれない危険な方法で、騙して堕胎させ、女中を故郷に帰した。「にも拘わらずそれほど苦痛感は起きてこなかった」という。結局、「ぼく」は「柴田助教授」と「浅

井助手」に向かって、生体解剖に参加するのを承諾するが、同時に、

（これをやった後、俺は心の苛責に悩まされるやろか。自分の犯した殺人に震えおののくやろか。生きた人間を生きたまま殺す。こんな大それた行為を果したあと、俺は生涯くるしむやろか）

（中略）

（この人たちも結局、俺と同じやな。やがて罰せられる日が来ても、彼等の恐怖は世間や社会の罰にたいしてだけだ。自分の良心にたいしてではないのだ）（一二九頁）

というように、世間や社会の罰と、良心の苛責・罪悪感について内心を吐露する。

かくして、「手記」は「ぼく」の生体解剖までの経緯を語るが、それは「手記」とは程遠いもので、むしろ「ぼく」の「他人の苦痛やその死にたいしても平気なのだ」という性格を読者に説明したり、病院で働く職業柄を説明して「医学生としての日常はいつかぼくにあの他人にたいする憐憫や同情の感覚を磨り減らせていったようである」（一二四〜一二五頁）と、われわれ読み手に釈明したりしているような弁解の「書簡」としても読み取れる。

そしてさらに、その説明・釈明として、あるいは読者に訴えねばならぬ意図・目的までも、またもや「手記」として書き留めてある。

それなら、なぜこんな手記を今日、ぼくは書いたのだろう。**不気味**だからだ。他人の眼や社会の罰だけにしか恐れを感ぜず、それが除かれれば恐れも消える自分が**不気味**になってきたからだ。

不気味といえば誇張がある。**ふしぎ**のほうがまだピッタリとする（一二六頁）。

この「手記」・「書簡」を書く理由はほかでもない、まさしく「ふしぎ」（不気味）さによるもので、それもまた、「なぜこんな手記を今日、ぼくは書いたのだろう」かと問えば、つまり「不気味」（ふしぎ）だからであるという。

ところで、ここで、小説全体の統辞的な機能を果たす「導入部」において描かれ、寓話のイメージを想起し、そこから紡ぎだされた、あの「スフィンクス」を思い出さずにはいられないであろう。そしてその「スフィンクス」が寓話・象徴的な記号・イメージにとどまらず、まさにそれが文学的な中核をなしていることを思い起こせば、ここでの「ふしぎ」は自ずと明らかになるはずだ。すなわち、「戸田」の「手記」を書かせた「ふしぎ」は、ほかではない。それはまさしく類語・隣接関係において語りを「スフィンクス」に向かわせ、それに含意された「スフィンクス」の謎——「ふしぎ」に関連付けられたアレゴリーなのである。その「ふしぎ」は「スフィンクス」によって象徴され、「スフィンクス」こそその「ふしぎ」を象徴として表象しているのだ。つまり、テクスト全体、あるいは物語言説の統辞と構造から考えれば、「スフィンクス」という寓意の「ふしぎ」（不気味）さが「戸田」に「手記」・「書簡」を書かせたものであり、テクストにおいて寓意の「ふしぎ」（不気味）さによって生成された行為でもある。あるいは「手記」・「書簡」を書く意図・目的である「ふしぎ」さそれ自体は、永遠に解けない「スフィンクス」の謎に収斂されていくのだ。

そして、さらに「戸田」の「手記」は、物語内容において、単純に「ぼく」の生体解剖までの経緯を語ったように見えるが、しかし「導入部」の「スフィンクス」の「謎」・「ふしぎ」さの寓意を想起して、それを背景に重ねると、「手記」は単なる犯罪者の告白・身上調書の補遺としては読み取れなくなる。そして、「スフィンクス」の寓意という文学的、美学的な機能が介在することによって、「戸田」の「手記」は多様な問いかけが可能となり、人間の自己矛盾が表象され、「罪悪」ですら「ふしぎ」に含意され、従属されるものとなってしまうのだ。したがって、「戸田」の「生体解剖事件」への参加は、この「ふしぎ」さ——「スフィンクス」の謎によって生成され、それに問いかけられ、またその「ふしぎ」さに収斂されるのである。言い換えれば、「スフィンクス」の寓意の文学的なカタルシス作用によって、その悲劇が倫理・道徳・宗教的な価値判断を超越したものとして読み手に受け止められ、多様な問いかけが可能になる。

もちろん、ここでの「スフィンクス」の表象は、象徴としての「海」ほど超越的、根源的なものではない。にもかかわらず、すくなくともこの「スフィンクス」の寓意・寓話は、「字義通りの意味ひとつだけということはありえず、およそある陳述が有効である場合には、それはもうひとつ超越的な意味を、即ち字義通りのレヴェルの向うにもうひとつ象徴的な剰余の部分をも孕まねばならないのだ」[530]と理解され、解釈されることができるのであろう。

リアリティーとアイロニー

かくして『海と毒薬の生体解剖という物語のクライマックスを迎えていくが、第二章「裁かれる人々」の第Ⅲ節「午後三時」に至るまで、主要登場人物である「勝呂」、「戸田」、「上田」にまつわる物語言説は、いずれも「導入部」の「スフィンクス」の寓意と、「海」の象徴に従属していることがわかる。しかも、その現実に起きた悲劇的物語言説が、寓意と象徴を経由することにより、あるいはその媒介によって物語性がより高められ、フィクション化され、多義化されるが、しかしそのリアリティーが損なわれることはなかった。むしろ限りなくルポルタージュに近づき、その一方で、実証し難いイメージとなる寓意・象徴との拮抗によって物語自体が神秘化されているとも考えられる。

第Ⅲ節「午後三時」の語りにおける語り手と視点は、それまでの語りとは違って、主要登場人物たちのどの人物をも媒介としない。むしろ小説の第一章第Ⅰ節、いわゆるあのエクリチュールにおける起源を失った語り手[531]に戻ったのである。

この「午後三時」の節において、二月二十五日午後三時から始まる米国人捕虜生体解剖の過程がリアルに報告されるが、そこで「勝呂」の心情に関するモノローグ（括弧に括られた叙述）を除き、全体はほぼルポルタージュに近い形で語られ、物語内容から見ても、臨場感が味わえるリアルな描写となっている。例えば、生体解剖に参与した手術医側の緊張と、傍観していた軍関係者や将校たちの「大声で談笑していた」光景が対照的に語られ、「いざとなれば本日の捕虜の生肝でも食べて頂きます」（中略）「実際チャンコロを解剖してその肝を試食した連中がいたらしい」といった具合に、進行中の生体解剖事件が食楽とコントラストをなしている。この情景描写は否応なく読者の生存本能や感情とは齟齬をきたすように描かれ、読者の神経はますます尖らされる。また、捕虜に「エーテル麻酔」をかけることを命じられた「勝呂」が躊躇してできなかった光景が読者の心を捉える。結局、「勝呂」のできなかった「麻酔」は、「戸田」がその代りにかける。そして誘われても手術台に近寄らない「勝呂」に向かって「戸田」は、「今、ここまで来た以上、もうお前は半分は通りすぎたんやで」（中略）「俺たちと同じ運命をや」（中略）「もう、どうしようも、ない……わ」と責めたりする。この現場のリアルな描写に読者は手に汗を握ってしまうのであろう。

しかし、物語言説から見れば、第Ⅲ節「午後三時」の最後のプロットである「大部屋」の語りは、語り手によって例外的に挿入された特殊な場面だとも読み取れる。つまり、手術室の場面から近くの「大部屋」にいる「阿部ミツ」という患者に移されるのだ。「阿部ミツ」が「隣の施療ベッドに横になっている老人のため本を読んでやっていた」り、「勝呂先生」が来ないかな、と患者同士がともに医者の来るのを期待したりしている情景が、ここで描かれる。そして、とりたてて「阿部ミツ」が「老人」のために読んであげた本はほかでもなく、「善悪の報いは影の形に随うが如し」といったような、まさに生体解剖に対して説法するかのような勧善懲悪ともいうべき、仏教の説教物であった。仏教の説法が読まれているその近くの手術室で、捕虜の生体解剖という罪が犯されており、このプロットの挿入は、いみじくも仏教的な倫理による正邪善悪のみごとな対比的な設定となっている。そして「いつまで、この戦争は続くことじゃろうか」、「いつ終るじゃろうかなあ」と「阿部ミツ」による独り言のような、呟きも興味深い。この情景描写の設定によって善悪拮抗の象徴的なイメージが表象され、奇しくも強者である悪と、弱者である善というシニカルな構図が張り巡らされたのだ。

ここでの拮抗・対立的なプロットの隣接的な設定は、現実にもあり得る風景で、そのリアルな光景が奇しくもアイロニー的なイメージとなっているのだ。ここにも、作者の「卓越した技巧」[532]が見られよう。

リアルな臨場感

第三章「夜のあけるまで」は、小説全体のクライマックスとなる第Ⅰ節と、エピローグになる第Ⅱ節に分けて語られる。それもさらに全部で十一のプロット（第Ⅰ節が三つ、第Ⅱ節が八つのプロット）に分けられる。そして視点と語り手がこの二節において「勝呂」、「戸田」、「上田」三人交互に移りかわり、語り手と視点人物が変わるごとに、意識的に新たなプロットから語り始まる。同じ生体解剖事件のストーリーにおいて、語りは三人の視点を取り入れ、それぞれの視点で観察し、物語る。例えば、第Ⅰ節の一番目のプロットにおいて「戸田」が視点人物として用いられ、ストーリーはまず「午後三時、白い手術着を着こんで顔の半ばをマスクで覆ったおやじと柴田助教授が、将校たちにとり囲まれながら姿をあらわした」というように、「戸田」の目撃した光景から描かれ、そして「勝呂」、「おやじ」、「浅井助手」、「中尉」、「将校」、「軍医」らのそれぞれの現場での様子が語られる。また「大場看護婦長だけが無表情な顔でマーキュロ・クロームを手術台に横たわった捕虜の軀にぬりつづけている」様子が「戸田」の視点を通じて観察される。それと同時に、「戸田は今はじめてのようにこの捕虜が白人であったこと、日本軍に捕えられた米国の兵士であったことを、今はじめて、その金色のうぶ毛のはえた白い広い腹を見ながら考えていた」と、「戸田」の内心で考えていたことまでも報告される。しかし、事実、この一番目のプロット全体において、登場人物の「戸田」だけが「考えて」・「気がして」・「心の中でそう呟いた」というようなモノローグが許され、周囲をくまなく観察できる視点人物として設けて描かれている。そして、その生体解剖現場の緊張感はリアルに再現され、読者がまるでその現場をこの目で鮮明に目撃したかのようだが、実は、その現場には「戸田」とともに、もう一人の語り手が見え隠れしていたのだ。それは、「遠藤周作」という作家によって直接語られたのではない。また例の「遠藤周作」という作家の代わりに語る語り手であった「釘の問屋」の「私」でもない。さらに「勝呂」によって報告されたものでもない。ここで、またもやあのエクリチュールの起源を失った語り手が登場したのだ。その生体解剖の現場の臨場感・緊迫感は、いつの間にかこの語りの視点人物である「戸田」を通じて描き出されるが、しかし、われわれ読者は、この一番目のプロットにおいて実際、始終「戸らせているのである。

れていくが、それはまさに括弧に括られた描写を通して、遠い過去の戦争中の生体解剖の現場をまざまざと浮かびあが

例えば、生体解剖の最中、「新島」が八ミリ撮影機で現場を取る場面がある。「戸田」の心の動きは次のように描出さ

は、丸括弧（…）をもって描かれているのだ。それも作者の文体や技巧上の工夫によるものの表われであろう。

の心の動きや内面のモノローグ必要まで設けられたが、それは、文体の形式上、登場人物の内心のモノローグの記述に

田」による現場の報告を傾聴させせられるのだ。しかもリアルな現場の雰囲気を描出するのに、現場を目撃した「戸田」

（新島の奴、どんな気で撮しているんやろ）と彼は考えた。（あの音、どこかで聴いたことがあったな。そや。あれは蝉の声や。浪速高校のころ、大津の従姉の家に遊びにいった時、聴いた蝉の声や。いや、なぜ、俺はこんな時、こんなアホくさいことを考えとるんやろ）（一四六頁）

われわれ読者は、「戸田」の内面のモノローグを聞きながら、「戸田」と共に現場を凝視し、その現場の雰囲気を感じ、「戸田」の視点を通じて手術の光景をありありと見てしまうのである。

その隣のチョビ髭の中尉の顔は汗と脂とで光り、口を馬鹿のようにポカンとあいていた。彼は前に立っている太った軍医の頭の上に伸びあがるように顔をだし、しきりに唇をなめながら眼の前にくり展げられている光景を一つでも見逃すまいとしている。

（馬鹿な奴等や）戸田は心の中でそう呟いた。（ほんまに馬鹿な奴等や）だが彼等がなぜ馬鹿なのか、そういう自分は一体どうなのか、戸田は考えようとしなかった。考えるのも面倒臭かった。（一四六頁）

臨場感と緊迫感は、まさにこういった現場の光景の描写と、目撃者の心の動きとの交互の描出によって醸し出され、成就されるのだ。小説にとってもともと副次的な人物であったはずの「戸田」が、生体解剖現場の再現において重要な役目を果たしているのである。

しかし、次のプロットでは語り手が「戸田」から「勝呂」に移る。今度は「勝呂」の視点を通じて観察される。生体解剖の現場には、ただ「勝呂」一人だけが手術台から離れて壁に靠《もた》れていた。生体解剖手術全体は静かに行なわれていたが、その進捗状況は「メス」、「ガーゼ」、「メス」というような指示や、血圧計を読む「三〇……二十五……二十……十五……十……終りです」というようなきわめて短い言葉によって伝えられる。しかし、より多くの情報と光景は「勝呂」の観察と内心のモノローグによって呈示されるのである。しかもそのモノローグも丸括弧（…）をもって括られる。

（この次は切除剪ば使うて肋骨を切りとる時じゃ）

医学生の勝呂には、助教授の声だけで、おやじが捕虜の体のどこを切っているか、これから何を行うのかはっきり想像することができた。

勝呂は眼をつむった。眼をつむって、自分が今、立ち会っているのは捕虜の生体を解剖している現実ではなく、本当の患者を手術するいつもの場面なのだ、そう思いこもうとした。

（患者は助かるばい。もうちとすりゃ、カンフルばうって新しか血液を補給してやるとやろ）彼は無理矢理に心の中で想像してみた。（ほら大場看護婦長の跫音のきこえるが。あれあ患者に酸素吸入器ばかけてやるとじゃ）だが、その時、骨の砕けるにぶい音と、その骨が手術皿に落ちる高い音とが手術室の壁に反響した。エーテルが途切れたのであろう、突然、捕虜がひくい暗い呻き声をあげた。

（助かるばい。助かるばい）

勝呂の胸の鼓動も心の呟きも速度をました。（助かるばい。助かるばい）（一四八頁）

そして、生体解剖が終わる雰囲気や、参与した軍人たちの目が充血した表情や、また彼らの「情慾の営みを果したあとのあの血走った、脂と汗との浮いた顔」や、また「大場看護婦長」と「上田看護婦」が二人で白い布で覆った死体を担架車で運び出すなどの光景は、いずれも「勝呂」の眼で観察されて報告される。情景・状況描写と内心のモノローグは交互に語られているが、その心の動きとモノローグによって、読者はまるで「勝呂」と一緒に現場にいたかのように、生体解剖の現場から一時も目が離せない。そしてさらに、事件に対する「勝呂」の態度も、彼の心中の後悔や善悪の価値判断、ないし今後の決意までもモノローグをもって呈示される。

殺した、殺した、殺した、殺した……耳もとでだれかの声がリズムをとりながら繰りかえしている。(俺あ、なにもしない)勝呂はその声を懸命に消そうとする。(俺あ、なにもしない)だがこの説得も心の中で撥ねかえり、小さな渦をまき、消えていった。(なるほど、お前はなにもしなかったとさ。おばはんが死ぬ時も、今度もなにもしなかった。だがお前はいつも、そこにいたのじゃ。そこにいてなにもしなかったのじゃ)階段をおりる自分の靴音を聞きながら彼は二時間前、あの米兵がなにも知らず、ここをのぼってきたのだなと思った。(一五二頁)

(中略)

(俺あ、もう研究室をやめよう)

勝呂は心の中で、呟いた。(お前は自分の人生をメチャにしてしもうた)だがその呟きは自分にたいして向けられているのか、だれにたいして言ってよいのか、彼にはわからなかった。(一五四頁)

傍観者としての「勝呂」は解剖の現場を見ながら、心中にさまざまな思いを巡らす。それが解剖にかかわった「戸田」とは違って、心の中では逃避と自己呵責の念に襲われ、関与した他の人々とは一定の距離をおいている。そして、小説全体からみると、程度の差こそあれ、生体解剖に対して真の自省の意識がある人物とは、「勝呂」にほかならない。

海とスフィンクスの反復

しかし、第Ⅱ節の一～三番目までのプロットでは視点がまた「戸田」に移される。「戸田」は今度、解剖手術のエピローグの光景を報告する視点人物となる。医学に携わる「職人」ゆえか、生体解剖のあと、彼にとって現場が「一人の人間をたった今、殺してきた痕跡はどこにもなかった」（一五六頁）ようにみえる。その様子が解剖完了後、手術室にいく前後の「戸田」の視点とモノローグによって映し出され、その内心が露わにされる。

（俺の顔かて同じやろ）と戸田はくるしく考えた。（変ったことはないんや。どや、俺の心はこんなに平気やし、ながい間、求めてきたあの良心の痛みも罪の呵責も一向に起ってこやへん。一つの命を奪ったという恐怖さえ感じられん。なぜや。なぜ俺の心はこんなに無感動なんや）（一五六頁）

（前略）赤黒い血の痕がついている。それを見ても戸田の心には今更、特別な心の疼きは起きてこない。

（俺には良心がないのだろうか。俺だけではなくほかの連中もみな、このように自分の犯した行為に無感動なのだろうか）（一六〇頁）

この「平気」さは、「戸田」にして「田中軍医の注文」通り「捕虜の肝臓」を届けさせ、それがまた事件の関与者として「一心同体」となって「共犯者意識」を保障し、大学に「副手」として残る相談までも持ち込まれる。「戸田」の視点を通じて人間の善悪の葛藤が具象化された一方、巨視的には、「戸田」は決して「悪」の下手として自認しているのではない。むしろ近代という巨大なシステム・イデオロギー的な装置の中で、かつ責務を果す一職人に過ぎないのである。

四番目のプロットにおける視点は、また「勝呂」に移り変わる。このプロットは、あたかも「戸田」を視点人物とした三番目のプロットとはコントラストをなすように構成されている。つまり、「戸田」が手術室をもう一度確認しにいったのに対し、「勝呂」は、一日中忘れ去られた「大部屋」の患者を見に行くことにする。その「勝呂」の次のようなモノローグは「戸田」とは対照的である。

だが大部屋の戸口にたち、暗い翳の中にほの白く浮んでいる、三列のベッドから一斉に患者たちの視線をうけた時、勝呂の足は怯んだ。眼を伏せながら彼は真直にベッドとベッドの間を通り抜けた。（俺はもう、この患者たちを見ることはできん）と彼は心の中で呻いた。（この人たちは、なにも知らんのだ）（一六一頁）

そして五、六番目のプロットでは、視点人物が「上田ノブ看護婦」に移る。解剖後の後片付けにとりかかった「上田」と看護婦長の「大場」が、一緒に担架車で死体を地下室の死体置場へ運ぶが、その光景が克明に報告され、その間に交わした二人の会話と、その後の状況描写は、「上田」の内心のモノローグと交互に呈示される。小説の冒頭に登場した語り手の「私」と「勝呂」はここで遠ざけられ、「上田」の心の中で呟くモノローグによって解剖事件がよりリアルに鮮明に浮かびあがってくる。

そして七番目のプロットになると、視点はまた「戸田」に移り、「勝呂」との会話が呈示される。二人の事件に対する見方がまったく違っていた。すなわち、「あの捕虜のおかげで何千人の結核患者の治療法がわかるとすれば、あれは殺したんやないぜ。生かしたんや。人間の良心なんて、考えよう一つで、どうにも変るもんやわ」（一七〇頁）という「戸田」の見方と、「でも俺たち、いつか罰をうけるやろ」、「え、そやないか。罰をうけても当たり前やけんど」（一七一頁）という「勝呂」の見方は、真っ向から対立しているように描かれる。ここには、近代の合理主義・科学主義に基づいた医学の価値観による弁解と、近代以前か、道徳的な要素である「罪」と「罰」に対する畏れとの対峙が見られなくもない。しかし、いずれの考え方も、やがて二人が眺めた「海」によって収斂されていくのだ。というのは、「捕虜のおかげで何千人の結核患者の治療法がわかる」と言い張る「戸田」の眼を通して眺められた「海」は、本人の考え方よりは、さらに異なった意味を表象していたことがわかる。

だが戸田は勝呂がそこだけ白く光っている海をじっと見詰めているのに気がついた。黒い波が押しよせては引く暗い音が、砂のようにもの憂く響いている。（一六九～一七〇頁）

ここでも一つのコントラストが設定され、対立が強調される。つまり、「勝呂」に見詰められていた「海」は白く光っているようだが、「戸田」には「海」は「暗い音が、砂のようにもの憂く響いている」のだ。

小説の最後のプロットでは、視点が「勝呂」にもどり、「勝呂」が「闇の中に白く光っている海を見つめた」光景と、内心のモノローグとの交互の描出によって物語が終る。

勝呂は一人、屋上に残って闇の中に白く光っている海を見つめた。

（羊の雲の過ぎるとき）（羊の雲の過ぎるとき）

彼は無理矢理にその詩を呟こうとした。

（蒸気の雲が飛ぶ毎に）（蒸気の雲が飛ぶ毎に）

だが彼にはそれができなかった。口の中は乾いていた。

（空よ。お前の散らすのは、白い、しいろい、綿の列）

勝呂にはできなかった。できなかった……。（一七一～一七二頁）

勝呂の見つめるこの「海」は、まさしく小説の第一章「海と毒薬」の第Ⅰ節における「勝呂」がかつて眺めていたあの「海」であり、かつまた全小説にわたって表出された諸々の「海」を想起させるイメージでもある。しかも、「勝呂」の呟いた「詩」は、小説第一章第Ⅱ節に表示された「羊の雲の過ぎるとき／蒸気の雲が飛ぶ毎に」という「詩」の反復でもある。

しかし、こういったきわめて技巧的な配置と構造的な設定により、また小説の末尾に反復して表象してくる「海」と「詩」によって、物語がいみじくも終了の時点から始原に回帰し、終結から開始へと循環するようになっているのだ。一般的には、小説の終わりには物語の幕が下ろされるのだが、『海と毒薬』は始まりへ回帰するよう示唆され、終わりが始まりとなっている。それを結びつけたのが「海」である。

小説の第三章「夜のあけるまで」においては、まさに複数の人物の視点を通して、それぞれの語り手と視点となった人物が同一の事件に関与し、それぞれ内心のモノローグを通して解剖手術の現場をリアルに再現したのである。臨場感・緊迫感は、このようにして生み出されたが、ときに、ルポルタージュやドキュメンタリーよりも迫真性を帯びることもある。そして、小説の終了時、イメージ（「海」・「詩」）が、まるで寄せては返す波のように、冒頭へ送り返される。まさにこういった「海」のイメージが重なったところで、小説『海と毒薬』は物語それ自体を完結するのである。いわば、その開始と終了との循環によって、自律した世界、あるいは「ウロボロス」の蛇の世界が形成され、自分の尾を嚙んで円形をなす蛇のように、終末が発端に還ったことによって、自立・自律した小説の世界がここで完結したのだ。

一方、われわれ読者は必然的に、さらにもう一つのイメージを思い起こさざるを得ない。それはつまり、作者・「私」と「勝呂」が共に見つめていた、あの「スフィンクス」のことだ。

実際、「スフィンクス」は、一つの寓意・寓話で、それはまた象徴でもある。「スフィンクス」が「導入部」において設定されたことによって、『海と毒薬』の意味論的・倫理的に解釈の幅が拡められただけでなく、われわれ読者はその寓話・寓意性を喚起し、それによって連想された物語全体は、統辞的な意味が与えられたことが知覚されよう。たとえそれが作者の「私」や「勝呂」を通して呈示されたイメージだったとしてもだ。

したがって、謎・不思議としての寓話・寓意、または象徴でもある「スフィンクス」や「海」が象徴として表象された以上、小説において語られた惨事や、それに関与した人物（たとえ神に加護された人にせよ、悪魔に呪われた人にせよ）は、いずれも「スフィンクス」と「海」に帰するように示唆され、そこに収斂され、かつまたそこから生成されて、理解されるようになっている。『海と毒薬』は、まさしく「スフィンクス」の寓意と「海」の象徴の構造的な設定・配置・挿入によって、そういった自律したフィクションの世界として成立したのだ。しかし、逆に、もし、それらが小説から削除され、あるいは他の記号によって置き換えられていたならば、おそらく生体解剖事件は戦争中の一歴史的事件として読まれ、単なる一戦争の犯罪行為として断裁されるように解読・解釈されていたであろう。

スフィンクスと海の意味

ここで、肝心の「スフィンクス」と「海」について、もう少し説明を加える必要があろう。

まず「スフィンクス」についてだが、歴史上二通りの伝承がある。それは、ギリシア神話によって伝えられてきた寓話と、古代エジプトの神の象徴の伝統である。その寓話と象徴は互いに絡み合いながら継承されてきた。古代ギリシア神話では、体はライオンで、女性の頭部と乳房をもつ有翼の怪獣である。テーベ近郊の岩山に住み、通りがかりの旅人に「朝には四本足、昼には二本足、そして夜には三本足となるものはなにか?」という謎を問いかけ、答えられない人は殺されてしまうという。その謎に対して、英雄オイディプスは「それは人間である。赤ん坊は四本足で這い回り、成人すれば二本足で歩き、老人になれば杖をつくから」と正解をいうと、面目を失ったスフィンクスは、山に身を投じたという。これを喜んだテーベ人は、オイディプスを王にしたという。[533]

しかし、周知のように、「スフィンクス」の謎を解いた英雄オイディプスは、正解して王になったものの、最後は結局、悲劇的な結末を迎えたのだ。言い換えれば、ギリシア神話に基づく「スフィンクス」の寓意とは、謎かけが解けなかったら殺されてしまうが、解けても結果的に悲劇を迎えるということである。つまり、人間の運命は所詮、悲劇なのだという意味がこの寓話によって暗示されているのだ。この寓話の多義性は「人生の謎」、人間の「知恵」、「肉欲」、または「知性と肉体」、「精神と物質」などを統合した象徴とみなされ、スフィンクスは「悪魔的存在」としても見られてきたのである。[534]

一方、古代エジプトにおける「スフィンクス」は、体がライオン、頭部がほかの動物あるいは人間であり、しばしば王に似せてつくられた。実際、エジプトで有名なスフィンクスはカイロ郊外ギーザの丘のピラミッド群とならび、王を獅身として表現し、ピラミッドを守護している。古代エジプトで「スフィンクス」は「力」、「警戒」、「王の庇護」の象徴であり[535]、「太陽神アツムの人間の形」であり、「王」そのものでもある。しかし、それはギリシア神話のように、人間に問いかけたり、悲劇的な運命に結びつくような寓意・意味とはほど遠い存在である。「スフィンクスは、古くから東洋芸術に現われ、一種の精霊として（おそらくは、人間、ことに死者の霊魂の変形か）禍いを避ける呪《まじな》いに用いられ、多く陵墓や石碑などにつけられた。エジプトで寺院などの前に置かれて（中略）多くはよい守護霊と考えられていたようである」[536]。

いずれにせよ、「スフィンクス」という寓話・象徴は、現代においては「始原的な思考」、あるいは「根源的な役割」を果たす「認識の自律様式と看做されるシンボル」[537]・寓話である。

したがって、現代の文学作品において扱われるとき、両者の意味が含まれているであろうことは充分考えられるが、とりわけ『海と毒薬』では寓話・象徴として、多義性を発揮させるように、両者を意識していたのではないかと見て取れる。「スフィンクス」が作品の中で複雑に絡みあったプロットとして、われわれ読者に謎をかけたのだが、単なる「謎」や「不思議」「悲劇」を意味しているだけではない。そこには「神」の気配があり、守護すべき「王」の姿をも意味しているのだ。従って、それを小説の「構造」として考えると、主人公たちの犯罪行為ですら、多義的、多元的、多様な意味がそこに含意され、多様な解釈が生成されるように、その役割を果たしていると考えられよう。もし、この構造的な設定を軽視して、単一な倫理・道徳観・宗教観・価値観・イデオロギーのもとで解釈しようとするならば、皮相な読みに陥り、「スフィンクス」の「触媒」として設置された意味が充分に読みとれないことになろう。つまり、「スフィンクス」とは、多くの解釈の可能性、多義性が発見できるように設定された装置である。

次に、象徴としての「海」についてだが、以上の作品分析からもわかるように、遠藤周作にとっての「海」は、明治時代から「詩的狂気の想像力」のもとで眺望される広大無限な崇高なものとして感情を昂揚させる海ではなかった。また、自然としての海、あるいは憂愁と感傷、熱狂と崇拝、恐怖と怪奇、憎悪と愛……それらすべてを抱擁してくれる、いわゆるロマン主義の「母なる海」ではなかった。はたまた漱石によって描かれたような、猫に嘲笑され、揶揄された西洋文明の象徴としての海でもなかった。

戦後文学において、海を含め自然風景が方法化されていくなかで、遠藤周作はそれを知りつつ、海を装飾として描いていない。遠藤周作は、海の深遠なる意味を知っていながらも距離をおき、海のイメージの起源的かつ超越的、根源的また象徴的だということを知りながら、それに没入せず、包まれず、あるいはその中に陶酔しない。それらを知りつつも故意に、海を日常的な象徴記号として運用し、小説のなかで一装置として制御し、操作しているのだ。もともと謳歌され、賛美されていた偉大な海洋は、遠藤周作の手によって変容させられ、技巧あるいは装置として操作されるような象徴記号になったのだ。象徴としてまた装置としての海、それが『海と毒薬』における海の果たした役割であろう。

しかし、『海と毒薬』は、方法論的に装置としての海を呈示しながらも、神話的、古典的な象徴性の意味を閉ざしているとはいえない。小説における悲劇の進行と各人物の内面の動きに従って、あるいは予兆して淡々と描かれた海の風景は、同時にまた正と不正、善と悪、確信と迷い、神（一神）と神々の役割、生成と消滅、光と闇などを示唆し、読者は誰もがその海において多様な問いかけが投げかけられていることが知覚される。従って、もし『海と毒薬』における「装置としての海」を最大限に象徴として理解しようとすれば、象徴研究の大家マンフレート・ルルカーの象徴の意味作用を受け止めることで、その理解に一助になるかもしれない。

（前略）すべての象徴概念は存在の両極端、すなわち生成と消滅、光と闇、善と悪の周りで明確な形をとる。象徴において、われわれの時間と空間に縛られた世界や、われわれ自身の生の二極構造が明らかになる。また一方、象徴において、両極端が再び結びつく。その固有の価値と、合理と不合理の間の仲介者の役割故に、象徴は将来においても生の意味を解明する「人間的実存の鍵」（中略・引用者）となるだろう。宗教的・世界観的な、また芸術的な領域において、象徴は、存在の全体性や包括的で完全な世界の使者となりうる。[538]

ここで、象徴は普遍的・存在論的なものの解明の鍵として意味づけられているが、そこで重要なのは、象徴が私たちにとって世界認識の「仲介者」としての役割を担っているということであろう。実際、『海と毒薬』における「海」は認識の「仲介者」として機能しており、はからずもそれらが、あの惨劇という限定された時間と空間を超越させるような役割を果たしていたのである。換言すれば、『海と毒薬』の海は、その「仲介者」として多様な問いかけと意味の発見ができるように仕組まれ、人間としての有り様、普遍的な意味を問いかけるように布置されたものなのだ。戦争、殺人、恐怖、憤怒、人倫の崩壊、裁判の経緯などは、歴史資料や新聞記事と裁判記録を読んで確認すればいい。しかし、『海と毒薬』は、海とスフィンクスと共に、ただ事件を記録して再現しようとしたものではない。それは読者を実際の現実から遠ざけるようにして、なおかつ息が詰まるほどリアルな歴史の現場に連れ戻して、「惑わせる」ような詩的言説であり、認識の「仲介者」として多様な意味を発見させ、喚起させる文学的な装置なのだ。

ところで、タイトル『海と毒薬』の「毒薬」については、小説の誕生から今まで、実に多くの研究によって言及されてきた。しかし、「毒薬」に対していかなる解釈を加えようと、その解釈的・記号的な意味が、もはや「海」と「スフィンクス」の象徴と寓意に内包され、収斂されてしまうことが想定されよう。そして、「毒薬」は比喩として解毒作用のある薬とか、「エーテル麻酔」薬とか、あるいは「海水」とか、さらに「罪」の比喩として解釈しても、事件や小説の一部分の意味しか表象できない。したがって、むしろ遠藤周作の言語的・文学的な背景を考慮して、シンプルに考えた方がよいのではないか。つまり、きわめて単純に作者の熟知するフランス語の「poison」（毒薬）という言葉の意味には、比喩としてフランス語で「困った人間」、「困った事」という意味があり、それが日常的に使われていることだ。すなわち『海と毒薬』というタイトルは、「薬」や「海水」などの意味もあるが、加えてそれは「海と困った人間」を表象し、フランス語において一般的に用いられる比喩の意味として理解すべきであろう（というのも、実際「毒」は排除すべきだが、「困った人」なら、誰もがいつも行儀のいい子供ではなく、一回は「困った人」になって失敗を味わった経験はある。そして、人間はいつの時代でもそういう「困った人」と共存して生きなければならないのだ。文学作品は政治や道徳・倫理の解説書ではない。実際、『海と毒薬』小説が発表される当初、その事件についての法廷判決後、多くが釈放されて現に社会にとけこんで暮らしていたからである）。

結び

本書の冒頭では、「想像力を羽ばたかせて海に思いを馳せること、しいては瞑想すること、ある意味では、それが人間の自然な欲動かもしれない。しかし、ロマン派詩人たちにとって、それは人間自身の主観的な世界と、地球規模の客観的な世界の限界やまたは無限さを結び付けようとした憧憬か郷愁のことだった。あるいは、自分の限界を超え、時空の限界を超えて無限につながろうとする深い願望のようなものだったのであろう」と言った。

予定した範囲内で、文学理論や作品に表示されてきた詩的狂気の想像力と、海に表象されてきた憧憬、郷愁、願い、夢などを系譜学的に考察し終えた今、ひるがえってみると、これは、とうてい一人でまとめて結論をつける作業ではない、ということをしみじみと知覚させられた。事実、これは文学観や文学史などに深く関わる問題群で、今後多くの文学研究者の参与によってさらに推進せねばならない一大詩学的なプロジェクトである。というのも、詩的狂気の想像力と海の系譜の受容と変容と展開をさらに明らかにし、それが人間にとってどれほど欠かすことのできない思考様式や心的状況かを解明せねばならないからである。またさらに「空の系譜」や「雲の系譜」、「山の系譜」や「森の系譜」、また「大地の系譜」や「太陽、月、星の系譜」などを考察し、それらがどのように象徴として起源をもち、伝播され、受容されて、変容していったのかをも併せて考察する必要があろう。そして、最終的には、とりわけ詩的狂気というわれわれ自身の内面世界にある美的感受性や文学観それ自体に接近せねばならない。したがって、本書の考察してきた段階において、結論らしきものを導き出してまとめることは時期尚早である。というよりも、この本全体の作業は微力でありながら、むしろささやかな「序説」か「始まり」の役割を果たし、そのように見做した方が適切かもしれない。

本書では、詩的想像力と作品の探求と実践の足跡を辿って、いわゆるプラトンから近現代までの合理主義と相反する伝統、あるいは異なる文学観——詩的狂気の想像力——の系譜を西洋から東洋まで跡付けてきた。そこで、詩的狂気の想像力によって、かつて恐怖だった海あるいは神秘的かつ広大無限な虚無でもあった海洋が、内面化されてきた経緯を明らかにすることに努めてきた。そのなかで主として、海において人間がどのように自身の内面世界を発見し、それを自分の心象風景とし、またスペクタクルとして表象し、形成してきたのか、その重要だと考えられる始まりや発端、あるいは先駆者や先覚者たちの作品のみを取り上げて考察し、検証してきた。

そこで、総じて言えば、海にまつわる詩的な言説からどれ一つ取り上げても、詩・文学それ自体だけに限定して語れるものではない。文学が海に関わりさえすれば、いずれも「生命そのものの母体」に深くかかわったことが示唆され、海と文学とは、両者がまさしく「生」の隠喩、寓意、または象徴そのものとなり、両者の結合点において「生」の根源的なものが顕現され、「生」そのものとして看做さなければならなくなる。したがって、海を探求する文学とは、つまるところ、文学それ自体の探求でもあるのだ。

一方、文学それ自体は、その誕生時から事実と虚構、現実と神秘の間に彷徨い、幻惑的でありながら真実を人々にほのめかし、恐怖を与えながら楽しませ、死の世界を見せながらも生気溢れる躍動を呈してきた。文学におけるそれらの特性はまさしく海それ自体として捕捉され象徴することができる。したがって、文学は海においてこそまた活力溢れるのである。

なお、本書で扱った文学における「詩的狂気の想像力」という伝統は、また海においてこそ生き生きとし、海においてこそその本来の力が試されるのである。それゆえか、「詩的狂気の想像力」によって可視的な海や風景が表象されながらも、背後にある未知の世界が暗示され、それを知覚させられるが、その特異な創造的想像力と洞察力によって表象された世界は、奇しくも現在、もはや自然科学の最先端のほうで擁護されるようになってきているのだ。いわば、現代までわれわれが確信してきた常識、あるいは確実に実証できるような現実の世界が揺るがされつつあり、とりわけ、詩人たちの霊感や創造的想像力によって示唆された背後の世界は、真実により近いものだということが、多くの自然科学者によって認知され、それはからずも、急速に進んでいる現代の自然科学が明らかにされてきた結果によって示唆されているのである。

しかし、そうかといって、ここで文学研究・批評における初歩的、実証的な作法や方法論の積極的な意味を否定しているのではない。というよりも素朴なリアリズムや実証主義、あるいは事実や資料のみを追求し、それにとどまった文学研究・批評の手枷と硬直した状態からより自由な研究・批評ができるようなことを望みたいものだ。そして、詩人と作家たちの天分・天才を言祝ぎ、より自由な創造的想像力の可能性に期待を寄せ、インスピレーション・狂気的な想像力の文学と、リアリズム的な文学との対話を促し、その両者の対話と研究・批評によってより豊かな省察が有する作品の誕生を願いたい。

たしかに、文学には社会的、政治的、イデオロギー的、または歴史的、現実的、さらに心理学的、教育学的ないし経済学的など様ざまな役割や効用がある。しかし、文学にはもっと本来の、神話時代から人間に与えてきた役割——実用というよりも精神的な慰藉、現実よりも夢、偏狭的な見解よりも寛容とバランス、保守と陋習よりも創造的な想像力を与えてきた役割と効用があったはずだ。そういった詩的狂気の想像力や洞察力は、いまや実利主義や合理主義が蔓延る昨今の教育の現場において実利的、機械的な思考によってとって変わりつつある。

ジョン・スチュアート・ミル（一八〇六—一八七四）は、文学の役割と効用を称えて、文学には魂の高揚と平静、人生には真剣さと瞑想的な感情を与えてくれるパワーがあり、良い作品を多く読むように学生に勧めていた。

（前略）ダンテやワーズワースの詩、またはルクレティウスの詩やヴェルギリウスの「田園詩」を一通り学んだあとで、あるいはグレーの「哀歌」やシェリーの「知的美に寄せる讃歌」をしみじみと味わったあとで、自分がより良い人間になったように感じない人が果たしているのでしょうか[539]。

かくして、文学は、少なくとも教育的な意味があり、その役割と効用があるが、しかし、「詩的狂気の想像力」と「海」の文学は、もはやそれにとどまらず、むしろ文学の大御所で、人々のこころを深め、視野を広め、人々の内面世界を崇高にして勇気づけかつ穏やかにしてくれるはずだ。

詩と詩人の情熱が現実の海と結びついた有名な例だが、かつて詩的狂気に駆られたバイロンは一八一〇年五月三日、海にパッションを注ぎ、人類史上初めて、ダーダネルス海峡をヨーロッパからアジアへ泳いで渡ってきたのだ。そのゆかりで詩人的な情熱と海を泳ぐことが結ばれ、現代オリンピック競技の人気種目「オープンウォータースウィング」まで発展し、バイロンの詩的狂気による先駆けは、現に人々のレジャー、健康とスポーツの営みの形で伝承されているのだ。このような海にまつわる詩人的情熱は、ロマン主義文学時代から、切っても切れないほど密接に結ばれている。

ところが、意外なことに、東洋では感性・美的感受性において海を内面化することには、概して消極的だとも見受けられる。中国文学のみならず、海に囲まれた日本（鴎外や三島などの特別な例を除き）も、あまり海洋文学に積極的に興味を示したがらない。

一九九七年、日本では初めて「海洋文学大賞」が創出されたが、しかしそれが二〇〇六年までたった十回を数えて終了してしまった。読売新聞（二〇〇六年六月十六日）「漂流する海洋日本」という記事で、その経緯と理由を掲載した。

「海洋文学大賞」（中略）に応募数は減少傾向にあり、今年は四〇五点と過去最低に落ち込んだ。しかも、その題材も船や海洋ではなく海辺の暮らしを絡めた作品が少なくなかった。「これでは海洋文学ではなく、『海浜文学賞』になってしまう」選考委員の一人は嘆く。授賞式に名を連ねる白石氏は（小説「海狼伝」の直木賞作家）は「海のサムライたち」にこう書いている。「日本は四面を海に囲まれた島国でありながら、日本国民の海への関心はきわめて薄い。これは環境に適応するはずの人間としてはおかしなことと言えよう」海への無関心は、ひとつの文学賞にピリオドを打つ要因にもなった。

ところが、現実において海洋は、さらに人々の感情にネガティブな方にはたらき、未曾有の災害をもたらしたのだ。二〇一一年三月十一日、東北地域は史上未曽有の地震・津波の災害に見舞われた。全世界が映像を通じてリアルに津波・原発の脅威を目撃することになり、そこで目の当たりにしたのは想像以上の海の恐怖そのものであった。

マスコミ・新聞は被災状況の報道に全力を尽くして情報を提供していたが、日毎に繰り返す恐怖に満ちた海の映像とニュースは、情報提供よりも逆に人々の心のきずを逆撫でて悲しませてしまいかねなかった。

実際、筆者の確認したところ、二〇一一年三月十一日から二〇一二年三月まで、被災後の人々を勇気づけ、社会全体の心の傷を宥め、慰めるような、そういった文学作品は、一冊も発見できなかった。本来であれば、「震災文学」というジャンルが誕生してもいいくらいだが。

「時に海を見よ」

しかし、唯一、一つの象徴的なエッセイ「時に海を見よ」をウエブで発見した。それは地震直後、高校三年生卒業式のためのメッセージだった。

そのメッセージの複数の原文を組み入れ、かつ一部を略して以下に引用する。

卒業式を中止した本校中学三年生諸君へ

このメッセージに、二週間前、「時に海を見よ」と題し、配布予定の学校便りにも掲載した。その私の脳裏に浮かんだ海は、真っ青な大海原であった。しかし、今、私の目に浮かぶのは、津波になって荒れ狂い、濁流と化し、多数の人命を奪い、憎んでも憎みきれない憎悪と嫌悪の海である。これから述べることは、あまりにも甘く現実と離れた浪漫的なまやかしに思えるかもしれない。私は躊躇した。しかし、私は今繰り広げられる悲惨な現実を前にして、どうしても以下のことを述べておきたいと思う。（中略）

今、日本はかつてなかった、未曽有の天災の悲劇を迎えています。この悲劇を迎える諸君たちの立場も、中学時代の君たちと、今卒業してからの君達とは大きく変わったものです。社会に支えられた被保護者としての自己から、社会を支える一員として認知された存在と変わったのです。社会の一員として今この惨状を直視しなければなりません。（中略）

歴史は、おそらく二〇一一年三月十一日を境に、平成大震災前、平成大震災後と呼ぶでしょう。諸君は、この震災の直下に、社会的存在として旅立ちの時を迎えたのです。（中略）生まれて一〇〇日頃を迎えたペンギンは、それまで親から口伝えでもらっていた食料を、もらえなくなり、自分で海に潜り食べ物を探します。親離れは、社会的存在となる第一歩です。諸君たちに今その時が来たのです。小さなペンギンのように、海に出なければなりません。海辺でヨチヨチと波に踊り、どうやって水に入ろうかと迷っているときに、かつてない、親たちも見たことのないような、大きな波がやってきたのです。しかし、ペンギンに躊躇の時は与えられません。誰も背中を押しません。誰も今は危険だと引き留めてもくれません。濁流の海に泳いで生きていかなければなりません。

今度の災害を眼前にして、私はおめでとうという言葉がなかなか出てきません。その言葉があまりに明るく、私の心を暗くするからです。しかし、今この時だからこそ、諸君に私の思いを伝えなければなりません。

誤解を恐れずに、あえて、象徴的に云おう。（中略）

悲惨な現実を前にしても云おう。波の音は、さざ波のような調べでないかもしれない。荒れ狂う鉛色の波の音かもしれない。

時に、孤独を直視せよ。海原の前に一人立て。自分の夢が何であるか。海に向かって問え。青春とは、孤独を直視することなのだ。直視の自由を得ることなのだ。（中略）

いかに悲しみの涙の淵に沈もうとも、それを直視することの他に術はない。

海を見つめ、大海に出よ。嵐にたけり狂っていても海に出よ。

鎮魂の黒き喪章を胸に、今は真っ白の帆を上げる時なのだ。愛される存在から愛する存在に変われ。愛に受け身はない。（中略）

泥の海から、救い出された赤子を抱き、立ち尽くす母の姿がありました。行方不明の母を呼び、泣き叫ぶ少女の姿がテレビに映りました。泥の海に浸り一命を取り留めた父が、家族のために生きようとしたと語っています。

惨状を目の当たりにして、私は思う。自然とは何か。自然との共存とは何か。文明の進歩とは何か。原子力発電所の事故には、科学の進歩とは何かを痛烈に思う。（中略）

私たちが築いてきた価値観も大きく揺らいでいます。歴史は、進歩という名の下で、大きな過ちをおかしているのかもしれません。流れを変えるのは君たちです。未来は君たちの双肩にあります。（中略）

被災された多くの方々に心から哀悼の意を表するとともに、この悲しみを胸に我々は新たなる旅たちを誓っていきたい。

春風梅花をゆらす二〇一一年弥生十五日。　**（立教新座中学・高等学校校長　渡辺憲司）**

このエッセイがネット上に発信されたとたん、すぐに「感動した」、「勇気をもらった」と、大きな反響を呼び、それが全国に広がり、マスコミにも取り上げられた。その後、読者の要望によって渡辺憲司氏は、さらに補充して単行本として出版している[540]。

なぜこの高校卒業生へのメッセージが、これほど人々に勇気を与え感動させ、かつ慰められたのか、まさに考えさせられるものだった。実際、そのエッセイには震災の悲劇に見舞われた苦しみと憂慮を慰め、希望に繋げてくれる不思議な力が込められているのだ。それというのも、巨大なエネルギーとなって人々を襲ってきた荒波の鉛色の海と、それによって引き起こされた二次災害の放射能による恐怖と悲しみの最中、「時に海を見よ」と呼びかけ、敢えて悲劇をもたらした海を直視し、悲劇に向かわせて、悲しみを希望に変えようとしたものだ。

これは、ほかではない、文学そのものの力であり、思想・イデオロギー・宗教などを背景としたものではなく、純粋に文学それ自体によって、そして悲劇を乗り越えようとする詩的な想像力によって、一瞬にして悲劇を希望に変えたものだった。

実際、震災から五日間も経っていないのに、恐怖の海を見よ、と呼びかけるのには、勇気が必要だ。何よりもそれを呼びかけるには現実を超越しようという「詩的狂気の想像力」が必要で、読者にもその詩的想像力を受容し、悲劇を乗り越えようとする強靭な精神が必要とされよう。事実、「時には海を見よ」は、まさしくそれを示していたのである。悲劇と恐怖のなかで、海に対してまた生と死に対して、人々は悲愴感に満ち、あえて悲劇に立ち向かうと崇高の念さえ抱いていたのであろう。古来、文学には悲しむほど生気溢れ勇気を募らせるような力が潜まれているのだ。

そして、震災後一年、日本神話を彷彿させる古来の海の民の死生観を想起させる、一篇の散文詩が発表されていた。それも敢えて海への誘いを示唆していたのである。

生き残るということ

いま生きているものは、すべて生き残ったものたちだ。
その陰には、生き残らなかったものたちが潜む——膨大に。
生は氷山の頂にすぎない。水面下は、死者たちの闇の領分。
その見えざる影によって、われわれは生かされている。
生かされていることに感謝を捧げよう。なぜならそれは、
生き残れなかった仲間たちを誉め讃えることだから。

己が生き残る確率に右往左往するのは、やめにしよう。
最後に生き残るのは、いま生ける「私」ではないのだから。
生き残らなかったものたちが譲ってくれた海の場所にのみ、
光が射し、闇が払われ、あたらしい命が生まれてくる。
伐採された森や、焼き払われた野原に芽吹く、蘖《ひこばえ》のように。

死は生の敵ではない。死は生の笛床、死は生の揺り籠。

死者から賜った活力に拠って、我々は偶然に活かされている。

生き残らなかったものたちの思いが、生命の内に託されている。

その託された生命を尽くす義務は、死者からの贈り物だ。

生きる苦しみを分かち合おう。それが死者への礼節だから。

ことばを失う体験のなかから、ことばは生まれ、紡がれてゆく。

その言の葉も、やがて腐敗土となって海に降り積もるだろう。

樹木が年輪を刻むように海には体積泥が年縞の綾を重ねてゆく。

何万年にもわたる地殻変動と気象異変が泥の文様に保存される。

その地球の年代記のなかに、生命の痕跡も織り込まれてゆく。

個体の生死を越えた命の連環――そのなかに魂の尊厳が宿る。

（東北大震災の年暮れ、二〇一一年十二月十九日、稲賀繁美　香港での学会で震災について論じたのちに）

541

ここで生と死は、氷山と海に喩えられ、作者は敢えて「死は生の敵ではない。死は生の苗床、死は生の揺り籠」だと謳う。そして海と死を生の揺り籠だと凝視した作者は、同情よりも勇気、憐憫よりも義務、死の恐怖よりも「生死を越えた命の連環」と「魂の尊厳」を訴え、死の「海の場所のみ、……新しい命が生まれてくる」のだと、生の根源に立ち戻り、生を奮い立たせているのだ。ところが、ここで、死が生として受けとめられ、悲劇をもたらした海が生の源泉として生まれ変わったのは、あるいは死の悲しみから「新しい命が生まれてくる」ものとして変貌させたのは、まさしく文学の詩的想像力と結び合わさったときであろう。生が大きな危機に直面するとき、直近の千年の大陸文明を越えた、神話時代の海洋文明への想起が促されたのであろうか。海を源泉にしてきた人間の生の木霊が聞こえてきそうな気がする。

文学と詩的な想像力は、このように人々に悲しむところに勇気を与え、悲哀に苛まさるときには慰めとカタルシスをもたらす不思議な力を有するものなのである。

あとがき

本書は、新しく書き下ろした部分（「第一章」「第二章」「はじめに」「結び」）と、今まで発表してきた論文を大幅に改稿して追加した部分（第三章、第四章）によって構成されている。発表論文のテーマと初出は以下の通りである。「海」の系譜に関して「発見的装置――『海と毒薬』の寓意と象徴について」（『人文論集』北海学園大学、二〇〇三年第二三・二四・二五号）と「近代の衝撃と海――鴎外・漱石・魯迅・郁達夫・サイチンガによって表象された『海』」（『人文論集』北海学園大学、二〇〇四年第二八・二九号、二〇〇八年第三八・四〇号、二〇〇九年第四三号、二〇一四年第五七号）と「サイチンガ文学の再発見とその文学の源泉――初期日本留学中の作品におけるロマン主義と啓蒙主義及びモンゴル文学の伝統」（『北海學園学術研究助成総合研究報告書』二〇一五年）であり、修辞学に関して「東洋における修辞学の変遷――日中の修辞学の比較を兼ねて」（『人文論集』北海学園大学、二〇一三年第五四号）と「修辞学在東方的盛衰変遷――兼中日修辞学比較」（*Korean Journal of Rhetoric* No.21. Rhetoric Society of Korea[2014.8].）であり、詩学と想像力に関して「概念としての文学――起源における東西詩学の伝統の相違をめぐって」（『年報新人文学』北海学園大学大学院文学研究科、二〇〇九年第六号）と「想像力の再発見と海――西から東への伝播と変容」（『人文論集』北海学園大学、二〇一四年第五六号）である。ただし、第一章第二節と第三節及び第二章第二節の論旨は、多かれ少なかれ右の詩学と想像力に関する論文の論旨の一部分に基づいて展開されている。

本書の課題に辿り着くようになったのは、おそらくモンゴル奥地の草原で育ったためか、ともかく朝や夕方に見渡す限りの「草の海」をよく眺めていたものだった。そして、一九八四年初冬、短期研修で日本を初めて訪れた時、熱海で見た海は神秘的だった。海と空との境目が判然としない真っ青なパノラマ的な風景が静かに広がり、まるで別の惑星を訪れたような気がして、あの感動的な風景は未だに忘れられない。その後、東大で比較文学を専攻し、小堀桂一郎先生のもとで森鴎外の作品「妄想」に出会った。そこで「海、太陽への問いと諦め――森鴎外の『妄想』を巡って」という小論を書いた。そこで鴎外がかつて海岸に佇んで、どのように人間の生と死に思索を巡らせ、太陽、海を眺め、過去の多くの哲学者に問いかけたりしていたのか、幸運にもその作品を通して想像し、追体験する機会に恵まれた。そこで教わったのは、海の風景は、単なる風景ではなく、それは限りなく人間自身の内面世界の広がりだということだった。以来、それまで眺めていた「草の海」や海風景を描いた作品、あるいは三島由紀夫の海ないし様々な海の絵画、それらを見る目が少しずつ変わったような気がする。海を眺めて思索にふける鴎外の作品の影響がきっかけの一つだった。

本書のもう一つのテーマは、想像力だ。これは理論的な問題だが、実践的な問題でもある。とりわけ東西の想像力に対する態度や認知度において温度差が大きく、文学教育に限らず、文学研究においても手薄さを感じる。東西詩学を比較して研究したところ、アリストテレスの詩学を基礎に発展してきた現代文学理論は受容されてきたが、ソクラテス、プラトンを起源にした霊感や想像力を重んじる伝統への理解は、どこかで避けてきたような気がする。二〇〇六年在外研究でケンブリッジ大学にいる間、学生向けの簡潔な西洋古典文学理論についての解説書がないかと調べたところ、『Classical Literary Criticism』（ペンギン社、二〇〇〇年）の編著者のペネロピ・マレー博士に出会い、話が自然にはずんだ。彼女は古典ギリシアの専門家で、主としてミューズの女神と霊感や想像力などの問題に取り組んでおり、ウォーリック大学古典学科の創立者の一人でもあった。以来、古典時代にも取り組むさまざまな機会に恵まれ、自分のそれまで施してきた東西詩学の比較研究も裏打ちされ、明治以来の東西の葛藤への認識や近代中国、またモンゴルの激変などへの新たな認識の一助にもなった。それらが自然にそれまで手がけていた海の系譜につながっていったと思う。

本書は、もともと学生向けの教科書として平易さを求めていたが、内容につられていつの間にか研究の議論に傾いてしまった。しかしそれでも合理主義や実利主義の「呪縛」からこころの自由を目指し、人文学への理解を深めるという点で、教科書として使用することに変わりはない。ただし、資料の原典批判について、古典ギリシア・ラテンと仏独語の出典は、その分野の専門家の仕事に依存するか、議論や疑問の点を本人に打診するか、あるいは日英中の文献の相互照合という方法で作業を施してきた。従って、文献の引用において、できる限り既存の和訳を利用させていただき、部分的な改訳は避けられなかった。ここでとくに嶋田洋一郎氏、宮下志朗氏、加賀野井秀一氏と鈴木雅生氏らをはじめ、訳業を利用させていただいた方々にお礼を申し上げたい。

また、ケンブリッジ大学キングス学院のカロライン・ハンフリー氏（現名誉教授）をはじめ、ペネロピ・マレー氏、オラディン・ボラグ氏、クリストファー・ライアン氏、ジョナサン・メアー氏らの惜しみない支援と批判的な助言に、さらにクレアホール学院がベースとなってさまざまなパースペクティヴで東西比較研究が展開できたことに、この場を借りて感謝の意を表したい。

そして、こうして執筆を終えて振り返ってみると、駒場比較文学専攻の思考や作法は、依然としてこの本を形作っていることに気づかされる。というのも、私にとってあの時期と場所に居合わせたのが幸運だった。当初、小堀桂一郎先生の退官時期の前後、芳賀徹先生と平川祐弘先生は、そろって官職の縛りから自由になったためか、在官の川本皓嗣先生や故大澤吉博先生（ご冥福を祈りつつ）、また先輩の方々は、一堂に会して実によく知の饗宴を開いたものだった。息が詰まるような張り詰めた厳格な空気の中でユーモアや知的な笑いをさそう数々の議論、自由な開かれた批判精神に溢れた厳密な対話、それらは決して古き良き時代だったという懐古の類の言葉で収まるものではなかった。多くを経験し、後になればなるほど気づかされることだが、あれほど高濃度な知の融合と多言語文化同士のぶつかり合いで成就された学的な境地は、他に類を見ないことだった。先生たちはそれぞれ個性溢れ、独自性に満ちていたが、しかし一旦融合となると、かけがえのないインスピレーションの反応の場を創出したものだった。あの時期あの場所に恵まれ、思考し、方法を磨いて訓練を受けていた学恩に、心から深い感謝の念を表したい。

なお、本書の刊行は、研究者仲間や同僚諸氏の励ましとご協力なしには考えられない。本学「平成二六年度北海学園学術研究助成」をいただいて遂行できたのも皆様のお陰である。併せてお礼を申し上げる。

最後に、遠方のモンゴルの街で恙無く暮らす年老いた母と、日々の健康に気をつけてくれた妻の伸子と、娘のアリスと雛子が無事に成長しているお陰で、集中して執筆でき、この場を借り、家族皆にも感謝したい。

■著者略歴

テレングト・アイトル

1983年内モンゴル大学卒業

1993年大正大学大学院修士課程卒業

1998年東京大学大学院総合文化研究科超域文化科学専攻博士課程修了（学術博士取得）

1999年北海学園大学人文学部准教授

2001年より現在同大学教授

2007年ケンブリッジ大学クレアホール学院終身フェロー。専門は比較文学比較文化

著書に『三島文学の原型——始原・根茎隠喩・構造』（日本図書センター）など。
論文に「東洋における修辞学の変遷——日中修辞学の比較を兼ねて」北海学園大学『人文論集』、「概念としての文学——起源における東西詩学の伝統の相違をめぐって」北海学園大学大学院文学研究科『年報・新人文学』、「敵味方は乗り越えられるか——蒙古碑に巡る日本人の死生観」ケンブリッジ大学『内陸アジア』、「モンゴル人の世界観と自然観——心状における解釈学的分析」日本砂漠学会『砂漠研究』ほか多数。

表紙　「ホメロスの胸像を見つめるアリストテレス」（Aristotle Contemplating a Bust of Homer. 1653）
　　　レンブラント・ファン・レイン（Rembrandt Harmensz, van Rijn. 1606-1669）

裏表紙　「海と僧侶」（Monk on the Seashore .1808-1810）
　　　ダビッド・フリードリヒ・カスパー（Caspar david friedrich. 1774-1840）

背景　「日本の海」（2000）
　　　ジェリミー・ブシャー（Jeremie BOUCHARD 1975-）

詩的狂気の想像力と海の系譜
———西洋から東洋へ、その伝播、受容と変容

2016年9月16日　第1刷発行

著　者　テレングト・アイトル　

発行者　池上　淳

発行所　株式会社　**現代図書**
〒252-0333　神奈川県相模原市南区東大沼2-21-4
TEL　042-765-6462（代）　FAX　042-701-8612
振替口座　00200-4-5262　ISBN　978-4-434-21841-5
URL　http://www.gendaitosho.co.jp　E-mail　info@gendaitosho.co.jp

発売元　株式会社　**星雲社**
〒112-0005　東京都文京区水道1-3-30
TEL　03-3868-3270（代）　FAX　03-3868-6588

印刷・製本　モリモト印刷株式会社

索　引

本書で扱われた人名・作品名・事項のうち論旨に関わる主要なものと、その頁を限定し、他は割愛する。

あ

アーノルド,マシュー　109
愛　12,15,54,62,75,81-82,98,
114,130,152,156,180,238,240,
285,366,389
『愛について』　63
アイシャム,ホワード　iii
アインシュタイン,アルバート　21
アイロニー　142, 290
アウグスティヌス　5,28-29
饗庭篁村　213
『アカデミー・フランセーズ辞典』 96
芥川龍之介　251
『アタラ』 156
『アテネーウム』 134
アディソン,ジョセフ　vi
85-89,91-96,100,102,105,107,
110,143,145,160-162,176,199,
210,250
アフロディテー　26,141
阿部次郎　251
アポロ　132
アポロニオス　37-39
嵐　5, 12, 15, 77, 86-89
91, 92, 104, 105, 112, 127, 148,
152, 153, 154, 155, 156, 161,
182-183, 216, 224
アリストテレス　vi,9,31-49,59,63,
135,143,162,179-180,183,
206-207,211,213-214,216,219,
221,243,269,270,272,404
アルゴ船物語　4,105
アレゴリー　5, 14, 24, 52, 235, 376
哀れなこころ　337
『諳厄利亜語林大成』 196,200-202
アンビバランス　51,60,239,244
アンチノミー　244
アンデルセン,ハンス・クリスチャン
245-246,249,253-257
アントニオ　246-250, 253, 256-257
安野光雅　255
暗喩・隠喩（メタファー）　113,
180,330,394

い

意境論（境界論）313-314
郁達夫　viii,ix,313,322-323,
325,331,332-335,337,403
生田長江　251
石川淳　251
石川啄木　251
異質物語世界　364
石橋忍月　237, 238-239, 242
泉鏡花　251
いねよかし　225, 228-232, 234, 257
井上哲次郎　200, 204, 221, 222, 263
「イオン」 51-53, 55, 60, 62, 70, 72,
152, 227, 244
『イタリア紀行』 253
『イタリア語辞典』(1612)　96
イマジネーション　27,75,270
（想像力）を見よ
イメージ　9, 28, 47
『イリアス』 4,56,139

イル・ド・フランス　146
インスピレーション　21,52-53,
79-80,110,117,121-122,124,127,
133-134,221,241,246,322,351,
395

う

ウィリアムズ,サミュエル・ウェルス（衛三畏）　200
ウィリアムズ,マーク・B　353
ウィルケス,チャールズ　9
上田敏　251, 259, 280
ウェブスター,ノア　108
ウェルテル　128,129-131,133,
153,157
『ヴェルヘルム・マスターの修業時代』
131
『浮雲』　226
『うたかたの記』　235
『宇宙的宗教――その見識と格言』21
『海』（1861）　10
「海と僧侶」　258
『海の惑星――その王国の心への旅』
18
ウルストンフラフト,メアリ　109
ウロボロス　iv, 23, 176, 386

ゔ

ヴァルトゼーミュラー,マルティン 9
ヴィンケルマン　84
「ヴィルジニーの死」　148
ヴィルギリウス（ウェルギリウス）
65,88,252,395
ヴェリック,ジョージ・セルビスター 21
ヴェルネ,クロード・ジョゼフ　148
ウォーバートン,ウィリアム　96
ヴォルテール　112

え

永遠客体　177
『英語辞典』 30,95,96,97,100,
106,108-109
『英作文と修辞学』 206
『英仏単語便覧』 203
エイブラムズ, M.H.　ii,180
『英和対訳袖珍辞書』 200, 203, 271
『易書』 274
エクスタシー　27
エクリチュール　363, 377, 379
『エセー』 42
エッカーマン,ヨハン・ペーター　133
エッシャー　23
エチェンヌ,フルモン　196
エマソン,ラルフ・ワルド　324
エリオット,ジョージ　109
エロス　26, 84, 236, 238-239
円形劇場　53,57
遠藤周作　x, 353-354, 362-363,
379, 389-390

お

王運熙　268
王国維　viii, 262, 267, 313-316
黄兆杰　270
大槻春彦　97
緒方洪庵　202, 271
小川国夫　iv
小栗風葉　251
尾崎紅葉　216, 251
小山内薫　251
『オシアン』 25
『オシアン詩集』 112

『オシアン論』 120
小島田雄志　97
オスカー,ワイルド　109
落合直文　231
『オックスフォード英語辞典』 97
オデッセウス　25
オデュッセイア　4
『オデュッセイア』 128
『於母影』 222, 225-228, 231, 234-235, 238
オルペウス　118,124-126

か

カーソン,レイチェル　i,19,191
カードン,ジョン・A　30
カーライル,トーマス　109
海水浴場　16, 94-95, 307, 309-311
海底　118-120,187-188,190
海難　146-147, 149
カイバース,ルーク　18
海洋観　6, 186, 190, 260
海洋認識　9-10
海洋文学大賞　396
「海潮音」 259
『海洋誌』 9
『海洋自然地理学と気象学』 9
ガヴァリティア,モロダイア　353
『華英・英華辞典』 201
『華英・英華辞典』 196
鏡　46,58, 123,135,162,180,182
『学問の進歩』 39
カスパー,ダビッド・フリードリヒ　258
カタルシス　x, 288, 360, 376, 402
カッシーラー,エルンスト　82, 83-84
桂川甫策　203
神がかり　54-55,58,70-71,79, 227,248,342,351
神々　3-4,26-27,54-57, 62,70,82, 88,119,123-124,127,140-142, 159,163,187-188,227,229,342, 346.351,389
神的な一なるもの　62
『花柳春話』 252
『カリゴネー』 124
感性　45,108,127,156,245-246, 253,256,259-260,280,300,306, 335,337,346,396
カント,イマヌエル　41,49,50 73,83,114-116,119,262,313
蒲原有明　251
韓非子　272
「観念連合」 47

き

キーツ,ジョン　109
ギーニュ,ジョセフ・ド　196
記憶　19-20,27,46-47,49,59,98, 153,164,179,187,203, 317-318,320
機械論　82, 86, 162
菊池大麓　205
北原白秋　251, 344
ギッシング,ジョージ　109,326,329
木下杢太郎　251
木村鷹太郎　iv, 186
ギャラガー,マイケル　354
キャンベル,トーマス　222
『旧約聖書』 29, 104
『共産党宣言』 264
驚愕　75,110-111,155
狂気　27,34,51,53-55,57-59, 60-66,68,70-75,79,81,83,92-93, 121-124,126,131,133-135, 156-157,162,180,211,221,227,

239,241,249,314-316,341-342,
350（詩的狂気）を見よ
郷愁　231, 326
狂なる者　211
恐怖　2, 6, 7-8, 11-15, 18, 25-26, 43
72, 77, 79, 88, 90-92, 94, 107,
110-113, 154-155, 172, 182-183, 210,
224, 233-234, 289-290, 296-297,
311, 368, 375, 383, 389-390,
393-394, 397, 399-400, 402
虚構　100-101,172,394
（フィクション）を見よ
虚像　47
『ギリシア詞華集』 26
『キリスト教精髄』 156-157, 159
義理人情物　237
吟遊詩人（吟唱詩人）　52-53, 61, 121,
130,246-249, 252, 342, 350

く

寓意　v,8,53,62,359-360,364
376-377,386-388,390,394,403
空海　6, 216
空想（imagination）　29-30
45,97,99-100,162,201,220,226,235,
240,242,270,347,365
空想（Fancy）　29-30,45,79,99-102,
130,158,162,178-179,201,220,
226-227,240-241,
247-248,270,273,320,365-366
空想
(fantasia, fantaisie,phantasia)
29-30,35,45-46,79,162,179,
226-227,241-242,247,273
寓話　355, 359-360, 364, 367, 370
376-377, 386-388
草枕　298
工藤庸子　143
国木田独歩　217
クビライ,ハーン　173,176-177
久保田万太郎　251
クラーク,ティモシー　ii
クライマックス　379
グランドツアー　253
グリーン,グレアム　354
「クーブラ・カーン」 v, 171, 173,
175-177, 190
桑子敏雄　33

け

経験主義　218
経験論　49, 78, 82, 162
系譜学　ii,vii,x,93,393
「碣石篇・観滄海」 24
ゲーテ,ヨハン・ヴォルフガング・フォン　vi,84,112,125
127-134,153,157,227,250,253
ゲーニウス　123
戯作文学　237
ケルト　130
幻影　28
幻覚　35
原郷　169, 187-190, 192
元型　19
原型　35-36, 169, 177, 186-187,
190-192, 346
原初　3, 4, 8, 19-20, 23, 164-166
幻視力　163
幻想　35
ケンブリッジ・プラトン主義（ケンブリッジ・プラトン学派） 74,79,82
ケンブリッジ学派　83-84, 92
言文一致　vii

こ

小泉信三　251, 255
恍惚　27, 71-72, 124, 202, 233
250, 319, 324, 343
構想力(Einbildungskraft)　49-50
『康熙字典』 199, 274
合理主義　50, 127, 395
ゴールドスミス,オリバー　94
コールリッジ,サミュエル・テイラー
v,vii,29-30, 161,167,169,180,190,
206-207, 222-232,270,297
『古歌断章』 112
故郷　ix,187,189,230,232-233
297,317-320,322,326,337
345-346
『国際法原理』 201
『こころの友』 345
『こころの光』 346
古事記　4
小島政二郎　251
悟性　39
『国家』 51
コッキング,ジョン・マーティン
ii,27-29,38,41,50,63
胡適　262-263, 331
コノテーション　9
小堀桂一郎　227,403,405
コルバン, アラン　ii, 10,93-94,
143-146,281-282
「古老の船乗り」 v, 171-173, 190, 297
根源　vi,8,84,186,188,243,278,297,332,
360,365,367,369,388-389,
394,402

さ

サイチンガ　viii, 337,338
341,343,345-347,250-352
「最後の審判の一幻想」 162
『察世俗毎月統記傳』 199
斎藤勇　94
作者の死　363
佐藤春夫　251
佐藤泰正　v
ザナドゥ　174-176
『沙原・我が故郷』 346
ザフランスキー,リュディガー　119
山海経　7
サン・ジェラン号　146, 148, 157
サン＝ピエール,ジャック＝アンリ・ベルナルダン・ド　vi, 146-147,
152-155,157-160

し

シー・スケープ　78, 143, 154-155,
160, 336
シーボルト事件　197
シェイクスピア　42, 70,72-73,
92,94,96-97,99,100,110,127130,
136,180,250
シェパー,ドアンナ　ii, 31,62
シェリー,パーシー・B　109
シェリング,フリードリヒ　30
詩学　30,32,36-39,59,66,135,
143,151,154,202,205-208,
212-215,217,219,221,227,244,
263,265-267,270,278,313,316,
393,403-405
志賀直哉　323
史記　7
始皇帝　7
自己物語世界　370
詩神　248-251
四清運動　345

死生観　400
自然主義　ix
自然風景　78, 159, 284, 321, 355, 389
『自然の研究』 147, 154
実証主義（実証的） x,122,174,
187,190,193,395
疾風怒涛（シュトゥルム・ウント・ドラング） vi, 127
『失楽園』 104
実利主義　395, 404
詩的狂気　iii-x,27,43,45,57,65,66,
133-134,161-162,180,183,
184,190,206,210-212,216,
218-209,234-235,240-245,
248-249,253,266,272,314,
321,342-343,346-347,351,389,
393-396
詩的想像力　v, 46, 47, 49,
80, 235, 393, 400, 402
視点人物　364
『詩と真実』 134
シドニー,サー・フィリップ　68,
70,73,79,98-100,110,136,152
『詩についての狂想曲』 73
『詩の弁護』 68
詩篇　88
子墨子学説　262
島崎藤村　188, 192, 217, 251
島田謹二　231, 250, 251
嶋田洋一郎　124, 405
島村抱月（瀧太郎）　215, 264
シャマニズム　125-126,
131-133,146
シャーマン　125-126,129-132,
343,350-351
写実主義　iii,vii,viii, 172,205,207,
211,214,216,218,226,235,241,
263,298,322（リアリズム）を見よ
写実的文学　59
『シャーマニズムと想像力――ディドロ、モーツァルト、ゲーテへの衝撃』
125
シャトーブリアン,フランソワ・ルネ・ド　vi,148,156-160
シャフツベリー伯（三代目） vi, 74,
78-87,92,110,114-115,117,
120,128,210
ジャンガル　342
ジャンガルチ　342, 346, 351
『周易・繋辞上』 198
集合的無意識　19
『集史』 174, 176
修辞学　14, 37, 38-39, 68, 73-74, 77,
204-209, 213-219, 244, 264-266,
269, 403
『修辞学発凡』 264
「修辞及華文」 205
周振甫　268
施友忠　271
朱光潜　314
『種の起源』 9, 21
シュレーゲル兄弟　134,136
正気　54
『小説神髄』 205
小説論 222,226-227,240,243
「小説論」 226
象徴　v,x,4-9,14,22-23,26,52,56,
144,149,167,172,176-178,186,
189,192,234,238-259,284,290,
292-293,297,325,330,333,335,
343,355,359-360,363-374,
376-377,386-390,393-394,403
『情念論』 44
ショーペンハウエル,アルトゥル　262
抒情　12
抒情詩　206

『抒情歌謡集』 170
『抒情挿曲』 136
『諸特徴』 79, 80, 82, 83
ジョンソン,サミュエル vi,30,
95-97, 99-103,106-109, 199
シラー,フリードリヒ・フォン
83-84, 128, 134,262, 313
自律性 86, 289, 332, 354, 355
『詩論』 314
新内蒙古人民党粛清運動 345
神感説 vi, x,57,59-60,66,68
70,74,219,243
神思 267-272
真実 13,29,51-53,62,162,394
心象風景 iii, vi, viii, ix, 10-11, 51,
78, 156, 161, 170, 183, 193, 240,
249-250, 259, 288, 305-307,
309-312, 317-319, 335, 337,
341-342, 347, 350-351, 394
神聖なるもの 76-77, 82, 114
深層 192
深層風景 167
『新体軍歌大全』 225
『新体詩抄』 222, 225, 228, 280
神託 118, 123
神秘主義 5,296
神秘性 iii
新プラトン学派 41
新プラトン主義（ネオ・プラトニズム）32-33,38,63-64,74,132,180
『新美辞学』 215, 218
『新文章講話』 216, 219
『新約聖書』 105

す

スウィフト,ジョナサン 73
崇高 15, 73-78, 80-81, 83, 87-88,
91-92, 94, 107, 110-118, 124,
154-155,184,208-210,212,278,
333,389,396,400
『崇高と美の観念の起源』 110
末広鉄腸 220
杉本春生 iv, 189
スコット,ウォルター 256
薄田泣菫 251
スターン,ローレンス 256
スチーブソン,ロバート・ルイス 176
スティール,リチャード 85
スフィンクス 358-360,364,
370,372,376-377,383,386-390
『スペクテイター』 85-86,88,
93-95,100,105,107,162,176,199
スペンサー,ハーバード 194,
206, 217
スマイルズ,サミュエル 109
スミス,アダム 194
スミザース,ピーター 85

せ

聖書 5,29,85,88,97,99,101,104, 106,
107,111,147,150,151,153,157,197
精霊 4, 124, 129, 171-172, 238, 388
『世紀病』 231
「聖人立象以尽其意」 198
セイレーン 26
世態風俗 vii, 209
説文解字注 274-275
セネカ 70
センチメンタリズム 256
センチメンタル 255

そ

象 274-276

像　274-276
曹操　24
想象　230,261,266,272-278
想像的写実主義　172
創造的想像力　44,49,81,109,172,
173,180,190,212,221,
226-228,240,394,395
創造力　27
想像力（imagination）i,28-32,39-40,
73-78,92-109,129-165,169-179,
194-204,205-221,277,345,349,
402-404
想像力
（phantasia,phantasie,fantasie）
33,35,39-40,42,45,
ソクラテス　51-57,60-61,70,72,
130,137,151,153,162,219,227,
243,249,272,404
「想像力の喜び」　85-86, 100, 102, 162
「想像論」203
『即興詩人』、即興詩人　245-256, 259,
280
ソポクレス　127
ソロー・ヘンリー・デェヴィッド　325

た

ターナー,ジョゼフ・マロード・ウィリアム　283,290
ダーウィン,チャールズ　9
大蔵経　5
第七夜　288
『タイタス・アンドロニカス』 103
『第二論』 83
『ダヴィナントへの返書』 46
ダヴィンチ,レオナルド　252
『魂について』 31
第二の創造主　81
田岡嶺雲　262, 313
高田早苗（半峰）　vii, viii, 207, 209,
212-213, 215-216, 227, 235, 264,
316
高橋長太郎　33
ダムディンスレン,TS.　343
田山花袋　251, 323, 330
ダライ・ラマ　6
ダランベール, ジャン・ル・ロン 96
タルティーニ, ジュゼッペ　176
段玉裁　274
ダンテ　248, 250, 252, 395

ち

チェンバース,ロバート　205
チベット仏教　6
チャイルド・ハロルド　181, 225, 228,
232
『中国小説史略』 263
中国大百科　275, 277
中国大百科全書　275
中国リポジトリ　197
超越　v, 8, 62, 63, 65, 68-69, 75-76, 79,
80, 92, 125, 150, 235, 259, 278, 285,
317, 342, 360, 376, 389-390, 400
超自然　ii, 18, 62, 159, 172, 177
直感　i, 21, 77, 83, 114, 120,
226-227, 325
陳独秀　261
陳望道　262, 264
『沈淪』　322,324,338,340,

つ

ツァラトストラ　325
津田真道　201, 203, 221, 271
翼（想像の翼）　22,55-57, 64,98,

116-117,225,238,315-316,
321-322,348-349,387
坪内逍遥　205, 209, 211-213, 215,
218-219, 225, 241, 243,263
ツングース　133

て

ディドロ,ドゥニ　96
デカルト,ルネ　44,47
『哲学字彙』 204
デノテーション　9
『テュアナのアポロニオス伝』 39
「天分」 74-75, 227
デルポイ　118
テレンティアノス　74, 76
デューイ,ジョン　263
天才　ii, 38, 50, 74, 76, 94, 125, 184,
216, 227, 239, 243, 246, 288, 358,
395
天地創造　82, 107, 187, 189
天来の奇想　242

と

トゥーリチ　342, 346, 351
憧憬　i, 19, 30, 64, 76-77, 168, 184,
229, 238, 245, 256, 311, 318, 333,
335, 341-342, 367, 393
桃源郷　324
等質物語世界　357, 362, 364, 370
『当世書生気質』 226
導入部　357
『東方見聞録』 174
ドットシャル,ルドルフ・ヴァン 227
トムソン,ジェイムズ　161, 224
外山正一　222
ドライデン,ジョン　47
トランス状態　130
トロロプ,アンソニー　109

な

内面世界　iv, x
永井荷風　251
長崎出島　197
中畑正志　33
長与専斎　280
ナツォグドルジ. D　343
『夏の夜の夢』 70
夏目漱石 iii,94,217, 220,260, 280,281,
291, 315

に

西周　194-195, 200, 203-204, 221,
263, 271
『日本書紀』 4
『日葡辞書』 201
入神　27
入神状態　52, 72, 79, 119, 153
ニュートン,アイザック　86
人情　209
ニンフ　26, 240

ね

熱狂(enthusiasm)　34,54,71, 72,
74-75,77-81,86,110,114-115,
117,130,134,184,212,316,341,
342,389
ネプチューン　104

の

ノイマン,エーリック　23, 176

ノスタルジア　ii, 326

は

バーウィック,フリドリック　ii
バーク,エドモンド　vi, 110-112
パーチャス,サミュエル　173
ハートリー,デーヴィッド　47
バートン,ロバート　92,102,202
ハーマン,ヨハン・ゲオルク　119
『パイドロス』 53-55, 60, 62, 65, 70, 227, 244
『パイドン』 167
ハイネ,ハインリヒ　vi, 3, 136, 140, 229, 339
バイロン,ロード　ii,109,161,168,173, 180-181,225,228-229,232-234, 257,284-285,315,321344,396
バウラ, C.M　ii,163,183
芳賀徹　iv, 186, 405
白話運動　263
馬建忠　261
馬氏文通　261
バシュラール,ガストン　8, 367
波多野完治　218
ハックスリー,トマス･ヘンリー　194
発見的装置　403
ハットン,サーラ　ii
パッション 51, 75-77, 79-80, 98, 341, 342, 396
バドウィン,アンナ　ii
パトリオティズム　223-225, 330
羽　52-57,72,130,135,140,153, 165,180,227,238,249,320
『ハノーファー王立海水浴場』 138
『浜辺の誕生――海と人間の系譜学』 10, 93, 143
馬礼遜　196
パラケルスス　29
パラドックス　iv, 32, 51, 60, 239, 243, 244
バリスタ,ローラン　18
ハルトマン,エドゥアルト・フォン243, 258
バルト,ロラン　362, 363
バルバロ,フェデリコ　97
『波留麻和解』 201
パロディ　285, 290
盤古　3
『万国公法』 201
汎神論　53, 65, 82, 151, 153, 164
範文蘭　268

ひ

美意識　260
秘儀　70, 339, 341, 342, 347
樋口一葉　251
悲劇　2
『美辞学』 205
美辞論稿　214
ピタゴラス　37, 151
美的感受性　74, 78, 86, 92, 108-109, 113-114, 138, 153, 155, 160-161, 184, 209-210, 222, 228, 235, 237-239, 245-246, 250, 252-254, 256, 259-260, 280, 306, 316, 329- 330, 337, 339, 393, 396
ヒッチングズ,ヘンリー　102,109
日夏耿之介　251
批判的リアリズム　320
『批評論』 74
ヒポコンドリア（心気症）　325
ヒューム,デーヴィッド　47-49, 115,162
表象　33

表象（representation）34-36,
表象・再現(representation)　34
表象のはたらき　33
平井正穂　97
平川祐弘　228
平田禿木　251
ピロストラトス,フラヴィウス　37,39
ピンダロス　117-118

ふ

ファウスト　131-132,153
「ファンタシアー」　31
ファンタシア(phantasia)ii,28,32,34,
ファンタジー　28
フィクション　58,61,358,377,387
フィチーノ,マルシリオ　29,41,45,61,63-66,110,167,180,266
フーコー,ミシェル　60,61
風景画　283, 284, 334-335, 404
風景描写　191
プーシキン,アレクサンドル 315, 344
フーフェラント,クリストフ・ウェルヘルム　202
福沢諭吉　202, 252
『扶氏経験遺訓』　202, 203, 220
二葉亭四迷　216, 226
仏教　5
仏陀　5
蒲団　330
不滅　166
フラハティ,グローリア 125-126,129-130
ブライトン,ビーチ　94, 280
ブラウニング,ロバート　109
プラグマティズム　263
プラトン　vi,51-53,57-59,61-66,70-74,78-79,82-84,92,110,114,122,132,134-135,151-152,162,166-168,180,183,211,219,221,227,243-244,249-250,314-315,393,404
プラトン主義　33
フランス革命　143
フランス島　146
『プラトン神学――霊魂の不死性について』 63
『フランス島への旅』 147
ブリッジマン,イライジャ・コールマン（裨治文）　200
ブレイク,ウィリアム　vii,161-164,167,199
ブレット,レイモンド・ローレ　ii,36-37,46,83
プロクロス　61
ブロンホフ,ヤン・コック　202
プロット　356
プロティノス　41, 61
ブロンテ姉妹　109
文学改良趨議　263
『文学形式論』 219
『文学評伝』 178
『文学論』 219
『文鏡秘府論』 216
『文章概論』 217
『文章哲学』 206
『文心彫龍』 216, 267-268, 270-272,278
文明批評家　293

へ

ベア,クヌート　255
ベイン, アレクサンダー・　206,210, 217-219

ベーコン,フランシス　39-42,
92, 98-99, 102, 211
ベーダ,ヴェネラビリス尊師　176
ベーメ,ヤーコプ　29
ヘシオドス 27, 57-58, 65, 227, 350
ペトラルカ,フランチェスコ　252
ヘブン,ジョゼフ　194,204
ヘルダー,ヨーハン・ゴットフリート
vi,84,112,114-123,128,
133-134,136,143-145,
158-159,250
『ペルシア人の手紙』 93
ヘルメース　126, 236
ベンサム,ジェレミー　109
弁論術　59, 77, 205, 216, 219, 244

ほ

ホイートン,ヘンリー　201
ホイットマン,ウォルト　284-285,
287-290, 296-297, 344
忘我　62, 124, 126, 210
傍観者　207
蓬莱の仙境　334-335
ボードレール,シャルル　259
ポープ,アレクサンダー　74,94,
98,99,105-107,115
『ポールとヴィルジニー』 147,
148,150,155-157
ホールヒー（horohii）　338
ポーロ,マルコ　174
ボズウェル,ジェイムズ　199
坊っちゃん　viii,283,290,321
ホッブズ,トーマス　46-48,92
没理想論　vii
没理想論争　213,242-245
『北海』 139
『北海・随想』 233
ボナパルト,ナポレオン　112
ホメロス　27,52,56-58,61,62,65,
71-72,74-75,87-88,92,110,
112,117-118,127,139,151,227,
247,250,252,350
ボルヘス,ホルヘ・ルイス　176-177
ホワイトヘッド,アルフレッド・ノース
31,177

ま

マーティン,ウィリアム（丁韙良）
194, 201
マクファーソン,ジェムス 112
マクファーランド,トマス　ii
正岡子規　251
正宗白鳥　251, 253-254
マラチンフ（瑪拉沁夫） 345
マリヴァー　93
マルクス主義　263, 268, 322, 344
マルシギリ,ルイジ・フィルディナンド
9
マレー,ペネロピ　ii, 27, 78, 404-405
マレー,ジェームズ　97

み

三上参次　213
ミケランジェロ　252, 301
ミシュレ,ジュール　vi, 10
三島由紀夫　ix
水上滝太郎　251
ミニヨン　131
ミネルヴァ　236, 239
ミメーシス　vi,33,37-39,
47,57-61,110,134-135,162,174,
179-180,184,206-207,211,213,
219,225,242-243,322

ミューズの女神　27
ミル・ジョン・スチュアート
109, 194, 395
ミルトン,ジョン　73,94,97-99,
102,104-107,211

む

無意識　i,242-243,284, 289-290,297
夢想　11, 12, 13, 16, 99, 122, 147,
158, 228, 367
夢遊病　202

め

明治日本文明船　294
瞑想　i, 82, 169, 339, 367, 393, 395
『瞑想詩集』　160
『明六雑誌』　194, 201, 203, 271
女神　4
メタフィクション　306
メタファー（暗喩・隠喩）を見よ。
メッセンジャー　41
メディチ家　63
メドハースト,ワルター・ヘンリー（麦都司）　200
メランコリー　94, 102, 156, 228,
229, 237, 239, 318, 319, 325,
327, 329, 341

も

モア,ヘンリー　74
妄想　35, 211
『妄想』　256
モーリー,マシュー　9
『モラリスト』　83
本木英左衛門　196
本木良永　202
モノローグ　380
森鴎外 viii,213,216,221,225-229,
231-232,234-246,250,
252-260,280,316,
321-322,337,342,396,404
森田草平　251
森貞二郎　213
モリソン,ロバート（馬礼遜）　vii,
196-202, 265
モンゴル　ix,6173-176,337-339,
341-346,349-352
モンテーニュ,ミシェル・ド　42
モンテスキュー,シャルル・ド
93, 194

や

矢田部良吉　222
柳田邦男　186
ヤヌス　40
山本光雄　33
ヤン,エドワード『独創性についての推測』　125

ゆ

憂愁　350
『憂鬱の解剖』　92
ユゴー,ヴィクトル　160
ユダヤ教　140
夢十夜　289
ユング,カール・グスタフ
19, 20,22,26

よ

予言者　120, 123, 130

与謝野晶子　251
与謝野鉄幹　251
吉井勇　251
『ヨーロッパ文明批判序説』 143
四大元素　8

ら

ライプニッツ,ゴットフリート・ヴィルヘルム　84, 115, 126
ライマー,J.トマス　354
ラシードゥッディーン　174
ラスキン,ジョン　109
ラバン,ジョナサン　iii
ラマルチーヌ,アルフォンス・ド　160
ランブラー（「The Rambler」『逍遥者』） 95

り

『リア王』 99
リアリズム　20,50,59,132,150,153,180,184,210-211,216,225,228,240,263,316,318,320-322,325,395
リアリティー　377
リヴァイアサン　104
李漁　198
陸機　272
理性　i,27,27,36,39-40,41,45,47-53,58-61,65,68,71-72,101,114,119-120,151,155,191,213,313-314
『リチャード三世』 99
リチャードソン, チャールズ　97
劉勰　267
劉大白　264
梁啓超　262
リンチン, B.　343

る

ルードヴィッヒ二世　241
『ル・スペクタトゥール・フランセ』 93
ルソー,ジャン・ジャック　x.121-122,133,143,147-148,154
『ルネ』 156, 157
ルルカー, マンフレート　389

れ

霊感　18-19,27,34,53-54,57,59,61-64,66,71,73,74,77-81,83,92,110,114,118,121-122,126,134-135,151,156-157,160,176,183,210,227,242,245-246,249314,337,339,343,394,404
霊感説　vi, x,57,66,162,219,243
霊魂不滅　164, 166, 167, 169, 170
霊的詩想　270
霊的な想像力　117
霊力　125
レールモントフ,ミハイル　315
レッシング,ゴットホルト・エフライム　83
レン,クリストファー　86
連合の原理　49
連想主義　47
連想心理学　3, 218

ろ

『老子』 272
魯迅　viii, 4, 262, 263, 267, 313-323, 337, 403
ロック,ジョン　47, 83,

86, 99, 103, 107
ロッテ　130
『ロビンソン・クルーソー』 146
ロプシャイト,ウェルヘルム（羅存徳）　196,200
ロマン主義　ii,vii,viii,ix, 29,38,40,64,69-70,73,78, 80,82,109,132-136,146,148, 155,159-160,163,180,183-184, 190,199,205,207,212,221-223, 225-229,232,235,237-240,243, 245,250,254,256,259-260,280, 283-284,290-291,294,297, 306-307,313-317,319,321-325, 329-333,335,339, 341-342,346,350,352,389,396,403
ロンギヌス　vi,73-74, 76-79,83,86-88,92,110,114,118, 128,153,210,212
論理学　262

わ

ワーズワース,ウィリアム　vii, 109,161,163-164,167-170,180, 207,222-232,324,326,329, 339,395
『吾輩は猫である』 220,280-281, 283,288,290,298,305,309,321
和製漢語 202, 221, 266, 271, 272, 277
わたつみの神　187, 190, 192

注

1　レイチェル・カーソン著、日下実男訳『われらをめぐる海』早川書房、1977年(25～28頁)。
2　C・M・バウラ著、床尾辰男訳『ロマン主義と想像力』みすず書房、1974年(Bowra, Cecil Maurice. *The Romantic Imagination.* London: Oxford UP, 1950.)。
3　M・H・エブラムズ著、水之江有一訳『鏡とランプ――ロマン主義理論と批評の伝統』研究社、1976年（Abrams, M. H. *The Mirror and the Lamp: Romantic Theory and the Critical Tradition.* New York: Oxford UP, 1953.）と、 M・H・エブラムズ著、吉村正和訳『自然と超自然主義――ロマン主義理念の形成』平凡社、1993年（Abrams, M. H. *Natural Supernaturalism: Tradition and Revolution in Romantic Literature.*　New York: W. W. Norton & Company, 1971.)。
4　R・L・ブレット著、児玉実英訳『空想と想像力』研究社、1971年（Brett, R. L. *Fancy and Imagination.* London: Methuen, 1969.)。
5　McFarland, Thomas. *Originality and Imagination.* The Johns Hopkins University Press, 1985.
6　Murray, Penelope. Ed, *Genius: the History of an Idea.* Oxford: Basil Blackwell, 1989.
7　Cocking, John Martin. *Imagination: A Study in the History of Ideas.* New York: Routledge, 1991.
8　Baldwin, Anna and Sarah Hutton eds. *Platonism and the English Imagination.* Cambridge: CU, Press, 1994.
9　Burwick, Frederick. *Poetic Madness and the Romantic Imagination.* Pennsylvania: Pennsylvania State University Press, 1996.
10　Clark, Timothy. *The Theory of Inspiration: Composition as a crisis of Subjectivity in Romantic and Post-Romantic Writing.* Manchester and New York: Manchester University Press, 1997.
11　Sheppard, Anne. *The Poetics of Phatasia: Imagiantion in Ancient Aesthetics.* London: Bloomsbury, 2014.
12　下記(注13)「訳者あとがき」『浜辺の誕生――海と人間の系譜学』（749頁)。
13　アラン・コルバン著、福井和美訳『浜辺の誕生――海と人間の系譜学』藤原書店、1992年（Corbin, Alain. *Le territoire du vide, L 'Occident et le desir du ravage 1750-1840.* Paris: Aubier, 1988.)。和訳題名に訳される際、フランス語の原題（『空虚なテリトリー――西洋人の渚への欲望――1750～1840』）から年代の指示を削ぎ落としたが、訳者の福井氏が指摘した通り、実際、そこには強い主張と多様な意味を含蓄して、とりわけ、その1750～1840年は、まさにプレ・ロマン主義とロマン主義の時代であり、海の再発見の時代でもあるからだ。
14　Raban, Jonathan. *The Oxford Book of the Sea.* New York: Oxford University Press, 1992.
15　Isham, Howard. *Image of the Sea: Oceanic Consciousness in the Romantic Century.* New York: Peter Lang Publishing, 2004.
16　木村鷹次郎著「海と日本文学史(1)」（第一期、太古より奈良朝に至る）『第三明星』（第三号）東京新詩社、1902年9月（56～63頁）。「海と日本文学史(2)」

（第二期、奈良朝の海）『第三明星』（第五号）東京新詩社、1902年10月（32～35頁）。
17　佐藤泰正編『文学における海』（梅光女学院大学公開講座論集14）笹間書院、1983年。
18　浜田隆士編『海と文明』（東京大学教養講座16）東京大学出版会、1987年。
19　ウロボロス（ouroboros）の蛇：自分の尾を噛んで円形をなす蛇または竜。ギリシア語に由来する。世界創造が全にして一であることを示す象徴図として、天地創成神話やグノーシス派で用いられた。終末が発端に帰る円運動、たとえば永劫回帰や、陰と陽のような反対物の一致など、意味する範囲は広い。錬金術では、宇宙の万物が不純な全一（原物質）から出て変容を重ねた後、純粋な全一（賢者の石）に回帰する、創造・展開・完成と救済の輪を示すのに使用された（『世界大百科事典』平凡社、1988年）。
20　前掲書『文学における海』（188頁）。
21　朱鷺田祐介編著『海の神話』新紀元社、2006年（181頁）。
22　アウグスティヌス著、服部英次郎訳『告白』（下）岩波文庫、1976年（226頁）。
23　高楠順次郎ら編『大正新脩大蔵経』1988年（817～818頁）。
24　同書（818頁）。
25　同書（819頁）。
26　北村彰秀「仏典漢訳史における劉勰と文心雕龍」『翻訳研究への招待』（第九号）日本通訳翻訳学会翻訳研究分科会刊行（2013年4月ヴェブ版）。
<http://honyakukenkyu.sakura.ne.jp/shotai_vol9/02_vol9-Kitamura.pdf>
Web. 12 Aug. 2014.
27 前掲書『海の神話』（152頁）。
28 司馬遷著、野口定夫等訳「秦始皇帝本記」『史記』平凡社、1968年（78～79、84～85頁）。
29 ガストン・バシュラール著、小浜俊郎・桜木泰行訳『水と夢――物質の想像力についての試論』国文社、1942年。
30 ジュール・ミシュレ著、加賀野井秀一訳『海』藤原書店、1994年。
31 同書（９頁）。
32 同書（25頁）。
33 同書（28～29頁）。
34 同書（65～66頁）。
35 同書（68頁）。
36 同書、加賀野井秀一「訳者あとがき」（338頁）。
37 同書（68～69頁）。
38 同書（179頁）。
39 同書（310～311頁）。
40 Laurent Ballesta and Pierre Descamp, *Planet Ocean: Voyage to the Heart of the Marine Realm* (National Geographic, 2005), p.326.
41 ルーク・カイバース著、武部俊一他訳『ブルー・リボリューション――海洋の世紀』朝日新聞社、1990年（47頁）。
42 前掲書『われらをめぐる海』（28頁）。

43 C・G・ユング著、林道義訳『元型論』紀伊国屋書店、1999年（12頁）。
ユングは「集合的無意識」と「元型」を以下ように定義する。

集合的無意識とは心全体の中で、個人的体験に由来するのでなくしたがって個人的に獲得されたものではないという否定の形で、個人的無意識から区別されうる部分のことである。個人的無意識が、一度は意識されながら、忘れられたり抑圧されたために意識から消え去った内容から成り立っているのに対して、集合的無意識の内容は一度も意識されたことがなく、それゆえ決して個人的に獲得されたものではなく、もっぱら遺伝によって存在している。（個人的無意識がほとんどコンプレックスから成り立っているのに対して、集合的無意識は本質的に**元型**によって構成されている。）
元型という概念は集合的無意識の観念に必ずついてまわるものであるが、それは心の中にいくつもの特定の形式があることを示唆している。しかもそれらの形式はいつの時代にもどこにでも広く見出される。神話学ではその形式を「モチーフ」と呼んでいる。

44 同書『元型論』（20頁）。
45 Charles Darwin, *The Descent of Man and Selection in Relation to Sex* (London: John Murray, 1871), p. 41.
46 George Sylvester Viereck, “What Life Means to Einstein.” *The Philadelphia the Saturday Evening Post* 26th (October, 1929): p. 117.
47 Albert Einstein, *Cosmic Religion: With Other Opinions and Aphorisms* (New Your: Covici-Friede, 1931), p. 97.
48 エーリック・ノイマン、林道義訳『意識の起源史』紀伊国屋書店、2006年（34～37頁）。
49 曹操著、入谷仙介編訳『中国古典選』（13）朝日新聞社、1966年（92～93頁）。
50 白楽天著、倉石武四郎他訳「海ひろびろ」『中国古典文学全集』（歴代詩選31）平凡社、1960年（156～157頁）。
51 水掛良彦訳『ピエリアの薔薇―ギリシア詞華集選』白馬書房・風の薔薇、1987年（207）。
52 同書（213頁）。
53 呉茂一訳『ギリシア・ローマ抒情詩選』岩波書店、1991年（104）。
54 同書（245頁）。
55 Penelope Murray, “Introduction.” in John Martin Cocking. *Imagination: a Study in the History of Ideas* (London and New York: Routledge, 1991), pp. vii~viii.
56 同書、”Introdution.”, p. viii. これはペネロピが「John Martin Cocking, “Bacon's view of imagination.” in M. Fattori (ed.) *Francis Bacon: Terminologia e Fortuna nel XVII Secolo* (1984): p. 47. 」から援用したものである。
57 John A. Cuddon, *The Penguin Dictionary of Literary Terms and Literary Theory 4th* (London: Penguin Reference, 1998), pp. 303-307.
58 Alfred North Whitehead, *Process and reality : an Essay in Cosmology* (New

York: The Free Press, 1978), p.39. （アルフレッド・N・ホワイトヘッド著、山本誠作訳『過程と実在——コスモロジーへの試論』（上）松籟社、1984年）。
59 Anne Sheppard, *The Poetics of Phatasia: Imagiantion in Ancient Aesthetics* (London: Bloomsbury, 2014), p. 1.
60 同書（14頁）。
61 アリストテレス著、高橋長太郎訳『精神論』河出書房、1937年（161頁）。
62 アリストテレス著、山本光雄訳『霊魂論』岩波書店、1968年（93頁）。
63 アリストテレス著、桑子敏雄訳『心とは何か』講談社学術文庫、1999年（150頁）。
64 アリストテレス著、中畑正志訳『アリストテレス全集(7)』(魂について・自然学小論集)岩波書店、2014年（138頁）。
65 中畑正志「ファンタシアーの変貌——現れ・表象・想像」『思想』（第5号、No.962）岩波書店、2004年（4～26頁）。また『魂の変容——心的基礎概念の歴史的構成』岩波書店、2001年（123～167頁）。
66 前掲書、中畑正志「『魂について』解説」『アリストテレス全集(7)』（475頁）。
67 同書『アリストテレス全集(7)』（魂について・自然学小論集）岩波書店、2014年（136～138頁）。
68 Brett, R. L. *Fancy and Imagination: a Study of Coleridge* (London : Methuen, 1969). （児玉実英訳『空想と想像力』（文学批評ゼミナール6）研究社、1971年）。
69 同訳書（2頁）。
70 同訳書（3頁）。
71 Flavius Philostratus, *The Life of Apollonius,* trans. F. C. Conybeare (Loeb Classical Library, 1912), 6:19. <http://www.livius.org/ap-ark/apollonius/life/va_00. html> Web. 10 Jan. 2012. なお、前掲書、中畑正志『魂の変容』の訳をも参照した。
72 前掲書、*Imagination: a Study in the History of Ideas,* pp. 44-5.
73 ピロストラトス著、秦剛平訳『テュアナのアポロニオス伝（Ⅰ）』京都大学学術出版会、2010年（10～12頁）。
74 フランシス・ベーコン著、服部英次郎、多田英次訳『学問の進歩』岩波文庫、1974年（207～208頁）。
75 前掲書、 *Imagination: a Study in the History of Ideas,* pp. 268-269.
76 広田昌義「モンテーニュからデカルト」『人文科学研究』一橋大学研究年報(12)、1970年3月（283頁）。
77 モンテーニュ著、宮下志朗訳『エセー』（1）白水社、2005年（152頁）。
78 同書（153頁）。
79 同書（155頁）。
80 ルネ・デカルト著、谷川多佳子訳『情念論』岩波書店、2008年（22頁）。
81 前掲誌「モンテーニュからデカルト」『人文科学研究』（315頁）。
82 ルネ・デカルト著、伊吹武彦訳「情念論」『デカルト』（世界大思想全集）河出書房、1956年（220頁）。
83 前掲誌「モンテーニュからデカルト」『人文科学研究』（317頁）。
84 ブレーズ・パスカル著、由木康訳『パンセ』白水社、1990年（44～45頁）。
85 前掲書『空想と想像力』（5頁）。
86 Joel Elias Spingarn ed, "Thomas Hobbes: Answer to Davenant's Preface to

Gondibert (1650)," *Critical Essays of the Seventeenth Century.* Vol.2 (1650-1685). (London and Oxford, 1908), pp. 59-60.
87 デイヴィッド・ヒューム著、木曾好能訳『人間本性論』（第1巻）法政大学出版局、2011年（114頁）。
88 同書（114頁）。
89 同書（120頁）。
90 イマヌエル・カント著、牧野英二訳『判断力批判』（上）岩波書店、1999年（208～209頁）。
91 同書（211～212頁）。
92 Penelope Murray, "Introduction", and ed., *Classical Literary Criticism* (London: Penguin Classics, 2004), p. xx.
93 Anne Sheppard, "Plato and the Neoplatonists." *Platonism and the English Imagination* eds, Anna Baldwin and Sarah Hutton (Cambridge: Cambridge University Press, 1994), p. 12.
94 Penelope Murray, "Introduction." *Plato on Poetry* (Cambridge: Cambridge UP, 1997), p. 24.
95 プラトン著、藤沢令夫訳『国家』（下）岩波文庫、1979年（377頁）。
96 プラトンの「イオン」におけるこの部分は、それぞれの訳によって意味のニュアンスが少しずつ違っているので、日本語の内藤亨代訳と森進一訳、英語の Anne Shepard 訳と Penelope Murray 訳を照合しながら訳出した。それは以下の通りである。内藤亨代訳、山本光雄編『プラトン全集』(6) 角川書店、1974年（113～115頁）。森進一訳『プラトン全集』(10) 岩波書店、1975年（128～129頁）。前掲書、*Platonism and the English Imagination*, p. 13.
97 プラトン著、藤沢令夫訳『パイドロス』岩波書店、1967年（54～55頁）。
98 同書（58頁）。
99 ホメロス著、松平千秋訳『イリアス』（上）岩波書店、1992年（20頁）。
100 同書（43頁）。
101 ホメロス著、松平千秋訳『オデュッセイア』（上）岩波書店、1994年（324頁）。
102 ホメロス著、松平千秋訳『オデュッセイア』（下）岩波書店、1994年（121頁）。
103 Francoise Letoublon, "Epea Pteroenta (" Winged Words")." *Oral Tradition Journal.* Trans, J. M. Foley, 1999.
<http://journal.oraltradition.org/issues/14ii/letoublon>. Web. 9 Aug. 2014.
104 前掲書『オデュッセイア』（下）（59～60頁）。
105 廣川洋一訳『ヘシオドス・神統記』岩波文庫、1984年（37～38頁）。ヘシオドスの『神統記』において、イリスの起源は次のように語られる（265-269）。

さてタウマスは流れも深い大洋《オケアノス》の娘
エレクトラを娶ると彼女は脚迅《はや》い虹《イリス》と髪豊かな
旋風女精《ハルピユイア》たちアエロ、オキュペテを生んだ
彼女たちは風の息吹きや鳥たちと肩を並べるのだ
疾《はや》い翼でもって。空中高く天翔《あまが》けていくのだから。

106 プラトン著、藤沢令夫訳『国家』（上）岩波書店、1979年（173頁）。

107 同書（172頁）。
108 プラトン著、藤沢令夫訳『国家』（下）岩波書店、1979年（342頁）。
109 同書（343〜346頁）。
110 同書（347頁）。
111 同書（377頁）。
112 アリストテレス著、松本仁助ほか訳『詩学』岩波書店、1997年（27〜28頁）。
113 ミシェル・フーコ著、田村俶訳『狂気の歴史——古典時代における——』新潮社、1975年（46頁）。
114 同書（49頁）。
115 同書（50頁）。
116 前掲書、*Platonism and the English Imagination,* pp.16-7.
117 チャールズ・B・シュミットほか著、榎本武文訳『ルネサンス哲学』平凡社、2003年（146頁）。
118 同書、榎本武文「訳者解説」（372頁）。
119 前掲書、*Imagination: a Study in the History of Ideas,* pp. 171-172.
120 Marsilio Ficino, *Platonic Theology.* Trans, Michael J. B. Allen. Vol. 1. (Cambridge, MA: Harvard University press, 2001), p. 5.
121 Marsilio Ficino. *Commentaries on Plato: Phaedrus and Ion.* Trans, Michael J. B. Allen Vol.1. (Cmabridge, MA: Harvard University Press, 2008), p. 195.
122 同書（207頁）。
123 チャールズ・B・シュミット、ブライアン・P・コーペンヘイヴァー著、榎本武文訳『ルネサンス哲学』平凡社、2003年（163頁）。
124 同書（163頁）。
125 サー・フィリップ・シドニー著、富原義彰訳『詩の弁護』研究社、1968年（15頁）。
126 同書（17頁）。
127 同書（119頁）。
128 前掲書、*Plato on Poetry,* p. 25.
129 シェイクスピア、小田島雄志訳『シェイクスピア全集』（12）白水Uブックス、1983年（120〜121頁）。
130 M. A. R. Habib, *A History of Literary Criticism and Theory: From Plato to the Present* (London: Blackwell Publishing, 2005), p. 118.（ハビビによると、この評論は古代末期と中世に現れ、世に知られていたが、ルネサンス期1554年、最初に出版したのはロバーテリ（Robortelli）で、その後1572年にラテン語に翻訳され、1652年ラテン語から英語に訳したのはジョン・ホール（John Hall）だという。また、(Karl Alexsson, *The Sublime: Precursors and British Eighteenth-century Conceptions* [Oxford and New York: Peter Lang, 2007], p. 21.）によると、1674年のラテン語からフランス語のニコラ・ボワロー訳と、それより20年も先の1652年、ラテン語から英語に訳したのはジョン・ホールだという。そこには二つの伝播ルーツがあったことが推測されよう。
131 同書、*A History of Literary Criticism*, p. 118.
132 John Milton, *Tractate of Education.* Ed, Edward Ellis. Morris (London: Macmillan, 1895), p. 18.

133　Jonathan Swift, “On Poetry, a Rhapsody”, *The Works of the Rev. Jonathan Swift.* Vol.8 (London: Nichols and Son, 1801 [reprint of 1733 ed]), p. 166. <https://en.wikisource.org/wiki/The_Works_of_the_Rev._Jonathan_Swift/Volume_8> Web. 3 May. 2008.

134　Alexander Pope, *An Essay on Criticism.* 1709. <http://www.bartleby.com/203/29.html > .Web. 20 Apr. 2008.

135　該当箇所を引用するにあたって、日本語訳と英訳における用語・意味のニュアンスがそれぞれ違っているので、筆者は以下の三種の翻訳を参照して新たに訳出した。

1. Longinus, *On the Sublime.* Trans, H. L. Havell (London and New York: Macmillan, 1890). < www.gutenberg.org >. Web. 5 Jul. 2010.
2. Longinus, On the Sublime. Trans, W. Rhys Roberts (London: Cambridge UP, 1899).　eBooks@Adelaide. < https://ebooks.adelaide.edu.au .>Web. 22 Feb. 2015.
3. ロンギヌス著、小田実訳『崇高について』河合文化教育研究所、1999年。

136 同注の三訳書を参照して訳出した。

137 前掲書、Classical Literary Criticism, p. 48.

138 Anthony, Earl of Shaftesbury, Characteristicks of Man, Manners, Opinions, Times, Vol.1. (Indianapolis: liberty fund, 2001. [reprint of London: Printed by J. Purser, 1737-1738]). The Online Library of Liberty, eBook, p. 31. <http://oll.libertyfund.org/title/811> Web. 4 Jun. 2014.

139 同書、*Characteristicks of Men, Manners, Opinions, Times.* Vol.1. The Online Library of Liberty, eBook, pp82-3. < http://oll.libertyfund.org/title/811 > Web. 4 Jun. 2011.

140 Anthony, Earl of Shaftesbury, *The Life, Unpublished Letters, and Philosophical Regimen of Anthony, Earl of Shaftesbury.* Ed, Benjamin Rand (London: Swan Sonnenschein, 1900), p. 33.

141 前掲書、*Characteristicks of Man, Manners, Opinions, Times.* Vol.2. The Online Library of Liberty, eBook, p. 130. <http://oll.libertyfund.org/title/812> Web. 6 Jun. 2011.

142 エルンスト・カッシーラー著、三井礼子訳『英国のプラトン・ルネサンス――ケンブリッジ学派の思想潮流』工作舎、1993年（184頁）。

143 前掲書、Douglas J. Den Uyl, “Forward.” *Characteristicks of Men, Manners, Opinions, Times.* Vol. 1 (The Online Library of Liberty, 2011), p. 5. <http://oll.libertyfund.org/title/811> Web. 2 Sep. 2014.

144 R. L.　ブレット、児玉実英訳『空想と想像力』研究社、1971年（26頁）。

145 前掲書『英国のプラトン・ルネサンス――ケンブリッジ学派の思想潮流』（186頁）。

146 同書（188頁）。

147 同書（187頁）。

148 Peter Smithers, “Introduction.” *Addison & Steele and Others The Spectator.* Vol.1. ed, Gregory Smith (London: Everyman’s Library, 1967), pp. viii-ix.

149 同書、*Addison & Steele and Others The Spectator.* No.489, Vol.4. ed, Gregory Smith (London: Everyman’s Library, 1966), pp. 47-48.（ただし、訳出に

あたって、福井和美のフランス語から日本語訳『浜辺の誕生——海と人間の系譜学』藤原書店、1992年の訳語の一部分を参照した)。
150 同書、*Addison & Steele and Others The Spectator*. No.489, Vol.4, pp. 48-49.
151 フェデリコ・バルバロ訳『聖書』講談社、1980年(1005〜1006頁)。
152 前掲書、*Addison & Steele and Others The Spectator*. No.489, Vol.4, pp. 49-50.
153 アラン・コルバン、福井和美訳『浜辺の誕生——海と人間の系譜学』藤原書店、1992年(57〜58頁)。
154 Robert Burton, *The Anatomy of Melancholy*. Eds, Thomas C. Faulkner, Nicolas K. Kiessling, and Rhonda L. Blair. Vol.1. (Oxford: Clarendon Press, 1989), pp. 139-40, 250-55. そのなか、とくに項目「想像力のパワーについて」において、著者は自分の体験に基づいて、想像力のネガティブな側面を取り上げて解説を展開している。
155 アラン・コルバン、福井和美訳『浜辺の誕生——海と人間の系譜学』藤原書店、1992年(250〜251頁)。
156 同書(同書の訳注109頁をも参照)。
157 斎藤勇『イギリス文学史』(第四増補版)研究社、1972年(257頁)。
158 前掲書『浜辺の誕生——海と人間の系譜学』(153頁)。
159 同書『浜辺の誕生——海と人間の系譜学』(151〜154頁)。
160 夏目漱石「文学評論」『漱石全集』(第15巻)、岩波書店、1995年(151頁)。
161 前掲書『浜辺の誕生——海と人間の系譜学』(160頁)。
162 早川勇『ジョンソン辞書と「国語」辞典の誕生』春風社(316頁)。
163 『逍遥者』(The rambler)とは、サミュエル・ジョンソンが自ら執筆して、1750年から1752年、中流階級向きの毎週火曜日と土曜日、500部ほど発行する雑誌である。
164 ヘンリー・ヒッチングズ、田中京子訳『ジョンソン博士の「英語辞典」——世界を定義した本の誕生』みすず書房、2007年(47頁)。
165 同書(49頁)。
166 同書(V 頁)。
167 同書(99頁)。
168 同書(3頁)。
169 「たくらみ」について。ジョンソンの引用文は欽定英語訳『聖書』(King James Version. 1611)から収録され、それが当時ヘブライ語やギリシア語から英語の「imagination」と訳されていたが、その他の『聖書』訳は「plot」、「device」、「scheming」などのように様々である。筆者はジョンソンが収録した欽定訳の「想像力 imagination」を示すため、「たくらみ」という訳語に「imagination、想像力」を並列して表示することにした。
170 Samuel Johnson, *Dr. Johnson's Works: The Rambler*. Vol.1. (New York: AMS Press, 1970), p. 285.
171 前掲書『ジョンソン博士の「英語辞典」——世界を定義した本の誕生』(116〜117頁)。
172 前掲書、*The Anatomy of Melancholy*, pp. 139-40; 250-55. そのなか、とくに項目「想像力の力について」において、ネガティブな解説に予防までも展開されている。

173 前掲書『ジョンソン博士の「英語辞典」——世界を定義した本の誕生』（101頁）。
174 Samuel Johnson "Preface", *A Dictionary of the English Language*. Vol.1. Sixth Edition (London: J. F., and C. Rivington Etc., 1785).
175 前掲書『ジョンソン博士の「英語辞典」——世界を定義した本の誕生』（3頁）。
176 Edmund Burke. *A Philosophical Inquiry Into the Origin of Our Ideas of the Sublime and Beautiful; with an Introductory Discourse Concerning Taste*. Vol.1. (London: Johon C. Nimmo, 1887), p. 131.
The Project Gutenberg eBook < www.gutenberg.net >Web. 10 Aug. 2012.
177 ただし、筆者は訳出に当たって原典「Edmund Burke. *A Philosophical Inquiry Into the Origin of Our Ideas of the Sublime and Beautiful*. Vol.1. (London: Johon C. Nimmo, 1887). 」に基づき、以下の先行訳を参考した。中野好之訳『崇高と美の観念の起源』みすず書房、1999年（63頁）と『英国18世紀文学叢書４』に収録された大河内昌訳『崇高と美の起源』研究社、2012年（205頁）である。
178 Paul Barnaby, "Timeline: European Reception of Ossian", *The Reception of Ossian in Europe*. Ed., Howard Gaskill (London: Continuum, 2004), pp. xxi-xxii.
179 Howard Gaskill, "Introduction: 'Benuine poetry…like gold'." and ed, *The Reception of Ossian in Europe* (London: Continuum, 2004), p. 1.
180 リリアン・R・ファースト著、上島建吉訳『ロマン主義』研究社、1971年（36頁）。
181 エルンスト・カッシーラー著、三井礼子訳『英国のプラトン・ルネサンス——ケンブリッジ学派の思想潮流』工作舎、1993年（187頁）。
182 リュディガー・ザフランスキー著、津山拓也訳『ロマン主義——あるドイツ的な事件』法政大学出版局、2010年9月（10～11頁）。
183 ヘルダー著、島田洋一郎訳『ヘルダー旅日記』九州大学出版会、2001年（233～234頁）。
184 同書（237頁）。
185 同書（238～240頁）。
186 同書（318頁）。
187 同書（３頁）。
188 前掲書『ロマン主義——あるドイツ的な事件』(8頁)。または、前掲書『ヘルダー旅日記』(7頁）を参考。
189 前掲書『ヘルダー旅日記』（16頁)。
190 同書（19頁）。
191 同書（8～9頁)。
192 前掲書『ロマン主義——あるドイツ的な事件』（11頁)。
193 前掲書『ヘルダー旅日記』（12～13頁)。
194 フリッツ・マルティーに著、高木実ほか訳『ドイツ文学史——原初から現代まで』三修社、1979年（200～201頁)。
195 前掲書『ヘルダー旅日記』（185～186頁)。
196 その異常な霊的な体験について、ルソーは、「わたしは別の世界を見、別の人間になったのである」といい、その前後の経緯について次のように回顧している。

「わたしは当時、ヴァンセンヌに捕らわれの身であるディドロに会いに行った。メルキュール・ド・フランスをもっていて、それを道すがら読んでいた。わたしはディジョンのアカデミーの問題――それはわたしの第一作を書かせたものだが（いわゆる翌年度の懸賞論文課題『学問・芸術の進歩は、風俗を堕落させたか、それとも純化させたか』のこと。引用者）――に目をおとした。もし突然の霊感に似た何ものかがあるとするなら、それは、これを読んだ時に、わたしの中に起った動きである。突如、わたしは心が数千の光で輝くのを感じ、多くの生々とした考えが、力強く、しかも渾然と生れた。そのために、わたしはいいようのない不安に陥った。酒の酔いにも似ためまいを感じた。烈しく動悸がし、胸がつまり、もはや歩きながら息をすることができなかったので、道ばたの樹のもとに倒れた。半時間ばかり、このような興奮状態にあったが、再び立ち上った時には、いつ流したとも知らぬ涙のために、服の前がすっかり濡れていた。……この樹の下での半時間たらずの間に、心に浮かんだ多くの偉大な心理から引き出すことのできたすべてが、わたしの三つの主要作品の中に、散在している。その三つの作品とは、この第一の論文、不平等についての論文と教育論であって、これらの三つは、切りはなすことができず、全体として一体をなしているものである。……」（ルソー著、前川貞次郎訳『学問芸術論』岩波書店、1968年〈229～239頁〉）。

197 前掲書『ロマン主義――あるドイツ的な事件』法政大学出版局、2010年9月（9頁）。

198 前掲書『ヘルダー旅日記』（315頁）。

199 前掲書『ヘルダー旅日記』（312～313頁）。

200 前掲書『ヘルダー旅日記』（143頁）。

201 Edward Young. *Conjectures on Original Composition.* London: Longmans Green, 1918.

202 グローリア・フラハティ著、野村美紀子訳『シャーマニズムと想像力――ディドロ、モーツァルト、ゲーテへの衝撃』工作社、2005年（186頁）。
（Gloria Flaherty. *Shamanism and the Eighteenth Century* [Princeton, N.J.: Princeton University Press, 1992], p.138. ）。

203 同書（186～187頁）。

204 同書（190頁）。

205 同書（179頁）。

206 同書（187頁）。

207 同書（199頁）。

208 前掲書『ドイツ文学史――原初から現代まで』（200頁）。

209 同書（210頁）。

210 ゲーテ著、山崎章甫訳『詩と真実』（第二部）岩波書店、1997年6月（307～328頁）。

211 ゲーテ著、高木昌史編訳『ゲーテと読む世界文学』青土社、2006年（28頁）。

212 同書（29頁）。

213 前掲書『浜辺の誕生――海と人間の系譜学』（124頁）。

214 前掲書『シャーマニズムと想像力――ディドロ、モーツァルト、ゲーテへの衝撃』（240～241頁、前掲書、[Gloria Flaherty, pp, 175-76.]）。
215 ゲーテ著、神品芳夫訳『ゲーテ全集』（6）潮出版社、1979年（9頁）。
216 前掲書『シャーマニズムと想像力――ディドロ、モーツァルト、ゲーテへの衝撃』（240～242頁）。
217 同書（242～244頁）。
218 同書（244頁）。
219 同書（252頁）。
220 同書（236～237頁）。
221 エッカーマン著、山下肇訳『ゲーテとの対話』（下）岩波文庫、1969年（43頁）。
222 ゲーテ著、山崎章甫訳『詩と真実』（第三部）岩波書店、1997年６月（123～124頁）。
223 前掲書『ロマン主義――あるドイツ的な事件』（１頁）。
224 フリードリヒ・シュレーゲル著、山本定祐訳「アテネーウム断章」『ドイツ・ロマン派全集』（第十二巻）国書刊行会、1990年（158頁）。
225 プラトン著、藤沢令夫訳『国家』（下）岩波書店（文庫）、1979年（342頁）。
226 プラトン著、内藤亨代訳「イオン（534b）」『プラトン全集６』角川書店、1974年（113～115頁）。
227 フリードリヒ・シュレーゲル著、山本定祐訳「アテネーウム断章」『ドイツ・ロマン派全集』（第12巻）国書刊行会、1990年（157～158頁）。
228 ハインリヒ・ハイネ著、井上正蔵訳『歌の本』（ハイネ全集）角川書店、1972年（24頁）。
229 同書（163頁）。
230 同書（202頁）。
231 同書（244頁）。
232 Howard Isham, *Image of the Sea: Ocean Consciousness in the Romantic Century.* (New York: Peter Lang, 2004), p. 116.
233 冨重純子著「ドイツの海岸――海辺のハイネ」『福岡大学人文論叢』（第46巻第1号、通巻第180号）福岡大学研究推進部、2014年６月（177～178頁）。
234 同書（178～179頁）。
235 ハインリヒ・ハイネ著、角信雄訳『北海・随想』白水社、1949年（34～35頁）。
236 前掲書『歌の本』（534～580頁）。ハイネの詩集『北海』は、「第一輯」が12篇の詩からなり、そのタイトルはそれぞれ以下のようになる。つまり、1「戴冠式」、2「たそがれの薄明」、3「落日」、4「浜辺の夜」、5「海神」、6「告白」、7「夜の船室にて」、8「嵐」、9「海の凪」、10「海のまぼろし」、11「純化」、12「平和」である。
237 工藤庸子『ヨーロッパ文明批判序説――植民地・共和国・オリエンタリズム』東京大学出版会、2003年（26頁、28頁）。
238 前掲書『浜辺の誕生――海と人間の系譜学』（56頁）。
239 前掲書『ヘルダー旅日記』（8頁）。
240 前掲書『ヨーロッパ文明批判序説――植民地・共和国・オリエンタリズム』（28頁）。

241 前掲書『浜辺の誕生——海と人間の系譜学』（57～58頁）。
242 同書『浜辺の誕生——海と人間の系譜学』（60頁）。
243 同書『浜辺の誕生——海と人間の系譜学』（88頁）。
244 鈴木雅生編訳「ジャック＝アンリ・ベルナルダン・サン＝ピエール年譜」『ポールとヴィルジニー』光文社、2014年（256頁）。
245 矢野常有「ベルナルダン・ド・サン＝ピエール」『フランス文学辞典』白水社、1974年（673頁）。
246 クロード・ジョゼフ・ヴェルネ「ヴィルジニーの死」（87×130cm）1789年（エルミタージュ美術館）（Claude Joseph Vernet：Death of Virginia）。
247 前掲書、*Image of the Sea: Ocean Consciousness in the Romantic Century,* p. 140.
248 前掲書『ポールとヴィルジニー』（176～178頁）。
249 同書『ポールとヴィルジニー』（218～220頁）。
250 同書『ポールとヴィルジニー』（190～191頁）。
251 宮内璋・松本厚訳、アリストテレス「断片集」『アリストテレス全集』（17）岩波書店、1972年（525～526頁）。またフリードリヒ・ニーチェ著、秋山英夫訳、『悲劇の誕生』岩波文庫、1966年（44頁）。人間の本質について古代ギリシャの伝説から引き合いに出される話であるが、その伝説によるとミダス王は、知恵の持主であるシレノスに人生の最もよいことを教えてくれと強要したところ、シレノスは、「みじめな一日だけの種族よ、偶然と苦労の子らよ。聞かないほうがおまえにとって一番ためになることを、どうしておまえはむりに私に言わせようとするのか？一番よいことは、おまえには、とうていかなわぬこと。生まれなかったこと、存在しないこと、無であることだ。しかし、おまえにとって次善のことは——すぐ死ぬことだ」と応えたそうだ。
252 伊東冬美『フランス大革命に抗して——シャトーブリアンとロマン主義』中公新書、1985年（23頁）。
253 シャトーブリアン著、辻昶訳「ルネ」『名作集⑴』（筑摩世界文学大系86）筑摩書房、1975年（51頁）。
254 富永茂樹「情熱と憂鬱——シャトーブリアン『ルネ』における『病い』の解読」『生と死の弁証法』（叢書「文化の現在」（6）岩波書店、1980年（205頁）。
255 前掲書「ルネ」『名作集⑴』（筑摩世界文学大系86）筑摩書房、1975年（61頁）。
256 シャトーブリアン著、田辺貞之助訳『キリスト教精髄——キリスト教詩学』⑵ 創元社、1950年（129頁）。
257 シャトーブリアン著、田辺貞之助訳『キリスト教精髄——キリスト教詩学』⑴（217～219頁）。
258 同書（219頁）。
259 前掲書『キリスト教精髄——キリスト教詩学』⑵（177頁）。
260 山内宏之「シャトーブリアンの『キリスト教精髄』から『墓の彼方からの回想』に至る道程——その成立をめぐって」『創立十周年記念論文集』獨協大学、1974（158頁）。
261 前掲書、*Image of the Sea: Ocean Consciousness in the Romantic Century,* 153.

262 William Blake, and Geoffrey Keyes, *Poetry and Prose of William Blake*. 4th ed. Vol. 1. (London: The Nonesuch Press, 1939), p. 639. (ただし、訳出にあたって、梅津濟美訳『ブレイク全集』名古屋大学出版会、1995年（1094頁）と、セシル・マウリス・バウラ著、床尾辰男訳『ロマン主義と想像力』（4頁）を参照した。
263 同書、*Poetry and Prose of William Blake*, p. 638.
264 C・M・バウラ著、床尾辰男訳『ロマン主義と想像力』みすず書房、1974年（5頁）。
265 前掲書、“Annotations to Wordsworth’s Poems”, *Poetry and Prose*, p. 821.
266 ウィリアム・ワーズワース著、山内久明編『ワーズワース詩集』（イギリス詩人選３）岩波書店、1998年（119～123頁）。
267 A. W. Price, “Wordsworth’s Ode on the Intimations of Immortality”, Anna Baldwin and Sarah Hutton eds., *Platonism and the English Imagination* (Cambridge: Cambrdige UP, 1994), p. 217.
268 Lord Byron, “Poetry, Canto Second.” *Don Juan.* Ed, Ernest Hartley Coleridge. Vol. 4. (London, 1903), p. 138.
269 前掲書、*Platonism and the English Imagination,* p. 227.
270 William Wordsworth, “Preface to Lyrical Ballads.” *Harvard Classic: Preface and Prologues.* Ed, Charles William Eliot. Vol. 39 (New York: P.F. Collier & Son, 1909-14), p. 6. <http://www.bartleby.com/39/36.html> 20. Aug. 2014.
訳出にあたって（ワーズワース、コールリッジ著、宮下忠二訳『抒情歌謡集』大修館、1984年）を参考にした。
271 前掲書『ワーズワース詩集』（イギリス詩人選３）岩波書店（155頁）。ただし、この部分は、「想像力」にとって、きわめて重要な部分で、山内久明訳に改訳したことを付記しておく。
272 同書（155頁）。
273 同書（157頁）。
274 上島建吉「コールリッジ略伝」『コールリッジ詩集』（イギリス詩人選７）岩波書店、2002年（330頁）。
275 前掲書、バウラ著『ロマン主義と想像力』（84頁）。
276 同書（91頁）。
277 同書（112頁）。
278 Samuel Purchas. *Purchas His Pilgrimage.* (Londoen: Printed by William Stansby for Henrie Retherstone, 1614), p. 415.
<https://archive.org/details/purchashispilgri00purc > Web. 24 Sep. 2014.
279 元上都のオフィシャル・サイト
<http://baike.baidu.com/view/52978.htm > Web. 4 Feb. 2014.
280 J・L・ボルヘス著、堀内研二訳『夢の本』国書刊行会、1992年（181頁）。
281 世界文化遺産（UNESCO）のオフィシャル・サイト
<http://whc.unesco.org/en/list/1389> Web. 22 Jun. 2015.
282 コールリッジ著、野上憲男訳『S. T.コールリッジ詩集』成美堂、1996年（385～388頁）。
283 前掲書、*Addison & Steele and Others The Spectator.* No.487, Vol.4., p. 44.

284 ホルヘ・ルイス・ボルヘス著、堀内研二訳『夢本』国書刊行会、2000年12月（182～183頁）。
285 サミュエル・コールリッジ著、桂田利吉訳『文学評伝』法政大学出版局、1976年（194頁）。
286 M・H・エブラムズ著、水之江有一訳『鏡とランプ——ロマン主義理論と批評の伝統』研究社、1976年（vi）。
287 笹原順路編『バイロン詩集』（対訳８）岩波文庫、2009年（57～59頁）。
288 阿部知二訳『バイロン詩集』新潮文庫、1951年（100～101頁）。
289 前掲書『海と文明』（18頁）。
290 柳田国男『海上の道』岩波書店、1978年（15頁）。
291 前掲書『海と文明』（9頁）。
292 同書『海と文明』（6～7頁）。
293 同書『海と文明』（9頁）。
294 島崎藤村「椰子の実」『島崎藤村全集』筑摩書房、1966年（287頁）。
295 前掲書『文学における海』（97頁）。
296 レイチェル・カーソン著、上遠恵子訳『潮風の下で』岩波文庫、2012年（253～254頁）。
297 レイチェル・カーソン著、日下実男訳『われらをめぐる海』早川書房、1977年（25～28頁）。
298 レイチェル・カーソン著、上遠恵子訳『海辺——生命のふるさと』平凡社、2000年、（11～12頁）。
299 ロバート・モリソン『華英・英華辞典』(Robert Morrison. *A Dictionary of the Chinese language: In Three Parts.* Macao: Printed at the Honorable East India Company's Press, 1812-1823.)
300 早川勇『日本の英語辞典と編纂者』春風社、2006年（26頁）。
301 Morrison, Robert, and Eliza A. Mrs. Morrison. *Memoirs of the Life and Labours or Robert Morrison, D.D.* Vol.1 and 2 (London, Longman, 1889), pp. 412-13.
302 宮田和子『英華辞典の総合的研究——19世紀を中心として』白帝社、2010年（51頁）。
303 Written by Anonymity, “An Apitaph for Dr. Morrison”, *The Chinese Repository.* Vol.3 (Canton and Macao: Printed at the Office of the Chinese Repository, 1835), p. 182.
304 前掲書、*A Dictionary of the Chinese Language: In Three Parts.* Part 2., p. 701. 「五車韻府」。
305 前掲書、*A Dictionary of the Chinese Language: In Three Parts.* Part 3., 1822, p. 221.
306 前掲『英華辞典の総合的研究——19世紀を中心として』（26頁）。
307 モリソンは、ウィリアム・ミルン（1785-1822）と共に、マラッカで月刊誌『察世俗毎月統記傳』（*Chinese Monthly Magazine*:1815-1821）を発行し、史上初の中国語の近代雑誌となり、同じく史上初中国本土の『聖書』（1823）出版を果たし、また史上初中国人向きの洋学校「英華書院」をも開校した（1818）という。

<https://zh.wikipedia.org/wiki/馬礼遜> Web. 11 Aug. 2015.
308 Walter Henry Medhurst, *A Dictionary of the Hok-Keen Dialect of the Chinese Language.* Macao and Batavia: Printed at the Honorable East India's, by G.J. Steyn and Brother, 1832-1837.
309 Walter Henry Medhurst, *Chinese and English Dictionary.* Shanghai: Printed at the Mission, 1847-1848.
310 沈国威編『近代英華華英辞典解題』関西大学東西学術研究所、関西大学出版部、2011年（60頁）。
311 Elijah Coleman Bridgman. *A Chinese Chrestomathy in the Canton Dialect.* Macao: S.W.Williams,1841.
312 Samuel Wells Williams. *English and Chinese Vocabulary, in the Canton Dialect.* Macao: Printed at the Office of the Chinese Repository, 1844.
313 前掲書『近代英華華英辞典解題』（101頁）。
314 『日葡辞書（邦訳）』岩波書店、1980年。
315 『波留麻和解』（ハルマ和解・蘭和辞典・第2巻、第8巻）ゆまに書店、1997年。「ハルマ和解・蘭和辞典」の語源と対訳は、その後の辞典編纂にとって重要な基礎になるが、そこに見られる「denken」（第2巻、69頁）」「verbeelding; voorstellen」（第８巻、58頁、449頁）などには、「思、顕ス、思想ス、考定ス」などの文言によって訳されており、「想像」という言葉は、まだ登場していない。
316 本木正栄『諳厄利亜語林大成』（静嘉堂文庫蔵、大槻文彦旧蔵複製）雄松堂書店、1976年。
317 扶歇蘭度(フーフェランド) 著、緒方洪庵訳『扶氏経験遺訓』第９巻、1858年（11頁）、(医学資料デジタル資料、lib.m.u-tokyo.ac.jp)。原著は（ C. W. Hufeland. *Enchiridion medicum oder Anleitung zur medicinischen Praxis* (Berlin: Jonas Verlagsbuchhandlung, 1842), p. 170.）である。
318 堀達之助、西周ら『英和対訳袖珍辞書』洋書調書、1862年（193頁）。
319 津田真道「想像論」『明六雑誌』（13号）。報知社、1875年。
320 ジョセフ・ヘボン著、西周訳『心理学』（第3巻）文部省刊行、1876年（第2部第2篇「想像力ヲ論ス」78～122頁。原著は（Heven, Joseph. *Mental philosophy; including the intellect, sensibilities, and will.* New York: Gould and Lincoln, 1857).
321 Gerald Vaughn, “Amherst Professor Joseph Haven and His Influence on America's Greatest Social Critic, Thorstein Veblen”, *Historical Journal of Massachusetts* Volume 34, No. 1., (Winter 2006): p. 39-55.
<http://www.westfield.ma.edu/mhj/pdfs/Vaughn%20winter%202006%20combined.pdf>Web. 22 Aug. 2014.
322 菊池大麓訳『修辞及華文』文部省印行、1879年（近代デジタルライブラリー)。William And Rorbert Chambers eds, “Rhetoric and Belles-Letters.” *Information for the People* (London and Edinburgh: W. and R. Chambers.1857), pp. 737-52.
<https://babel.hathitrust.org/cgi/pt?id=iau.31858042686216;view=1up;seq=764;size=200> Web. 12 Feb. 2012.
323 William And Rorbert Chambers eds. “Preface”, *Information for the People.* Vol.1, (Philadelphia: J. B. Lippincott & Co. 1857). ‘that the “INFORMATION FOR THE PEOPLE” is not an encyclopaedia in the comprehends meaning of

the word, but rather one embracing only the more important departments of general knowledge.' この序文で「人々のための知識」とは、総合的な意味の用語の百科事典ではなく、むしろ一般知識の重要な領域を収録したものだということが強調されているが、その序文の編集方針をそのまま反映しているとは言えないが、「修辞及華文」は1857年版から編入されたものである。

324 前掲書『修辞及華文』（46頁）。

325 Alexander Bain. *English Composition and Rhetoric: a Manual* (New York: D. Appleton and Company, 1867).

326 菅谷廣美著『「修辞及華文」の研究』教育出版センター、1978年（346〜347頁）。

327 同書（344頁）。

328 柳田泉著『「小説神髄」の研究』春秋社、1966年（45頁）。

329 坪内逍遥『小説神髄』（『明治文学全集』16）筑摩書房、1969年（17頁）。

330 高田早苗著『美辞学』（前編・緒言）金港堂、1889年（3頁）。

331 同書『美辞学』（後篇）（22〜23頁）。

332 同書『美辞学』（後篇）（117〜120頁）。

333 同書『美辞学』（前編・総論）（5〜6頁））。

334 坪内雄蔵『逍遥選集』（第11巻）春陽堂、1927年（7頁）。

335 坪内逍遥講述、白髭武三次筆記『修辞学』(早稲田大学古典総合データベース)：<http://www.wul.waseda.ac.jp/kotenseki /html/he01/he01_04416/index.html> Web. 27 Dec. 2010.
ただし、この『修辞学』講義は、坪内逍遥がいつ行なったのか、その時期について不明である。筆記者の白髭武三次の著作の記録からみると、白髭武三次によって訳されたドイツ、ワグネル撰「マーシャル氏著経済原論を評論す」の一文は、1891年に掲載されたことから推測して、白髭は、恐らく坪内逍遥が中心となって1890年早稲田大学前身の「東京専門学校」において「文学科」を設立した時期以降の講義を受講していたのではないかと考えられる。したがって、この『修辞学』は恐らく1890年〜1891年の間に記録されたものだと考えることができる。

336 前掲書『逍遥選集』(第11巻) (8頁)。

337 坪内逍遥「序」、島村瀧太郎『新美辞学』（早稲田叢書）東京専門学校出版部、1902年（序）。

338 同書『新美辞学』（523頁）。

339 速水博司『近代日本修辞学史——西洋修辞学の導入から挫折まで』有朋堂、1988年（280頁）。

340 波多野完治『文章心理学』（全集１）小学館、1990年（57〜59頁）。

341 同書（69頁）。

342 前掲書『空想と想像力』（１頁）。

343 島田謹二『翻訳文学』（日本文学教養講座13）至文堂、1951年（19頁）。

344 同書（23頁）。

345 同書（24頁）。

346 中山竹峰編『新体軍大全』図書出版、1887年（近代デジタルライブラリー）。

347 古梅散史編『新体日本軍歌集』敬文堂、1892年（近代デジタルライブラリー）。

348 大和田建樹訳『書生唱歌』（国府寺新作・大和田建樹著訳）1886年7月（15〜25

頁)。（早稲田大学図書館古典籍総合データベース：<http://archive. wul.waseda.ac.jp /kosho/bunko03a/bunko03a_00145/> Web. 27 Dec. 2010.

349 市川毅「いねよかし」、慶應義塾大学国文学研究会編『森鷗外・於母影研究——国文学論叢（七）』桜楓社、1985年（23頁)。

350 小堀桂一郎『若き日の森鷗外』東京大学出版会、1969年（385頁)。

351 同書（441頁）（初出「『国民の友』第五〇號、1889年5月11日」)。

352 同書（447頁）（初出「『讀賣新聞』第四一九八號、1889年22年１月３日刊」、小堀桂一郎教授の復刻による」。

353 同書（447頁)。

354 同書（401頁)。

355 同書（447頁)。

356 前掲書、古郡康人「題字」『森鷗外・於母影研究——国文学論叢（七）』（7頁)。

357 平川祐弘『和魂洋才の系譜——内と外からの明治日本』（上）平凡社、2006年（227〜228頁)。

358 同上（228頁)。

359 森鷗外『鷗外全集』（第一巻）岩波書店、1952年（207〜214頁)。

360 前掲書、市川毅「いねよかし」『森鷗外・於母影研究——国文学論叢（七）』（29頁)。

361 島田謹二『翻訳文学』（日本文学教養講座）至文堂、1951年（80〜82頁)。

362 同書（85頁)。

363 石橋忍月「舞姫」「うたかたの記」「新著百種第十二号文づかひ」、福田清人編『明治文学全集』(23）筑摩書房、1971年（272〜279頁)。

364 同書（274頁)。

365 森鷗外『森鷗外集』、唐木順三編（『明治文学全集』27）筑摩書房、1965年（16頁)。

366 森鷗外「医学の説より出でたる小説論」（『読売新聞』1889年１月3日）『鷗外全集』（22巻）岩波書店、1973年（2頁)。

367 同書『鷗外全集』（22巻)、「文学と自然と」(初出『国民之友』（第50号1889年5月11日）に「「文学ト自然」ヲ読む」と題し、のち修正して『柵草紙』（第28号1894年1月）にこの表題で再掲載し、「没理想論争」の後も一貫している文学観である)(13頁)。

368 Esterhammer, Angela, "The Cosmopolitan Improvvisatore: Spontaneity and Performance in Romantic Poetics." *European Romantic Review.* Vol.16, No.2. (April 2005): p. 153.

369 森鷗外（森林太郎）訳『即興詩人』（上）春陽堂、1902年（19〜20頁)。

370 同書（141〜142頁)。

371 同書（205頁)。

372 島田謹二『翻訳文学』（日本文学教養講座13）至文堂、1951年（29頁)。

373 島田謹二『近代比較文学——日本における西洋文学定着の具体的研究』光文社、1956年（213〜218頁)。

374 同書（219〜220頁)。

375 正宗白鳥著「森鴎外」、明治文学全集（27）『森鴎外集』筑摩書房、1965年（424頁）。
376 小泉信三著「即興詩人」、『森鴎外集』〈明治文学全集（27）〉筑摩書房、1965年（428～430頁）。
377 安野光雅『絵本・即興詩人』講談社、2002年。
378 川口朗「解説」、森鴎外『即興詩人』岩波書店、1988年〈第46刷〉（270頁）。
379 クヌート・ベア「解説」、ハンス・クリスチャン・アンデルセン著、鈴木徹郎訳『即興詩人』（エリック・デール〈デンマーク王立国語国文学会長〉編集『アンデルセン小説・紀行文学全集』（第二巻）東京書籍、1987年（522頁）。
380 同上書（527頁）。
381 森於菟『森鴎外』養徳社、1946年（186～189頁）。
382 前掲書『森鴎外集』筑摩書房（96頁）。
383 同書（97頁）。
384 同書（105頁）。
385 鄭傑文『20世紀墨子研究史』北京清華大学出版部、2002年（44頁）。
386 劉建雲著『中国人の日本語学習史――清末の東文学堂』学術出版会、2005年（101頁）。
387 Antonio S. Cua, “The Emergence of the History of Chinese Philosophy”, ed, Bo Mou, *Routledge History of World Philosophies: History of Chinese Philosophy*. Vol.3 (London: Routledge, 2009), p. 48.
388 耿雲志、王法周「『中国哲学史大綱』導読」、胡適『中国哲学史大綱』上海古籍出版社、1997年（13～15頁）。
389 「経学」、四書五経を研究する学問。
390 「三玄学」、「老子」、「荘子」と「易書」のことを指す。
391 鄭子瑜『中国修辞学史稿』上海教育出版社、1984年（494～495頁）。
392 劉大白「初版劉序」、陳望道『修辞学発凡』上海教育出版社、1976年（288頁）。
393 桑兵著、村上衛訳「近代『中国哲学』の起源」、石川禎浩、狭間直樹編『近代東アジアにおける翻訳概念の展開』京都大学人文科学研究所、2013年（164～165頁）。
394 周振甫注釈『文心彫龍注釈』人民文学出版社、1981年。
395 王運熙、周鋒編『文心彫龍訳注』上海古籍出版社、1998年（244～251頁）。
396 前掲書『文心彫龍注釈』（305～307頁）。
397 王運熙、顧易生編『中国文学批評史』（上）1979年（新版）（180～182頁）。
398 郭紹虞、王文生編『中国歴代文論選』上海古籍出版社、1998年（238頁）。
399 施友忠（1902-2001）：北京大学出身、1938年南カルフォルニア大学哲学博士取得。中国各地で教えた後、1945年アメリカ、シアトル大学で教える。
400 Liu Hsieh, *The Literary Mind and the Carving of Dragons: A Study of Thought and Pattern in Chinese Literature*. Trans, Vincent Yu-Chung Shih (New York: Columbia University Press, 1959), pp. 154-158.
401 Liu Hsieh, *The Book of Literary Design*. Translated by Siu-kit Wong, Allan Cong Chung-hang Lo, Kwong-tai Lam. (Hong Kong: Hong Kong UP, 1999), p.

101.
402 劉穎『英語世界〈文心彫龍〉研究』（第38章）（『文心彫龍』部分篇章英訳解析5)。<http://www.qb5200.com /xiaoshuo/68/68536 /7695825.html>. Web. 20 May. 2014.
403 同上サイト。
404 Stephen Owen, *Readings in Chinese Literary Thought* (London and Massachusetts: Council on East Asian Studies, Harvard University, 1992), 201.
405 黄冠閔「神与物遊——論『文心彫龍』中的想像仲介問題」『漢学研究』（第23巻、第１期）2005年６月（165頁）。
406 蔡俊「『文心彫龍』与印度・欧文論之比較」『淡江人文社会刊』（第38号）台湾淡江大学、2009年（8頁）。
407 陳鳳秋「『文心彫龍』理論在高中国文範文教学之応用」国立台湾師範大学文学系博士論文（登録番号 BM05880）2012年6月。
<http://ch.ntnu.edu.tw/per3/archive.php? class=604>. Web. 10 Aug. 2015.
408 劉勰著、戸田浩暁訳『文心彫龍』（下）明治書院、1978年（395～397頁）。
409 一海知義・與膳宏訳『陶淵明・文心彫龍』（世界古典文学全集25）筑摩書房、1968年（374頁）。
410 「想象」『中国大百科全書』(『中国文学』)中国大百科全書出版社、1988年。
なお、「想象・Imagination」『中国大百科全書』（第二版）中国大百科全書出版社、2009年。
411 韓非子著、金谷治訳注『韓非子』（第二冊）岩波書店、1994年（52頁）。なお、分かり易さを考慮して改訳を施したが、金谷訳とは用語上、相違がある。
412 Liao, W.K. trans. *The Complete Works of Han Fei Tzu.* 2 vols (London: Arthur Probsthain, 1959). この韓非子の第20「解老篇」英訳の「Hence the saying: "It is the form of the formless, the image of the imageless." 65」は、『老子』第十四章の「無状之状、無物之象」の文言にあたるが、その訳注の「65」において、「65. In accordance with Lao Tzŭ's text 無物 should be 無象」と記されており、つまり「原典によると、『物』は『象』であるべきで、「Liao」は「象」として訳す。しかし、この原点の「無物」は、いつ、どこで、誰が「無象」に変更させたか不明である。中国語テクストにおいて殆ど問題にならないが、英訳になると、「イメージ」（象）のない「イメージ」（象）なのか、それとも「物」のない「イメージ」なのか、解釈によって大きな差異が見られる。ここで、「象」（イメージ）をめぐって老子から韓非子までの解釈が違ってくるが、それは「象」という感じは起源からすでに問題がはらんでいることが示されている。
<http://www2.iath.virginia.edu/xwomen/sitemap.html>. Web. 9 Jan. 2014.
413 段玉裁『説文解字注』台湾芸文印書館、1990年（464頁）。
414 『中国大百科全書』の初版（1993）は国家のプロジェクトとして、1978年にスタートを切り、15年間延べ2万人の執筆者が参加して出版されたもので、改良後の「国際慣例に適した」第二版は、2009年出版され、中国ではもっとも権威的な情報源だと見なされている。
415 『中国大百科』オンライン版の情報の正確さを確認したところ、以下の説明が

あり、一般汎用のウェブサイトとは一線を画しているようだ。

「『中国大百科』オンライン版は、『中国大百科全書』と「中国百科専門用語」を基礎にしたデータ・バンクであり、内容は網羅的で、データは権威があり、合計8万語と5万枚の絵図が収録されたものである。図書館のデータ・バンクの情報資源の建設に提供できるよう、検索エンジンが完備され、データの拡張も可能である」。（http://ecph.cnki.net）

416 高旭東『跨文化的文学対話——中西比較文学与詩学新論』中華書局、2006年（32頁）。

417 夏目漱石『吾輩は猫である』岩波書店（岩波文庫）1990年（245～246頁）。

418 同上書（246～247頁）。

419 前掲書『浜辺の誕生——海と人間の系譜学』。アラン・コルバンはリチャード・ラッセルの海の再発見について次のように指摘する。「波うちぎわの猟師たちはこぞって海水を薬として用いているし、水夫たちも経験から海水を下剤の代わりに服用している——ラッセルは以前からこのことを察知していた。となれば、あとは海水の持つ薬効を理論的に説明するだけでよかった。1750年、ラッセルは20年近くつづけてきた実験と考究の成果を、ラテン語でつづられた本のなかで披瀝する」（151頁）。

420 前掲書『吾輩は猫である』（247頁）。

421 著者リチャード・ラッセル本人によるラテン語から英訳した該当書としては、（Richard Russell. *A Dissertation on the Use of Sea Water in the Diseases of the Glands: Particularly the Scurvy, Jaundice, King's-Evil, Leprosy, and the Glandular Consumption* [Oxford: Theatre, 1753].）を見ることができる。*Google Books.*Web. 5 Jan. 2015.

422 夏目漱石「坊っちゃん」『漱石全集』（第二巻）岩波書店、1966年（283～284頁）。

423 夏目漱石『夢十夜・他二篇』岩波文庫、1986年。

424 山口久明「注解」『漱石全集』（第十三巻）岩波書店、1995年（567頁）。

425 夏目漱石『漱石全集』（十三巻）岩波書店、1995年（4頁）。

426 同書（13頁）。

427 同書（18頁）。

428 同書（19頁）。

429 ホイットマン著、酒本雅之訳『草の葉』（上）岩波文庫、1998年（50～52頁）。

430 坂本育雄編『夏名漱石「夢十夜」作品論集成』（全三巻）大空社、1996年。

431 同右書『夏名漱石「夢十夜」作品論集成』（16頁）。

432 赤木桁平「夏目漱石論」『ホトトギス』1914年3月1日（130頁）。

433 山本捨三「漱石初期浪漫主義と『夢十夜』の解釈」『相愛女子短期大学研究論集』（創刊号）相愛女子短期大学、1954年6月（70頁）。

434 伊藤整「解説」『現代日本小説大系』（第十六巻）河出書房、1949年5月（417頁）。

435 平岡敏夫「夏目漱石研究史論」『日本文学』未来社、1966年9月（39頁）。

436 江藤淳「夏目漱石論（下）——漱石の位置について）『三田文学』三田文学会、1955年12月（48頁）。

437 駒尺喜美『漱石・その自己本位と連帯と』八木書店、1970年（45頁）。
438 平岡敏夫・駒尺喜美「公開研究会――『夢十夜』をめぐって」『日本文学』1971年（23頁）。
439 柄谷行人「内側から見た生――『夢十夜』論」『季刊芸術』（第五巻第三号）1971年7月（90～91頁）。
440 漱石の「異人のようであった」という記述をそのまま「異人」だと認めた批評・研究は数多くある。例えば、柄谷行人は「内側から見た生――『夢十夜』論」（『季刊芸術』第五巻第三号、1971年7月〈91頁〉）において「この夢の素材は留学の際の船旅であろうが、この不気味な幽霊船のイメージが象徴しているのはむろん漱石の生そのものであり、同時にまた明治日本の漂流感である。なぜなら、この船の乗客はほとんど異人で、『船に乗っている事さえ忘れている』ように呑気にみえるからだ」と、「大きな船」を漱石の個人の人生として解釈して、その「人生」の船に乗っている客は「ほとんど異人」であるというような読みをしている。また坂本浩も「大きな船」を「当てもなく流される近代日本の姿」としながら、なぜか「船の乗合客はほとんど異人ばかりである」（「『夢十夜』の理念と構想」成城国文学論集、1972年〈１頁〉）と念を押している。夢主の漱石がいったのは「異人」ではなく、「異人のよう」な人々で、「異人のよう」な真似をしていた「邦人」であり、「鹿鳴館」を代表とする急進的な西欧追随の「明治日本文明船」の比喩だとして解釈した方がより妥当だろう。
441 伊澤修二編『小学唱歌集（初編）』文部省蔵版、1982年（海後宗臣編『日本教科書大系近代編第二十五巻（唱歌）』講談社、1965年）。
442 小宮豊隆「解説」『漱石全集』（第二巻）岩波書店、1966年（869頁）。
443 同上書（861頁）。
444 三好行雄編『夏目漱石事典』（別冊国文学39号）学燈社、1990年7月（42頁）。
445 平岡敏夫「漱石の文明批評」、吉田精一編『夏目漱石必携』学燈社、1967年（52頁）。
446 『草枕』の漢詩文とその詩興に対する本場の中国と台湾の研究者の間にも評価が高い。例えば日本文学研究者、台湾輔仁大学教授林水福は、以下のように述べ、賞賛の言葉を惜しまない。

（前略）漱石の漢学の造詣が相当深く、教養も広い、とくに『草枕』において十二分に発揮されている。彼によって駆使された漢文の辞句、掌られた見事な語句は、恐らく幼いから中国語にどっぷりと浸かったわれわれ炎黄の子孫ですら、彼に及ばないのを嘆かざるを得ない。（林水福「解説」、石榴紅工作坊訳『日本経典文学大系(34)〈夏目漱石・草枕〉』花田文化股分有限公司、1995年〈9頁〉引用者訳）。

447 前掲書、夏目漱石『漱石全集』（第二巻）（514～515頁）。
448 同上書（519頁）。

449 同上書（526～528頁）。
450 同上書（529～531頁）。
451 例えば浪漫主義、象徴主義、自然主義などの諸流派であるが、とりわけ『草枕』上梓の前年に上田敏による訳詩集『海潮音』の刊行は、近代日本文学全体に与えた影響が大きい。『海潮音』において収録された数々の海に関する詩を読んでみればわかるように、西洋文学の海と海辺の美意識と、その「精神システム、情動システム」の受容において、それが当時の文壇にとって「バイブル」のような存在だったともいえる。
452 『草枕』上梓後40年、ルース・ベネディクトは『菊と刀』において『草枕』に呈示された「美と死」、「花と武士」という同様な象徴的な美意識を再発見したが、この両者が時代を隔て、ジャンルを異にしておなじところに符合したのが決して偶然のことではなかろう。
453 前掲書『漱石全集』（第六巻）（5～11頁）。
454 柄谷行人『日本近代文学の起源』講談社、1988年（42頁）。
455 竹村則行著「王国維の境界説と田岡嶺雲の境界説」『中国文学論集』九州大学中国文学会、1986年12月（135頁）。原典は「『静安文集継編』所収。『王観堂先生全集』（文華出版公司、1968年）冊五」にある。
456 劉耘華著「詩学論」、楊乃橋編『比較文学概論』北京大学出版社、2006年第三版、第六刷（360頁）。
457 王国維著「人間詞話」郭紹虞ほか編『中国古典文学理論批評専著選輯〈慧風詞話〉、〈人間詞話〉』人民文学出版社、1982年（191頁）。
458 魯迅著、北岡正子訳「摩羅詩力説」『魯迅全集』（一）学習研究社、1984年。
459 同右書「摩羅詩力説」『魯迅全集』（127～128頁）。
460 魯迅著「拿来主義」『魯迅全集』（第六巻）人民出版社、1987年（38～41頁）。
461 魯迅、「故郷」『新青年』（第九巻第一号）1921年５月に刊行される。『魯迅全集』（第一巻）人民文学出版社（1981年）に収録（476～486頁）。
462 魯迅著、竹内好訳『阿Ｑ正伝・狂人日記』（他十二篇）岩波書店、2015年（84頁）。
463 同書（99頁）。
464 郁達夫著『郁達夫小説全集』中国文聯出版社、1996年（1～35頁）。
465 大東和重著『郁達夫と大正大学――「自己表現」から「自己実現」時代へ』東京大学出版会、2012年（76～118頁、145～174頁）。
466 同書（89頁）。
467 同書（24頁）。
468 郁達夫著『郁達夫文集』（第一巻、小説）三聯書店香港分店、1982年（1982年1月出版された中国三聯書店『郁達夫文集』によると『沈淪』は、1921年5月9日に書き直し、1921年10月15日中国上海泰東図書局によって『沈淪』というタイトルで短編小説「銀灰色的死」「沈淪」「南遷」の計三篇が収録されて出版されたとい

う)。

469 郭沫若著「郁達夫論」王自立、陳子善編『郁達夫研究資料(上)——中国現代作家作品研究資料叢書』天津人民出版社、1982年(93頁)。

470 郁達夫著「雪夜——日本国情的記述——自伝的一章」、王自立、陳子善編『郁達夫研究資料(上)——中国現代作家作品研究資料叢書』天津人民出版社、1982年(61頁)。

471 郭沫若著「郁達夫論」王自立、陳子善編『郁達夫研究資料(上)——中国現代作家作品研究資料叢書』天津人民出版社、1982年(96頁)。

472 この「ロティ」とは、恐らくフランスの「ピエール・ロティ(Pierre Loti 1850-1923)」のことを指し、1928年、ロティの『氷島の漁夫』は吉江喬松による翻訳で岩波文庫より刊行されていた。「海洋作家」とはその著者を指しているかもしれない。

473 郁達夫著「海上——自伝之八」王自立、陳子善編『郁達夫研究資料(上)——中国現代作家作品研究資料叢書』天津人民出版社、1982年(54〜55頁)。

474「2012届高考語文現代文閲読(実用類)海上郁達夫自伝精練」。
<http://wenku.baidu.com /view/ >.　Web. 12 Dec. 2014.

475 サイチンガ(賽春嘎)『こころの友』内モンゴル自治政府の主席官邸出版社、1941年。

476 「サイチンガ(当て字:賽春嘎)」、本人自称によって、通常日本留学の時期からモンゴル国を経由して中国内モンゴルに戻るまでの間(1937〜1947)は、サイチンガ(賽春嘎)と称し、その後はナ・サインチョクト(当て字:那・賽音朝克図)と称される。事実、サイチンガが1947年にモンゴル人民共和国から内モンゴルに戻る際、内モンゴル全体は、まだ中国共産党と国民党両者の勢力争いの最中、ソビエト共産圏のモンゴル人民共和国から来たサイチンガ等の十数名の知識人は、身の安全を案じて、全員名前の変更を余儀なくされていた事情もあったという。「サイチンガ」とは、満州語による名前で、「元気で快活」という意味だが、「サインチョクト」とは、そのモンゴル語訳である。時代の変化によって人々がしばしばその場その場で、致し方なく名前を変え生き延びるための工夫だったが、しかし、一詩人、文人として実名を変更することには、新・旧時代の境界を画すという意味合いが大きい。それもまた当時の内モンゴル青年たちがいかにマルキシズムを熱心に信奉し、どれほど中国という新しい共和国に期待をしていたか、その時代を生きたモンゴル人を見る歴史的な恰好の資料である。

477 テレングト・アイトル「モンゴル人の世界観あるいは自然観について——心的状況への解科学的な一アプローチ」『砂漠研究』(11-1)砂漠学会、2001年(35〜44頁)。

478 内蒙古当代文学叢書編集委員会『納・賽音朝克図詩選』内蒙古人民出版社、1985年。

479 ハインリヒ・ハイネ著、片山敏彦訳『ハイネ詩集』新潮文庫、1951年(124〜

126頁)。
480 D.タヤ(塔亜)「叙事詩を誰に聴かせるか——モンゴルの英雄叙事詩『ジャンガル』の語りを中心に」荻原真子編著『ユーラシア諸民族の叙事詩研究⑶』千葉大学大学院人文社会科学研究科研究プロジェクト(2008年3月)。
481 『ナ・サインチョクト全集』内蒙古人民出版社、1999年。
482 ト・サインバヤル(特・賽音巴雅爾)編『中国蒙古族現代文学史』内蒙古教育出版社、1989年(21頁)。
483 ボルジギン・オルトナスト「言葉に魂を込めた悲劇の民族詩人サイチンガの肖像」『アジア研究』(別冊3)静岡大学、2015年2月(99頁)。
484 内田孝「『新モンゴル』誌第2号とモンゴル人留学生による文芸活動」『東北アジア研究』(第14・15合併号)島根県立大学北東アジア地域研究センター、2008年(225〜243頁)。
485 「四清運動」とは、「帳簿の整理」「倉庫の整理」「財務の整理」「分業の整理」という四つの整理整頓を行う略称であるが、1963年5月から1965年5月まで、毛沢東によって仕掛け、全国的に繰り広げた反修正主義運動である。その目的は、国家主席劉少奇の権力基盤を制限するためだという。
486 「新内蒙古人民党粛清運動」(1968年2月〜1969年5月22日):内モンゴル自治区では、文化大革命を徹底的に実行するため、江清、康生が1968年2月4日、内蒙古文化大革命の責任者、軍人である滕海清に指示を下し、かつて1925年10月に創立され、すでに1946年4月3日中国共産党に合併された過去の「内蒙古人民党」の党員を手がかりにして、ありもしない地下独立組織「新内蒙古人民党」の党員を革命陣営から粛清するという名目でモンゴル族を中心に、今まで内モンゴル自治区の党、政府、軍、文化、教育界などに勤めてきたあらゆる有能なモンゴル族の人々をターゲットにして、約1年半にわたって自治区で全面的に行われた粛清する運動である。10年間の文化大革命を除き、単にこの運動による被害者数は、公的に公表された『中華人民共和国最高人民検察院特別検察庁起訴』(1980年11月2日)によると、「内蒙古人民党粛清運動によって無実を被られた幹部、民間人34万6千人、死者1万6千2百22人」である。しかし実際、死者だけでも4万〜5万に上ると言われている(楊海英『墓標なき草原——内モンゴルにおける文化大革命・虐殺の記録』(上・下)岩波書店、2009年を参照)。
487 「ナ・サインチョクト全集」編集委員会、「ナ・サインチョクトの生涯」、『ナ・サインチョクト全集第一巻』、内モンゴル人民出版社、1999年8月(1頁)。
488 マラチンフ(瑪拉沁夫)、遼寧省阜新蒙古族自治区出身、中国人民解放軍の兵隊生活の経験を経て、作家となり、主に中国語で創作する。現在中国モンゴル民族文学の代表的な作家の一人。中国少数民族文学委員会副主任。代表作『草原の人たち』(1930年〜)。
489 マラチンフ(瑪拉沁夫)著「序」(1980年6月)『納・賽音朝克図詩選』内蒙古人文出版社、2009年(5頁)。

490 ゴ・ラシジャブ（高・拉希札布）編『記念』内モンゴル自治区シリンゴル盟ショロングフ旗ジャガスタイ・ソム、シレート・ガチャ出版、1970年（印刷・出版・発行など社会の上部構造に属され、すべて国家管理のもとで行なわれるなか、村を上げて出版したのは異例なことでもある）。

491 ゴ・ラシジャブ（高・拉希札布）編『懐念』（思い出）内モンゴル自治区シリンゴル盟ショロングフ旗ジャガスタイ・ソム、シレート・ガチャ出版、1970年。

492 アオーラ、バ・ゲレルトほか編『ナ・サインチョクト全集』内モンゴル人民出版社、1999年8月。

493 サイチンガ（賽春嘎）『こころの友』、内モンゴル自治政府の主席官邸出版社、1941年。現在スェ・サンブフチュン（色・桑布呼群）編、『サイチンガ（賽春嘎）』、内モンゴル人民出版、1987年6月（3～72頁）に収録されている。

494 サイチンガ（賽春嘎）『沙原・我が故郷』、主席官邸出版社、1941年。現出版は同右『サイチンガ（賽春嘎）』（129～344頁）に収録されている。

495 サイチンガ（賽春嘎）『心の光』主席官邸出版社、1942年。現在同右『サイチンガ（賽春嘎）』（457～635頁）に収録されている。

496 サイチンガ訳『フロント』日本東方出版社、1942年。

497 サイチンガ『家政興隆書』主席官邸出版社、1942年。現在前掲書『サイチンガ（賽春嘎）』（642～750頁）に収録されている。

498 サイチンガ『我がモンゴルに栄光あれ』、主席官邸出版社、1944年。現在前掲書『サイチンガ（賽春嘎）』（351～446頁）に収録される。

499 サイチンガ『迷信に迷わされない』（独幕劇）内蒙古日報社、1950年。

500 サイチンガ『春の太陽が北京から昇る』（中篇小説）内モンゴル人民出版社、1957年。

501 サイチンガ『春の太陽はウジムチン草原を照らす』（中国語訳）中国作家出版社、1958年。

502 サイチンガ『合作社が誕生した』内モンゴル人民出版社、1959年。

503 サイチンガ『喜びの歌』内モンゴル人民出版社、1960年。

504 前掲書『中国蒙古族当代文学史』（35頁）。

505 ア・オドツル著（阿・敖徳斯尓）「心からの感謝」、セ・サンボ、フチョン編『サイチンガ』（モンゴル著名作シリーズ）内蒙古人民出版社、1987年5月（2頁）。

506 斯琴（スチン）著、「西モンゴルの社会生活における tuuli（叙事詩）の語りの本質的な意味を探る――モンゴル国アルタイ山脈のモンゴル系諸集団におけるフィールド調査から――（Essentials of Tuuli Narration in the Society of Western Mongols: from Research in the Altai Mountains of Mongolia）『千葉大学人文社会科学研究』（第二十号）千葉大学人文社会科学研究科、2011年3月（120頁）。また、D.タヤ「叙事詩を誰に聴かせるか――モンゴルの英雄叙事詩『ジャンガル』の語りを中心に」荻原真子編著『ユーラシア諸民族の叙事詩研究』千葉大学大学院人文社会科学研究科研究プロジェクト（2008年3月）。

507 アオーラ（烏拉）、バ・ゲレルト（博・格日楽図）ほか編『ナ・サインチョクト

全集』内蒙古人民出版社、1999年（232～235頁）。なお、この全集において、感嘆符の「！」と疑問符の「？」が欠落しているので、道・策徳布ほか編『納・賽音朝克図遺詩』内蒙古人民出版社、1999年（235～236頁、417～418頁）を参照して補足した。

508 荻原真子著「勇者たちの世界－ユーラシアの英雄叙事詩から」荻原真子編著『ユーラシア諸民族の叙事詩研究』千葉大学大学院人文社会科学研究科研究プロジェクト（2008年3月）。

509 平野謙著「解説」、遠藤周作著『海と毒薬』角川文庫、1960年（165頁）。

510 熊井啓脚本・監督『海と毒薬』（〈白黒、ワイド、123分〉ヘラルド社、1986年）。なお、小説と映画の関係についての研究には衛藤賢史氏の「小説と映画における『海と毒薬』」（別府大学紀要第三二号、1991年1月、44～55頁）において詳しく分析されている。

511 外国語翻訳の初出についての詳細は、遠藤周作、V・C・ゲッセル他編著『遠藤周作と Shusaku Endo』（春秋社、1994年、i～vi 頁）の文献を参照。

512 遠藤周作著、萍訳『海與毒藥』星光出版、台北、1987年。

513 Mark Williams. *Endo Shusaku: A Literature of Reconciliation*（London: Routledge, 1999）.

514 マイケル・ギャラガー（Michael Gallagher 1930～）米国オハイオ州クリーヴランドにあるイエズス会系、カトリック系大学——ジョン・キャロル大学文学教授。『海と毒薬』をはじめ、三島由紀夫の『春の雪』、『奔馬』等をも訳した日本文学研究者。

515 グレアム・グリーン（Gaham Greene 1904～1991）イギリス小説家、モラルや宗教と政治、あるいは善と悪の葛藤の苦しみを描いた作家。

516 前掲書『遠藤周作と Shusaku Endo』（マイケル・ギャラガー著「〈わが兄弟なるこれらのいと小さき者〉のために——遠藤周作のこだわり」16頁）。

517 前掲書『遠藤周作と Shusaku Endo』（J・トマス・ライマー著「愛というもっとも尊い贈り物——現代世界文学における遠藤周作」60頁）。

518 笠井秋生・玉置邦雄編『作品論・遠藤周作』双文社出版、2001年。(この時点において『作品論・遠藤周作』は最新の専門的な研究成果を収録した論文集である。論文集に付された「作品別参考文献」にも掲載されたように、「受容理論」や「読者反応理論」よりも、従来の戦争と日本人及びキリスト教と日本人、そしてその両者に介在する罪と罰を主題とした研究が多い。

519 『海と毒薬』に対する文芸学的な方法論や技法などについての研究には、南部全司氏の「遠藤周作とフランソワ・モーリヤック——『海と毒薬』の技法をめぐって」（「仏語仏文学研究」中央大学、1977年3月）、影山恒男氏の「『海と毒薬』の叙法と構造——状況と倫理への一つの挑戦」（「活水日文」活水学院日本文学会、1997年12月）、大田正紀氏の「遠藤周作『海と毒薬』論（二）——描かれざる　恩寵をめぐって」（「梅花短期大学研究紀要」第46号、梅花短期大学、1998年3月)などがある。

520 ここで考察に用いたテクストと引用は、すべて遠藤周作著『海と毒薬』新潮文庫、1986年（第50刷）版を参照したが、引用文の頁数は、必要に応じて該当の引用文の末尾に掲載した。

521 本来『海と毒薬』の冒頭の部分のストーリーには「導入部」という見出しは有しない。ただし、「この小説の冒頭の部分を、念入りに読まれる必要がある。あの冒頭は、じつに印象あざやかな見事な導入部だと思う」（佐伯彰一「解説」『海と毒薬』新潮文庫、1986年〈166頁〉）といったような類似した指摘は多くあり、本稿は叙述上の便宜を図って、「冒頭の部分」を「導入部」として名称する。
522 「プロット」は劇の物語単位として、アリストテレスの『詩学』において初めて用いられたが、現代小説において応用される場合、困難が多いことが指摘されてきた。しかし『海と毒薬』の場合、語り手と視点とストーリーには変化が多く見られ、作者の遠藤でさえ錯綜し過ぎることを避けたがっていたようで、詳細にわたって語りを「行空き」でわけて語っていることが看取される。当分析において、その語りの「行空き」によって区分されたストーリーの段落を「プロット」と看做し、その物語の文法・秩序・順序などを分析した結果、他の物語単位より「プロット」の方が比較的有効であることが判明した。
523 ジェラルド・プリンス著、遠藤健一訳『物語論辞典』松柏社、1991年（82頁）。
524 佐伯彰一「解説」、遠藤周作『海と毒薬』新潮文庫、1986年（第50刷、174〜175頁）。
525 同右書（177頁）。
526 影山恒男「『海と毒薬』の叙法と構造――状況と倫理への一つの挑戦――」、『活水『日文』35号、活水学院日本文学会、1997年12月（115〜124頁）。
527 ロラン・バルト著、花輪光訳「作者の死」『物語の構造分析』みすず書房（79〜80頁）。
528 同書「作品からテクストへ」（96頁）。
529 ガストン・バシュラール著、小浜俊郎、桜木泰行訳『水と夢』国土社、1969年（16頁）。
530 アンガス・フレッチャー著、高山宏ほか訳「文学史におけるアレゴリー――アレゴリストの組み合わせ術と装飾術」、『アレゴリー・シンボル・メタファー』平凡社、1987年3月（9頁）。
531 前掲書『物語の構造分析』（79〜80頁）。
532 前掲書『遠藤周作と Shusaku Endo』（16頁）。
533 ジョン・アイヴィミ著、酒井傳六訳『太陽と巨石の考古学』法政大学出版局、1987年12月（61〜63頁）。
534 水之江有一編『シンボル事典』北星堂、1990年8月（4刷）。
535 同書『シンボル事典』。
536 呉茂一著『ギリシア神話』新潮社、1994年8月（478〜479頁）。
537 ミッシェル・エリアーデ著、前田耕作訳『イメージとシンボル』せりか書房、1988年（11頁）。
538 マンフレート・ルルカー著、林捷ほか訳『シンボルのメッセージ』法政大学出版局、2000年（34〜35頁）。
539 ジョン・スチュアート・ミル著、竹内一誠訳『ミルの大学教育論――セント・アンドルーズ大学名誉学長就任講演〈教育について〉』お茶の水書房、1983年（81〜82頁）。
540 渡辺憲司『時に海を見よ――これからの日本を生きる君に贈る』双葉社、2011年。

541 稲賀繁美「生き残るということ」『環——歴史・環境・文明』(49号)藤原書店、2012年(52〜53頁)。ただし、引用にあたって二字の修正が作者の稲賀繁美氏の同意によるものである。